閱聽人與媒體文化

Media and Audiences

黃葳威◎著

鄭　序

傳播過程中，閱聽人的重要性，從修辭學開山鼻祖亞里斯多德（Aristotle）將修辭視爲說服一般閱聽人的藝術，即可見其端倪。亞氏是否可視爲正宗的傳播學者，可能會引發一場學門間「搶祖先」的爭戰，而且時間距離畢竟太久遠了。回到傳播學者較爲認同的少數幾位先祖（或稱先驅學者），拉查斯斐（P. Lazarsfeld）在一九三〇年代，即進行系列的無線電廣播聽眾的分析；賀夫蘭（C. Hoviand）在一九四〇年代戮力於傳播與受眾態度變遷的研究；而另兩位先祖，拉斯威爾（H. Lasswell）在宣傳研究的著力，以及宣偉伯（W. Schramm）在闡述人、信息及媒介的互動關係之不遺餘力，在在可見閱聽人分析在傳播領域的地位。

雖然在論及閱聽人分析時，傳播學者通常都會引述效果、使用與滿足、文學批評、文化及接收分析等五個傳統途徑。但由於美國學術的主宰性、研究的傳統性及功利性，傳播效果分析一直是閱聽人分析的主流，而使用與滿足分析則是主要支流。這種狀況在國內相關的閱聽人分析尤其明顯。

效果分析和使用與滿足分析對閱聽人的假設雖具基本歧異（被動對主動），而研究題旨小有不同（態度改變對需求滿足），但前者大體上屬傳播者及信息本位型之分析；後者雖強調閱聽人主動性，亦僅限於媒體人內容選擇的主動性，同時偏向心理層面之動機與滿足之分析。兩者似乎都未將閱聽人的主體性及整體性作較周延而令人滿意的探索。

所以當黃葳威博士要我爲她的《閱聽人與媒體文化》一書寫篇序時，初始心虛欲辭的思緒隨即被好奇與期盼（尤其被「回饋」一詞）的思緒所取代。讀畢黃博士的作品，原有的好奇與期盼不但未落空，游走字裏行間，還常有期盼之外的收穫。

黃博士的書分十六章，而以回饋概念貫串全書。第一、二、三章屬

理論文獻的建構，第四章介紹觀眾回饋的研究方法，其餘各章分屬不同主題的實證研究。全書組織井然，結構分明。在理論文獻建構部分，第二章從社會學、心理學及傳播學層面分別導介回饋概念，文獻蒐集豐富，分析得法，處處可見黃博士的努力與功力。第十三章針對原住民及第十二、十五、十六章針對青少年與兒童之實證研究，亦均於各章文前歸納整理與主題相關的重要文獻，應可視為獨立的理論文獻建構。

在實證研究部分，黃博士分別或綜合以問卷調查法、深度訪談及焦點團體等方法，針對不同閱聽人分析其回饋型態。其選擇的分析對象，除一般民眾外，針對特定閱聽對象，如原住民及青少年，均甚具社會及時代意義。而第四章回饋研究方法之導介，則與實證研究部分具有呼應及補足之功能，為全書劃下一個更完整的句點。

作研究、作學問的人大概都能體會概念、理論的釐清、分類、辨識是很重要但也很困難的一項工作。黃博士在這本書裏，卻勇於嘗試，令人捏把冷汗之餘，也常為其呈現的結果而讚歎不已。這是本書的許多特色中的一點，可使讀者受益匪淺。隨手捻來一些例子（因為有許多，待讀者慢慢體會欣賞），如回饋在觀眾角色轉變下的定位、由傳播學觀點來看回饋、讀者投書、叩應節目中回饋的內涵等等。

黃博士是國內新聞科班出身，到美國攻讀廣播電視電影，而且實務工作歷練豐富，目前在政治大學廣播電視系擔任閱聽人分析、節目製作及市場分析等相關課程。她這幾年矻矻於閱聽人之研究，並將重點擺在閱聽人的回饋分析，可說是其來有自，也是國內有資格論述這個議題的少數「權威人士」。不過「回饋」是一個難纏、不確定的概念，至少應用於人之研究時是如此。它是系統理論（system theory）〔或稱模控學（cybernetics）〕中的重要概念。當維諾（N. Wiener）和羅仙索（A. Rosenthal）在一九四〇年代提出模控理論而論及回饋概念時，亦僅是作了抽象層次的理論推演與歸納。它應用在較物性及較封閉性系統時，較具確定性及可觀察性；應用於人及較開放性系統時，則較具不確定性及不可觀察性。

或許是處於如此預存的困境，當黃博士在闡釋、操作回饋概念時，似乎也遭遇到一些困難。依黃博士的說法，同饋是「先有訊息傳人，爾後產生接收者對訊息的反應、效果及互動溝通，以期接近互動傳播的理想」。回饋被界定爲「反應及互動溝通」，則任何閱聽人有目的、無目的或有意義、無意義的傳播行爲，均可視爲是一種回饋，這與回饋的精義能否相符？而如此寬廣的回饋定義又如何彰顯回饋的特質？

　　閱聽人的回饋分析是重要但高難度的課題。過去的學術論述或研究，大多一語帶過或點到爲止。黃博士在國內開風氣之先，以專書來討論它，單憑這點，就應在功勞簿上記上一筆；呈現出來的果實又如此豐碩，更是值得細嚼和讚賞。

鄭瑞城　謹識

於國立政治大學

白 序

我們置身於溝通的時代！

溝通的模式、媒介和風格，隨時代演進與新科技應用，不斷在改變。我們周遭充斥五花八門的訊息，有新聞性、有娛樂性、有爭議性；而我們的媒體形式，有網路、數位、電子與平面。如此多重組合的媒體環境，釋出多樣風格的媒體訊息，對一般單純的閱聽眾，無疑產生莫大影響。

既對閱聽眾會產生不同程度的影響，近幾年來產官學者已著手相關議題之研究。其中常見的主題是質疑媒體的公信力與權威性，以及媒體對民意回饋之重視與否。甚或有人說：媒體是社會亂源，憑藉其無遠弗屆的傳播力量，操縱議題左右民意。在審視媒體影響力的過程，我們不難發現，其實助長媒體力量的重要因素，是來自閱聽人的互動。當民意反應愈熱絡，媒體報導就愈積極；若民意反應冷淡，媒體也意興闌珊，失去報導的興趣，這是一種彼此消長的互動關係。

從另一個角度來看，媒體在我們日常生活中扮演重要的角色。現代經濟學之父亞當‧史密斯（Adam Smith）曾說：「所有經濟行為，都是市場背後那一隻看不見的手決定的。」媒體無所不在的影響力，也可說：「媒體是民意市場那隻看得見的手。」說它看得見，是因為無論你喜不喜歡它，在當前社會中卻不能逃避它，足見閱聽人在面對媒體充斥的情形下，有著複雜無奈的感受。

其實閱聽人是多變的，甚至已開始覺醒，體認到監督媒體的急迫性與必要性，以防止媒體對大眾帶來負面影響，特別是對社區家庭與弱勢社群而言。這些媒體監督團體，主動參與建構媒體文化，注重閱聽人回饋意見與節目評估的機制，發揮制衡力量，以淨化媒體環境自許。同時，在探討數位化傳播管道與現代閱聽人的回饋過程中，新世代的來

臨，新語言的運用，以及新價值的形成，也加深媒體文化建構的複雜性。本書提及的相關理論與實際研究，提供讀者全面的意見回饋相關訊息，非常實用。而有關建立媒體文化方面，在實務上有多少可能性，有哪些途徑，也值得我們進一步來探討。

本書作者黃葳威女士個人經歷十分豐富，曾任政治大學廣播電視系主任兼所長、尼爾森（A. C. Nielson）台灣公司收視率調查監督委員會委員、民視公司的「民視評論」撰稿兼主持人，現任新聞局廣播電視節目暨廣告審議委員會委員、佳音電台顧問兼製作主持人等職務，百忙之餘，仍積極進行廣播電視博士暨博士後研究，其投入專業領域之深耕，對社區服務之堅持，與關懷弱勢社群之熱忱，一向令人敬佩。在媒體文化建構下，有關意見回饋機制的相關議題著墨，放眼望去國內學者，具跨文化傳播科技、市場調查與閱聽人分析等研究專長的黃女士，實為討論此議題的最恰當人選。

誠如作者所言：「二十一世紀為數位科技的紀元，更是一個需要閱聽人採取行動、善用回饋的數位時代。」希望我們正視閱聽人與媒體文化的關係，也為其更健康、更具社會意義的互動一起努力。

奧美整合行銷傳播集團董事長

白崇亮　謹識

自 序

二十一世紀是數位科技的紀元，但是，不少社區與社群生活卻存在著數位落差現象。

《閱聽人與媒體文化》這本書主要立基於《走向電視觀眾》著作，書中談及的回饋、媒體接近使用權等概念，主要延續早期在《瞄準有線電視市場》一書及我在許多座談會所提及閱聽人回饋行動，對媒體環境與品質的影響。

不論在「媽媽監督媒體聯盟」、「媒體觀察基金會」，甚至新近成立的「閱聽人監督媒體聯盟」，很明顯地可以看到閱聽人回饋行動的凝聚力量。「閱聽人監督媒體聯盟」邀集廣告主組成閱聽人聯盟的一分子，更證明了廣告主也可以成為監督媒體品質的重要一員。

一九八八年報禁解除，當時選擇離開多采多姿的新聞工作負笈美國德州大學，一九九二年回台灣參與傳播教育與研究、行政工作，接觸不同的年輕朋友或專業人士，這些過程拓展了自己的見聞。筆者曾經擔任尼爾森台灣公司收視率調查監督委員會監督委員兩年，除了我與另一位學者代表外，其餘媒體代表都來自業務部門，而非節目部門。

記得一次會議，尼爾森公司決定要擴展收視記錄儀器的樣本數達一千戶，當天只有我一個學者代表出席，會中我建議按照統計人口分配，其餘業務代表多主張只需要北、高兩大都會地區具備消費能力的樣本戶增加，非都會或偏遠社區不重要，後來終於有一位跨國廣告購買公司代表支持我的看法，其他成員才同意。爾後至今樣本數已經不斷擴展，是否仍重視消費力或一般民眾，有待查驗。

真正令我震撼的是，從一九九九年參與台灣愛鄰社區服務協會「白絲帶工作站」草創以來，我有許多機會進入不同的社區、中小學校、幼稚園、大學，與青少兒和家長接觸，這些社區互動經驗調整了我的視野，我很真實地、近距離地觀察並感受到台灣社會中社區家庭與弱勢社

第一章
搭起友誼的橋樑：閱聽人・回饋・電視

二十一世紀為數位科技的紀元，更是一個需要閱聽人採取行動、善用回饋的數位時代。

　　二○○三年十月，集結多個兒少、婦女、社區民間團體，以及台灣廣告主協會的「閱聽人監督媒體聯盟」成立，先後針對電視頻道綜藝或戲劇節目、報紙等煽色腥內容提出質疑，一波波行動並且引起媒體重視與回響，獲得不少關心青少兒人士的聲援與支持。這是繼「台灣媒體觀察基金會」成立後，另一個凝聚社區民間回饋力量、關懷媒體品質的閱聽人行動團體。

　　「台灣媒體觀察基金會」也曾在二○○○年發起「媒體共ㄍㄨㄢ聯盟」，當時曾獲前教育部部長曾志朗、次長范巽綠，新聞局，市政府新聞處，資深媒體人李艷秋、葉樹珊，以及包括律師公會等多個民間團體響應。

　　依循大眾傳播的發展脈絡，自社會責任論與參與理論被提出之後，民眾追求傳播基本人權的理論已逐漸受到重視（陳世敏，民80）。在我國電視事業邁入多頻道、多元化的時代，台灣地區民眾與電視的關係究竟如何？

　　一九八八年元月一日，報紙限張規定取消，各報由三大張十二版擴增為六大張二十四版，或九大張三十六版以上不等，一些報紙還推出每日半版甚至一整版的「民意論壇」、「大家談」、「紙上叩應」等讀者投書版面，一改過往讀者意見被忽略的態勢。

　　一九九四年間，一些地下電台與合法電台陸續以長時間大量叩應（call-in）方式製作廣播節目；同時，電視台也開始播出較長節目時段，開放閱聽人叩應。

　　傳播媒體解禁以來，國內印刷媒體與電子媒體均提供較多空間及時間予閱聽人表達意見。這反映傳播媒體與閱聽人之間的關係，已逐漸脫離單向傳遞，而進入雙向甚至多向互動的階段。

　　傳播媒體與閱聽人之間互動的模式發生變化了，如今閱聽人有較多的機會向傳播媒體或訊息製播者反映他們的看法。閱聽人回饋的管道逐

漸打開了。

所謂回饋，如同一相反的傳播過程，是由接收者傳遞給傳播者，並藉由口語、非口語或兩者並用來進行，其目的在減少歧見，協助傳播者的角色扮演；角色扮演是傳播者評估溝通符號意義的一種過程，傳播者期望在角色扮演的過程，使用接收者生活經驗也能明瞭的符號傳遞訊息（De Fleur & Ball-Rokeach, 1982）。這顯示回饋有助於改善傳播過程或內容，傳播者可由較積極主動的層面善用回饋訊息，來改進或修正傳播訊息的呈現或傳遞方式。因此，回饋是先有訊息傳入，然後產生接收者對訊息的反應、效果及互動溝通，以期接近互動傳播的理想。

舉例來說，電視節目製作人可以根據閱聽人對節目內容的意見、建議或批評，修正下一季的製播方針或呈現方式；報章雜誌編輯可參考讀者反應，企劃讀者關心的專題報導，或改善版面安排等。

一項全國性調查顯示（潘家慶、王石番、謝瀛春、鄭自隆，民84），台灣地區各家庭彩色電視機的擁有率占99.3％，有五成以上的家庭擁有兩部以上的彩色電視機。電視在台灣地區的普及率將近百分之百，也深入人們的家庭生活，但是一般閱聽人對電視這個媒體組織有多少影響力？一般閱聽人與電視究竟是朋友、敵人或陌生人？閱聽人對電視這個千面的訊息傳遞者可以交心、相互接納嗎？

這一章將先後敘述數位台灣（e-Taiwan）計畫與數位落差、回饋在閱聽人角色蛻變下的定位，閱聽人對電視的使用型態，同時說明本書各章內容結構。

壹、數位台灣（e-Taiwan）與數位落差（digital divide）

一、數位台灣（e-Taiwan）計畫

我國繼積極推動國家整體的電子化政府建設以來，交通部電信總局已自二〇〇〇年一月十四日提出數位廣播試播計畫，採用歐規Eureka-147廣播系統，利用頻道中的五個頻道進行試播（吳嘉輝，民90a）。參與DAB實驗電台包括中國廣播公司、中央電台、以及飛碟聯播網的台北飛碟電台、台中真善美電台、高雄南台灣之聲等十九家電台業者合組成十組實驗台進行試播實驗。

籌劃多時的數位電視也於二〇〇二年五月三十一日，在台灣西部地區全面開播，預估全台有96%的民眾可透過數位電視機，或在現有電視機加裝數位機上盒，接收數位電視訊號。東部地區數位電視原計劃於二〇〇二年年底完成架設，這代表台灣地區電視產業在近期內將全面邁入數位化紀元。如何整合網路媒體與數位電視的加乘服務效益，尤值得關心。

二〇〇二年八月二十九日，由產、官、學界組成的台灣數位視訊協會在台北市成立，成立大會並邀請總統陳水扁先生及李前總統登輝先生致詞；當天下午舉行的「台灣數位視訊產業的機會點」座談會，行政院數位內容產業發展推動小組召集人暨政務委員蔡清彥先生，並轉達政府將鼓勵數位視訊軟體產業以創意及知識化為方向，利用我國自由化社會之創作優勢，加速發展能呈現本土文化特色與智慧密集之創新性數位內容產業，以拓產全球之數位視訊內容產品市場，讓台灣在下一代的數位視訊軟、硬體產業晉升世界領先的角色。

有關數位視訊產業推動的策略，蔡清彥政務委員說明，政府為推動

廣播、電視及電影的數位化，促進數位視訊產業的發展，特於「數位台灣（e-Taiwan）計畫」中，研擬數位娛樂計畫。其目標在推展有線、無線廣播電視之數位化及輔導獎勵數位電影，並藉修訂相關法規、補助數位設備、協助籌建數位傳輸平台等策略，來健全數位發展環境，且以補助數位視訊製作、獎勵優良數位視訊及培訓數位視訊人才等方式，來提升數位節目品質。

其次，政府力推的「挑戰二〇〇八：國家發展重點計畫」，即將數位內容產業列為「兩兆雙星」的重點產業，且將設立「數位內容學院」，培育跨學門和跨領域的數位內容人才。其中由政務委員蔡清彥籌組的「數位內容產業發展推動小組」，便開始積極協調、整合、推動數位內容產業之發展，致力建構台灣成為亞太地區數位內容設計、開發與製作中樞，並帶動周邊衍生性知識型產業發展，使相關產業值在二〇〇六年達到新台幣三千七百億元。

行政院提出的「兩兆雙星」計畫，最主要的目的是擴張國內發展已成熟的半導體與影像顯示器產業，積極發展數位內容和生物科技這兩項明日之星。

「兩兆」代表在二〇〇六年，半導體和影像顯示器產業（TFT-LCD為主）兩項產業的產值，以各突破一兆元的產值為目標。「雙星」指的是新興且具發展潛力的數位內容和生物科技產業。

根據經濟部資料顯示，政府將數位內容產業定義為將圖像、字元、影像、語音等資料加以數位化並整合運用的技術、產品或服務。例如：軟體、數位學習、2D和3D動畫、電子出版、數位音樂、串流視訊、數位廣播內容、互動節目、數位典藏等。

交通部電信總局勾勒出的數位多媒體服務方向，分別有：

1.即時線上資訊服務：新聞、氣象、娛樂、檢索。
2.網路接續服務：E-mail、WWW網路撥接瀏覽和影音圖形資料傳輸。

3.互動性多媒體應用：遠距教學、網路電話、線上電玩、聊天室等。

4.隨選服務：如網路音樂、電影下載等個人化隨選服務。

5.個人通訊：透過手機接收傳眞、電子郵件、瀏覽網路資訊、訂票，結合信用卡、病歷卡、提款卡、大眾運輸卡等全方位服務，或家用電話、手機、傳眞、傳呼機等號碼的smart card。

行政院政務委員蔡清彥說明政府推動數位視訊產業策略包括：

1.政府爲推動廣播、電視及電影之數位化，促進數位視訊產業之發展，特於「數位台灣（e-Taiwan）計畫」中，研擬「數位娛樂計畫」。其目標爲推動有線、無線廣播電視之數位化及輔導獎勵數位電影，並藉修訂相關法規、補助數位設備、協助籌建數位傳輸平台等策略，來健全數位發展環境，且以補助數位視訊製作、獎勵優良數位視訊及培訓數位視訊人才等方式，來提升數位節目品質。

2.政府力推的「挑戰二〇〇八：國家發展重點計畫」，即將「數位內容」產業列爲「兩兆雙星」之重點產業，且將設立「數位內容學院」，以培育跨學門和跨領域之數位內容人才。並奉行政院游院長之令，由蔡清彥籌組「數位內容產業發展推動小組」，來積極協調、整合、推動「數位內容產業」之發展，致力建構台灣成爲亞太地區數位內容設計、開發與製作中樞，並帶動周邊衍生性知識型產業發展，使相同產業產值於公元二〇〇六年達到新台幣三千七百億元。同時，爲使產業具國際競爭優勢，努力提升外銷至三成以上。

3.積極檢討及鬆綁相關法規，以建構有利數位電視／廣播系統發展之環境。

4.建構台灣數位電視（無線、有線、衛星）及數位廣播等之共通平台，以加強視訊產業及數位內容之發展。

5.結合產、官、學界成立產業聯盟，激發創意，獎勵優良創意作品，

建立自有智財權，擺脫巨額權利金之負擔，讓產業更具競爭力。加強國際交流互動，及國際觀摩參展活動。

6.設置數位內容產業專案研發計畫，以DTV、DAB及DVD的Content為切入點，建立Digital Content的編輯（augtoring）製作能力，定期評核成效及引進相關前瞻、關鍵技術分享移轉業界，成立專責團隊進行技術研發。

7.適當提供國內數位視訊硬體產業相關廠商有關減免租稅、低利融資、放寬投資抵減門檻等相關投資優惠措施，以降低國內廠商資金成本及研發、投資風險，也可提高廠商市場的競爭力。

8.積極鼓勵產、官、學、研成立數位視訊硬體產業相關之研發聯盟，獎勵開發新技術以建立自主性智權，朝制定世界性新規格方向努力。如制定數位視訊儲存的EVD，HD-DVD新規格，SDM新規格，DVC新規格等。

9.鼓勵數位視訊硬體產業相關廠商申請「業界科專計畫」以進行新技術的研發、提升，或者廠商亦可藉「主導性新產品開發計畫」的協助，切入新產品的開發，帶動相關產業的發展，目前經濟部更提供「整合性業界開發產業技術計畫先期研究」，廠商可透過此計畫的資源，進行產業的垂直或水平整合，相信對國內產業的整合大有幫助。

數位媒體的發展反映傳播媒體產生了以下幾種變革（黃葳威，民91）：

1.節目訊號數位化：所謂的數位電視，是指電視訊號在發射端就是以數位方式記錄、處理、壓縮、編碼、調變及傳送；而在接收端也是以數位的方式接收、解調、解碼、解壓縮及播放，換言之，真正的DTV在信號的所有傳播過程都是全數位化（fully digital）（李長龍，民85）。

2.傳輸管道網路化：由於各式通訊網路技術普遍應用於有線電視、電

話、電腦網路、廣播網路等，這些應用促使跨媒介網絡的聯絡結合，建構了更寬廣的溝通型式。

3.使用方式多樣化：簡單來說，過去觀看電視節目是藉由使用電視，一旦數位媒體日益普及，閱聽人可經由電腦觀看電視，即使收聽廣播亦然；甚至一般青少年極感興趣的電玩遊戲，已經不只透過使用電玩遊戲機、也可藉由電腦、手機來玩電玩遊戲。

4.節目內容分殊化：數位電視系統將訊號數位化後加以傳送，可提供清晰無雜訊的影音訊號，業者可採用不同規格播送節目，例如以一個頻道播送一個高畫質電視節目或四個標準畫質節目（可作多頻道節目播送）；節目播送外可播送數位化資料（股市、體育、旅遊、新聞、教育等服務）。此外還可發展連接網際網路、點播節目等互動功能。這意味著內容供應者將朝向更區隔、專業化的方向努力。

5.資訊彙統全球化：數位媒體的聚合似乎勾勒理想的遠景，不過，如果各地區、國家的資訊產製能力有限，不同地區與地域的內容勢必受到資訊產製強勢國家的主導，全球化的形成更為迅速。

數位電視可讓消費者欣賞畫質清晰、色彩逼真、身歷聲音響的影音節目內容，經由科技壓縮技術，可在原有頻道接收四到五套的同品質影音節目或互動服務。也就是說，裝有有線電視系統的消費者，原來擁有一百個頻道選擇，進入數位化階段後，可以增加到五百個頻道選擇。

由於科技產品新問世的特質，數位電視機的價格勢必成為轉型期最大一個決定因素。如果消費者愈能負擔，數位電視便愈容易普及。除了花現有類比電視機三倍或更多的價格買數位電視機外，消費者只要花費數千元購買一個數位機上盒（set top box），便可接收數位電視。

挪威奧斯陸大學廣電學者甚至指出（Syvesten, 2000），數位化帶來頻道激烈的競爭，反促使不同頻道由單一獨大媒體集團支持，致使媒體內容可能流於同質化。

其次，節目版權的競價大戰勢必揭幕。如一些影集、現場節目、體

育節目會以拍賣競價方式推出，使商業媒體採出價優勢，搶得原本屬於公共服務屬性的內容，將其藉由付費頻道播出，直接損及民眾的媒介接近使用權。

二、數位落差

如何有效評估數位媒體合適的開播時程，與一般民眾的需求，顯然不容輕忽。不可諱言，不同國家地區或社群仍然因為媒體接近使用的差距，而形成數位落差（digital divide）。

所謂數位落差是指接近使用最新科技與否的人之間的差距（Compaine, 2001），從批判觀點來看，數位落差牽涉到與科技的運用、接近使用的權利關係和階級關係（方念萱，民92）。

數位落差可以由三個層面觀察（Norris, 2001）：

1.全球落差（global divide）：如已開發國家與開發中國家對於網際網路接近使用的差別。

2.社會落差（social divide）：不同國家社會中資訊豐富成員或團體與資訊匱乏成員或團體的差距。

3.民主落差（democratic divide）：即使用或不使用數位資源而涉入、參與或動員公共活動的人之間的差異。

這意味者數位落差可以根據若干社會環境的評量指標檢視。

另一方面，數位落差如同一個關乎生態、多層次的議題，其涉及每個人生活中，網路能否與現有的傳播架構（communication infrastructure）結合、協助與人之間的互動（Loges & Jung, 2001）。從相互聯結的角度來看，數位落差也與每個人的生活方式相關。

學者分別從以下面向探索數位落差（Loges & Jung, 2001）：

1.歷史與脈絡：如每個人對於網際網路的知能、每天所花費的時

間、使用網路的環境和情境。

2.範圍與頻率：即使用網路的內容選擇（空間）與使用頻率、時間。

3.生活的焦點：指每個人主觀評估其依賴網路的情形，是否倚賴或成癮。

從閱聽人主體的觀點，個人對於網路的接近使用、選擇或依賴程度，也可以反映數位落差的現象。

貳、回饋在閱聽人角色蛻變下的定位

論及閱聽人與媒體之間的研究，隨著早期傳播研究偏重媒體效果，六〇年代之後轉回媒體使用角度，八〇年代逐漸結合媒體批評與媒體使用的質量並進方式，探討閱聽人與媒體訊息的互動（黃葳威，民82b）。閱聽人與媒體之間的關係，不再只是單純的被動或完全的主動所能涵蓋，而是互動、彼此消長的關係。

一、大眾傳播未出現時期

閱聽人予人的一般印象，往往為一群使用大眾傳播媒體的人，如廣播、電視、電影、報紙、雜誌等媒體。根據傳播學者馬圭爾（McQuail, 1987:149-151）的分析，閱聽人的概念，最早係指一群觀賞戲劇、比賽、景觀或表演的人；這群特定人口兼具以下特色：

1.泛指相當於全體人口，或一般社交聚集的多數人。

2.經由事先安排處於某段時間及地點。

3.目的在擴大閱聽接收品質。

4.其聚集地點（劇場、大廳、教會）按階級、地位設計。

5.潛在受權威當局的控制。

6.為一集體行為的組織化形式。

因此，閱聽人在沒有大眾傳播媒體的時期被視為：根據娛樂、崇拜、學習、享受、恐懼或哀悼等預期效益，在某一特定時段，經由個人自願方式的公共聚集（McQuail, 1987）。

在沒有大眾傳播媒體的時代，那時的閱聽人的聚集方式，須有預先規劃，連座位安排都受階級、地位左右，而且無形地被權威當局控制。換言之，那個時代的閱聽人，一旦聚集在接收地點，其自主空間十分有限。

相對地，主導規劃或參與戲劇、比賽、景觀或表演的成員，則由現場（劇場、大廳、教會）閱聽人的反應，立即獲知閱聽人的回饋。閱聽人離開演出場地後口耳相傳的口碑、評價（Barranger, 1995），可能間接傳遞給規劃或參與上述活動的成員，形成知曉閱聽人回饋的另一途徑。觀賞後的評價褒貶，可能影響權威當局是否再指定該演出團體表演的意願。

很明顯地，那個時代的閱聽人回饋，可能是現場立即的反應或間接延遲的回響。然而，隨著各場次閱聽人的差異、各場次參與成員的不同，或各場次成員表演與表現的差別，各場的回饋亦有所別。更重要的是，閱聽人回饋是否受重視，與其階級、地位高低有所關聯。階級、地位高者的回饋，可能較受重視。

二、媒體萬能論時期

隨著時代的發展演變，如印刷術的發展，表演與公共傳播形式的商業化，電子媒體出現、媒體社會責任和閱聽人參與日受重視，閱聽人的內涵亦相對調整。除被視為大眾傳播媒體的使用者外，閱聽人也被歸類為一群烏合之眾（Clausse, 1968）、公共或社會團體（Dewey, 1927）、市

場（Graham, 1981; McQuail, 1987）。

早期的傳播研究以媒體效果掛帥，從拉斯威爾的《世界大戰中的宣傳技巧》（*Propaganda Techinque in the World War*）一書開始（Lasswell, 1927），呈現兩次大戰期間，傳播媒體對宣傳的影響力。拉斯威爾在書中指出，例如利用各種形式的傳播——圖片、報導、廣告、故事、謠言等，得以左右人民的意見。自此傳播理論從宣傳研究為基礎，步入傳播效果論階段。這時候閱聽人被視為一群毫無抵抗力的烏合之眾，在宣傳的子彈攻擊下，毫無反擊能力，完全逆來順受，因此又被稱為「子彈理論」（bullet theory）、「皮下注射理論」（hypodermic-needle theory）或是「刺激反應理論」（stimulus-response theory）（Berlo, 1960; Schramm, 1983; DeFleur & Ball-Rokeach, 1982）。

《宣傳的藝術》（*The Fine Art of Propaganda*）一書並列舉了一些宣傳技巧（Lee & Lee, 1939），另外耶魯學派的團體壓力研究、傳播與說服研究，也注重宣傳的效果評估。相關宣傳研究中，閱聽人只是傳播效果下的反應物、被操弄的傀儡，沒有自主性。這一階段的閱聽人被歸類為易受大眾傳播影響的一群烏合之眾，不受重視，只要暴露於媒體內容下，就很容易受其宣傳、說服的效果左右。這時期的大眾媒體被視為無往不利的宣傳利器。

由於閱聽人毫無反擊能力，完全逆來順受，此一階段大眾傳播媒體的閱聽人回饋，是完全順服、信賴的回應。回饋是可被預期的，也往往受到自信過滿的傳播者／單位的忽視。這一時期的傳播過程中，回饋的角色未受重視或探討。

三、媒體有限論時期

類似「子彈理論」、「皮下注射理論」或「刺激反應理論」的觀點，隨後又被傳播效果有限論所取代。一九三八年美國哥倫比亞廣播網播出廣播劇「火星人入侵記」（The Invasion From Mars），使一百多萬聽眾信

以為真，造成這些聽眾不必要的恐慌。於是康垂爾（Hadley Cantril）分別以個別訪談、調查法，並分述統計報紙的報導及郵件量，探討人們那時恐慌的原因及情形（DeFleur & Ball-Rokeach, 1975），結果發現大約有六百萬民眾收聽，其中有百分之二十八的民眾（相當於一百七十萬）誤以為是新聞報導，引起其中一百二十萬人恐慌失措，這顯示「子彈理論」或「皮下注射理論」的效果強度，但相對地，也有將近五十萬的民眾未受影響。狄弗勒等人（DeFleur & Ball-Rokeach, 1975:199-217）指出，康垂爾的研究發現不同個性的人呈現不同的反應，與傳播效果有限論的「個人差異說」相似；不同社會族群顯現不同的反應，又與狄弗勒「社會範疇說」的主張不謀而合；康垂爾並發現親友、鄰舍等社會人際網絡會影響人們面臨驚恐的判斷力，這符合所謂的「社會關係說」。上述研究顯示傳播媒體的效果並非絕對萬能，而是因人而異的，這推翻了傳播效果萬能論，爾後傳播研究的先驅者逐步轉而探索傳播效果有限論。

拉查斯斐（P. Lazarsfeld）、貝洛森（B. Berelson）及高弟（H. Gaudet）等合著的《人們的抉擇》（The People's Choice）一書，以一九四〇年五月美國總統大選為例，分析究竟是那些因素左右人們的投票決定及投票行為。分析結果發現個人的社會背景和心理因素、人際關係、媒體宣傳效果等，都可影響人們的投票行為。他們進一步發現，大眾傳播媒體高頻率、大量的宣傳，的確可激起民眾注意選舉消息的意願，或加強選民的預存立場，但卻不易改變選民的態度及立場。選民本身的信仰、社經背景或居住地區等，才可能影響他們的預存立場與投票行為。

還有一些熱衷政治事務與選舉的選民，常藉由大眾傳播媒體或人際網絡等消息來源獲得相關訊息，這些資訊取得者常成為其他人詢問意見的管道，扮演「意見領袖」的角色。這無形中形成了「兩級傳播」，這群「意見領袖」由大眾傳播媒體或其它方式獲得選情資訊，再加上本身的判斷和意見，成為其他人的消息來源。而那些其他人的投票行為，不見得被傳播媒體直接影響，卻往往因「意見領袖」這樣的人際傳播管道而改變或決定投票方式。

換言之，傳播媒體的效果並非百發百中，而是有限的，必須經由不同的途徑才能將訊息傳遞給閱聽人。這些不同的途徑包括三方面（DeFleur & Ball-Rokeach, 1982）：

1. 個人差異：這裏所指的是個人預存立場的不同，即閱聽人暴露於多樣化的媒體內容，容易接受與自己預存立場相似的訊息，且忽略或遺忘，甚至曲解與自己預存立場不同的訊息，這種過濾、選擇訊息的方式，使得大眾傳播媒體無法直接左右閱聽人的態度或行爲。
2. 社會關係：即人際傳播的網絡，如親友或鄰居、同事等。這些途徑形成大眾傳播內容的中介管道。對大部分的閱聽人而言，傳播媒體訊息須透過其周圍的社會關係，才可能產生影響。
3. 社會範疇：係指相似的社會背景，如年齡層、收入、性別、教育程度、職業、生活型態等相近的特徵。大眾傳播媒體內容對某些上述社會背景接近的閱聽人，可能產生相似的影響與反應。

　　除了政治傳播研究選民投票行爲與態度，呈現「兩級傳播」的型態，跨文化傳播分析本國文化訊息與外國文化訊息對文化認同的影響（黃葳威，民82a; Kim, 1994; Subervi-Velez, 1984），或新事物創新傳布理論中新產品或觀念傳遞給閱聽人的過程，都顯示人際傳播的影響力往往勝過大眾傳播的影響力。

　　這一階段閱聽人研究對閱聽人的角色界定，已由傳播萬能論時期的被動、毫無組織的烏合之眾，進入具個人差異、有選擇能力的閱聽人。

　　回饋在傳播效果萬能論的階段，曾被美化爲完全任訊息傳播者擺佈的預期反應，到傳播效果有限論階段開始抬頭。起先傳播學者對閱聽人的回饋限於一種推測，推測閱聽人的拒買、拒看節目爲一種回饋的表達（Schramm, 1954），並將回饋界定爲接收者對消息來源的反應（Westley & MacLean, 1957），譬如閱聽人對電視節目的收視反應、電視產品的購買情形。

五〇年代後半期，傳播學者修正對回饋的界定方式，認為閱聽人的回饋對象未必只有消息來源（電視台、節目製播者），閱聽人也可向守門人表達回饋，或透過守門人二級傳播方式向消息來源表達回饋。例如透過意見領袖或民意調查機構轉達其回饋，或向意見領袖或民調組織表達其回饋。

　　這一階段閱聽人的回饋採間接、延遲方式呈現。訊息傳播者不再是高高在上，遙不可及，但閱聽人與大眾傳播媒體組織仍保持距離；回饋不再是可預期的訊息，而會隨閱聽人不同的背景及媒體暴露程度有所差別。閱聽人回饋亦透過意見領袖或民意調查機構等中介途徑傳遞。

四、媒體使用與滿足時期

　　六〇年代之後，又有學者對媒體效果論存疑，致由媒體使用角度探索閱聽人的角色變遷。學者鮑爾（R. Bauer）發表〈頑固的閱聽人〉一文（Bauer, 1946），評論以往的文獻是從傳播者的觀點，將閱聽人視為被動的訊息接受者，事實上，閱聽人往往因為需要解決問題而積極尋求相關訊息，這代表閱聽人可扮演主動的角色。這個觀點引起研究者探索媒體使用與滿足的領域。

　　使用與滿足理論強調閱聽人的主動性，以及閱聽人對傳播訊息的功能、可從中獲得滿足的程度。這種取向推翻文獻只重視媒體效果，卻輕忽閱聽人選擇性的理解與偏好。使用與滿足的基本假設如下（Katz, Blumler & Gurevitch, 1974）：

1. 閱聽人是有目的的來使用大眾傳播媒體，如基於心理或社會需求，意藉媒體使用來滿足需求。
2. 媒體只能滿足閱聽人一部分的需求，媒體須與其他消息來源如人際傳播等需求的滿足相抗衡。
3. 閱聽人是理性的，能瞭解自己的興趣和動機，且可清晰地表達。

4.閱聽人在傳播過程中扮演主動使用的角色。

5.只需經由閱聽人自我報告的陳述,即可發現有關傳播的文化意義,而無需對傳播媒體逕下任何價值判斷。

由此可見,早期閱聽人研究從媒體效果論出發,探討傳播媒體訊息對閱聽人的影響,以及媒體所產生的效果,由媒體效果萬能論至媒體效果有限論皆然。另一方面,使用與滿足理論則主張以閱聽人的需求為主,調查閱聽人使用媒體是否滿足其需求的程度。凱茲等學者以為(Katz, Blumler & Gurevith, 1974),使用滿足理論可彌補過往媒體效果論的缺失,且重人文為主的研究取向。

傳播者由循環模式角度審視大眾傳播中媒體與閱聽人的互動,認為閱聽人對媒體的印象、來自媒體的壓力或限制、閱聽人對媒體內容的選取、閱聽人所處的社會環境、閱聽人的人格結構及自我印象,均影響傳播過程中閱聽人的回饋(楊志弘、莫季雍譯,民77;Meletzeke, 1963)。

閱聽人的回饋在這一階段,仍以間接、延遲的方式傳遞給傳播者。閱聽人不再照單全收大眾傳播媒體內容,而是選擇性地收視或拒絕收看。這一階段閱聽人對傳播媒體不如早期般盲從,但彼此交往也不太密切,而是透過民意調查或市調組織與傳播媒體組織/製播者「打交道」。

五、結合媒體批評與使用時期

一九八三年出版的《傳播學季刊》(*Journal of Communication*)以「發酵中的領域」(Ferment in the Field)為主題探討,由媒體批評的詮釋觀點來審視閱聽人與媒體的關係。這一歐洲流行的文化研究觀點,刺激了原本以量化統計研究閱聽人的美國主流傳播研究。

大眾傳播學者詹森及羅森袞(Jensen and Rosegren, 1990)甚至在《歐洲傳播學季刊》(*European Journal of Communication*),發表〈尋找閱聽人的五個傳統〉(Five Traditions in Search of the Audience)一文,討論

整合社會科學方法（效果研究、使用與滿足研究）與人文典範（文學批評與文化研究）的可行性，文中並認為詹森及摩利（David Morley）等學者採取的接收分析是兼具量化與質化方法的閱聽人分析。

接收分析原本是探討傳播訊息來源製碼系統與閱聽人的解碼系統、社會環境之間的互動關係（Morley, 1992）。接收分析可比較訊息製作者的製作理念與閱聽人解讀、詮釋的異同消長。然而，由於訊息來源製碼系統的資料取得不易，摩利的閱聽人接收分析也逐漸輕忽訊息來源一端的分析，而著重閱聽人詮釋訊息的討論（林福地，民85）。

在這一結合媒體批評與使用的階段，閱聽人被界定為多義性的文本詮釋者（Fiske, 1983）。閱聽人的回饋透過報章、雜誌「讀者投書」、電視叩應節目、電子布告欄、閱聽人服務熱線等表達；同時其方式漸進多元，直接、間接、延遲等各種回饋方式都漸漸受到重視。由於閱聽人對訊息「詮釋」的自覺能力，提供了節目製播者若干的刺激與反省。一些在語言與文化上的弱勢族群，其意見漸漸受到重視。

本書將呈現的是，閱聽人收看電視的反應及其與電視媒體或節目製播者互動的型態，進一步探析電視閱聽人與節目製播單位的溝通管道是否暢通，藉此反映電視製播單位是否採納閱聽人的回饋，隨時修正製播方向，確實肩負服務閱聽人與教化社會的使命。

參、電視使用型態與閱聽人的主動程度

閱聽人與電視的互動溝通須賴雙方伸出友誼的手，且主動的踏出第一步。本節將呈現台灣地區民眾對電視的使用型態，及對叩應節目的參與情形。

儘管使用與滿足理論嘗試重視閱聽人的主動角色，但羅賓與柏絲（Rubin & Perse, 1987）指出，當閱聽人有目的地使用傳播媒體，才可能扮演主動的角色。羅賓將閱聽人使用傳播媒體的型態分為工具性和儀式

性兩種。前者即為有目的地使用媒體。

一、媒體使用型態定義

所謂工具性和儀式性使用的定義大致為（Rubin & Perse, 1987）：

1.工具性使用型態：
  (1)動機：追求刺激、娛樂、資訊的滿足。
  (2)態度：相信媒體內容是真實的，感覺媒體內容和自己很接近。
  (3)行為：有目的地使用媒體，使用媒體的涉入程度深，且主動、有選擇性地使用媒體。
2.儀式性使用型態：
  (1)動機：消磨時間。
  (2)態度：不感覺媒體內容與自己的生活很接近。
  (3)行為：消極、未經選擇地使用媒體，不專心涉入且容易分心。

二、工具性使用型態

根據有關台灣地區的傳播行為調查發現（黃葳威，民85），台灣地區民眾對於使用電視較傾向採工具性使用型態，這顯示台灣地區民眾在收看電視型態已扮演主動的角色。

如表1-1所示，受訪民眾中近九成基於娛樂性動機收看電視；另各有七成以上受訪者分別為了「學到一些做事的方法」或「學到一些自己可能會面臨的事」而收看電視。

在態度方面，近八成受訪民眾有點同意或相當同意以下敘述：「假如電視有一天遭到全面停播，我大概會懷念以前有電視的日子」；有七成以上受訪民眾有點同意或相當同意「電視節目呈現的事物在真實生活中確實發生過」；另有六成以上的人有點同意或相當同意「電視節目讓

表1-1　台灣地區民眾工具性電視使用型態分布

	很不同意		不太同意		有點同意		相當同意	
	人數	%	人數	%	人數	%	人數	%
動機類								
因為它很刺激 （N=599）	204	31.4	257	42.9	113	18.9	25	4.2
因為它令人震撼 （N=591）	164	27.7	245	41.5	151	25.5	31	5.2
因為它有娛樂性 （N=609）	28	4.6	38	6.2	337	55.3	206	33.8
因為我樂於收看 （N=599）	74	12.4	134	22.4	235	39.2	156	26.0
因為我可藉機學 到一些自己可能 會面臨的事 （N=616）	46	6.7	78	11.3	302	43.8	190	30.8
因為它幫助我瞭 解自己和別人 （N=602）	53	8.8	129	21.4	259	43.0	161	26.7
因為我可以學到 一些做事的方法 （N=606）	35	5.8	102	16.8	298	49.2	171	28.2
因為這樣我可以 和別人一起討論 電視內容 （N=604）	101	16.7	206	34.1	212	35.1	85	14.1

	很不同意		不太同意		有點同意		相當同意	
	人數	%	人數	%	人數	%	人數	%

態度類

	很不同意		不太同意		有點同意		相當同意	
我寧可只收看電視新聞而不收看其他電視節目（N=624）	79	12.7	223	32.4	170	27.2	152	24.4
我不能好幾天沒有電視（N=610）	123	20.2	169	27.7	138	22.6	180	29.5
如果沒有電視我會感到生活中好像失去了什麼（N=599）	114	19.0	135	22.5	203	33.9	147	24.5
假如電視有一天遭到全面停播我大概會懷念以前有電視的日子（N=606）	55	8.0	75	12.4	222	36.6	254	41.9
觀看電視是我一天中比較重要的事情之一（N=609）	157	25.8	208	34.2	160	26.3	84	13.8
電視節目呈現的事物在真實生活中確實發生過（N=603）	25	4.1	136	22.6	317	52.6	125	20.7
我相信在電視節目呈現的事物就是它本來的樣子（N=599）	119	19.9	306	51.1	141	23.5	33	5.5
電視節目讓我看到別人如何生活（N=604）	41	6.8	161	26.7	309	51.2	93	15.4
電視節目呈現的人生是很真實的（N=603）	97	16.1	284	41.2	161	23.4	61	10.1
電視節目讓我看到其他地方發生的事情，就彷彿我置身在那裏一樣（N=605）	62	10.2	222	36.7	226	37.4	95	15.7

	很不同意		不太同意		有點同意		相當同意	
	人數	%	人數	%	人數	%	人數	%
行為類								
把一個電視節目從頭看到尾，對我來說很重要（N=596）	159	26.7	245	41.1	130	21.8	62	10.4
為了不要錯過電視節目，我會對一下時間看是否到了播出時間（N=610）	104	17.0	187	30.7	200	32.8	119	19.5
我經常會特別挪出一些時間來收看電視（N=608）	93	15.3	170	28.0	231	38.0	114	18.8
看完電視節目後我經常會去思考一下剛才的所見所聞（N=606）	42	6.9	148	24.4	295	48.7	121	20.0
我經常會一邊看電視，也一邊和別人討論節目的內容（N=606）	74	12.2	192	31.7	263	43.3	77	12.7
我經常會和別人討論最近我在電視上看到的事情（N=606）	68	11.2	181	29.9	264	43.6	93	15.3
我經常會在看電視節目時也一邊思考節目的內容（N=609）	43	7.1	142	23.3	308	50.6	116	19.0

我看到別人如何生活」。但不到三成的人有點同意或相當同意「我相信在電視節目呈現的事物就是它本來的樣子」。這反映大部分民眾參考電視內容，認識生活百態，但也理性地知道電視節目內容與實際人生不盡相同，符號眞實不等於主觀眞實。

工具性媒體使用行爲部分，分別有近七成的受訪民眾有點同意或相當同意下列敘述：「我經常會在看電視節目時也一邊思考節目的內容」、「看完電視節目後，我經常會去思考一下剛才的所見所聞」。這表示閱聽人在收看電視的過程或結束後，皆會咀嚼節目內容，產生不同階段的回饋反應。

三、儀式性使用型態

至於儀式性媒體使用動機，如**表1-2**所示，除有六成以上受訪民眾基於電視可打發無聊時間收看電視，其餘動機類敘述的百分比分布均較低。

儀式性媒體使用態度，除有六成民眾有點同意或相當同意「觀看電視是我一天中比較重要的事情之一」，其餘態度類敘述的百分比分布均較低。

儀式性媒體使用行爲方面，除有六成民眾有點同意或相當同意「把一個電視節目從頭看到尾，對我來說很重要」，其餘行爲類敘述的百分比分布也較低。

由前述台灣地區民眾電視使用型態不難發現，大部分的民眾是有目的地使用電視，這似乎代表台灣地區的電視閱聽人已開始扮演「主動閱聽人」的角色觀看電視。一般民眾對於傳播媒體互動呈現方式的參與程度又如何呢？

另一項針對台灣地區北、中、南、東區域的調查顯示（黃葳威，民84a），有五成以上受訪民眾收看過三台電視的叩應節目，四成六的民眾未曾收看三台叩應節目，有不到一成的民眾不知道什麼是叩應節目

表1-2　台灣地區民眾儀式性電視使用型態分布

	很不同意		不太同意		有點同意		相當同意	
	人數	%	人數	%	人數	%	人數	%
動機類								
因為我沒有其他更好的事可以做（N=602）	173	28.7	165	27.4	167	27.7	97	16.1
因為我無聊時，它能打發時間（N=604）	95	15.7	110	18.2	240	39.8	159	26.3
只因為電視機剛好開著（N=587）	219	37.3	195	33.2	142	24.2	31	5.3
因為它讓我覺得有事可做（N=593）	158	26.6	204	34.4	191	32.3	40	6.7
只因為我沒有可說話的對象或無人陪伴（N=591）	206	34.9	181	30.6	146	24.7	58	9.8
態度類								
我寧可只收看電視新聞而不收看其他電視節目（N=624）	152	24.4	170	27.2	223	32.4	79	12.7
我不能好幾天沒有電視（N=610）	180	29.5	138	22.6	169	27.7	123	20.2
如果沒有電視我會看到生活中好像失去了什麼（N=599）	147	24.5	203	33.9	135	22.5	114	19.0
假如電視有一天遭到全面停播我大概會懷念以前有電視的日子（N=606）	254	41.9	222	36.6	75	12.4	55	8.0
觀看電視是我一天中比較重要的事情之一（N=609）	84	13.8	160	26.3	208	34.2	157	25.8

（續）表1-2　台灣地區民眾儀式性電視使用型態分布

	很不同意		不太同意		有點同意		相當同意	
	人數	%	人數	%	人數	%	人數	%
行為類								
把一個電視節目從頭看到尾，對我來說很重要（N=596）	62	10.4	130	21.8	245	41.1	159	26.7
為了不要錯過電視節目，我會對一下時間看是否到了播出時間（N=610）	119	19.5	200	32.8	187	30.7	104	17.0
我經常會特別挪出一些時間來收看電視（N=608）	114	18.8	231	38.0	170	28.0	93	15.3

（表1-3）。然而，這中間僅有不到一成的民眾打過電話給電視台叩應節目主持人（表1-4）。

　　有線電視方面，近六成受訪人士表示看過有線電視叩應節目，不到四成的人沒有看過（表1-5）。但其中僅不到一成的民眾打過電話給有線電視叩應節目主持人（表1-6）。

　　這些反映一個現象：收看電視叩應節目者多，但真正主動打電話參與叩應的畢竟只是少數。

　　平心而論，現有報章雜誌讀者投書以及廣播電視叩應節目所呈現的互動議題，多以社會公共議題為主，或以批評其他媒體議題居多──如在報章雜誌投書欄發表民眾對廣播或電視節目的看法，或在報章雜誌刊登有關電視節目收視率調查結果。從閱聽人角度來看，一般大眾對傳播媒體的回饋途徑，仍以間接主動為多；較少媒體刊登讀者針對本身內容的投書專欄，或以本身節目內容作為叩應討論主題。

表1-3　台灣地區民眾收看三台叩應節目分布

是否看過三台叩應節目	人　數	百分比
是	305	50.9
否	276	46.1
不知道什麼是叩應節目	18	3.0
Total	599	100.0
有效問卷601份，作答人數599人		

資料來源：黃葳威，民84a。

表1-4　台灣地區民眾參與三台叩應節目分布

是否打過電話給節目主持人	人　數	百分比
是	27	4.6
否	554	95.4
Total	581	100.0
有效問卷601份，作答人數581人		

資料來源：黃葳威，民84a。

表1-5　台灣地區民眾收看有線電視叩應節目分布

是否看過有線電視叩應節目	人　數	百分比
是	261	57.3
否	180	39.6
不知道什麼是叩應節目	14	3.1
Total	455	100.0
有效問卷601份，作答人數455人		

資料來源：黃葳威，民84a。

表1-6　台灣地區民眾參與有線電視叩應節目分布

是否打過電話給有線電視節目主持人	人　數	百分比
是	44	5.0
否	416	95.0
Total	438	100.0
有效問卷601份，作答人數438人		

資料來源：黃葳威，民84a。

因此，即使有少部分民眾打電話參與電視叩應節目的話題討論，也僅代表民眾使用了電視台互動傳播的途徑之一。電視台另外還提供了那些管道蒐集閱聽人的回饋，特別是針對本身節目內容品質良莠的回饋，實值得深入探索。

肆、本書結構

本書主要目的，在整理並介紹回饋的相關理論與實際研究，全書分為理論方法篇、整體結構篇、接近使用篇及回饋參與篇等四篇，共計十六章。除第一章敘述數位台灣與數位落差現象，及回饋在閱聽人與媒體之間所扮演的重要角色外，理論方法篇中第二章回饋的概念、特性與應用，將審視回饋在社會學、心理學，以及傳播學的概念取向，從模控學的運作本質看回饋模式，正回饋、負回饋在社會學與心理學的定義應用，同時談到心理學提供回饋的適當方式，臨床心理學如何協助個體接受回饋來改善行為表現。作者並比較回饋在大眾傳播模式的歷史演變，分析回饋在電視多頻道時代的特性等，試圖彙整回饋在上述三領域的文獻。

探討閱聽人對傳播媒體回饋的文獻大致分為以下取向：視閱聽人對媒體的回饋為媒體接近使用權的一種（陳世敏，民78；Garay, 1978; Matta, 1984; Menon, 1986; Silberman, 1979）；從媒體效果或影響層面分析參與讀者投書或叩應節目、收視率民意調查等的閱聽人特質（Vacin, 1964; Turow, 1974; Cotter, Perry & Storall, 1994）。前者從法規結構角度詮釋閱聽人回饋管道暢通的重要性，缺乏實證分析數據驗證；後者雖有調查數字驗證，卻將閱聽人回饋的意見範圍偏限於類似叩應節目的公共議題，或評析其他媒體議題。而且，兩取向均忽略閱聽人對傳播媒體的熟悉—信賴程度，也可能影響閱聽人是否主動表達其回饋意見，或冷眼旁觀地與媒體保持距離。

因此，第三章回饋與媒體接近使用權、訊息呈現及疑慮消除，將先後檢視媒體接近使用權與回饋的關聯性，讀者投書、叩應節目與回饋的研究論述。此外，並由人際傳播疑慮消除理論剖析閱聽人回饋與電視媒體的關係。

第四章走向電視閱聽人：獲悉閱聽人回饋的研究方法，則從研究方法層面介紹獲知閱聽人回饋的方式，如焦點團體研究、迷你戲院研究（Mini-theatre Research）、電纜基研究（Cable-based Research）、質的電話／郵寄訪問等，這四種方式為美國加州閱聽人研究中心（Audience Survey Institute, ASI）在八○、九○年代常採用的研究方法，希望對閱聽人分析及電視實務界有所助益。

第二部分媒體結構篇中第五章台灣地區民眾對電視媒體的回饋，將呈現台灣地區民眾對電視媒體的回饋型態，包括「有所距離」、「單向有限」、「比較信賴」等三種型態。本章並將分析人口基本變項、疑慮消除策略、媒體使用型態與回饋的關係。其中回饋型態量表，反映閱聽人與電視的互動方式，具有原創性（originality），或可提供電視觀眾研究參考。

第六章電視節目製播者與回饋，則從電視節目製播者（傳播者）的角度，分析國內電視節目製作人、導播、主管人員對閱聽人回饋的看法，及是否提供若干管道獲知閱聽人回饋。本章同時描述製播節目流程、構思一節目的考慮因素、製播者對收視率或叩應節目的看法等。

第七章有線電視與消費行為，思索有線電視與消費行為的議題，分析多頻道生態下閱聽人、電視台、廣告主的三角關係，文中並比較國內現有收視率調查的現況，和其中所展現的閱聽人意涵。

隨著e世代、數位傳播紀元的展開，閱聽人選擇管道日趨多樣化。當遙控器已成為電視觀看的主要入口（人們常因找不到遙控器而無法開電視，或忘記由螢幕下的開關也可開機），使用遙控器轉台的情形早已普遍，因而，一般閱聽人觀看電視的轉台行為，除代表閱聽人的收視自主權，也成為追蹤媒體使用過程的重要依據。第八章呈現台灣地區民眾對

無線電視的轉台行為。

第三部分為媒體使用篇，從閱聽人的角度來看，廣播與電視多頻道、多選擇時代的來臨，類似新聞編排的策略，是否真令閱聽人「印象深刻」？他們對那些新聞內容記憶猶存？第九章將探討電視新聞編排次序對閱聽人的影響。

除電視新聞編排次序之外，新聞配樂又扮演何種角色？第十章電視新聞配樂對閱聽人的影響為一初探性研究，將探索電視新聞配樂的效果──分別就電視新聞配樂對收看方式相異的閱聽人回憶程度的影響，並對閱聽人接收電視新聞的型態進行研討。

第十一章閱聽人對公益廣告的接收分析：以職場健康宣導片為例，分析一般中小企業人士對公益宣導片的接收意見，同時獲悉公益廣告需要加強或改善的議題方向。

從電視媒體生態來看，青少年是媒體絕不放棄的目標對象；但站在青少年自主性的角度，青少年對電視的媒體接近權如何，值得正視。第十二章則將關懷多元社會中青少年媒體接近權，探討頻道自主權、廣告反思與收視行為。

第三部分回饋參與篇以弱勢社群的媒體參與權為主軸，第十三章到第十五章探討不同社群對不同型態節目的回饋，分別由三篇研究論述組成。第十三章弱勢社群對電視新聞節目的回饋，討論弱勢社群對新聞節目的回饋，作者先後介紹弱勢社群與主流社會文化的相關研究，呈現原住民新聞報導現況觀點再現的問題，並討論獲知原住民閱聽人意見的途徑。

第十四章弱勢團體的媒體接近使用分析：以聽障人士收看電視為例，先後探討聽障人士對電視節目的接近權、使用權，以及參與權。

第十五章青少年對電視益智節目的回饋，分析青少年社群對電視益智節目的回饋，作者分別探索青少年文化在當代社會的文化意涵、青少年使用傳播媒體相關論述，以及電視益智節目的生存空間，文中同時檢討電視益智節目內容走向與得失，希望對益智節目製播者認識青少年與

製播節目有所啟示。

　　一九八一年十一月二十日，聯合國通過「聯合國兒童權利公約」，強調兒童在現代社會中的定位與應享有的權益。傳播媒介為當代社會促進地域、族群溝通的重要機制，國家未來的主人翁——兒童，在媒介接近使用權的層面一直扮演弱勢的角色，第十六章學齡前幼童對幼教頻道內容的回饋，將從整合行銷觀點探討國內幼教頻道的訴求，和幼童、親子接收的偏好與需求。

問題討論

1. 請尋找「閱聽人監督聯盟」、「媒體觀察基金會」的資料，瞭解類似閱聽人團體究竟在做些什麼事？
2. 請想一想台灣在媒體解嚴與解構前後，對於媒體閱聽人產生的影響有哪些？
3. 請想一想什麼是數位台灣（e-Taiwan）計畫？會對生活產生哪些影響？
4. 請想一想什麼是數位落差（digital divide）？如何減緩其中的鴻溝或差距呢？
5. 請想一想你自己或親友使用傳播媒體的情形，如何善用閱聽人回饋的力量？

第一篇
理論方法篇

第二章
回饋的概念、應用與特性

不論就電視經營管理或節目規劃策略來看，電視閱聽人的回饋均扮演舉足輕重的角色。而閱聽人回饋與電視製播者之間的互動，也常游移在「愛」與「恨」之間。

　　回饋（feedback）就字面意義來看，是先有贈予、注入，或資訊輸入的「饋」，爾後產生接收者對「饋」者的反應、效果或互動溝通——「回」的運作。回饋一詞普遍用於社會學、心理學，以及傳播學的領域。這一章將分別檢視回饋在上述三領域的概念取向、應用層面與特性。

壹、社會學層面的回饋

　　這一節將由社會學層面來分析回饋的概念取向，相關文獻大致從訊號傳遞、訊號接收與訊號交換三角度探討回饋概念、應用與特性。

一、訊號傳遞角度

　　從社會學的觀點來看，回饋如同模控學（cybernetic）的運作本質，係表示「影響一系統現階段運作、行動的任何事宜」（Monane, 1967:5）。社會學者莫南（Monane, 1967）認為，系統包含傳遞者與接收者的傳遞形式，以及中間所傳遞的內容形式。系統本身由資訊／能源（以及人）相互組成。莫南分析一個正常運作的社會體系包括（Monane, 1967:3-4）：

1. 系統組成要素——即彼此互動的人、觀念、情感與人為事物。
2. 牽涉系統內組成要素的資訊／能源傳遞及接收。
3. 系統與外在環境的資訊／能源傳遞與接收。
4. 包括其他系統的外在環境。
5. 樹立獨特認同的原則。
6. 動力單位。

7.主導系統持續運作的正回饋。

8.阻礙系統運作的負回饋。

9.經由正回饋而被允許、鼓勵的轉變。

10.經由負回饋而被抵制、壓抑的轉變。

11.逐出、限制及轉型。

12.持續導致負回饋的不同轉變。

13.系統瓦解。

14.系統重組。

　　舉例來說，如果上述社會體系為一社團組織，系統組成要素包括社員、社團綱領、社員之間的感情，及社團財產設備（或辦公地點）。社團組織不僅涵括社員之間的消息交換，也有這個社團和所處社區或環境的消息交換。這個社團有其特有的社員認同原則、組織規章，也可舉辦活動、會議（動力單位）來與所處環境互動，或讓其他人知道這個社團組織。這個社團組織因活動、會議的舉辦，引起社團或其他人給予的肯定、讚揚、榮譽，因而形成正回饋。也可能由於類似活動、會議的舉辦，招致社員或其他人的批評、反對，因而形成負回饋。正面的評價產生被鼓勵的社團組織轉變；負面批評導致被抵制壓抑的轉變。這個社團組織活動、資金、部門之間運作良好可不斷的發展，也可能因組織內任一環節運作不當而導致系統瓦解或重組。

　　模控學主要在分析系統的控制與規範，並注重系統的回饋（Handy & Kurtz, 1964）。模控學探討系統如何評估測量運作效果及如何採取必要的適應方式（Littlejohn, 1978），回饋在其中的重要性可見一般。最簡單的模控裝置包括感應裝置（sensor）、比較裝置（comparator）及催化裝置（activator）三部分（Littlejohn, 1978）。其中感應裝置負責提供回饋給比較裝置，並判斷機器是否偏離既定運作規則；然後由比較裝置提供指示給催化裝置，這一階段的輸出並對環境造成影響；簡而言之，輸出－回饋－適應（output-feedback- adjustment）的基本過程構成了模控學的基礎

（Littlejohn, 1978）。這呈現回饋在系統運作、控制的重要地位，且說明回饋所帶來的效益不只限於系統本身，還包括對所處環境的影響。

　　事實上，回饋機制本身也有相當的複雜性。早在四〇年代便有學者提出模控學複雜性的模式。探索回饋與控制在不同層面的複雜性。

　　如圖2-1所示，模控學複雜性模式展現行為的兩種基本差異：主動與被動。在一組織系統中，引發行為目的的主要動力來自於主動的行為；被動行為則呈現對外在刺激的反應。而主動的反應又可區分為有目的的與漫無目的的行為。研究模控學的學者強調（Rosenblueth, Wiener & Bigelow, 1943），所有有目的的行為都需要回饋，而回饋的本質多少都帶有複雜性。因此，有目的的行為又可區分為複雜與簡單的回饋機制。

　　簡單的行為系統中，系統對回饋的反應只消將系統組織打開或關閉即可，例溫度計對氣溫的反應；複雜的行為系統中，則在運作行動中依據正回饋或負回饋來調整、適應（Littlejohn, 1978）。這顯示回饋的複雜程度不一，會視系統的複雜程度不同而各有差異，並非一成不變。

　　再者，複雜的行為體系又可分為預知與非預知的。預知的行為系統中是以預先設想的立場或反應為基礎，而非根據實際的立場或反應（Littlejohn, 1978）。這如同下象棋時，雙方互相預先設想對方的棋路，在走每一步棋，哪一方能預測、預知對方的棋路，愈可能贏得一場比賽。

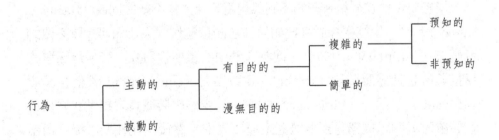

圖2-1　模控學複雜性模式

資料來源：Rosenblueth, Wiener & Bigelow, 1943.

模控學者還提出一簡單的回饋模式（見圖2-2）。這個回饋模式包括動力來源、輸出及控制機制。根據系統的複雜性及輸出的本質，控制機制局限於系統機制本身所能運用的控制（Wiener, 1961）。

依照系統控制模式的不同，系統對輸出提供給控制機制的回饋也有不同模式。學者柏克里（Buckley, 1967）詮釋了三種控制模式（見圖2-3）。

第一種情況是動力來源的訊號經由控制機制的調整再傳遞至輸出部分，如同人聲經由擴大器再播送出來；第二種情況是動力來源訊號需經由控制機制控制、接通的通路，再將訊號傳遞至輸出部分，譬如自動溫度計控制的空調設備，當氣溫在設定的溫度範圍，則自動關閉，當氣溫不在設定範圍，則自動開啓；第三種情形則由控制機制左右動力來源選擇不同的輸出裝置，就好像電導飛彈會隨著目標物的回饋控制機制不同的引導，選擇航行的方向（Buckley, 1976）。這些均說明回饋訊息固然可以傳回給控制機制，但系統如何將動力來源的訊號傳遞給輸出裝置，仍要視各系統不同的控制模式而定。

社會學者也將類似系統比喻為汽車引擎、化油器、渦輪、油箱、加油踏板、車速之間的互動依存狀態。強調系統內各部門之間運作的循環關係，可決定一系統功能的正常活動及發揮。回饋代表一種反應過程或反應訊息。

莫南（Monane, 1967）甚至主張，正回饋可促使一系統現階段的持續運作，並加強此系統向正確的方向邁進；而攔阻一系統正常運作或使其

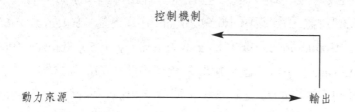

圖2-2　簡單的回饋模式

資料來源：Wiener, 1961.

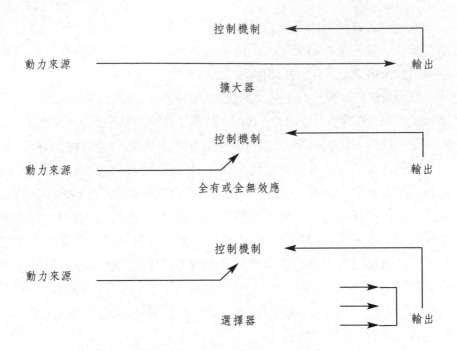

圖2-3　柏克里的三種控制模式

資料來源：Buckley, 1967.

延緩動作的便是負回饋。不論正回饋、負回饋，兩者均來自接收者。簡言之，回饋是接收系統的反應，這反應應可能是加速系統活動的正回饋，可能是阻礙、中止系統運作的負回饋，或是毫無反應（回饋）。

　　一九五〇、六〇年代的一些心理學者和行為學派研究者，還將正回饋所形成的效益，視為不同社會系統的引導機制（Hilgard, 1965; Issac, Thomas & Goldiamond, 1960; Jenkins & Stanley, 1950; Skinner, 1960，以上轉引自Monane, 1967）。甚至類似系統持續運作的加強機制可能在傳遞者和接受者均不知情的狀況下形成。莫南稱類似正回饋為系統內或系統與他系統之間的「愛」（love）的運作交換；負回饋則如同「恨」（hate）的運作。因此，莫南十分推崇回饋中對系統有良性影響的正回饋，將其視為組成分子間的感情（affect）溝通。

回饋較常被歸類爲一種反應訊息，而非反應過程。系統理論研究者柏林（Berrien, 1968）認爲，可控制的組織系統妥善運用回饋訊息，將有助於其瞭解生存及運作之道。

由此可見，回饋僅被某些系統理論研究者視爲一種訊息或訊號。這種訊息或訊號可隨著組織體系能否善加運用，而作爲規範、修正系統運作的參考。這表示回饋固然會伴隨系統活動而產生，但可能因爲被忽視而限制回饋對系統運作的貢獻或價值。

系統學派的論點很明顯地是從傳遞者的角度切入，主張回饋對系統中傳遞者運作過程有參考意義，應視回饋爲一經由刺激後的反應訊息。審視五○、六○年代有關回饋的概念取向，較從系統宏觀的觀點，或較從訊息／訊號傳遞者的觀點出發，來闡釋與評估回饋對兩者的意義。如果我們將廣播電視臺、電視公司視爲不同的組織系統，回饋可以涵括聽眾、觀眾對廣播或電視的收聽或收看反應。廣電媒體若能依據這些反應適度調整輸出的訊息──節目內容或播出方式等，不僅有助於組織系統的良性運作經營，在受播者的角度來看，也可拉近媒體與閱聽大眾的距離。

二、訊號接收角度

社會模控理論便將控制系統維繫生存的訊息來源分爲回饋與前饋。前饋的概念，根據羅賓（Ruben, 1972）的說法是「傳播者的回饋相當於受播者的前饋」。羅賓認爲從受播者接受訊息的角度來看，訊息接受者在將反應（回饋）給訊息傳遞者時，對傳播者而言是回饋，就訊息接收者來看是前饋。

羅賓基本上已脫離過去從系統、訊息傳遞一方的觀點審視回饋，他以改由訊息接收者的視野來分析回饋（或前饋）。這一階段的回饋相當於前饋。

羅吉斯和金凱（Rogers & Kincaid, 1981）進一步主張，組織系統傳遞

的回饋僅是資訊交換過程的一部分，完整的有效傳播過程還需包括前饋才可達成。兩人認為前饋是接收訊息者產生回饋前的訊息處理過程。這表示，訊息接收的一方在形成回饋時，已先主動經過前饋的過濾。

　　根據上述主張可以推論，受播者的反應不是消極、被動地被刺激產生，而是受播者可主動控制其反應的一種表現。就社會模控理論的分析而言，前饋可協助訊息接收的一方，有效地選擇適於同一系統訊息傳遞者的接受方式、範圍進行回饋。由於其以過濾同一系統不需要或無能力承受的部分反應，因而可以改善這個系統的運作方式。

　　研究者還進一步將回饋分為三種狀態（見圖2-4），分別是平衡狀態、成長狀態及改變狀態。

　　所謂平衡狀態牽涉到運用負回饋使系統正常運作，當負回饋顯示運作偏離標準，系統便使自動調整回歸標準線（Littlejohn, 1978）。例如：一企業組織主管打算維持與屬下的和諧支持關係，便不斷鼓勵屬下，一旦屬下覺得未被主管支持而產生負回饋，這位主管更努力嘗試伸出支援的手。

　　第二個狀態是成長狀態，即當系統偏離標準，正回饋一直保持系統處於偏離，結果是不斷超越原來的狀態（Littlejohn, 1978）。這又如同一對戀人的關係，女方常跟其他友人外出，引起男方的不滿，由於男方掩飾未表達不滿，又促使女方愈常跟其他友人外出，這又更造成男方的嫉妒與憤怒，形成惡性循環。換言之，正回饋未必是好的回饋，負回饋也未必是不好的回饋，特別當負回饋可促使系統平衡運作時。這與莫南對正、負回饋的界定有別。

　　第三狀態是改變狀態，係指系統由一狀態轉換至另一狀態，這其間的轉換需要正回饋及負回饋：正回饋促使系統偏離原來標準，而朝一新方向前進，負回饋則促使每一階段系統運作維持平衡（Littlejohn, 1978）。例如一名學生準備轉系，當她愈偏離原來科系的興趣，相對也往新的科系方向邁進；而轉系之後，也不斷根據負回饋來調適對新系課程的適應。

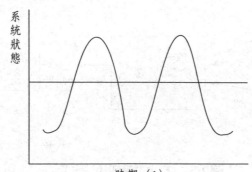

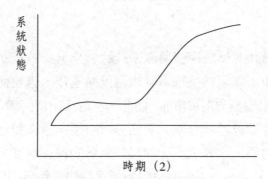

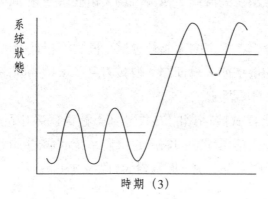

圖2-4　三種回饋狀態

資料來源：Littlejohn, 1978.

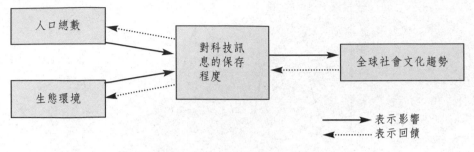

圖2-5　人類社會演化模式

資料來源：Lenski & Lenski, 1978.

　　前面三種回饋狀態反映回饋與原系統狀態及另一系統狀態的關係，也呈現回饋的對象不局限於系統本身現階段的運作，也包括下階段的運作。這些說明回饋的進行是持續的，而非一次定江山便停滯不前。

　　此外，有學者從總體社會學的層面分析回饋，將人類社會演化的模式分為人類總人口數、生態環境、對科技訊息的保存程度，及全球社會文化趨勢四方面（Lenski & Lenski, 1978）。這些學者強調，科技對人口總數的回饋及對生態環境的回饋，組合成為人類社會演化模式的回饋方式（見圖2-5）。

　　根據總體社會學者提出的人類社會演化模式，科技對人口總數的回饋如同人口成長的增加或人為抑制；科技對生態環境的回饋方面，較為人關心的是生態保育問題。

　　人類社會演化模式將回饋的方式分為對社會體系中社會現況的回饋，及對所處自然生態環境的回饋。這又將系統回饋的範圍由內部延伸至外部；即由對社會人為現況，擴及對大自然生態環境。

三、訊號交換角度

　　在《參與和疏離》（*Involvement and Detachment*）一書中，甚至將回

饋的結構（mechanism）視為一種內在控制與外在控制的循環運作。作者並強調（Elias, 1987），回饋這種循環運作牽涉到與他人的關係，及與外在自然的關係，但回饋在這兩層面的運作方式則不盡相同。

伊利亞斯（Elias, 1987）分析，在人們與自然環境的關係中，自我控制與其對外在事件的控制標準較高；在人們與社會其他成員的關係中，自我控制及對類似社交關係的控制標準則較低。他並舉例說明，人們可以相當有自制能力地與自然保持疏離，且嘗試操縱大自然。然而，人們卻很難想像在與他人的社會關係上，可以有多少疏離或控制的能力。這顯示在回饋的互動過程中，能否改善系統運作或對系統有所影響，仍應視互動雙方的關係而定，沒有一定不變的方式。

其次，這一階段回饋的概念取向，也有別於五○、六○年代僅從系統或訊息傳遞者的角度分析，或七○年代有學者由訊息接收者的觀點提出前饋角色。回饋仍與系統組織中訊息傳遞者及訊息接收者雙方關係的「參與和疏離」的程度密切相關。

因此，社會學者柯林斯（Collins, 1988）認為，回饋就其本身而言未必是「聰明或有目標方向的」（intelligent or goal-directed）。韓納門（Hannamen, 1987）甚至稱有些回饋是「愚蠢的回饋」（dumb feedback）。

例如，我們可以將汽車化油器、冷卻系統、發動器、火星塞視為一個封閉的系統，而化油器、輪胎則因分別與環境中空氣、地面有所接觸，形成一開放系統。按常理而論，踏油門帶動化油器、汽缸、驅動鏈條、發動器、車輪等，但這中間有一環節出狀況，或冷卻器出狀況、氣溫過低等，未必都能發動車子（見圖2-6）。

理論上，油門越加油，越能帶動車輪，加速車速，但若化油器出了問題，反而適得其反。這反映回饋未必是利多於弊，運作狀況不同而各有差異。

柯林斯並強調（Collins, 1988），較高層次的回饋，已不在於牽涉到的相關物質實體，而是與資訊動向密切相關。他以暖氣系統為例，說明當我們設定暖氣系統在華氏七十度以上，系統則會自動關閉。柯林斯指

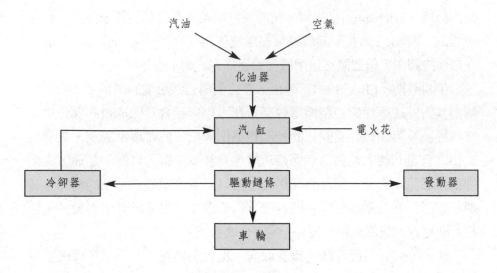

圖2-6　汽車引擎結構

資料來源：Collins, 1988.

出，控制暖氣系統運作不僅僅是溫度計，更重要的是其中傳遞的數字訊息。

　　學者莫南（Monane, 1967）早在六〇年代探討系統運作中將形成對系統功能有所助益的正回饋、壓抑的負回饋。柯林斯進一步剖析正、負回饋的意義以為，前述類似汽車無法發動的狀況便如負回饋；負回饋牽涉到與目標的比較，與不斷重建系統的均衡狀態息息相關（Collins, 1988）。

　　柯林斯對正回饋的看法不盡樂觀，他認為當一系統組織的正回饋頻頻出狀況，可能導致系統過度膨脹，或形成一不穩定的系統（Collins, 1988）。他更以資訊科技發達，有助人口成長為例，說明最後導致全球社會人口過多。因此，他認為所謂聰明或有目的的回饋，不是單單的正回饋或負回饋，而是系統分子有自覺的情況下，不斷使這個系統達成或保持在目標的狀態。

至於前饋，柯林斯則視其為系統中間一部分的資訊交換方式；因此，回饋在這一階段已被視為較多面向、複雜的資訊互動模式，互動的雙方或多方不再限於訊息傳遞的先驅者或最終的訊息接收者，而是可能在各個相連結的環節中形成。

　　回饋自五〇、六〇年代被研究者從系統整理，或從訊息傳遞者的角度分析；七〇年代則因前饋概念的提出，而有從訊息接收者的觀點探討；至八〇年代後期更有不同的詮釋方式，也就是由系統內部不同組成部分的多元化角度，一探回饋在相關關係的互動情形。這時期回饋已不限於單一互動反應，而是結合同環節組合的互動反應。

　　其次，正、負回饋的定義在這數十年也有不同的轉變。五〇、六〇年代將有助於系統運作的回饋稱為正回饋，反之則為負回饋；前者是一種愛的運作，後者則如同恨的運作。但七〇年代則有研究者認為負回饋可促使每一階段系統運作平衡，正回饋則造成系統運作偏離標準。回饋在這一時期已包括系統不同運作階段的反應訊息，而不限於單一（唯一）運作階段的反應訊息。

　　八〇年代後期則打破回饋的正、負之別，而統稱促使系統達成或保持在目標的狀態的回饋為「聰明或有目的」的回饋，反之則為「愚蠢的回饋」。

　　回饋在社會學的取向較從對系統運作有利與否的立場來分析，至於如何提高回饋效益、回饋的訓練方式則未被重視，有關回饋效益與訓練方式將在心理學層面討論。

貳、心理學層面的回饋

　　根據《心理學名詞編彙》（高桂足等，民63，頁68）一書指出：回饋即「個體行為結果的知識；或以判斷其反應的合宜性，作為再反應的依據。在技能學習中，個體反應後，能從自身感官得到某種感覺，而後在

同一技能反應有異時，則個體自身就能覺察此反應與前者不同，此即一種感覺的回饋現象」。

由上述定義可以推論，回饋具備幾項特質：

1.回饋是一種訊息——它是個體行為結果的知識。
2.回饋是一種反應的過程——人們可依據這個反應過程，調整再反應的合宜程度。
3.回饋代表一種監督的角色——回饋可反映、監督反應的合宜程度，作為修正參考。

以學習操作錄音設備為例，人們剛開始學習操作混音鍵盤所製作的錄音成品，其操作熟悉度和精確度可能不如而後反覆練習操作獲得的音質。而每次依據操作所得的錄音成品，或評估每次操作花費的時間，再不斷修正再一次的成品音質與操作速度，這些便為回饋的現象。因此，回饋在心理學的概念取向，代表其有助於知識或技能的改進。

心理研究文獻大致從回饋過程、回饋結果、回饋來源、回饋表達及回饋效果等五種角度討論回饋與實證，以下分別敘述。

一、回饋過程角度

心理學者麥肯尼（McKinney, 1973）認為，成就動機較強的人往往需要具體的回饋，來自我判斷學習或工作成效。這就好像企業在推出產品後需暸解市場反應，作為是否要打折促銷、價格定位、推出折扣促銷方案等方式，相對代表企業主依據市場回饋後的反應。

然而，以「人」為研究主題的心理學，不免牽涉到主觀取捨回饋與否的弔詭。即使在社會學的系統學派，每一系統的主導人及參與分子，亦可能影響回饋被重視與否的程度。

所以，一九七〇年代末至八〇年代初，有心理學者分析個體對回饋的過濾情形。心理學實驗發現（Perlege & Janda, 1981），自我概念較高的

受試學生，越傾向接受正面的回饋，並拒絕接受負面的回饋。例如：他們喜歡接受自己人緣佳、適應能力良好的評語，但拒絕聽到自己人際關係有問題的說法。同項實驗也發現，自我概念或自我形象較低的受試學生，則傾向接受負面回饋，拒絕接受正面的回饋。

臨床心理學者表示（Perlega & Janda, 1981），對自我概念有不同認知的個體，對於不同訊息也有相異的解釋。他們以「認真嚴肅」這句形容詞為例，說明自我概念較高的人會視上述評語為稱讚；而自我概念較低的人則視上述評語為批評。這表示每個個體自我概念程度的高低，影響他們對自己行為的判斷──成就或失敗。

臨床心理學家曾達（Janda）在臨床輔導一名接受心理治療的女學生時發現（Perlega & Janda, 1981），這名成績優異的學生雖然受到教師的肯定，且申請進入一知名大學研究所就讀，但卻始終不覺得自己聰明過人，他對於師長的肯定表示只是「運氣好、考好罷了」。

類似案例說明回饋被解讀的方式，與當事者自我肯定相關，且當事者可能因個人主觀因素過濾回饋內容，再決定如何調整自己的行為。這需要自覺的調適過程，如同個人將行為與內在標準相互比較（Carver & Scheier, 1981），一再地調整自己的行為。因此，社會心理學者主張（Deaux & Wrightsman, 1984），當個體面對一種情況時，會套用某一內在標準進行評估調整，直至自覺滿意為止；而當另一情況發生時，本我又會以另一內在標準評估調整，使得回饋過程重新開始。這反映本我的回饋過程是一持續的調整過程，且因事制宜，不斷有不同情況的回饋過程出現，且直到行為與內在標準的歧異被消除為止。

二、回饋結果角度

一些行為心理學者並將回饋界定為（Coleman, Morrris & Glaros, 1987）：獲悉個人行為結果的知識，且可用來判斷個人反應的合宜性並進行修正。行為心理學者同時照判斷個人反應的合宜性，將回饋分為

「整合型回饋」（convergent feedback）及「分歧型回饋」（divergent feedback）。所謂整合型回饋係指：任何顯示個體有所進步或達成目標的訊息；分歧型回饋則為：任何表示個體未能有所進步或未達成目標的訊息（Coleman, Morris & Glaros, 1987）。

高曼等心理學者進一步指出（Coleman, Morris & Glaros, 1987），當調適問題特別困難或個體不確定自己的行為時，整合型回饋通常可以降低不安，建立個體信心，且促使個體更努力面對難題；整合型回饋象徵壓力將被解除，個人需要可望達成。

如同社會學者界定正回饋、負回饋的方式，心理學者認為，分歧型回饋代表目標未達到或沒進步。不僅如此，高曼等人還強調（Coleman, Morris & Glaros, 1987），分歧型回饋被視為個體行動無效，且將使難題更為惡化，甚至導致個體採取錯誤的行為抉擇或引發不可預見的複雜狀況。

據高曼等人的觀點，回饋在調適個人人為的功能上扮演重要的角色。早在五〇年代，學習心理學者便斷言，即時詳實的回饋、解說，有助於學習效果的改善（Skinner, 1958; Bilodeau & Bilodeau, 1961; Hulse, Deese & Egeth, 1975）。

事實上人們經常接收到快速卻片面的回饋；可能在目標仍在努力達成的過程中，就已獲得部分回饋，有時不只沒有幫助，也徒增不安、焦慮和不確定。例如，學生修習一門課，可能因第一次小考未得理想的成績（回饋），而誤以為這一門課一學期都表現失色。

因此，心理學者一再主張即時且完整的回饋，有助個體行為的改善。不巧的是，為了提供完整詳實的回饋，往往需要等待行動任務完成，這時便出現「延遲回饋」（delay of feedback）的情形（Coleman, Morris & Glaros, 1987）；延遲回饋也可能造成個體在等候回饋階段的焦慮與不安。

前面先後論及心理學者由回饋傳遞過程（被視為正回饋或負回饋）、回饋傳遞結果（被歸類為整合型回饋或分歧型回饋）探索回饋的概念取

向。心理學者葛瑞夏（Grasha, 1987）並由訊息接受者如何提供回饋與訊息傳播者的角度，來審視回饋的角色。

三、回饋來源角度

葛瑞夏將回饋的來源分為兩種，包括「外在回饋」（external source of feedback）及「內在回饋」（internal source of feedback or knowledge of results）兩種（Grasha, 1987）。以學習所獲得的回饋為例，外在回饋可能來自教師、指導者或測量成效的儀器、評分等；內在回饋則包括個體運動、思想的過程，或對一特定任務自我認知的進步情形。同樣地，不論是外在回饋或內在回饋，回饋訊息越能即時並詳實的呈現，越有助於學習效果的改善。

在一項有關節約電力能源與省錢之道的研究發現，當研究人員各以儀器測量的結果（外在回饋），或讓受試者自行計算自己使用電源相關經費的方式（內在回饋），來測量推動節約的成效，獲得以下的結果（Darley, Seligman & Becker, 1979; Winett, Kagel & Battalio, 1978；轉引自Grasha, 1987）：

1. 就全體受試者而言，由儀器或自行計算方式獲知電源使用量者，較毫不知道此電源使用量者，更能節約能源。這反應回饋訊息的提供，的確有助於任務推動的成效。
2. 計算獲知電源使用量者，較由儀器獲知電源使用量者，更能節約電源。這反應內在回饋對於任務推動的成效，高於外在回饋對任務推動的成效。
3. 被要求需要節約較多電源者，較被要求需要節約較少電源者，更能節約能源。這表示個體遇到任務被高度要求達成者，較同一任務不被高度要求完成者，更能接近任務完成的目標。換言之，人們對於高挑戰、較艱難的任務，較低挑戰、容易的任務，更有達成的毅力

與決心。

4.被告知節約電源即可獲得高折價券者，較節約電源即可獲得低折
價券者，更能節約能源。這顯示當報酬越高時，越可促使個體達
成任務。

上述研究說明回饋訊息的呈現，有助於個體達成任務。比較內在回
饋與外在回饋的影響，前者顯著高於後者。比較同一任務被要求達成的
強弱程度，較具挑戰性的任務要求，顯然更能激發人們達成任務的潛
力。此外，重賞之下必有勇夫，高酬賞顯然較低報酬，更能刺激人們達
成任務。

四、回饋表達角度

葛瑞夏（Grasha, 1987）稱類似報酬所帶來的刺激，有助於相關任務
未來再進步會接近完成的機會，他將此稱之為「正趨力」（positive
reinforcement）或「負趨力」（negative reinforcement）。正趨力如同稱
讚、金錢或食物等報酬，或贈送電影欣賞券等令人愉快的刺激；負趨力
則類似批評、處罰、責備等令人慚愧的刺激。正趨力適合在責任完成至
一階段時，立即給予報酬，避免延遲過久，造成刺激無效。

回饋對個體行為或任務達成的影響，正如同正趨力或負趨力所擔任
的刺激功能。不幸的是，研究發現當人們遭遇到可能招致的敵意，往往
不願提供回饋或提供的不恰當（Argyris, 1976）。葛瑞夏認為（Grasha,
1987），回饋應被視為矯正錯誤的訊息，其對訊息傳遞者與接收者雙方均
有益處。因此，他說明提出回饋的適當方式（Grasha, 1987:316-320）：

1.提供回饋的情境設置：應建立於雙方先前共同同意達成的目標、
標準或期望；且在他人願意接受意見時，才提出回饋；給予他人
是否願意回饋的選擇空間，如說「我們曾約定就課程安排交換意
見，你希望我就那方面提出看法？」

2.愈具體而微愈佳：心理學實驗顯示（Ilgen, 1979），人們常將正回饋
　視爲更好的肯定，或將負回饋誤以爲是正回饋，而扭曲了原本的訊
　息內容。最好的方式是具體陳述回饋訊息，且盡可能提供對方直到
　下一步應如何進行的詳實內容。

3.避免在提供回饋時進行論斷：就事論事，勿進行人身攻擊。

4.善用參考架構：可舉實例佐以說明，或比較目前階段與上一階段的
　任務，再提供回饋。

5.盡可能即時提供回饋：最好在行爲之後立即提供回饋，避免時隔多
　日，舊事重提。

6.儘量不時提供正回饋：任何意見由不同層面呈現，均可導致不同的
　效果，儘量善用正回饋的方式陳述批評，往往易被他人接受。此
　外，不妨藉由他人成功實例，輔助表達，較可鼓勵效法之。

7.善用人際之間的權益：避免操之過急地提出回饋，非要影響對方不
　可，應尊重對方與自己一般享有相同的人際權益與空間。

8.以幫助者而非挑剔者的姿態提出回饋：提出回饋的目的在於任務達
　成或改善行爲，而非提出缺乏建設性的吹毛求疵。

9.以確定地（assertively）方式陳述回饋：必要時先練習如何確定地
　提出回饋，且預先設想可能招致的反應，如何應對；或是構想好
　將以口語或肢體語言表達的地方，交換使用語言和肢體動作提出
　回饋；學習參考某一模範角色，模仿其確定的陳述風格。

　　臨床心理學者並從協助個體接收回饋來改善行爲表現的層面，將回
饋界定爲一種提供支持與挑戰的方式，認爲回饋的目的不在傳遞評斷、
判斷，而在提供指導、支持與挑戰；因此，回饋可依據下列特質（Egan,
1990:389）：

1.確定性（confirmatory）：可以讓接收諮詢輔導者知道每次資訊的
　進度內容及預期成效。

2.修正性：提供接收諮詢輔導者有用的回饋訊息，特別當他們徬徨、

不知所措時。

3.目的性：提供接收諮詢輔導者接收足夠或是不夠回饋訊息後，所可能產生的結果，並提出改善其行為表現的建議。

臨床心理學者基爾伯（Gilbert, 1978）強調，有好的回饋也要視接收諮詢輔導者個人的責任感而定。因此，艾根（Egan, 1990）主張在心理諮商時，不妨協助接受輔導的病人，根據自己的行為表現來獲得回饋。艾根提出的協助方式如下（Egan, 1990:390）：

1.訓練協助病人自行提供回饋給自己——讓病人有自我反省的機會。
2.協助病人辨別回饋的來源——協助病人選擇接收值得信賴的人的回饋訊息，而非照單全收。
3.告訴病人如何主動去獲得回饋，而非被動的等待回饋。
4.讓病人知道有建設性的回饋特質——兼具確定性、修正性與目的性，簡潔扼要，對事不對人，有理地提出，本身也可參與分享回饋訊息，協助病人發現適當的修正途徑。

心理學者同時鼓勵從事諮商的輔導人員，勿因接受輔導的病人的冷漠，而放棄協助輔導（Egan, 1990）。這說明了提供回饋的一方，站在改善對方行為表現的立場，勿因一時的僵硬、冷漠氣氛而放棄輔導，或不再提供回饋予對方。

當分析個體恐懼和壓力的心理，有學者提出，人體細胞內有一種自動接收機制，可以因應外界環境變化，而發出負回饋的訊號，促使人體產生不安的反應（Gray, 1991）。這再次說明回饋在心理學的概念取向，常被視為反應的訊息。

五、回饋效果角度

我國心理學者袁之琪、游恆山（民79，頁114）曾由個體系統的觀點，將回饋定義為：把系統（如生物系統、技術系統、經濟管理系統、生態系統等）輸送出去的訊息，作用於被控制對象後產生的結果再輸送回原系統，並對訊息的再輸出（即以後的動作、方式和變化等）發生影響的過程。

上述概念的取向，根據回饋原理即可進行自動控制。以學習系統為例，回饋可將學習的結果提供給學習者。而學習系統的回饋訊息具有兩種功能，分別是調節功能與動機作用功能。前者係回饋訊息對教學活動的調節，包括教師根據回饋調節教學方式，以及學習者自我評定調整學習過程。

至於動機功能，則是指引發學習的外在動機，如社會評價、責任感、被人肯定等。當然，在這種功能下，評價的好壞可以左右學習者的學習動機，肯定獎勵較易產生正面效果（正回饋）；否定批評較易產生負面效果（負回饋）。

其實，就施教者而言，學習者有進步也可以增加施教者的士氣與信心；反之，則雙方都不願調整，造成惡性循環。

從學習心理的角度觀察，回饋廣義來說是一種結果，「凡是個體反應之後經由任何線索而獲悉反應的結果，皆稱為回饋」（王克先，民81，頁212）。這裏所指的線索，可能是個人自己察覺得知，也可能由他人提供線索才獲知。譬如教師公布學生考錄音設備操作的成績，學生可由成績獲知自己的表現結果；也可能在成績未公布前，已自行推算出自己考核的結果。

學習心理學並且主張，回饋對解釋技能和動作的學習具特殊意義，這是由於技能學習是多個動作的適當配合。熟能生巧固然不錯，但能使錯誤減少的原因，還在於個體對錯誤的自覺（回饋）而自行改進。所

以，回饋的最大意義，是它能將每一個學習的結果，隨即讓學習者知曉，以便修正錯誤。

一般來說，回饋的來源包括內在回饋與外在回饋。外在回饋（extrinsic feedback）係指教學者提供學習者有關學習效果的資料；內在回饋（intrinsic feedback）是指學習者經由自己的活動而得到的資料（王克先，民81）。一般而言，在嘗試學習的最初階段，個體則常經由內在回饋獲得改進的線索。

此外，也有研究者從施教者的角度，分析不同形式的回饋對學習者學習動機或目標達成的影響（Johnson et al., 1996; Vance & Colella, 1990）。詹森等四位學者（Johnson et al., 1996）便發現，當施政者陳述不同學習者學習成績的「規範回饋」（normative feedback），提供予學習者，可促使學習者的學習動機提升；若以單單陳述當事人學習成績的「表現回饋」（performance feedback），提供學習者當事人，則可促使其個人目標的提升。

就接收訊息（技能）教導的學習者來說，回饋可以方便學習者改善學習方式。而從施教者立場來看，亦可依據學習者的表現與反應，調整施教內容或指導型態。因此，回饋對於學習者與施教者雙方皆具正面意義。

比較心理學及社會學兩層面對於「回饋」的界定，前者較從個體角色的互動、後者較從組織之間各部門的運作反應分析，兩取向均反映訊息交換、溝通的重要性。兩取向也分別呈現人際互動、組織部門互動的形式。

此外，心理學者並探討不同個體的心理因素，如自信心高低或樂觀與否，對回饋訊息的解讀。

有研究者並由回饋來源的角度分析外在回饋、內在回饋的異同。臨床心理學家甚至訓練接受心理輔導人士自我反省、過濾各種訊息而非有聞必聽，這是協助個人內在回饋的一種方式。

不僅如此，還有研究者提出表達回饋訊息的適當方式，教導人們運

用天時、地利、人和等條件來表達回饋意見。

外在回饋的呈現形式——表現回饋或規範回饋——對學習動機或目標達成亦有影響。

綜合以上社會學與心理學層面的回饋概念相關文獻，都對傳播學層面的回饋定位有不同的影響與啓發。

參、傳播學層面的回饋

傳播相關論述審視回饋的角色包括：施蘭姆大眾傳播、魏斯理及麥克李恩人際傳播、馬茲克大眾傳播、行銷傳播、組織傳播，與接收互動等六種。這一節將先後陳述。

一、施蘭姆大眾傳播角度

從傳播學者的取向來看，回饋最早由傳播學者施蘭姆（Schramm, 1954）提出。施蘭姆認為，傳播的過程是一種循環，某些型態的傳播循環程度較大，某些則相反；大眾傳播的循環程度就比較小，一般對媒體組織的回饋只是一種推測，例如接收者不再收看某電視節目，或不再購買某商品、不再訂購某刊物。這反映大眾傳播媒體與閱聽人之間的關係，前者傳遞的管道與數量、頻率，均較閱聽人傳遞的管道、數量或頻率來的多，後者亦以被動居多。

施蘭姆的大眾傳播模式中心是媒體組織。媒體組織聚集了製碼者、解碼者及譯碼者，媒體組織將產製的訊息傳遞給閱聽大眾；閱聽大眾中有許多接收者，各自譯碼、闡釋、解碼；這些接收者每人都與一參考團體相連，他們可能受到訊息的影響，闡釋訊息的方式也可能受到參考團體左右。媒體組織不斷根據訊息來源的輸入或閱聽大眾的回饋，再譯碼製作訊息，再傳播給閱聽大眾。因此，必須視媒體與閱聽人之間的互動

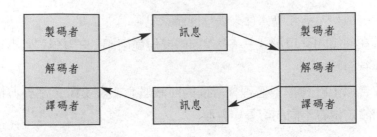

圖2-7　施蘭姆大眾傳播模式

資料來源：Schramm, 1954.

而定，其中閱聽人對媒體組織的回饋方式，可能隨個人理解程度的不同而有所差異，且個人理解程度除受自己譯碼、解碼影響，亦可能被其他人際網絡左右。

　　舉例來說，電視公司新聞部可根據外國通訊社提供的新聞影片與稿件，經由編譯人員由我國的觀點翻譯或摘譯送至編輯台過濾選擇播出的條數、內容，影片部分亦由剪輯人員配合文稿再進行修剪，再將整理過的文稿與影片播出，傳遞給收視觀眾。觀眾也可就收看的新聞節目內容品質向電視公司新聞部反映其觀念、建議。同樣地，觀眾對新聞內容的解讀或要求，與其個人背景、人際網絡互動均有某些程度的相關，譬如，若其來往成員均關心經濟新聞，則其對經濟新聞內容的意見反應可能較非經濟新聞的內容來得多。

　　施蘭姆的大眾傳播模式提供一個循環互動的概念，閱體人的回饋被視爲媒體組織資訊來源的一部分，不過在此階段，施蘭姆對回饋僅限於一種推測，推測閱聽人的拒買、拒看節目爲一種回饋的表達。這一階段閱聽人的回饋方式是被動的拒絕。傳播學者也未就閱聽人回饋進行實證性研究。

二、魏斯理、麥克李恩人際傳播角度

魏斯理與麥克李恩（Westley & MacLean, 1957）曾兩度修正紐康（Newcomb, 1953）的人際傳播模式，而提出兩個大眾傳播之間的差距，在於閱聽大眾面臨的訊息來源選擇較多（包括溝通的對象），以及大眾傳播中閱聽眾回饋出現的可能性是極少而遲緩的。

第一個修正模式包括消息來源、環境中被選擇的訊息，及接收消息的閱聽大眾。這三者間消息來源由環境中眾多對象選擇訊息，再傳遞給閱聽大眾。閱聽大眾也可能直接接收來自環境的訊息。此一修正模式並認為閱聽大眾可能對消息來源有所反應而形成回饋，魏、麥二人主張這一修正模式可代表人際傳播普遍現象，其中訊息可能來自環境或消息來源。

很明顯地，魏、麥兩人的第一修正模式將消息來源的部分視為被動地選擇環境中既有的訊息，卻未能對環境眾多的訊息有所回饋。其次，閱聽大眾的回饋似乎只限於消息來源，而未能直接對環境中現象有所回應。這一模式所呈現的傳播方式，似乎顯得閱聽大眾僅能經由消息來源傳遞回饋訊息，是一個依賴消息來源表達閱聽眾意見的模式。然而，消息來源可能接受來自閱聽眾的回饋，卻無法向環境中眾多對象有所回饋。

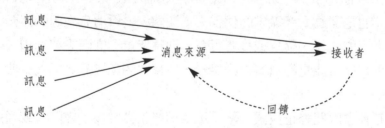

圖2-8　魏斯理與麥克李恩人際傳播模式之一

資料來源：Westley & MacLean, 1957.

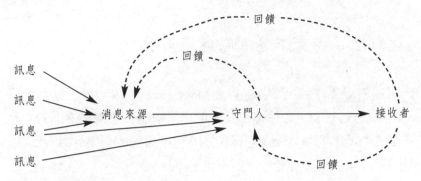

圖2-9　魏斯理與麥克李恩人際傳播模式之二

資料來源：Westley & MacLean, 1957.

　　魏、麥二人所提的第二修正模式則包括：消息來源、閱聽大眾、通道及環境中眾多訊息。與前一模式相較，這一模式多了守門人或通道這個角色，守門人或通道並且扮演了守門的角色（Westley & MacLean, 1957）。第二修正模式主張消息來源由環境中眾多訊息擇取訊息，經由守門人或通道的過濾、製碼過程，傳遞給閱聽大眾。閱聽大眾可將其意見回饋給守門人或通道，或回饋給消息來源。守門人或通道亦可將製碼過程的經驗回饋給消息來源。

　　魏、麥二人將消息來源視為個人或組織，是一個倡議者，也可能是政治人物、廣告公司等有目的的傳播者；守門人或通道則如同媒體組織中的個人，他們依據對於閱聽眾的興趣和需求的認知，扮演製碼的角色。通道也是閱聽大眾需求的代言人。閱聽大眾對消息來源的回饋，相當於閱聽眾的收視、購買或投票行為。閱聽眾給予守門人或通道（媒體組織）的回饋可能是經由直接的接觸，或藉由閱聽眾意見調查或收視率調查得知。

　　比較前述兩個修正模式，除了第二個修正模式多了守門人或通道的角色外，第二修正模式較強調媒體的專業角色。譬如第一修正模式中的閱聽大眾可以直接由消息來源，或環境中眾多對象獲得訊息，但在第二

修正模式中的閱聽大眾則須經由扮演守門人或通道的媒體組織獲得訊息。這忽略了閱聽大眾由消息來源或環境中獲得眾多訊息。

直接獲得訊息的可能性。譬如電視每年年終製播的「這一年的回顧」專題或十大新聞，電視所選擇的主題、要聞，未必是當地居民生活經驗的認同，對於身處同一環境的民眾而言，他們是可以直接由訊息或消息來源組織獲得消息的。

其次，兩個模式均忽略了消息來源（可能是個人或組織）對環境事件或對象的回饋，甚或閱聽眾對環境事件或對象的回饋，消息來源對環境事件或對象的回饋，諸如經濟部長對物價波動的因應對策，或行政院長對威爾康餐廳火災的制裁措施。閱聽眾對環境事件或對象的回饋，則如同拒絕選舉投票或搶購打折商品。至於守門人或通道對環境事件或對象的回饋，如同媒體針對新聞事件或對象，主動發起捐書、募款等聲援活動，或藉由評論文章和節目影響新聞人物的看法等。這些均顯示兩修正模式忽略了自發性的回饋，也不盡符合現代化、多元化社會的傳播方式。

三、馬茲克大眾傳播角度

另一個談及回饋的傳播模式，是馬茲克所提的大眾傳播模式（Maletzekz, 1963）。馬茲克從心理學的層面將傳播者、訊息、媒體、閱聽眾作為建構模式的基礎，另外再加上來自媒體的壓力或限制，及閱聽眾對媒體的印象等，合計有六個基本要素。

馬茲克認為以下幾個媒體特性極為重要（楊志弘、莫季雍譯，民77；Maletzke, 1963）：

1.接收者（觀眾、聽眾、讀者）所需要要求的理解形式。
2.接收者在空間、時間上受媒體限制的程度。
3.閱聽眾在接受媒體內容時所處的社會環境。

4.事件的發生與接收之間的時間差距，也就是同時性的程度。

馬茲克的大眾傳播模式較前面幾個大眾傳播模式重視傳播者和接受者的社會心理特質，譬如在傳播者傳遞訊息的過程，馬茲克分析傳播者的自我形象、人格結構、其所屬的團體和社會環境，均可能影響傳播過程，同時，傳播者也受到來自媒體、訊息的壓力與限制（如財務結構、政黨偏好角度等）的影響。

在接收者的部分，馬茲克主張接收者的自我形象、人格結構、其所屬的團體和社會環境，均影響其對於媒體內容的接收程度。再者，接收者對於傳播者的印象、對媒體的印象也影響傳播的接收過程。馬茲克的大眾傳播模式正視接收者的主動性，如其對媒體內容的選擇，以及對傳播者的自發性的回饋。

所謂對傳播者的自發性回饋，馬茲克將其界定為接收者對傳播者的主動回應。但他也指出，大眾傳播過程常被視為單向的過程，一般大多缺乏面對面傳播的自發性回饋。事實上，自發性回饋亦可就接收者對媒體組織的回應而論，如聽眾直接寫信、打電話給廣播電台反應其收聽意見。然而，馬茲克的大眾傳播模式未就此部分加以剖析。

與一般從傳播者到接收者的傳播過程相較，回饋如同一相反的傳播過程，是由接收者傳遞給傳播者，它可能是藉由口語、非口語或兩者並用來進行，其目的是減少歧見，且有助於傳播者的角色扮演（DeFleur & Ball-Rokeach, 1982）。關於角色扮演的研究發現（DeFleur & Ball-Rokeach, 1982），角色扮演是傳播者評估溝通符號意義的一種過程，傳播者期望藉由角色扮演的過程，使用接收者生活經驗也能明瞭的符號，傳遞訊息。而且，當回饋越多的時間，越能增加傳播者角色扮演的適當性。換言之，當雙方都願意有效地增加彼此的共識時，傳播可以視為一種互惠的過程。

四、行銷傳播角度

　　研究消費者行為的學者將回饋分成「直接回饋」、「間接回饋」兩種。直接回饋是指在行銷傳播過程中可與販售結果相連結的回饋；間接回饋則是由消費者評估而產生（Assael, 1984）。直接回饋的實例，可由代銷公司型號的銷售記錄獲知，或由消費者寄回的金錢折價卷獲悉一二。至於經由大眾傳播推出廣告的回饋，則較難察知。間接回饋則如同消費者對廣告的暴露程度可否知悉，或對廣告內容的注意、理解與記憶，以及對品牌的接受態度。

　　傳播學者馬怪爾（McGuire, 1978）曾就廣告效益提出在訊息解碼過程中獲得回饋的六種方法（見圖2-10）。

　　這六種測量方法包括測量閱聽人的暴露程度、注意程度、理解程度、訊息接受程度、記憶力及購買行為，其測量方法如下（Asseal, 1984:546,548）：

1.暴露程度可藉由測量一雜誌的銷路到達率或一節目的發行普及率得知。這裏的暴露程度是指對媒體的暴露程度，如雜誌的銷路或

圖2-10　解碼過程中獲得回饋的方法

資料來源：McGuire, 1978.

電視的發行網，然而，閱聽人即使從書報攤看到一本雜誌或由節目獲知一個電視節目，並不代表他直接接觸了其中的內容。

2.注意程度由測量對廣告的注意情形獲知。當閱聽人被詢問某類產品時，能聯想到特定品牌廣告或廠商。這便反映閱聽人在看廣告時不是過目即忘，而同時也注意所促銷的品牌或廠商名稱。

3.理解程度主要在測量閱聽人對廣告內容的回憶情形，如蓋洛普與羅賓森讀者服務（Gallup and Robinson Readership Service）常調查受試者對廣告訊息的回憶，藉由某幾點暗示來測試受試者對一些廣告段落的回憶程度。

4.訊息接收度則在測量廣告內容對閱聽人的品牌態度或購買意圖的影響。例如研究者可以測量閱聽人在未看廣告前，及看過廣告後對品牌的態度；或分兩組測試，一組在看過廣告後測試其對品牌的態度或購買意圖，一組則直接測試對品牌的態度或購買意圖。

5.記憶力在測量閱聽人看過廣告後，經過一段時間之後對內容的記憶。由於行銷傳播的廣告內容容易被人遺忘，記憶力的測量正好可以反映廣告訊息的效益。

6.購買行為可藉由庫存量、賣場展示行為、市場調查得知，它的結果的確反映出消費者或閱聽人的購買行為，但未必是因為廣告的影響。一般大眾可能因親友推薦或買場擺設某一商品的突出與否，來決定是否購買。

　　分析馬怪爾所提出的六種測量廣告效益的方法，不難發現不同的評量目標有相異的測量方式，而且每一種測量結果僅能片面反映消費者或閱聽人的回饋方式，不能以一蓋全地代表閱聽人或消費大眾對廣告訊息的回饋。

　　其次，這六種測量廣告效益的方法，其呈現的回饋仍在於是否達到廣告行銷目的為主，終極目標在獲知閱聽人被說服的過程、對產品的注意、理解、記憶力及購買情形，卻未反映出閱聽人真正期望的理想產

品，即仍以傳播訊息爲本位，接收者成爲處於被動、消極的角色。

五、組織傳播角度

六〇年代有學者分析小組成員之間的傳播行爲，主張回饋可以「直接反映出小團體傳播的特質，並漸被認爲是團體互動的重要因素」（鄭瑞城，民72，頁84-85；Scheidel & Crowell, 1964:273）。組織傳播學者丹尼爾及史派克（Daniels & Spiker, 1991）並由開放系統的觀點，說明回饋有助於組織系統功能運作正常，並協助組織系統改變和成長的調適過程。丹尼爾和史派克認爲回饋是「對系統的反應，其有助於調適系統狀態的訊息」（Daniels & Spiker, 1991:74）。由此可見，回饋不僅爲組織互動的重要因素，也可以反映出一系統運作互動的本質，甚至有利於調適系統狀態。回饋既是一種反映訊息，也是一種互動現象。

回饋也被一些組織傳播研究者歸類爲正回饋與負回饋（Harris,1993; Daniels & Spiker, 1991）。所謂正回饋是可以加強分歧化（deviation）的回饋，而非糾正組織系統運作的訊號；正回饋主要用於建立新系統，而非維持舊有系統（Daniels & Spiker, 1991:74）。換言之，不論是正回饋或負回饋，都可基於達到良好的互動傳播品質，而改革創立新系統或維繫舊有系統。

因而，有關回饋訊息的測量一直是團體傳播研究中的主題，其中以李瑟的「李瑟回饋度量工具」（Leathers Feedback Rating Instrument，簡稱LFRI；轉引於鄭瑞城，民72，頁85）最爲著名。

李瑟將三十個團體所討論的訊息錄音，將這些訊息分爲「刺激訊息」（stimulus statement）與回饋訊息（feedback statement），前者是團體互動時出現的一個討論主題或子題；回饋訊息是指對刺激訊息所採取的反應訊息（Leathers, 1971, 1972，轉引於鄭瑞城，民72，頁85）。「李瑟回饋度量工具」主要採用語意分析法，將團體成員互相回饋的訊息，由九個層面、正負七個尺度來評量，這九個層面包括（Leathers, 1971, 1972；轉

引於鄭瑞城，民72，頁87）：

1.慎思（deliberateness）：將符號表慎思熟慮、理性、邏輯的反
　應；訊號表立即、欠缺思考的反應。

2.關聯（relevancy）：回饋訊息與先前訊息的關聯性。

3.渾沌（atomization）：訊息的完整或支離。

4.證實（fidelity）：對先前訊息的意義與意圖不清楚，而要求澄清或
　闡釋。

5.緊張（tension）：藉笑、呻吟等非口語訊息所表現出來的緊張或輕
　鬆。

6.題旨（ideation）：題旨反映代表針對先前訊息的評估；人身反映
　指涉及直接、間接的人身批評。

7.彈性（flexibility）：願意修正立場、看法的態度。

8.延宕（disgression）：以冗長散漫的訊息阻延他人傳播訊息。

9.參與（involvement）：對先前訊息做反應，或退縮不做反應的訊
　息。

　　傳播學者鄭瑞城（民72）質疑「李瑟回饋度量工具」九個層面中第
一、三、四等三個層面的互斥性。事實上，這個回饋度量工具表中的分
析本為團體成員之間的互相對話，其中九個參與層面的評估方式亦值得
商榷；例如，各成員之間的熟悉程度也可影響他們的回饋訊息。因此，
有關成員之間的信賴，熟悉距離值得做後續探討。

　　還有學者由傳播訓練模式的角度，將回饋定義為對傳播分析訓練
前、傳播訓練目標、傳播訓練技巧，以及訓練後傳播評估的評價反應
（Goldhaber, 1986; Daniels & Spiker, 1991:339-340）。

　　高海柏（Goldhaber, 1990）說明訓練前的傳播分析，是為了蒐集組織
內成員需求，才建立傳播訓練的計劃性、資訊性目標，爾後藉由遊戲、
角色扮演及經驗分享討論付諸訓練，並在訓練後執行學習評估。這個傳
播訓練模式反映出回饋不只針對學習結果表達反應，也可以就學習訓練

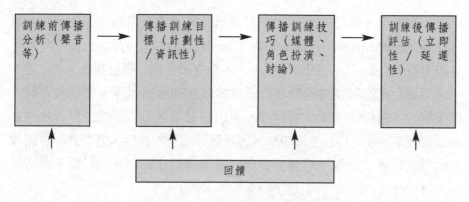

圖2-11 高海柏傳播訓練模式

資料來源：Goldhaber, 1990.

過程、宗旨達成與否，甚至訓練展開前的前置作業表達意見評估。若將此模式應用於電視節目製作流程，即可就前置企劃、市調、訴求目標觀眾、製播流程，以及播出後的觀眾反應等四方面進行評估。很明顯地，目前收視率、市場調查僅偏向第四階段的評估。

國內傳播學者並從傳播生態學的角度分析回饋，認爲回饋是「一種利用輸出結果來規範與修正反應機制的控制訊號」（蔡琰，民84，頁172）；同時強調類似回饋研究有助於傳播行爲的策劃與改進。這顯示傳播者可以從較積極主動的面向善用回饋訊息，來修正傳遞訊息的呈現或傳遞方式。

六、接收互動角度

研究說服傳播的學者賴森（Larson, 1995），根據夏農及韋佛（Shannon & Weaver, 1949）所提的大衆傳播訊號解碼模式，主張回饋代表訊息接收者解碼後對傳播流程噪音與內容的反應。賴森認爲傳播訊息的接收有兩大責任，分別是對訊息提出合理的批評與指正與合宜的回饋回

應。賴森指出，合理的批評指正需要訊息接收者在開明（open-minded）與閉塞（closed-minded）之間平衡（Larson, 1995）。意即訊息接收者須在客觀與個人主觀看法之間求取平衡，才能提出合理的批評指正。

至於合宜的回饋的關鍵在於訊息接收者的解碼過程；如接收者個人的理解力、信仰、感情或判斷等。藉由肢體語言、口語或書寫方式，立即或延遲地表達（Larson, 1995）。賴森對於回饋的詮釋，著眼於訊息接收者的個人特質、立場、理解力、態度等與回饋之間的互相影響，同時呈現訊息接收者表達回饋方式的多樣性與時間性。

干寶夫婦（Gamble & Gamble, 1993）也說明文化對回饋的影響，例如日本人的回饋方式較間接，美國人則慣以直接方式表達回饋。干寶夫婦還將訊息接收者的回饋分為「評估回饋」（evaluative feedback）及「非評估回饋」（nonevaluative feedback），兩者差別之處在於前者帶有主觀判斷。

所謂評估回饋諸如「正評估回饋」（positive evaluative feedback）：維持傳播互動在既定目標、「負評估回饋」（negative evaluative feedback）：辨別不需要的傳播行為或糾正傳播功能、「塑造回饋」（formative feedback）：在不需要的傳播行為重複潛力及提出回饋以制止其發生，類似負評估回饋（Gamble & Gamble, 1993）。

將干寶夫婦的「評估回饋」及「非評估回饋」概念，應用於電視觀眾市調不難發現，類似收視率或市調分析內容注重觀眾的正評估回饋（收看節目與否），負評估回饋（對內容喜好）。但較缺乏探詢觀眾對節目收看的意見、理解與否或自我中心（觀眾個人對電視節目內容的感覺）等非評估回饋。很明顯地，類似非評估回饋較可有效蒐集觀眾更多的回饋意見，作為節目規劃前瞻性的參考。

干寶夫婦又從訊息接收者與傳遞者的互動親疏程度，將回饋方式歸為三種（Gamble & Gamble, 1993:159）：

1.零回饋（zero feedback）：訊息接收者對訊息不予置評，訊息傳

遞者也不給予接收者表達回饋的機會，形同沒有回饋。

2. 「有限回饋」（limited feedback）：訊息接收者表達其回饋意見，但訊息傳遞者不予理會。

3. 「自由回饋」（free feedback）：訊息接收者提出表達回饋意見，訊息傳遞者也欣然接受，彼此有互動溝通關係。

前述三種回饋方式的差別，在於訊息接收者與傳遞者之間行為的程度。將這三種回饋方式用來審視觀眾與電視節目製播單位的互動，零回饋如同長期受到電視節目忽略的觀眾群（例如偏遠地區的觀眾），這些受到忽視的觀眾既不表達意見，製播單位也不給予關愛眼神，兩者之間是有距離的。有限回饋如同接收分析學者摩利將閱聽人的解讀分成優勢、協商、對立三種，閱聽人的確產生了收看節目的反應，但未受製播單位重視。自由回饋為一理想境界，節目製播者樂於蒐集觀眾回饋意見，觀眾也願意表達其收看意見、建議；少數新興衛星暨有線電視媒體設置觀眾熱線、意見箱等呈現自由回饋的互動關係。

接收互動角度對於回饋的解釋分析，比較站在閱聽人與訊息傳播者的互動觀點，在少數廣電媒體紛紛以叩應節目、觀眾反應熱線或信箱或電腦網路等互動裝置，企圖打開與閱聽人互動溝通之際，此一取向實值得深入探討與研究。

七、回饋特性的修正

究竟從接收者到媒體之間的回饋具有哪些特性？根據希伯特等人（李茂政譯，民75；Hibert, Unqurait & Bohn, 1974）在《大眾媒體》（*Mass Media*）一書中的分析，其特性包括：

1. 代表性：由於大眾傳播的閱聽人（接收者）背景差異大且多元化，較難由全體閱聽人獲得回饋。研究者大多選擇一些理論上可以代表全體閱聽人的樣本。

2.間接性：人際傳播中的接收者，可將其反應直接回饋給傳播者。但大眾傳播的閱聽人，即使透過讀者投書、聽眾投書、聽眾電話等方式回饋，其反應仍需透過刊登報章雜誌或在廣播電視中播出，才可以讓訊息來源知曉。即使訊息來源即為媒體組織內的工作人員，接收者一端少有機會面對面向其表達接收的反應。

3.延遲性：大眾傳播的回饋不如人際傳播的回饋，後者可以有面對面的反應。前者需要時間去獲知市調或新產品問世的民眾反應。

4.累積性：根據希伯特等人認為，大眾傳播中的回饋是可累積或非累積的。累積性的回饋例如收視率的升高或收聽率的降低。非累積性的回饋如同觀眾對某一則電視新聞的意見反應。一般來說，累積性的回饋影響了長程的決定，非累積性的回饋則可左右短期的決定。

5.組織性：由於大眾傳播的閱聽人分散眾多，欲瞭解閱聽人的反應往往需要透過有經驗的研究機構從事調查工作。美國較具規模的民意調查機構，如蓋洛普（Gallup）、羅普（Roper）及哈瑞斯（Harris）都是蒐集閱聽人的回饋的機構。這些均是屬於有組織性的例子。

6.量化性：希伯特等人主張，大眾傳播的回饋是一種量化典型，例如出版者如果收購一本書的版權，它可能考慮的是支持、推薦這本書的書評有多少篇。其次，民意調查所採取的問卷設計方式分析，最終也以數量化呈現結果，以供傳播機構修正參考。

以上六項特性是由希伯特等人於一九七四年提出，時移至今日九〇年代大為盛行的叩應（call-in）節目，閱聽人可以較迅速地向媒體反應其對公共議題的看法，一些機構設置傳真機、觀眾反應熱線等，已使得回饋的延遲性有所調整。

其次希伯特等人將量化性歸類為閱聽人與媒體之間的回饋特性，以三人提出的背景基本上可以被理解。在七〇年代的美國，量化研究在傳播領域獨領風騷，且三人將回饋的概念局限於閱聽眾人數的反應（如收聽率及收視率）或書評正負評價的篇數。但實際上，八〇年代的美國傳

播研究已開始質疑量化研究的深度問題，也反省質化研究對於量化研究缺陷的互補角色與價值。因此，包括深度訪談、焦點團體訪談等質化研究方法亦逐漸被應用於閱聽人研究。換言之，研究閱聽人回饋的方式未必只有量化研究的單一途徑。

舉例來說，書評的內容本質或許也值得考慮，但未必只局限於正負評價的篇幅數量。又如不少廣播電台、電視公司所進行的節目測試，也可採用焦點團體方式，瞭解接收者個別、較深刻的反應，作為下一季節目製播修正的參考。

再以無線電視台三家的新聞報導為例，隨著媒體開放的呼聲高漲，已有不少團體組隊到三台門口表示抗議，訴求新聞報導的平衡呈現。這些直接訴求方式代表閱聽人回饋的「直接性」，這又推翻希伯特等人對於回饋特性「間接性」的分析。

換言之，由九〇年代傳播媒體發展生態來審視回饋的特性，其已不完全具備間接、延遲、量化等特質，但仍具有參考代表性、累積性及組織性。值得注意的是，隨著媒體環境競爭益發激烈，組織性已不限於民意調查組織，媒體（傳播者）機構或製作單位也可根據聽眾熱線、網路連線，或深入地方的節目測試，獲取閱聽人市場意見反應。

肆、結論與討論

回饋的概念普遍用於社會學、心理學及傳播學的領域，這一章先後分析回饋在此三學門的內涵差異。

一、由社會學觀點看回饋

由社會學的觀點來看回饋，可以分為訊號傳遞、訊號接收與訊號交換角度。其中訊號交換角度的文獻，較注重從系統、訊息傳遞者的觀點

來審視回饋，且將回饋界定爲一種反應訊息，而非反應過程。這一派的研究者主張，回饋對系統中傳遞者的系統運作過程有參考意義。

訊號接收角度的文獻更進一步引出「前饋」概念，認爲組織系統傳遞的回饋僅是資訊交換過程的一部分，完整有效的回饋尙須包括前饋。也有研究者將回饋分爲平衡、成長、改變三種狀態，說明回饋會持續地進行，非一次定江山模式。

訊號交換角度則將回饋視爲內在控制與外在控制的循環運作，但在回饋的互動過程中是否會改善系統的運作，須視互動雙方的「參與或疏離」程度而定。此一學派並開始注意到回饋本身並非一定是聰明、有目標方向的，有些可能是「愚蠢的回饋」。

二、由心理學觀點看回饋

與社會學的回饋觀點相較，心理學觀點顯然較多元化。一般大致可分爲回饋過程角度、回饋結果角度、回饋來源角度、回饋表達角度，以及回饋效果角度。

1. 回饋過程角度將本我的回饋過程視爲一種持續調整的過程，直到行爲與內在標準的歧異被消除爲止；同時認爲回饋如何被解讀，與當事者的自我肯定有關。可略分爲正回饋與負回饋，當事者的自我肯定較高，則傾向將回饋解讀爲正回饋，反之則解讀成負回饋。

2. 回饋結果角度將回饋視爲「獲悉個人行爲結果的知識，可用以判斷個人反應的合宜性並進行修正」，略可分爲整合型回饋與分歧型回饋，所謂整合型回饋是指：任何顯示個體有所進步或達成目標的訊息；分歧型回饋則爲：任何顯示個體未能有所進步或未能達成目標的訊息。另有學者提出「延遲回饋」的概念，並指出如此可能造成個體在等候回饋時的焦躁不安。

3.回饋來源角度的文獻將回饋區分爲來自外在環境、他人的外在回饋，及個人有自我思考省察的內在回饋。這一學派並指出回饋訊息越能詳實呈現，越有助於改善效果。

4.回饋表達角度的論述，則將回饋表達的方式分爲「正趨力」（稱讚、酬勞等）與「負趨力」（批評、處罰等），並指出正趨力最好在責任完成至某一階段立即給予較爲有效。

5.回饋效果角度的研究者由個體系統的觀點，將回饋定義爲「把系統輸出的訊息，作用於被控制對象後產生的結果再輸送回原系統，並對訊息的再輸出產生影響的過程」。

三、由傳播學觀點看回饋

綜合以上社會學與心理學層面的回饋概念相關文獻，都對傳播學層面的回饋定位有不同的影響與啓發。

由傳播學觀點看回饋的內涵，可分就大眾傳播、人際傳播與消費行爲角度來討論。

1.施蘭姆是最早提出回饋概念的傳播學者，他認爲傳播的過程是一種循環，但循環的大小有別。但施蘭姆僅推測閱聽人之拒絕閱聽爲一種回饋的表達，他爲回饋提供了一種循環互動的概念。

2.魏斯理、麥克李恩兩人依照大眾傳播與人際傳播的差異，對鈕康的人際傳播模式有所修正。魏、麥兩人的第一修正模式包括了消息來源、環境中被選擇之訊息以及接收訊息的閱聽大眾三方面的修正，但此一修正模式將回饋界定爲接收者對消息來源的反應。魏、麥兩人的第二修正模式則又加入「通道」或「守門人」這個元素，指出製碼與回饋過程也有可能經過守門人。這一修正模式較強調媒體的專業角色，認爲回饋不只是接收者對消息來源的反應，也是接收者對守門人的反應，以及守門人對消息來源的反應。

3.馬茲克的大眾傳播模式包括傳播者、訊息、媒體、閱聽眾、來自媒體的壓力與限制、閱聽大眾對媒體的印象六個基本要素。這一模式較重視傳播者與接收者的社會心理特質，也正視接收者主動性以及傳播者的自發性回饋。

4.馬怪爾則由消費行為角度此領域，學者將回饋分成「直接回饋」與「間接回饋」，前者指行銷傳播中之販售結果，後者由消費者評估而產生，可說仍是以傳播訊息為本位，接收者仍屬被動角色，藉由測量閱聽人之暴露程度、注意程度、理解程度、訊息接受程度、記憶程度，以及購買行為來瞭解回饋。

5.組織傳播角度的文獻主張，回饋既是反應訊息，也是組織系統的互動現象，其可反映傳播品質。學者李瑟並由語意分析法設計「李瑟回饋度量工具」，測量團體成員之間的回饋訊息。高海柏也由傳播訓練模式說明回饋的重要性。

6.接收互動角度則從訊息接收者對訊息解碼的角度分析回饋，認為接收者有兩大責任——合理的批評、合宜的回饋。同時由接收者與傳遞者的互動親疏程度將回饋歸類為「零回饋」（雙方皆無反映互動、沒有回饋）、「有限回饋」（接收者表達回饋但傳遞者不予理會）、「自由回饋」（雙方均開誠布公地表達意見、互動溝通），是切合目前傳播生態的分析取向。

比較心理學及社會學兩層面對於回饋的界定，前者較從個體角色的互動、後者較從組織之間各部門的運作反映分析，兩取向均反映訊息交換、溝通的重要性。兩取向也分別呈現人際互動、組織部門互動的形式。

另外，心理學者並探討不同個體的心理因素，如自信心高低或樂觀與否，對回饋訊息的解讀。

有研究者並由回饋來源的角度分析外在回饋、內在回饋的異同。臨床心理學家甚至訓練接受心理輔導人士自我反省、過濾各種訊息而非有

聞必聽，這是協助個人內在回饋的一種方式。

　　不僅如此，還有研究者提出表達回饋訊息的適當方式，教導人們運用天時、地利、人和等條件來表達回饋意見。譬如外在回饋的呈現形式——表現回饋或規範回饋——對於學習動機或目標達成有不同的影響。

　　回饋在傳播研究中扮演重要角色，但相關研究卻十分有限。早期的民意調查乃至於最近較受重視的閱聽人分析，如由市場機構或研究單位舉辦閱聽眾意見調查，或產品節目測試，受試的閱聽人仍以被動受邀（且付費參與）居多，這顯示一般閱聽人的回饋方式仍傾向被動。九〇年代有部分從接收互動角度審視回饋的論述，開始由訊息接收者與傳遞者的互動親疏程度，將回饋分成零回饋、有限回饋與自由回饋。除了參與叩應節目外，一般閱聽人是否仍願意主動向媒體組織表達其接收訊息的意見及建議？他們這樣表達有無效果呢？到底有多少主動或被動的閱聽人？他們的回饋方式為何？

　　下一章將從與回饋概念相關的民眾傳播權益、內容呈現、人際傳播關係層面，探討回饋與媒體接近使用權、叩應節目或讀者投書、疑慮消除之間的關聯性。

問題討論

1. 請想一想你印象比較深刻的社會學回饋的概念，並請舉例應用在一社會議題，分享你想到了什麼。

2. 請想一想你印象比較深刻的心理學回饋的概念，並請舉例應用在一生活議題，分享你想到了什麼。

3. 請想一想你印象比較深刻的傳播學回饋的概念，並請舉例應用在一媒體話題，分享你想到了什麼。

4. 請想一想目前媒體所提供閱聽人回饋的方式有哪些，你認為對社會有哪些影響呢？

5. 請想一想你自己在日常生活與親友互動回饋的方式，其中有沒有一些慣性模式存在？

第三章
回饋與媒體接近使用權、訊息呈現及疑慮消除

壹、媒體接近使用權與回饋

　　美國聯邦傳播委員會早在一九七五年十二月，簽署一項廣播執照與
公眾協定（Policy Statement on Agreements Between Broadcast Licenses and
the Public），說明民眾有權涉入聯邦傳播委員會公聽會，參與核發執照的
過程，且可基於團體利益考量，上訴廣播執照換發事宜，一般民眾並可
嘗試改變由廣播業者控制的傳播體系（Garay, 1978）。這項協定不僅可促
使廣播業者正視本身負有的公共利益責任，也代表民眾對媒體接近權利
的延伸，民眾有權利影響傳播體系的改變。

一、傳播權角度

　　聯合國教育科學文化組織並在一九八二年十二月，便提出國際資訊
新秩序（New International Information Order）的主張，倡導「傳播的權
利」（the right to communicate），揭示不同國家（第三世界與第一世界國
家）、不同區域，乃至不同個人均應享有傳播權（Snijders, 1983）。所謂傳
播權，如同一九七七年加拿大《電訊傳播研究》（*Canadian
Telecommunication Studies*）報告所言，「由獲悉、被知悉、告知、被告
知等權利所構成」，又如一九七八年馬克布萊德報告所說明：「傳播可被
視為個人、區域乃至國家參與任何公共機構管理的保證途徑」（Snijders,
1983:3,5）。

　　上述對傳播權概念的界定，明顯地勾勒出不論發展程度的任何國
家、區域以及個人，皆享有主動蒐集、主動傳遞或被動知曉、被動通知
的權利，也就是參與任何公眾事務的權利。這種傳播權可避免傳播媒體
被誤用，亦可監督媒體運作，不僅代表一種參與權，也代表一種接近媒
體的權利。

研究發展傳播的學者並且主張，接近資訊的權利與參與傳播的權利是亞洲社會須努力的方向。奚伯曼指出（Silberman, 1979），即使被認為應由專業人士主導的節目內容安排，只要基於健康、營養及教育等需求，市民均有參與規劃的權利。奚氏的主張反映民眾參與傳播過程的角色，更顯示傳播媒體係公共資源，民眾的傳播權與參與權密不可分。

二、參與權角度

關於參與權的概念，傳播學者馬塔（Matta, 1984）認為，任何傳播政策的擬定，都應根據下列原則（轉引自陳世敏，民78，頁27-28）：

1. 將資訊視為一種公共服務事業。資訊如果是一種公共服務事業，則資訊究竟是由私人、公眾、還是政府所控制，並無關緊要。資訊既在服務每一個人，則資訊製作者和傳播者即負有責任。
2. 要重視傳播是一種社會權利。現行法律對傳播權利的保障不足，尤其傳播已逐漸從個人權利演變為社會權利，此時更需特別立法保障。
3. 要能促進有效的傳播參與。大眾傳播的最大問題，在於人口中某些團體或個人，難以積極參與傳播活動。主要原因乃是官僚體系對於公眾接近媒體感到疑慮不安，因而設下層層障礙；其次是大眾傳播媒體業者視媒體為禁臠，不許大眾染指。目前的制度，一方面沿襲十九世紀的經濟理論，另一方面又加上新殖民主義跨國公司從中控制，造成資源和權力的集中，由極少數人決定要傳播什麼，要如何傳播，閱聽人從無置喙餘地。
4. 科技人性化。科技表面上使人類能夠接近更多的資訊，讓互動機會增加，因而減少人與人之間的矛盾衝突，其實這是幻象，因為傳播科技可能帶來更多垂直式的傳播方式，反而阻礙參與。

馬塔對於參與權的詮釋，將傳播事業視為一種需由傳播業者與社會

大眾共同參與的公共服務事業，他不諱言有效的傳播參與難以落實到社會各團體或分子，但強調立法保障傳播權利的重要性，促使傳播業者廣徵民意，並鼓勵社會大眾珍視善用其參與權利。

亞洲大眾傳播研究資訊中心的執行秘書馬隆（Menon, 1986）在談及資訊共享與公民參與傳播過程時，也提出以下建議（pp.89-90）：

1. 政府相關部門應改善在傳播過程中行政體系過度集權中心化的現象，加速訊息傳遞給民眾的時效，並考慮基層老百姓對發展訊息的瞭解程度。例如一些社區發展工作者不僅提供居民特殊技藝的訓練，還應協助居民傳播溝通的技巧能力。又如社區工作者不妨鼓勵居民對發展政策與計畫提供回應意見；社工人員即可扮演促使基層民眾提供回饋意見的管道和角色。

2. 媒體不僅可反映政府相關部門的事務，也應呈現社會其他層面的事宜。媒體本身應主動尋求一般大眾的回饋意見，如報紙開闢讀者投書、讀者評論，或較多大眾參與的廣播電視談話性節目、評論節目等。如果可能，媒體應邀集不同團體代表參與媒體規劃事項。

3. 政府應加強諸如遠距學習、非正式、以社區為主導的教學節目或活動，以補償因學雜費上漲而無法正式就學的失學人士的學習需要。

4. 政府應派遣能與居民打成一片的專業人士，提供基層民眾適宜的訓練計畫。媒體與深入社區的草根性組織可扮演基層民眾需求的代言人，將民眾的需要反映給地方政府。

5. 媒體與一般民眾應不斷牢記人民所享有的傳播的權利，包括媒體本身爭取自由傳播的權利，以及民眾本身表達其意見的權利。

馬隆的建議不僅針對媒體組織在社會中所應享有的自由傳播權利，更揭櫫社會中每個成員都應珍惜與使用其監督媒體運作及傳遞內容的傳播權。這代表一般民眾回饋意見的重要性，也呈現媒體組織與民眾之間的互動、雙向溝通關係。

我國傳播學者陳世敏（民78）將報紙讀者投書視為民眾對媒體接近

使用權的實踐，他以民國七十六年一年連續發生民眾搗毀報社、抗議新聞報導不公，和電視節目歪曲原住民形象等事件為例，說明固然是民眾缺乏民主素養、不能容忍異見而導致，另一方面也顯見傳播媒體長久以來未能充分提供管道讓民眾表達異見間接形成的現象；若民眾習慣在傳播媒體上更正錯誤的傳播內容，答辯相反的觀點，則可能逐漸培養分辨事實與意見不同的能力，並養成尊重不同觀點的態度，因而減少暴力或集體抗議行為。這顯示報紙讀者投書可成為民眾回饋意見的管道，也指出回饋可以抒解民眾對特定議題報導的不滿情緒。

貳、讀者投書、叩應節目與回饋

一、公共論壇角度

其實，早在一九四〇年代開始，就有研究者開始分析報紙讀者投書的作者特質或投書內容。曾有研究者針對美國肯塔基州路易斯維爾市報紙的「觀點專欄」作者進行分析，會向報紙投書的讀者多為中年人，性別以男性居多，他們對於家庭婚姻關係的觀點較傳統，多屬白領階級的專業人士；研究者並形容報紙讀者投書如同「社會安全閥」（social safety valve），投書內容大多對社會現象持相對意見，且以情緒化的反應較多（Forsythe, 1950）。這篇研究呈現當時的讀者投書乏見理性、邏輯的內容，儘管投書人以成年專業人士居多。此外，讀者投書專欄扮演著抒解民眾情緒的功能。

唐倫（Tarrant, 1957）的碩士論文則進一步指出，讀者投書的作者未必都是所謂患有妄想症（crackpot）的人，處處和社會現況作對。相對地，他分析讀者投書的作者大多受過高等教育，是比較成熟善於表達自己的一群人，因此使得讀者投書成為一個主動參與社會的機智民眾組成

的公共論壇。讀者投書在這一階段的回饋角色，如同公眾意見的園地，其內容也可刺激一般讀者省察時事的不同觀點。

由此可見，四○、五○年代的文獻所探討的讀者投書分別扮演社會安全閥、公共論壇的角色。到了六○年代，有學者分析讀者投書及社論的功能，認為讀者投書與社論擔負「精神發洩」（catharsis）的心理分析治療作用；兩者在民主社會中兼負激發公開辯論、討論重要議題的功能，但激發並不代表直接影響（Davis & Rarick, 1964）。這兩位學者並強調，讀者投書或社論不僅如同社會安全閥，還形同一說服的工具。

還有學者從壓力閥（pressure valve）的理論層面，駁斥社會安全閥的論調未必適用於每個重要議題辯論。藍德（Lander, 1972）重新檢視讀者投書的功能，發現讀者投書未必只能抒解民眾的不滿情緒，有時也可伸張正義，反映民意所趨。這呼應了支持讀者投書為民意論壇、包容不同意見的主張。

如前述幾篇文獻顯示，讀者投書的作者在學經歷、經濟能力都有一定特質，未必代表社會各階層民眾的聲音，然不容否認地，報紙讀者投書仍激起不少回響，堪薩斯州立大學的一篇研究顯示，讀者投書的作者往往獲得來自其家人或同事讀後心得討論的回饋意見，甚至收到不認識讀者的反映信件（Vacin, 1964）。

而且，同篇研究發現讀者投書作者投書的次數與他們居住在一社區的時間長短有關，這篇分析結果呈現，在分析樣本群中只投過一次讀者投書的作者，在同一社區平均居住時間為十八年左右；若投過十次讀者投書者，其在同一社區平均居住時間則達二十七年之久（Vacin, 1964），這或許反映民眾居住社區愈久，愈熟悉及關懷社區事務，且願意表達其對公共事務的看法。

讀者投書也被視為民意的參考指標，雖然有學者質疑報紙讀者投書僅能反映模糊不清的民意或政治風向（Grey & Brown, 1970），一些研究發現則多少肯定讀者投書反映民意的價值。一項針對《新聞周刊》、《生活雜誌》、《時代雜誌》、《眺望週六晚報周刊》（*Look and Saturday*

Evening Post）四份高發行量雜誌讀者投書的分析顯示（Roberts, Sikorski & Paisley, 1969），發行量較高的全國性雜誌的讀者投書，其內容往往浮現一般民眾關切的議題。

有關日本報紙讀者投書的研究亦證實，讀者投書的趨向，有助於探求日本社會的趨向，有助於觀察日本民意（吳驥，民78）。這項分析《朝日新聞》的投書欄的研究顯示，以一九六九年為例，《朝日新聞》投書欄的稿件，以政治內容最多，其次為教育、社會問題，針對新聞出版的意見最少，吳驥認為，投書目的未必都能付諸實行，其僅僅代表個人意見而已；但一經報紙披露，則易引起廣泛的注意與共鳴，甚至形成輿論，使人更易看出民意的方向。

傳播學者李瞻也強調，報紙刊登讀者投書，不僅可使報紙做為大眾意見與批評的論壇，健全輿論，鞏固民主政治，而且可以保障人民權益，達成公共監督，藉以防止政治與社會的腐化（李瞻，民65）。

檢視讀者投書可反映民意的文獻不難看出，民意在這些文獻被界定為對重要議題或政治社會議題的反映意見，讀者投書內容的主題以社會事件、公共議題為主，較少涉及媒體立場或傳播者；即民眾回饋的焦點仍在公共議題，而非直接向媒體製播者提供回饋意見。

讀者投書作者的特質到了七○年代又有不同的發現，有研究者就與政治議題相關的讀者投書作者進行調查，呈現這群作者多為自由派人士，且熱衷政治活動（Buell, 1975），這一改讀者投書作者過去予人立場保守、中年男性、長期居民的印象；這群投書人未必都是情緒不穩定、想法怪異的人，讀者投書本身已被熱衷政治活動的人視為表達理念、參與活動運作的工具。

即使在推行共產主義的中國，最大發行量的《人民日報》所刊載的讀者投書，也隨著政治氣候的改變而扮演相異的功能。一項研究報告指出，在中國大陸文化大革命期間，讀者投書如同整合社會意識型態的機制；到了四人幫被批鬥的時代，讀者投書則相當於化解社會衝突的工具（Chu & Chu, 1981）。

上述調查分析均顯示，不論報紙或雜誌的讀者投書，都與一個國家社會體系的政治生態有些關聯，同時，一些讀者也認為讀者投書形同重要的傳播溝通形式，而投書作者並利用投書作為表達己意的回響板，提供其對時事的回饋意見及評估自己的立場（Singletary, 1976），這呈現讀者投書的作者也希望藉著投書與他人分享、討論。除了報章雜誌印刷媒體的回饋管道可促進社會各分子意見交流外，電子媒體的回饋管道也多少擔負民主政治體制下意見溝通的使命。

政治學者奎頓登（Crittenden, 1971）引述美國商業委員會傳播附屬委員會（Subcommittee on Communications of the Committee on Commerce）一九六八年的報告，說明廣播電台利用電話進行的叩應（call-in）節目，如同一個開放麥克風的廣播論壇（open mike radio forum），對促進地方民主政治頗有貢獻，他認為類似節目促使某些政治議題的形成，並引發政治傳播討論，即使參與的聽眾他們的口語表達技巧有限，卻提供新的觀點予後續節目探討；而且，對叩應節目參與的程度，可被視為其對地方公共事務熱衷與否的指標。

二、叩應閱聽人角度

早期文獻顯示，參與廣播益智節目叩應的聽眾，自尊心較強（Herzog, 1940）。隨著廣播叩應節目的盛行與受重視，相關研究亦隨之出現，傳播研究者分析叩應節目聽眾行為發現，參與叩應的聽眾與其說他們是基於社會改革的需求，倒不如基於人際傳播的需要（Turow, 1974）。儘管這份調查僅針對賓州一地方電台叩應節目聽眾，其代表性有限，卻也反映叩應節目聽眾回饋的動機。同項調查結果顯示，一些離群索居、不常遷徙者（如家庭主婦）因生活空間有限，因而參與叩應以滿足與他人聯繫、溝通的需求，倒未必受到個人社經地位的影響。

至於深夜廣播叩應節目參與叩應的聽眾具備那些特質？研究分析呈現，叩應節目的聽眾以五十歲以上的人士居多；但參與叩應的聽友中以

男性十八歲至三十四歲者居多，女性亦然（Bierig & Dimmick, 1979）。這項調查顯示，參與叩應的聽眾以單身、未參與任何社團者較多，且他們收聽叩應節目時多爲單獨收聽。

前項調查是在人口密集的都會地區芝加哥進行的，這反映都會地區的一些夜貓族，往往將深夜叩應節目視爲彌補日常生活社交活動缺乏的補償。

艾弗里等人（Avery, Ellis & Glover, 1978）分析叩應節目的傳播方式，認爲叩應節目不僅僅是聽眾意見的出口，也是人際傳播的媒體與消息來源，這篇調查結果指出，叩應節目聽眾以退休、經濟能力在中下程度居多；且參與叩應的聽眾視叩應節目爲取得重要社會事件、政治議題訊息的雙向溝通方式，叩應節目提供他們向公眾表達己意的機會。同篇研究形容叩應節目主持人，不但扮演訊息的來源，也成爲負責確定聽眾認知與否的人。

不同於涂樓（Turow, 1974）視叩應聽眾爲表達己意的觀點，艾弗里等人（Avery, Ellis & Glover, 1978）進一步強調叩應聽眾還想獲知己見是否被支持。因此，後者的調查所描繪的廣播叩應節目的傳播方式，爲一訊息進行的循環方式。

很明顯地，綜合上述兩篇文獻可以推論，叩應節目既提供聽眾回饋意見的途徑，也提供主持人對聽眾回饋意見的反映機會，甚至讓參與聽眾也能表達其對他位聽眾回饋意見的反映，或參與主持人的回應，這中間可能是一個較複雜的傳播網路。

另一項在俄亥俄州克里夫蘭市進行的聽眾調查，分析初次參與叩應的聽眾與重複參與叩應的聽眾的異同，結果獲悉有27％的受訪聽眾是爲了聊天，24％的受訪者是爲了討論；且基於聊天找伴的理由參與叩應者以重複參與叩應者爲多（Tramer & Jeffres, 1983）。

究竟叩應節目聽眾（純聽眾不參與叩應）與參與叩應的聽眾有何差異？阿姆斯壯與羅賓（Armstrong & Rubin, 1989）的比較分析發現，在收聽動機方面，上述兩種節目收聽的動機皆以易得性、便利居多，其次是

為了娛樂、蒐集訊息、消遣等動機；而且，參與叩應的聽眾群其在便利性、娛樂、資訊尋求、消遣的動機顯著高於叩應節目的純聽眾。

在收聽行為、態度方面，參與叩應節目的聽眾較純聽眾花較多的時間收聽叩應節目，前者亦較後者抱持較親密的態度；社交方式上，純聽眾較參與叩應的聽眾常遷徙、也較常與人溝通；傳播方式方面，純聽眾較參與叩應的聽眾樂意與人互動、交換意見（Armstrong & Rubin, 1989）。

上述調查係針對美國中西部的都會地區民眾，選採立意抽樣方式，其代表性固然限於都會地區，然仍顯示廣播叩應節目提供人際傳播的一種選擇。

有研究者從民意調查的角度，評估參與叩應民調的民眾與接受電訪民眾對民意的看法，前者即主動打電話表達意見者，後者則是被動接到電話訪問者，結果發現前者較有主見（Cotter, Perry & Storall, 1994）。這直接應用在叩應節目的聽眾特質上或可推論參與叩應節目者較純聽眾主動，前者可能也較有自己的主張。

近年電視叩應節目，尤其是有關政治、公共議題的節目日漸普遍，學者探討其收視群獲致的結論，可與廣播叩應節目收聽分析相呼應。新近調查顯示，參與電視政治議題叩應節目的觀眾，自尊心較使用其他媒體者強；且視電視叩應為回饋的機會。再者，參與電視政治議題叩應節目的觀眾以中產階級的非洲裔黑人居多（Newhagen, 1994）。這說明電視叩應節目亦被民眾視為回饋的途徑，且參與叩應者以在社會權力分配不均的族群居多，他們希望藉著電視叩應節目表達己意。

三、守門人角度

除了由閱聽人角度來分析報章雜誌讀者投書、廣播電視叩應節目在傳播過程中所扮演的回饋功能外，自五○年代開始也有一些研究從守門人理論來探討傳播媒體可能令人質疑之處。例如懷特（White, 1950）指

出報紙編輯按議題內容過濾選擇要刊載的內容；又如迪米克（Dimmick, 1979）視報紙、廣播、電視、錄音事業為一政治聯盟，媒體組織決策者常在不確定的狀態下做決策；報紙編輯選擇讀者投書的過程可能有偏見（Renfro, 1979; Hill, 1981）；甚至因求證不夠而為讀者投書錯誤的內容，擔負誹謗的罪名，有些報紙避免麻煩乾脆拒絕讀者投書（Pasternack, 1983）。

即便如此，關心民意回饋管道的研究者，仍將示威活動、公聽會、讀者投書視為閱聽人主動表達己意的象徵（Cotter, Perry & Stovall, 1994; O'Neil, 1982; Soderlund, Wagenberg & Nelson, 1980），而且，讀者投書內容多少也影響報紙編輯選擇新聞的主題或社論內容（Pritchard & Berkowitz, 1991）。換言之，印刷媒體所提供讀者的回饋管道，其意見可能對印刷媒體內容有若干程度的影響，即受播者的回饋意見可能左右傳播者傳播的內容。

現有文獻分析電子媒體（如廣播、電視）的回饋管道，大多以叩應節目或配合公共議題的民意調查為主，卻乏見針對閱聽大眾對廣電媒體製播品質的回饋方式研究。反觀報章雜誌印刷媒體，倒是有不少民眾藉讀者投書反映他們對電視節目的意見，或偶有雜誌刊登讀者對雜誌內容報導有誤的更正啟事。

根據新近一項全國性調查顯示，台灣地區各家庭彩色電視機的擁有率占99.3％，甚至有五成以上的民眾擁有兩部以上的彩色電視機（潘家慶、王石番、謝瀛春、鄭自隆，民84）。電視在台灣地區的普及率將近百分之百，也深入各個家庭生活，但是一般民眾對電視這個媒體組織有多少影響力？一般民眾是否願意主動表達他們對電視節目的各種意見？電視與民眾究竟是朋友或陌生人？兩者的傳播或溝通方式為何？由於不少文獻均將傳播媒體製播者（如叩應節目主持人）與閱聽大眾的傳播方式視為一種人際傳播，本文下節將從人際傳播的疑慮消除理論的角度審視電視與閱聽大眾的傳播方式。

參、疑慮消除與回饋

　　本節將從疑慮消除理論與回饋概念之間的互動，分爲兩部分加以探討。首先將從回饋的觀點審視疑慮消除理論的取向。其次，也將檢討有關疑慮消除理論與傳播文獻的實證研究，其中包括疑慮消除策略（被動、主動及互動策略）、媒體使用、個人對媒體的態度，及媒體在疑慮消除策略中的角色等。

一、傳播內涵

　　夏農與韋伯（Shannon & Weaver, 1949）認爲，傳播涵蓋每個能夠影響他人心意的程序。它牽涉的範圍有寫作、演講、音樂、戲劇；而事實上，所有的人類行爲皆可視爲傳播。大部分的文獻則分別從大眾傳播與人際傳播兩層面，檢視傳播的取向。

　　大眾傳播被視爲影響大眾的中介訊息（Reardon & Rogers, 1988）。它包含對傳統媒體（報紙、雜誌、收音機、電視、電影）與新傳播科技（有線電視、直播衛星、電傳視訊、影碟、數位化資訊網路、錄影帶）的使用。大眾傳播甚至可被視爲媒體與大眾之間的互動。

　　關於人際傳播的概念取向，大致有以下兩方面——它可被界定爲兩人與多人間的互動（McKay & Gaw, 1975），或兩人之間面對面的接觸（Reardon & Rogers, 1988）。後者將人際傳播限制爲兩人之間面對面的傳播；二人以上至二十五人之間的傳播則被定義爲小組傳播（Williams, 1984）。馬凱等人（Mckay & Gaw, 1975）視小組傳播爲人際傳播的一種，他們不認爲面對面是人際傳播的必要條件。本研究則將人際傳播定義爲至少兩人以上面對面或間接接觸的資訊交換。

　　面對面接觸是直接的個人接觸，它需要接觸雙方處在同一環境且可

看到彼此的肢體語言。間接接觸則不然，溝通雙方可藉由電話、電子書信、傳眞機、留言等進行接觸。間接接觸可能成爲間接的「面對面」接觸，譬如經由電子會議、影像通話機；但溝通雙方只能以有限的「肢體語言」進行互動。

人際傳播與大衆傳播在(1)傳播的管道形式；(2)訊息傳遞的潛在接收者數目；(3)回饋的潛力等三種基礎有所區別（Reardon & Rogers, 1988）。例如人際傳播若是面對面形式，其使用管道媒體可以是語言、肢體、傳紙條等雙向方式，接收者可能一或二人或少於小組傳播人數，回饋方式是在同一地點的立即反應；若屬間接人際傳播，其使用管道媒體可以是傳眞機、錄音或廣播系統，接收者可能爲一或二人或少於小組傳播人數，回饋方式若使用同一媒體（如電話、視訊會議）可以是立即的，但若用信函、電報、視訊會議也可能因傳輸速度不同而延遲；至於大衆傳播的管道媒體包括報章雜誌、廣播、電視、電影，接收者則可能從個人、團體至不同背景的群衆，回饋方式計有讀者投書、評論、收視／聽率高低、發行量或廣告量高低，大多爲延遲的回饋。

事實上，不同形式的傳播有時可同時並存。例如，任何形式的傳播都需經過個人傳播（intrapersonal communication），即個人本身製碼與譯碼的過程。而人們可一面交談，同時收視或收聽傳播媒體的內容；或一面與人交談，同時傳眞或以電子書信與其他人溝通。

本書將採馬凱等人對人際傳播的定義，即兩人與多人間的互動。這可涵括面對面人際傳播與間接人際傳播。面對面人際傳播乃一直接親身的互動，其需要溝通者雙方置身同一地點，且彼此可配合肢體語言進行傳播，是一種直接人際傳播。同樣地，表達回饋意見的彼此，不僅可兼用口語和肢體語言互相傳遞訊息，其回饋的方式是可累積、連續地進行。甚至可針對傳遞訊息的細部內容，隨時立即反映回饋的意見。

間接人際傳播（mediated／indirect interpersonal communication）則被本研究定義爲：兩人或多人經由媒體的傳播互動。它是不需要面對面的人際傳播，可透過電子書信、電話、傳眞機、留言等進行，爲一種經由

表3-1　人際傳播與大眾媒體回饋方式摘要表

人際傳播分類	以人數來區分		以回饋型態區分
直接人際傳播	一對一	面對面的直接個人互動或溝通	1.可以透過語言、肢體或是傳遞紙條方式來進行 2.接觸雙方身處同一環境，可直接看到彼此，是同一地點的立即反應，也可以持續累積地進行
	一對多	某位觀眾面對製作單位做溝通	
	多對一	一群觀眾與某位製播人做溝通	
	多對多	一群觀眾面對製播單位做直接溝通	
間接人際傳播	一對一	觀眾透過電話留言、傳真機、電腦網路人際傳播等中介性的媒體與製播人做溝通	1.可以透過傳真機、錄音、廣播系統，或是電腦網路來進行，雙不一定要處於同一地 2.回饋反應速率可能立即（如電話、電腦線上直接交談），也可能延遲（如書信、留言等） 3.傳遞內容可以保存，未必可隨時立即地產生回饋
	一對多	觀眾與製播單位透過傳真機、電話留言或電腦網路做溝通	
	多對一	一群觀眾利用電話留言、傳真機、電腦網路等等與某位製播人做溝通	
	多對多	一群觀眾利用電話留言、傳真機、電腦網路等等與製播單位做溝通	

間接途徑的人際傳播，而其中潛在的傳播對象數量則不及大眾傳播（黃葳威，民82a）。表達回饋意見的彼此，必須以文字或口語傳播為主要傳遞訊息的方式，其特色是傳遞內容可以保存，但未必可以隨時立即反映回饋的意見。面對面人際傳播除非用攝影機錄影溝通過程，否則不能保存。間接人際傳播還需傳播者與接收者皆能使用類似媒體、皆有媒體可使用代為傳遞訊息，但溝通者不需要置身在同一地點。

相關文獻大致從組織傳播、個人傳播，或大眾傳播的觀點檢視一般閱聽大眾對傳播媒體的回饋方式，如對某節目的喜好程度、選擇收看的

頻道、收看時間等,這種有限的取向,較難反應閱聽人與傳播媒體之間的親疏程度。

其實,閱聽大眾與傳播媒體製播群之間的互動,可能是一對一的直接互動,如觀眾與製播人面對面溝通;可能是一對一的間接互動,如觀眾與製播人透過傳真機、電話留言或電腦網路的間接人際傳播;可能是多對多的直接互動,如一群觀眾與製播單位人員的面對面溝通;可能是多對多的間接互動,如一群觀眾與製播單位透過電腦網路、電話留言或傳真機等的間接人際傳播;可能是一對多的直接互動,如觀眾與製播單位面對面溝通;可能是一對多的間接互動,如觀眾與製播單位透過傳真機、電話留言或電腦網路的間接人際傳播;可能是多對一的直接互動,如一群觀眾與製播人面對面溝通;可能是多對一的間接互動,如一群觀眾與製播單位透過傳真機、電話留言或電腦網路的間接人際傳播。

而且,閱聽大眾與傳播媒體製播群之間的互動,也可從較深入複雜的取向探討,如溝通內容的親密程度、彼此採取的溝通策略等。類似較深入的取向實值得有心探討回饋型態的研究者繼續驗證。至於還有許多探索回饋型態的角度,因不在本研究現階段範疇內,在此不多贅述。

在分析閱聽大眾與傳播媒體製播群的研究取向時,有兩點值得注意:

1. 正如李爾登等(Reardon & Rogers, 1988)認為人際傳播和大眾傳播不應該被區分,而應進行整合。本文認為閱聽人與傳播媒體製播群之間的互動,可以包括直接面對面的溝通或透過傳真機、電腦網路、電腦留言的間接人際傳播。甚至日後透過影像通訊設備的間接面對面溝通,即彼此不在同一地點,但可透過影像媒體面對面進行語言或有限度的肢體溝通(然此種方式目前在閱聽人與傳播媒體製播群的互動仍不普遍)。

2. 閱聽人與傳播媒體之間的關係,如信任與否或親密與否,也可能影響閱聽人是否樂意向媒體製播群表達回饋的意見。當閱聽人對媒體

製播群之間的陌生、疑慮感逐漸消除，其反映回饋意見的程度可能不同。

二、疑慮消除理論與策略

疑慮消除理論原屬於人際傳播的理論範疇，它來自資訊學說中傳遞者和接收者的概念（Shannon & Weaver, 1949），由伯格與凱樂伯斯（Berger & Calabrese, 1975）提出，後經許多跨文化和語藝傳播學者延伸擴大驗證。

個體為了適應一個不同的環境或不同的人際關係，會嘗試消除各方面的疑慮、不安或不確定感。在適應這些新的人際關係或環境的過程，需要經過一種尋求訊息及減少壓力的循環行為模式（Ball-Rokeach, 1973），且必須不斷重複地進行。尋求訊息係指每個人如何加強其預測與解釋他人行為的能力，這也是疑慮消除理論的主要概念（Berger & Calabrese, 1975）。它是一種減少疑慮（或增加信心）的認知過程（Gao & Gudykunst, 1990）。

伯格（Berger, 1987）同時強調，人們交換訊息的質對疑慮消除與否，較交換訊息的量對疑慮消除與否，具較大的影響。因此，檢視人際間的互動，不應限於交往朋友數量的多寡；檢視閱聽人與媒體之間的互動，也不應局限於其收視時間或頻道節目。人們傳播溝通的形式如溝通深度與相互影響參考程度亦不容忽視。

疑慮消除（即知識獲取或資訊尋求）策略先後由伯格等學者（Berger, 1979, 1987, 1988; Berger & Bradac, 1982; Gudykunst & Hammer, 1988）驗證發展而來。他們提出三種個體消除疑慮的策略：被動、主動與互動。他們的研究取向呈現了不同階段的理論發展。

被動策略的研究取向有：(1)不打擾地觀察對方（Berger, 1979, 1982, 1987, 1988），即觀察不同環境人們間的互動；(2)閱讀有關不同環境人們的書籍、觀賞相關電視及電影（Gudykunst & Hammer, 1988）。換言之，

表3-2　疑慮消除策略與回饋的關係

疑慮消除策略	疑慮消除策略的人際傳播取向	與媒體的回饋關係
被動策略	1.以不打擾對象的方式觀察之 2.閱讀有關不同環境人們的書籍、電視或電影	藉由直接觀察或接收媒體的方式來拉近與媒體的距離
主動策略	1.詢問其他陌生人有關觀察對象的訊息 2.由第三團體間接獲知對象的相關資訊 3.向媒體製播單位表達個人對特定人事物的看法	對媒體表達意見，例如參加意見調查或加入意見評論
互動策略	1.詰問、表達自我、分辨溝通之真偽 2.資訊尋求者與對象面對面直接電話表達對節目地溝通	閱聽眾直接利用信函、傳真機或製播的意見或疑問，且獲得製作單位答覆

被動策略的運用可經由直接觀察，或接收媒體（叩應節目）的方式，來減少疑慮不安。如此也增加其對傳播媒體的熟悉程度，拉近其與媒體的距離。

　　被動策略的運用包括出席一些觀察對象也出現的場合。譬如一般民眾參加電視台節目錄影，或出席有關傳播媒體的研討會、座談會，或單單使用媒體但不主動與媒體製播群溝通。被動策略應用於閱聽大眾與傳播媒體之間的互動，僅是前者被動地使用媒體而不主動表達對媒體內容的看法或意見。

　　由過往文獻分析可以得知，被動策略的運用不僅限於人際層面的資訊尋求，也包括使用傳播媒體。顧隸剛等（Gudykunst & Hammer, 1988）雖提及媒體使用的角色，卻未應證於其研究。本文將應證媒體使用在被動策略中扮演的角色。

　　主動策略的研究取向如下：(1)向其他同為陌生人的人打聽對象（Berger, 1979, 1982, 1987; Gudykunst & Hammer, 1988）；(2)從第三團體間接獲知對象的相關資訊（Berger, 1988）；(3)向媒體製播單位表達個人

對特定人、事、物的看法（黃葳威，民82a；Huang, 1992）。此種策略進行過程中，資訊尋求者與所尋求對象之間並無直接接觸。

向其他同為陌生人的人打聽對象，應用於閱聽大眾與傳播媒體之間的互動，如與其他同為媒體使用者的親友（皆為同一節目的電視觀眾）交換對這個節目的看法、意見。

此外，人們亦可經由不同媒體蒐集有關特定節目的訊息，譬如，人們可主動閱讀報章雜誌對某電視節目的評論報導，或可利用不同媒體表達對電視節目的批評、建議，或參與廣播、電視叩應節目的現場討論，以及接受電話收聽／視率調查等。這些均可視為主動策略延伸的運用。

疑慮消除策略中互動策略的研究取向包括：(1)詰問、表達自我、分辨溝通真偽（Berger, 1979; Gudykunst & Hammer, 1988）；(2)資訊尋求者與對象面對面、直接地溝通（Berger, 1982, 1987, 1988）。互動策略在本研究也涵括間接的人際互動溝通。

在直接面對面的互動策略方面，詰問係資訊尋求者詢問對象有關問題；自我表達指向對方交換、透露個人自我的經驗；分辨溝通真偽則牽涉到資訊尋求者，區別對象意見真偽的能力（Berger & Bradac, 1982）。

將上述概念應用於閱聽人與傳播媒體之間的互動，如同一般電視觀眾直接利用信函、傳真機，或打電話給節目製作單位，表達其對這個電視節目製播的意見或疑問，且獲得製作單位的答覆。

其次，類似公共電視籌備委員會或市場調查公司主辦的閱聽眾意見調查，如焦點團體節目測試或新節目促銷說明會等，使得觀眾有機會與製播者面對面、直接交換意見，也屬於互動策略延伸的應用。

正如同被動、主動策略的取向，互動策略也有直接及間接溝通的方式。其中互動策略所採取的間接溝通方式未必不是面對面的接觸。例如，民眾與媒體訊息製作人可經由影像通話機或電子會議互相溝通。

傳播學者史陶瑞（Storey, 1989）在比較詰問與表達自我時，將詰問視為一種尋求資訊的方式，自我表達則是提供訊息。兩者皆有助於降低傳播者與接收者之間的疑慮或陌生感。

另一方面，社會滲透理論（social penetration theory）也主張（Altman & Taylor, 1973; Knapp, 1978），人與人之間愈熟悉便愈常溝通。彼此溝通內容的親近程度，可反映雙方疑慮消除的程度。

由此可見，一般觀眾是否願意主動向電視節目製播群表達其對節目的意見，與觀眾對電視節目製播群的印象有關。若觀眾覺得電視節目製播群遙不可及，或不信任節目製作單位，便不太可能向電視節目製播群表達回饋的意見。若觀眾覺得電視節目製播群與一般大眾較親近，較可能主動反映其收視心得與建言。

新事物傳布的研究文獻亦證實，在推動新事物、新觀念的同時，傳播媒體對人們知曉新事物或觀念與否，扮演重要的角色；但人際管道則對人們是否接納新事物、新觀念，有決定性的影響（Rogers, 1983）。翟菲等人（Chaffee & Mutz, 1988）並強調人際管道較媒體管道更能改變影響人們。這表示常採取人際溝通的方式，比使用媒體的間接方式，更能接受新節目的促銷，或更能影響節目製播單位接受閱聽人的回饋意見。由此可以推論，常採取直接方式的疑慮消除策略，較採取間接方式的疑慮消除策略，更能加強傳播傳遞訊息的效果。

肆、結論與討論

本章論述分別從媒體接近使用權、叩應節目互動形式來審視回饋的內涵，並分析疑慮消除策略應用於閱聽人傳播回饋型態的可行性。

從功能的層面來看，大眾傳播媒體具備守望、聯繫、娛樂、傳遞文化（或社會化）等功能；它既為社會整體、也為其中的團體或個人傳遞不同的次文化（Katz, Blumler & Gurevitch, 1974; Ryu, 1977）。人們使用大眾傳播媒體，不僅有較多話題與他人分享，也可更熟悉所處的環境。

聯合國教科文組織曾提出「國際資訊新秩序」的主張，倡導「傳播的權利」，內涵包括了獲悉、被知悉、告知以及被告知等權利。發展傳播

學者認為不論是任何發展程度的國家、區域或個人，都應享有主動蒐集、主動傳遞、被動知曉與被動通知的權利，亦即參與任何公共事務的權利。

傳播學者馬塔將傳播事業視為一種需由傳播業者與社會大眾共同參與的公共服務事業，並強調立法保障傳播權利的重要性，鼓勵社會大眾珍視善用其參與權。

亞洲大眾傳播研究資訊中心執行長馬隆也指出，媒體組織在社會中應享有自由的傳播權利，社會成員也應珍惜使用其監督媒體運作與傳遞內容的傳播權。

的確，人們基於不同的原因而選擇與人為友或與媒體為友。過去文獻顯示，常參與叩應節目討論的人以在社會中離群索居者居多（Armstrong & Rubin, 1989; Bierig & Dimmick, 1979; Turow, 1974），這些人不常參加社交、社團活動，不常藉由面對面人際傳播的方式與他人交換意見，但卻常運用媒體的互動服務。

其次，人們使用媒體的動機也影響其是否樂意向媒體表達其回饋意見。例如，阿姆斯壯等人（Armstrong & Rubin, 1989）的研究發現，主動參與廣播叩應節目的聽眾，有較強烈（Gamble & Gamble, 1993）的分析，訊息接收者（如閱聽人）與傳遞者（如節目製播者）的互動親疏程度，可能有零回饋、有限回饋、及自由回饋三種。其中有限回饋與自由回饋，閱聽人均用不同方式、策略表達其意見，但當訊息傳遞者沒有回應時是有限的回饋，唯當訊息傳遞者也有度量接收閱聽人的意見才形成自由回饋。倘若訊息傳遞者未重視訊息接收者的意見，且訊息接收者也無意表達己見，則形成零回饋。

因此，作者主張分別由訊息接收者以及訊息傳遞者的兩方，分別探討閱聽人對電視節目的回饋型態，與節目製播單位對閱聽人回饋的看法，以反映現階段電視觀眾與節目製播單位的親疏距離、互動型態。

問題討論

1.請想一想類似讀者投書或叩應節目、電話答錄留言、網路電子留言版，對閱聽人的生活有哪些影響？

2.當你置身不熟悉的陌生環境或面對陌生的人、事、物，你會採取哪些策略來消除不確定感呢？

3.什麼是媒體接近使用權？請想一想你自己或親友在使用傳播媒體時，對於媒體的接近權、使用權、參與權如何？

4.請想一想你自己或親友會參與叩應節目的原因？當時是基於什麼樣的情境？

5.當你對媒體內容有意見時，你會採取什麼行動？

第四章
走向閱聽人：獲悉閱聽人回饋的研究方法

電視與觀眾互動的關係，不僅僅是電視對觀眾的影響，或節目內容對觀眾收視所產生的效果，從觀眾接收的角度來看，觀眾對電視的回饋也可以反映電視與觀眾的關係。先進國家的電視公司，不僅在節目推出前蒐集觀眾的意見，在節目推出後亦不忘追蹤改進。美國黃金時段節目通常自構思起到播放的第一年都有做持續的研究，以便改進節目內容。

除參考收視率調查獲知觀眾在不同時段的收視概況外，欲確實知曉觀眾的回饋，且對症下藥，不妨在節目設計時蒐集分析觀眾的回饋意見。一般蒐集閱聽人回饋的方法大致有焦點團體法、迷你戲院研究（Mini-theater Research）、電纜基研究（Cable-based Research）、質的電話／郵寄研究等四種，以下將介紹各種研究方法的優缺點與應用狀況。

壹、廣爲流行的焦點團體法（Focus Group, FGD）

焦點團體是爲了瞭解閱聽人的消費態度及行爲所使用的方法，普遍運用於電視觀眾或市場行銷分析。一般聚集十至十二人，在一有經驗的主持人的領導下，討論有關一節目各方面的主題，開始可播放所討論的節目範例，再進行約兩小時的討論。主持人事先準備一些話題，但不必局限在這些話題中，以激發人們講出心中的話爲目的。若需日後存檔參考，可以用隱形錄影機錄影。

焦點團體最早稱爲「焦點訪問」（focused interviews），在二次世界大戰之後應用於社會科學研究。焦點訪問與傳播的第一類接觸始自一九四一年，接觸地點在美國哥倫比亞大學廣播研究中心（Office of Radio Research at Columbia University）。促成第一類接觸的「月下老人」由知名的民意學者拉查斯斐（Paul Lazarsfeld）及莫頓（Robert Merton）擔綱。

結緣的經過是這樣的：拉查斯斐邀請莫頓協助他進行廣播節目觀眾反應評估。當時參與廣播節目評估的聽眾，須將自己收聽的反應藉按鈕裝置表達，覺得節目聽起來不錯便按綠色的按鈕，聽起來感覺不佳則按

紅色的按鈕。他們的收聽反應完全記錄在一種叫「拉查斯斐—史丹頓節目分析儀」（Lazarsfeld-Stanton Program Analyzer）的錄音分析設備。末了，參與評估的聽眾則聚集一堂，由主持人引導回答、討論選取不同按鈕的原因。

二次大戰結束後，莫頓將焦點訪問的方法應用於軍隊教育影片的評估。這些經驗之後發表在學術期刊（Merton, 1946; Stewart & Shamdasani, 1990），甚至出了一本書《焦點訪問》（Merton & Kendall, 1956; Stewart & Shamdasani, 1990）。爾後，莫頓還將這種評估方法應用於小組或個人訪問。然而，目前我們所普遍採用的焦點團體法，其實施步驟已不同於原先方式，而係與其他形式的團體訪問結合。

焦點團體的特性是控制組的討論，因此主持人須是有經驗的老手，知道如何引導所有出席者發言。特別注意的是，焦點團體主持人的英文原文為moderater，其意涵不同於一般座談會主持人，而是有調節仲裁的角色。舉例來說，一般座談會也有討論題綱，但每次出席者的發言，都經由主持人安排或介紹，且出席者發言結束，主持人會簡要敘述前一位出席者的大意，再邀請下一位發言。焦點團體雖然也偶爾要透過主持人邀請，但主持人不需要就發言內容做摘要報告或予以置評，以避免影響其他出席人士的發言內容。焦點團體主持人不見得要一直邀請「下一位」發言，而是讓出席人士自由發言，當討論離題時再技巧引導回主題。

由於希望出席人士盡量參與討論，且輕鬆自然地表達心聲，焦點團體設計者需準備一些茶點，使討論氣氛輕鬆生動。

座位的安排不需按出席人士的輩份、階級，而應依出席人士的人格特質而定，如果係發表慾望強烈者，可安排於主持人座位兩側；害羞沈默者則安排於主持人目光可及的座位，主持人可以目光鼓勵對方發言。除非出席人士是研究設計者所熟悉的，不然，研究設計者如何獲知出席人士的個性呢？建議研究設計者可提醒出席人士提早十分鐘到座談會場，當出席人士進場時隨意就座，此時設計者可觀察出席人士的個性，再安排座位及名牌。

一、焦點團體研究步驟

　　焦點團體法可單獨執行，或與其他方法合併使用。譬如與問卷調查法、實驗法等量化研究方式搭配，挖掘分析問題。若與其他方法合併使用，可用於先前的意見探詢，再開始設計問卷問題或實驗問題；也可於問卷調查或實驗分析之後再舉行，這時的目的是進一步討論一些量化資料不能解釋的問題。例如我們要探索有線電視節目規劃與反映地方特色的主題，可先舉行焦點團體座談，瞭解一地區的特質後再設計問卷內容；或以問卷調查地區民眾使用電視的習慣，再就民眾對有線電視的觀感舉行座談。不論係搭配其他研究方法或單獨執行，焦點團體法都須謹慎施行每一個研究步驟，其步驟如下：

(一)界定問題

　　和其他的研究方法一樣，焦點團體的研究首先在於界定研究的問題。焦點團體法最終目的是要獲知「如何」或「為什麼」。

(二)選擇樣本

　　因為焦點團體很小，研究者必須界定所欲研究的特定族群；基本上，樣本以所要研究的團體為基礎。例如要研究有線電視公益頻道規劃策略，可邀請參與規劃的傳播公司、系統經營者、社會公益團體代表，及關心這個議題的專家學者，或政府主管人員聚集討論。

(三)決定團體所需人數

　　為了顧及可能選到代表團體，通常焦點團體研究都會以同一主題做兩次或更多次不同團體的討論，結果可以利用來比較相似性或相異性。一般而言，至少要舉行三場以上的焦點團體座談，蒐集資料。例如要獲知觀眾對一節目的回饋，可邀集曾觀賞過的觀眾或未曾看過的民眾座

談，一場為既有觀眾，另一場為未曾看過的民眾，第三場則聚集兩種背景的人士對話。當然討論前須先播放節目再進行。

(四)準備研究工具

吸引參與討論者的方式：電話或其他方法；要使用什麼樣的錄音設備、主持人的選定、參與討論者的酬勞、座談地點交通便利與否等。

(五)準備焦點團體的內容

要確定每一項研究工具及記錄所使用的機器均無差錯，主持人要依焦點問題，在擬定問題之間可就疑點處追問、探詢。譬如在出席人士回答不明處，繼續追問「為什麼？」或「可不可以舉例說明？」等。

(六)主持討論

焦點團體的討論可能是不同的組織成員，有時是在一種有雙面鏡的專業會議室，若討論的空間無法獲得時，則可能選擇在就近的百貨公司文化教室、餐廳隔音良好的包廂、學校教室等進行。主持人開場暨介紹研究座談目的後，可以一個較輕鬆的問題（如請出席人士自我介紹，或談出席人士昨天晚上在做什麼等）開始，再帶入討論題目。務必使出席人士自然、自由地表達真正的看法。

(七)分析資料及撰寫研究報告

資料及報告的撰寫是以研究所需及時間、金錢的考量為標準，有時主持人或研究者也可以就所記錄的重點發展可能的研究領域範圍。

二、焦點團體資料分析

焦點團體資料分析之價值，常因過於主觀及解釋困難而遭受懷疑。然而實際上，焦點團體資料的解讀亦可如其他社會科學研究法般嚴謹、

正確，它能夠量化並輔以數學分析。分析的方法有許多種，端視研究的目的而定，一般常見的乃是對不熟悉的主題做深入探討。因此，簡單的描述性記錄資料即適用，太過複雜的分析反而無益。

焦點團體分析程度隨著研究目的、研究設計複雜度、結論期望而有深淺不同。個案若受制於時間、經費，則簡潔的分析即可。另外，若有相關團體和決策人員參與討論會中，直接觀察討論，則亦不需要詳盡分析報告。

此外，當焦點團體結論明確而不需其他支持性文案時，亦毋庸再深入分析。

焦點團體資料分析的第一步是將面談過程記錄下來。記錄不僅利於進一步分析，也提供了其他相關團體面談的永久畫面資料。

面談記錄應忠於記錄受訪者的談話內容，包括不完整的句子、間斷的思緒、斷句、奇怪用語等等。有些為了增加可讀性，可將內容加以整理。但切忌喪失原有內容風格，因為受訪者的思考、說話方式亦是焦點團體研究主題之一，除了語文記錄之外，非語文傳播、手勢、肢體動作也能反映整體的討論情形。透過訓練有素的觀察員或現場錄影的分析觀察對分析相當有益。

「剪貼技巧」是常見的焦點團體分析技巧之一。它可以快速、經濟的分析焦點團體訪談記錄。此方法第一步驟是將訪談記錄的不同主題加以內容分類，標以不同的顏色或記號。被標示的內容可以是片語、句子、或受訪者間個別的交談。而內容的多寡視各主題重要性而定。在標示之後，接著將其剪開，再將相同的類門聚集起來，此一工作可藉由剪貼或電腦來進行。

這種分析方法相當有用，它決定了記錄中何者為重要，將討論內容加以分類，選擇出其中代表性言論並加以解讀。此種方式顯然有某種程度的主觀與潛在偏差，因此輔以多種分析方式可增加其可信度。

訪談討論內容中的意義、暗示乃是焦點團體法中重要的一環，而解讀內容即屬內容分析。內容分析的歷史相當悠久，它包含了許多不同的

層面與方法。此種方法廣泛地被應用於各研究中，諸如宣傳、文學與報紙、電視節目等等。目前電腦輔助內容分析逐漸地使用於焦點團體研究中，因為它不僅有傳統內容分析的嚴謹，並且降低所需時間和費用。

詹尼斯（Janis, 1965）依據不同的研究目的將內容分析歸納為三項：(1)實用內容分析；(2)語意內容分析；(3)符號載具（情感）分析。實用內容即討論與回答的內容；語意內容如討論所使用的形容詞、動詞或描述方式及使用的頻率；符號載具為出席人士所使用有關情感字眼的字數。

內容分析的步驟與其他研究方法類似，包含下列步驟：資料收集、整理（刪減）資料、結論、分析、驗證、以其他方法測試、以其他資料檢驗假設。

內容分析所使用的資料包括語言、行為觀察及各種不同形式的非語文傳播。這些資料常是零亂沒有結構的主體，在研究中常依目的而將資料加以組織、結構化。組織的步驟有三：單位化、樣本化、記錄。

單位化指的是將分析化為適當的單元或層次。克里多夫（Krippendorf, 1980）認為內容分析中有三種單元必須考慮，一是樣本單元，二是記錄單元，三是文本單元。樣本單元為討論中訊息的整篇架構，記錄單元為明確的言論，文本單元為言論所發生的情境或內容。

內容分析中的取樣如其他研究中的取樣般，目的在於提供能代表多數團體的樣本。因此，分析者詳擬計畫選取具代表性的小組討論內容是很重要的。

資料收集的最後步驟為記錄。在內容分析中，記錄不僅是言論的記載，而且它使分析中的各單元將討論內容加以分門別類。

影響記錄的過程至少有四方面、原始資料、記錄者特質、記錄者的訓練素養、規劃單元的規則（Stewart & Shamdasani, 1990）。每個環節均應留心考慮。

資料蒐集是內容分析中最耗時的部分。它與其他研究方法不同，在內容分析過程中資料蒐集後於觀察；反觀其他研究方法，資料蒐集則先於觀察，這是其所以耗時的原因。

記錄或標碼個別的單元並非內容分析，它只是準備分析的第一步而已。大部分焦點團體資料所採用的內容分析為描述性記錄。雖然焦點團體資料常被視為質的研究，但適當的資料內容分析亦能使其成為複雜精確的研究。

電腦輔助內容分析近年來在焦點團體面談解讀上逐漸扮演重要功能，它不僅省時、精確、更能依設定的程式執行指令。

早期電腦在內容分析上主要處理計算不同字彙數及歸類工作，後來它更被使用於分類各不同類別的語彙，同時處理「剪貼」工作。雖然電腦可進行計算和歸類，不過卻無法辨別各詞語所屬的主詞及其文本。文本關鑑字系統（Key-Word-In-Context, KWIC）解決此種缺陷，它在進行分類過程中以一相連之關鑑字為索引，故而能明確顯示其所屬之主題（Stewart & Shamdasani, 1990）。

先進的發展更以人工智慧及認知科學為基礎。這項發展認為字與字間的連結決定了意義的形成，語言更提供了瞭解個體思考模式的工具。

此種發展亦應用於焦點團體分析之中。由於焦點團體內容分析所分析之內容與主題相當廣泛。因此，專門定製的分類方法對研究者而言還比一般性的方法來得適切。

焦點團體為測量觀眾回饋最普遍的方式。欲確實瞭解觀眾的心聲，焦點團體的主持人必須有專業的經驗，事後的分析也須有經驗的專業人員做解釋，才能聽出受訪者談話的言外之意，這些言外之意比明確敘述的評論更有價值。

三、焦點團體的優點

(一)可與其他研究合併使用，或單獨使用

對於一項主題或一種現象做先前的資料蒐集是焦點團體研究其中的一項優點，焦點團體可以作為研究的前測部分，也可執行於其他研究結

束後，再就不能解釋的議題舉行座談。

(二)兼具時效性與經濟效益的研究方法

焦點團體研究的另一項優點是能夠快速的控制，主要的時間都花在吸收新的參與討論上，一般而言，一個較好的研究單位能在七至十天內找到所需的參與討論者。大部分的焦點團體研究的研究費用，每個專案一般而言花費在五萬至十萬間，依研究對團體成員的要求不同而異。當參與討論的成員愈難尋找時，主持人就要經過特別的訓練，此時，研究費用就可能多花好幾萬元了。若研究焦點團體能提供往後研究的重要資料，這樣的費用其實不算太多。

(三)研究問題兼具彈性與連接的空間

研究者喜歡焦點團體研究方法的另一原因，在於研究問題設計的彈性和連接性。傳統的研究中，訪員是以一套固定的模式，以一連串範圍較廣的問題來代替傳統的訪問法，接著再讓參與者就某個重點進行討論就容易得多了。

(四)焦點團體可用來蒐集幼童或識字能力有限者的意見

焦點團體的研究對象較不受限制，例如作者曾將這個方法應用於魯凱族、排灣族的原住民，以及低年級小學生，前者可透過翻譯協助主持座談；一些識字有限的兒童或長者，也可藉由語言對話來表達己意。

(五)焦點團體提供規劃研究者與出席人士溝通的機會

焦點團體座談的主持人往往由經驗豐富的研究主持人擔任，其提供研究者與出席人士面對面的溝通途徑，可藉此說明、澄清問題。

(六)座談前的問題提示，有助於出席人士的思考、準備

大多數的專業焦點團體主持人，會讓參與者在討論之前先填寫一份

問卷。一般而言，在討論前所填的問卷中包含了即將進行討論的內容，它的主要功能在於強化參與討論者對某一答案的「強化」作用，同時也可以消除一些團體次級成員不敢表達己見的潛在可能。

(七)不局限於研究問題的良性「滾雪球效應」

同時，焦點團體的研究也可比個別的訪問來得完整且不受限制，某一個成員的回答可能刺激另一個成員對問題的思考，藉由一個有能力的主持人的帶動下，焦點團體的討論可能帶動一種「滾雪球效應」，有技巧的主持人同時也可以藉由非語文的帶動刺激團體成員的發言。

(八)研究結果直接、容易明瞭

焦點團體的結果容易瞭解，不需要經過太耗時的數量分析。

四、焦點團體的缺點

(一)意見領袖往往左右討論內容

焦點團體的領導者有時會以個人的意見控制整個討論，並試圖以個人的意見要求其他的參與討論者認同，這類的人通常限制了其他參與者的發言，同時也會影響甚至對整個討論團體造成反效果。因此，主持人必須在整個討論團體無法控制前技巧性的處理。

(二)量化問卷分析結果不具代表性

蒐集出席人士的問卷資料對焦點團體研究不是一種適當的方法，如果說大量的資料對整個研究來說是重要的一環，則研究者應以其他的研究工具來進行資料的蒐集工作。許多不熟悉焦點團體研究的人認為，此種方法可以調整所設定問題項目的多寡性，其實，焦點團體研究法所得到的是「問題為何這樣」及「問題是如何形成的」。

(三)座談討論的突發情況影響結果

另外，焦點團體討論的主持人必須接受嚴格的訓練，以隨時接受任何討論中影響討論品質的突發狀況。譬如作者在進行年幼兒童對卡通節目的座談，就常出現小朋友要上廁所或坐不住不耐煩的情形，這時便需靠家長或助理協助，進行安撫，再繼續討論。

(四)自願出席人士代表性值得商榷

另一項缺點是，焦點團體終究是由自願參與者所組成，這些人若沒有研究者所需的特質，則整個討論的資料便會無意義。

(五)質化資料解釋推論較困難

焦點團體開放式問題及肢體動作所得的資料，增添解釋與結論的困難。

(六)直接面對研究對象的答案可能造成解釋誤差

由於焦點團體所蒐集的資料採面對面，立即而直接的方式，對研究者的說服力較高，有時也可能產生以偏概全的誤差。

五、小結

焦點團體的應用範圍相當廣泛，由學術研究、政府決策，及電視台節目決策等皆有。焦點團體提供了有關訪談者的概念、思想、感覺等深入詳盡的資料，此特點使焦點團體有別於其他研究方法。

焦點團體主要得力於團體互動的功效，同時再加以領導有方的主持人，而能深入精闢暴露出問題的潛因所在。

然而，焦點團體亦有其限制。其主要限制在於十二人的小團體中，個體常會受其他人影響，而無法呈現出每一個體獨特的想法；其次，如

同其他研究法所受到的限制，焦點團體的樣本代表性不足、解讀偏差，及需求影響因素等等亦使焦點團體研究受限。

　　總之，不同的研究目的，有不同的研究方法，針對目的選取適切的研究法，任何研究都可得到有利、切用的分析結論。

貳、迷你戲院研究（Mini-theater Research）

　　迷你戲院研究顧名思義是在小型戲院進行的研究，觀察者讓受試樣本群集在一小型戲院觀看所研究的節目，同時記錄每位受試者對節目的喜惡。通常用來測試將推出或考慮推出的連續劇集（Vane & Gross, 1994）。這是美國加州閱聽人研究中心（Audience Survey Institute, ASI）所使用的節目測試方式之一。

　　閱聽人研究中心設計一個可容納二十五至三十人座的小戲院，每張座椅上都有旋鈕，旋鈕分五段：很好（very good）、好（good）、普通（normal）、無聊（dull）、很無聊（very dull），所有旋鈕均與電腦連線，隨時記錄受測者的反應，再依此製成圖表，顯示研究者想要的資料。

　　儘管受試者仍有失誤的時候，譬如把旋鈕的方向搞錯，給予錯誤的反應，或看戲過於投入忘記使用旋鈕，或旋鈕的分段方式記不清楚，一般而言，這仍是直接監看觀眾收視過程、評估反應的重要參考途徑。

一、迷你戲院研究進行程序

　　研究進行的程序分兩階段，分別是觀看研究主題及座談討論。

(一)讓觀眾觀看測試影片，並隨時監看觀眾情緒反應

　　主持人先解釋旋鈕的使用方法，再用大銀幕播放要研究的影片；事先旋鈕均設定在「普通」，影片放時，受試者可隨時旋轉旋鈕，表示自己

對此刻劇情的好惡。連線電腦立刻彙整所有受試者的反應，轉換成同步變化的圖表，研究者可同時從一特製螢光幕中觀看觀眾反應，此監看螢幕上方播放影片，下方同時有圖表在跑，實驗全程，包括影片與圖表，均錄下來作以後參考。

(二)針對觀賞過程的反應評估，進行焦點團體座談

參與實驗的受試者看完影片後，需要填寫一份有關個人基本資料及對節目建議的問卷，以座位編碼，和電腦收到的反應比較，便可進一步分析任何次團體的收視反應資料。有時遇到無法理解的分析結果、可要求受試者留下參與焦點團體座談，請十至二十位受訪者深入討論反應背後的感受和理由。

早期閱聽人研究中心有一大戲院設備，可容納三百至三百五十人，其中五十人會戴上測量脈博與汗量的感應器，情感反應愈大，代表影片愈有效。但這種推論因無理論依據，結果也不易分析，爾後便被迷你戲院取代。

二、迷你戲院研究優點

(一)獲得深入的回饋反應

迷你戲院研究可深入觀察觀眾每分每秒的面部表情，並由觀眾的按鈕選擇獲知觀眾的評估。

(二)迷你戲院研究結合量化及質化分析結果

這種觀眾回饋研究結果，包含觀眾觀賞過程的量化評估分析，以及觀賞完畢後焦點座談的質化分析。

(三)研究情境不易受外界困素干擾

受測觀眾可專心觀看螢幕，直接將觀感藉裝置表達，不必考慮其他人的反應。

(四)研究結果可供製播者修正節目細部內容

迷你戲院研究因可掌握觀眾對每一畫面、劇情的反應，有助於製播者作為具體改善內容的參考。

(五)降低誤用研究結果的機會

由於迷你戲院成本較低，效果相同，樣本數較少也可降低誤用研究結果的機會。如調查三百人時，容易變成只看整體反應的平均數，一些較極端的反應選擇經過平均並不突顯，以致太過簡化實驗結果。再者，為讓實驗成績好，節目製播者學會在影集中安排許多高潮迭起的劇情，而這些情節與整體劇情毫不相干，卻造成受訪者不斷將旋鈕轉成「好」或「很好」，結果全體分析自然呈現比較樂觀的結果。

三、迷你戲院研究缺點

(一)研究結果有時不具成效

電視節目影集在上檔前，會經歷一連串「試拍→試驗→試拍→試驗……」的過程，節目製播者可拍攝不同劇情節奏，進行各種實驗，直到獲得觀眾滿意的回饋才正式推出。但仍有一些影片上檔不久後便草草收場。

(二)受測者的選擇有限

作者在美國德州大學曾參與過配樂的迷你戲院研究，受試者皆戴上

耳機，聆聽不同風格的音樂，同時利用旋鈕表達對各式樂曲的反應評估，在進行聽覺分析的實驗中，螢幕上不放任何視覺訊息，以免影響觀眾的接收和回饋。但在運用旋鈕表達好惡時，常因僅僅五段的選擇設置而受到限制。

(三)錯誤反應結果值得商榷

迷你戲院研究觀賞影片階段，有時受試者將旋鈕方向搞錯，反而提供錯誤結果。

(四)製播者刻意扭曲劇情，左右觀眾情緒反應

如前所述，一些節目製播者為使實驗結果樂觀，可能刻意製造實驗影集的高潮，加快其節奏。久而久之，造成觀眾僅對強烈對比的內容有反應。

(五)研究情境不夠自然

迷你戲院雖可使觀眾不受干擾，但是實驗情境不夠生活化，受測者平日觀看電視未必如此專注。

參、電纜基研究（Cable-based Research）

與迷你戲院不自然的缺失相較，電纜基研究顯然較自然舒適些，因為人們觀看電視通常是在家中獨自一人或與家人一起，較少在公共場所與一大堆不認識的人一起觀看。

研究主持人先與各地區有線電視系統經營者合作，選取一些合乎條件、願意參與研究的訂戶，受測者在一規定時間觀看某頻道播放的節目，播放當天於播放前電話提醒受測者收看，播放後再以電話訪問受測者，填一份詳細的問卷，蒐集研究所需資料。因無他人干擾，且受測者

身處自己熟悉的家中，受測者很容易就講出真正的反應。

　　電纜基研究的受測樣本選取以符合人口基本特性為考量，值得留意的是，它牽涉到有線電視收視戶個人資料隱私權問題，這需要系統經營者在與訂戶訂定消費者契約時多加考量。

　　此外，電纜基研究的對象限於有線電視訂戶，不包括非訂戶。若應用在台灣地區，可能較能反映都會區觀眾的回饋；因為有線電視的服務對象以人口密集的都市為主，相對地，將較忽略偏遠地區、鄉村地區觀眾的收視情形與意見（黃葳威，民84）。

一、電纜基研究優點

(一)適用於有線電視戶

　　電纜基研究係美國加州觀眾研究中心所採用的閱聽人回饋分析方法之一，其需與各地區有線電視系統經營者合作，或由各地區有線電視業者自行定期調查其訂戶。

(二)可確實調查觀眾對一節目的回饋

　　一般問卷調查或電話調查無法確知受訪者是否觀看過測試節目，但電纜基研究因事先電話提醒自願受測者，因此較能掌握觀眾收看與否。

(三)受測觀眾較易吐實

　　由於參與電纜基研究的受測者，其在家中或工作場所等熟悉自在的環境接受訪答，比較容易表達內心真正看法，而不受其他人左右。

(四)問卷長度較一般電話調查有彈性

　　電纜基研究對象為自願參與的觀眾，且有心理準備將在電話中填答問卷，因此對於問卷、問題的接納程度較高。

二、電纜基研究缺點

(一)分析文本的限制

電纜基研究仍無法掌握觀眾觀看節目的細部反應。

(二)分析對象的限制

研究結果不涵蓋有線電視非訂戶及家中未裝設電話的偏遠地區民眾。

(三)其他因素干擾

在家中觀看電視仍可能受到外界因素干擾。

肆、電話／郵寄研究

由於電視觀眾不能一邊專心看電視節目，邊聽電話填問卷，使得電話訪問的同時性受限。不過，電訪仍可有效蒐集正在播出節目的簡單資料，比如正在收看的頻道、節目及大致的評價等。

電話調查人員打電話給受測者，問他們問卷上的問題；或者事先獲得受測者的同意，再郵寄問卷給他們，並於填答完成後寄回，這種方式較費時，寄出後還要打許多提醒的電話。

研究電視觀眾回饋的一個廣為人知的研究是TV-Q的評估（Vane & Gross, 1994）。用電話形式進行的TV-Q評估，可看出觀眾對某一節目與角色的熟悉程度和出現密集程度。TV-Q評估計畫彙整全美一千六百名受測者寄回的問卷，以兩種分數來表示：一是熟悉指數，代表受測者熟悉播出節目主題的百分比；另一是喜愛指數，代表喜愛播出節目主題的百分

比。再以年齡、性別的區隔製作圖表，若喜愛指數高，熟悉指數低，代表看過的人太少，但看過後很多人都會喜歡，顯示節目製播單位應加強節目推廣。如果以收視率低的節目進行TV-Q評估，若呈現有某部分人口特質的受測者喜愛指數高，則代表應調整節目，以這一人口特質群眾為訴求觀眾，同時改變播出時段符合訴求觀眾的生活作息。

TV-Q顧名思義是「電視智力商數」，早期較常應用於公共電視節目調查，即PTVQ，是改進收視率調查只問收視人口數，不顧人口特質或節目品質的「質」的調查方式。在歐洲被稱為「欣賞指數」（Appreciation index）（翁秀琪、陳世敏，民78）。

TV-Q測量一節目或角色的計算方法為：

$$TV\text{-}Q = \frac{\text{填答「喜愛」的人口數}}{\text{熟悉指數}} \times 100\%$$

熟悉指數=填答聽過（一節目內容或角色）的人數÷樣本數
喜愛指數=填答喜愛（一節目內容或角色）的人數÷樣本數

TV-Q評估的信度較受人爭議，例如未在電視頻道上播出的節目無法受評估。觀眾對一節目的喜愛指數可能是主角表現突出，或正、反派角色特質的影響，或節目視覺畫面、背景音效、節奏感等。

前述TV-Q採電話／郵寄研究，其較常用來評估已播出電視節目的觀眾回饋意見。若不透過電話／郵寄方式，而採面對面調查執行方式，也可應用評估尚未播出的電視節目的潛在觀眾電視智力商數。

作者曾主持公共電視籌委會一研究計畫，評估國小學童對不同卡通的接收情形。所選取的六部卡通均未在電視頻道播出。於是，便在台灣地區北、中、南、東各區八所國小試播且分析小朋友的觀感（見表4-1）。

其中「看過此部卡通之樣本數」採比較嚴格的算法，指的是有參與作答此部卡通的學生總人數。

「喜愛人數」在「畫面」上指的是對這部卡通畫面的喜愛人數，包括

表4-1　六部卡通之TV-Q比較

卡通別	總樣本	看過此部卡通之樣本數	喜愛人數	TV-Q %	各部卡通元素排名	整體排名
*西遊記						
畫面	408	408	139	139	4	
配樂	408	408	162	162	2	631 第六名
主角造型	408	408	159	159	3	
故事內容有趣程度	408	408	171	171	1	
*伊索寓言						
畫面	408	407	161	160.60	2	
配樂	408	407	159	158.61	3	636.43 第五名
主角造型	408	407	128	127.69	4	
故事內容有趣程度	408	407	190	189.53	1	
*小企鵝						
畫面	408	407	365	364.11	2	
配樂	408	407	278	277.32	3	1299.82 第二名
主角造型	408	407	385	384.06	1	
故事內容有趣程度	408	407	371	274.33	4	
*螢火蟲之墓						
畫面	408	408	350	350	2	
配樂	408	408	314	314	3	1302 第三名
主角造型	408	408	363	363	1	
故事內容有趣程度	408	408	275	275	4	
*三個和尚						
畫面	408	406	168	167.18	4	
配樂	408	406	174	173.15	3	752.3 第四名
主角造型	408	406	206	204.99	2	
故事內容有趣程度	408	406	208	206.98	1	

（續）表4-1　六部卡通之TV-Q比較

*獅子王					
畫面	408	408	399	399	2	
配樂	408	408	382	382	3	1549
主角造型	408	408	401	401	1	第一名
故事內容有趣程度	408	408	367	367	4	

表4-2　六部卡通在卡通元素之排名比較

卡通別	畫面		配樂		主角造型		故事內容	
	TV-Q	名次	TV-Q	名次	TV-Q	名次	TV-Q	名次
西遊記	139	6	162	5	159	5	171	6
伊索寓言	160.60	5	158.61	6	127.69	6	198.53	5
小企鵝	364.11	2	277.32	3	384.06	2	274.33	3
螢火蟲之墓	350	3	314	2	363	3	275	2
三個和尚	167.18	4	173.15	4	204.99	4	206.98	4
獅子王	399	1	382	1	401	1	367	1

了填答「很好看」及「好看」的學童；在「配樂」上指的是對這部卡通配樂的喜愛人數，包括了填答「很好聽」及「好聽」的學童；在「主角造型」上指的是對這部主角造型的喜愛人數，包括了填答「很可愛」及「可愛」的學童；「喜歡人數」在「故事內容有趣程度」上指的是對這部卡通故事內容認為有趣的學童人數，包括了填答「很有趣」及「有趣」的學童。

　　「各部卡通排名」乃是將卡通各自之畫面、配樂、主角造型與故事有趣程度加以比較；而整體排名則是將各卡通的四個元素相加之總和來看其整體之排名。

一、質的電話／郵寄研究優點

(一)可用來調查自然生活的收視概況

電話／郵寄研究對象包含各種自然收視習慣的觀眾，有專心或隨意瀏覽各頻道節目的觀眾。

(二)較容易涵蓋不同背景的觀眾群

質的電話／郵寄研究對象可包含有線電視訂戶與非訂戶，或非自願參加焦點座談、迷你戲院研究的對象，其樣本較具代表性。

(三)所得到的資料可重複分析

電話／郵寄研究所得到的觀眾資料，可依研究主題不同進行二手分析，比較不同研究的TV-Q。

二、電話／郵寄研究缺點

(一)研究情境較難操控

調查研究的情境，無法像迷你戲院研究或電纜基研究的情境可被操控；迷你戲院研究的節目播放、電纜基研究可電話提醒受測者完整收看，兩者情境在觀賞節目的控制與提醒上均較明確，質的電話／郵寄研究雖也分析熟悉指數，但仍有觀看頻率的差異存在。

(二)不當的問題陳述影響結果

例如若問題太籠統「你喜歡這部卡通嗎？」究竟是色彩、人物或劇情呢？

表4-3 TV-Q問卷模擬樣本

十二月節目受歡迎度調查

性別 男□ 女□
年齡 6-11 □ 35-49 □
12-17 □ 50-54 □
18-24 □ 55-64 □
25-34 □ 65以上 □

此頁與下頁的上半部是要調查您對我們所列出電視節目的意見與過去四週內的觀看次數。
在"意見"一欄中,若從未看過此節目則打"x",若曾看過此節目,則以1,2,3,4,5來標對於曾看過的節目,在"觀看次數"一欄
中,以打"x"來表示過去四週中觀看的次數。

意見欄　　　　　　　　　　　　　　　　觀看次數
符號　　代表節目是:
1 ....我最喜歡的節目之一　　　　　0=過去四週未曾看過
2 ....很好　　　　　　　　　　　　1=過去四週看過一次
3 ....好　　　　　　　　　　　　　2=過去四週看過二次
4 ....尚可　　　　　　　　　　　　3=過去四週看過三次
5 ....差　　　　　　　　　　　　　4=過去四週看過四次
x ....從未看過

意見	過去四週觀看次數	意見	過去四週觀看次數	意見	過去四週觀看次數
	0 1 2 3 4		0 1 2 3 4		0 1 2 3 4

週一晚間　　　　　　　　　　週二晚間　　　　　　　　　　週三晚間

日正當中	___□□□□□	七龍珠	___□□□□□	夏日風暴	___□□□□□
家有日本妻	___□□□□□	誰令你心動	___□□□□□	名人三溫暖	___□□□□□
全民開講	___□□□□□	霓裳豔影	___□□□□□	回首當年	___□□□□□
十八羅漢	___□□□□□	日本偶像劇	___□□□□□	精靈探訪隊	___□□□□□
文茜小妹大	___□□□□□	魚夫漫畫秀	___□□□□□	時尚快遞	___□□□□□
通靈王	___□□□□□	歲月顯影	___□□□□□	消費萬花筒	___□□□□□
楊麗花歌仔戲	___□□□□□	未成年	___□□□□□	中華之光	___□□□□□
戀愛講義	___□□□□□	非常娛樂	___□□□□□	娛樂網路	___□□□□□
樂透看中天	___□□□□□	健康舞	___□□□□□	小公主	___□□□□□
再見阿郎	___□□□□□	精選影集	___□□□□□	午夜漫談	___□□□□□
天地有情	___□□□□□	全民開講	___□□□□□	生命平衡線	___□□□□□
火線話題	___□□□□□	中國之窗	___□□□□□	流行快報	___□□□□□

週四晚間　　　　　　　　　　週五晚間

急救現場	___□□□□□	警探影集	___□□□□□
體育世界	___□□□□□	愛有明天	___□□□□□
脫口秀	___□□□□□	碧海遊蹤	___□□□□□
生命街車	___□□□□□	天才小釣手	___□□□□□
綜藝雙響炮	___□□□□□	亞洲名人錄	___□□□□□
新聞雜誌	___□□□□□	最佳女主角	___□□□□□
美人魚	___□□□□□	鄉音	___□□□□□
旋轉舞台	___□□□□□	名曲欣賞	___□□□□□
漫畫屋	___□□□□□	家族特輯	___□□□□□
戀曲	___□□□□□	預測明天	___□□□□□
激情劇場	___□□□□□	運動大冒險	___□□□□□
每日一菜	___□□□□□	私房菜	___□□□□□

表4-4　TV-Q流行歌曲分析結果模擬樣本

歌曲流行度研究						分數／熱衷者%／不熟悉者%／排名		
	總計	男性	女性	18-24歲	25-34歲	35-44歲	流行樂迷	搖滾樂迷
余天 榕樹下	70.83 0.00 27.02 5	71.45 0.00 35.48 4	69.11 0.00 20.93 5	70.00 0.00 33.33 5	66.17 0.00 15.00 5	76.47 0.00 29.16 3	70.83 0.00 27.01 5	77.27 0.00 13.22 5
黃國倫 天使	73.61 5.40 27.02 3	71.05 6.34 38.70 5	75.00 4.65 18.65 4	80.00 3.33 33.33 1	77.50 15.00 25.00 4	72.36 0.00 20.83 5	78.57 0.00 22.22 3	68.75 16.66 33.33 4
王菲 我願意	79.05 8.10 0.00 1	76.65 9.78 0.00 1	80.81 6.87 0.00 1	78.33 6.66 0.00 2	77.50 10.00 0.00 2	81.22 8.33 0.00 1	86.11 0.00 0.00 1	75.00 8.33 0.00 3
范曉萱 眼淚	73.10 4.05 10.81 4	71.53 9.67 16.12 3	80.62 0.00 6.97 2	78.12 10.00 20.00 3	73.74 0.00 20.00 3	75.00 4.16 4.16 4	85.71 0.00 22.22 2	77.77 8.33 25.00 2
陳昇 恨情歌	72.41 2.70 21.67 2	76.04 6.34 22.58 2	77.70 6.97 13.95 3	72.00 13.33 16.66 4	82.81 5.00 20.00 1	78.75 0.00 16.66 2	71.42 11.76 17.64 4	79.16 8.33 41.66 1

(三)找錯對象

電話／郵寄研究問卷的回答者，未必是預定調查的對象。

伍、本章結論

電影「出埃及記」中以色列人離開遭受奴役、剝削的埃及，在曠野行走了四十年之後，才進入神所應許的「迦南美地」。我國電視事業自民國五十一年開始，至今已走過四十多年，電視與觀眾之間的關係究竟如

何？電視事業已進入觀眾與製播者都贊同的「迦南美地」嗎？

根據本書第四章至第十六章的量化研究與質化分析顯示，台灣地區民眾對電視的回饋型態分別有三種：批評改革、有所距離及比較信賴，前面兩者的人口比例明顯高於比較信賴的人口比例。弱勢社群如原住民對電視新聞節目的回饋意見，也以批評改善居多，比較信賴或有所距離的較少。青少年對電視益智節目的回饋，以有所距離（不收看）者較多，其次為批評改革派，比較信賴的相當有限。這些均反映觀眾對電視節目「有話要說」，要不就保持距離、以策安全。

那麼，電視節目製播者是否「聽見」或「看到」觀眾的回饋？本書第五章的質化分析發現，電視節目製播者對於觀眾回饋的接納程度與管道也仍待開發，而不是製作叩應節目就算與觀眾雙向互動溝通。

換句話說，觀眾與電視之間的關係若即若離，彼此仍不夠信賴、接納，溝通管道也十分有限或被誤解。

由於收視率調查僅能反映一些普遍的表象，作者嘗試提出較深入觀眾內心深處的研究方法，包括焦點團體座談、迷你戲院研究、電纜基研究及質的電話／郵寄訪問。希望為觀眾與電視節目製播人搭起溝通友誼的橋樑。

上述四種觀眾回饋測試方式，除郵寄訪問、電纜基研究須用於識字者，其餘焦點團體、迷你戲院、電話訪問研究都可藉語言蒐集觀眾的心聲。即使研究對象使用不同語言，也可透過翻譯協助進行。

台灣地區自一九九四年下半年開始，正式進入合法的多頻道電視時代，其中衛星暨有線電視尤扮演重要角色，在平衡跨國文化產品輸入與發掘本土題材的過程，市場區隔下的觀眾回饋已非收視率數字所能道盡，不同族群對不同類型節目的回饋，更能具體呈現觀眾的觀感，提升觀眾需求與電視製播內容的默契。

或許我們可以這麼說，電視叩應節目的確為「主動閱聽人」時代揭開序幕，但絕不止於與節目主持人聊天或向來賓提出問題，交換意見或搶答問題拿紀念CD與T恤。「主動閱聽人」還要能剛強壯膽地向電視節

目製播者表達忠言與諫言，節目做得好時也能給予鼓勵，適時打氣。

　　同樣地，電視節目製播單位也應伸出友誼的手，消除觀眾對電視的距離陌生感，藉更多的管道與方式，察納雅言，走向閱聽人。

問題討論

1. 請想一想焦點團體法如何設計，並請與同學一起設計應用於你最喜歡的一個媒體節目或內容。
2. 請想一想迷你戲院研究如何設計，並請與同學一起設計應用於你最喜歡的一個媒體節目或內容。
3. 請想一想電纜基研究如何設計，並請與同學一起設計應用於你最喜歡的一個媒體節目或內容。
4. 請想一想電話／郵寄問卷如何設計，並請與同學一起設計應用於你最喜歡的一個媒體節目或內容。
5. 你認為目前有哪一個媒體節目或內容，的確重視閱聽人的意見？

第二篇

媒體結構篇

第五章
台灣地區民眾對電視的回饋型態

台灣地區民眾與電視的關係是敵抑友？一般民眾對電視節目是照單全收？或謹慎選擇節目內容？現代觀眾真進入「主動閱聽人」的階段嗎？本文嘗試從扮演接收者的閱聽人角色出發，根據閱聽人對電視媒體的互動關係，檢視台灣地區民眾對電視媒體的回饋型態。作者並以郵寄問卷調查，輔以親身問卷調查，向全省地區戶間抽樣的1509個樣本戶展開調查，再就回收有效問卷689份進行分析，這一章將敘述台灣地區民眾對電視的回饋型態，並討論不同背景差異對觀眾回饋的影響。其中媒體使用型態、疑慮消除策略已分別在第一章、第三章討論，本章不再重複介紹。

壹、電視觀眾回饋型態

　　作者依據干寶夫婦有關回饋文獻與疑慮消除理論，試擬一電視回饋型態量表，經由前測、後測反覆驗證獲致十九道題型，再經Cronbach信度檢定與因素分析歸納為三種回饋型態：單向有限、比較信賴及有所距離（參見本章附錄）。由表5-1得知，這三種回饋型態的分布，以單向有限回饋型態最多，受訪者中有八成以上表示「有點同意」或「相當同意」採取單向有限回饋型態，其中又以「我認為應該禁止兒童收看不適合他們年齡的電視節目」、「我認為電視台應重視電視節目意見調查，來改進電視節目內容」、「我認為應該禁止青少年收看不適合他們年齡的電視節目」先後名列前矛，均達九成以上。

　　其次以有所距離回饋型態居多，四道題項均有六成以上受訪者表示「有點同意」或「相當同意」，其中以「我不太瞭解電視公司的節目製播方式」最多，占七成以上；「我從未現場參加過電視台的節目錄影」、「我從未參加過電視台的有獎徵答活動」陸續次之，均達六成五以上。

　　三種回饋型態以比較信賴回饋型態所占「有點同意」或「相當同意」百分比最少，大多在四成以下，其中以「我經常藉著影劇新聞報導獲知

表5-1　電視觀眾回饋型態分布

	很不同意		不太同意		有點同意		相當同意	
	人數	%	人數	%	人數	%	人數	%
單向有限型								
15.我認為應該禁止青少年收看不適合他們年齡的電視節目（N=624）	12	1.9	30	4.8	139	22.3	443	71.0
16.我認為應該禁止兒童收看不適合他們年齡的電視節目（N=626）	11	1.8	26	4.1	106	16.9	483	77.2
17.我從不相信任何民意調查的結果（如對選舉、公共事務的調查）（N=619）	36	5.8	161	26.0	285	46.1	137	22.1
18.我從不相信有關電視節目的收視率調查（N=615）	41	6.7	126	20.5	291	47.3	157	25.5
19.我認為電視台應加強收視率調查，以瞭解一般觀眾對節目的看法（N=611）	29	4.7	89	14.6	239	39.1	254	41.6
20.我認為電視台應重視電視節目意見調查，來改進電視節目內容（N=617）	10	1.6	31	5.0	198	32.1	378	61.3
21.我最近常收看三台以外的電視新聞節目（N=617）	57	9.2	71	10.3	168	27.3	321	52.0
22.我認為國內應多引進可靠的民意調查機構，增加調查結果的公信力（N=614）	20	3.3	40	6.5	193	31.4	361	58.8
比較信賴型								
1.我經常收看電視叩應節目（N=609）	200	32.8	211	34.7	146	24.0	52	8.5
2.我經常打電話加入電視叩應節目的討論（N=604）	433	71.7	120	19.9	37	6.1	14	2.3
5.我經常向電視台表達對節目內容或主持人的看法（N=610）	391	65.5	120	20.1	39	6.5	47	7.9
6.我覺得電視台很重視我們一般觀眾的意見反應（N=584）	138	23.6	210	36.0	163	27.9	73	12.5
7.我經常收看電視叩應節目（N=593）	203	34.2	230	38.8	122	20.6	38	6.4
9.我經常藉著影劇新聞報導獲知電視節目動態（N=605）	106	17.5	145	24.0	221	36.5	133	22.0

（續）表5-1　電視觀眾回饋型態分布

	很不同意		不太同意		有點同意		相當同意	
	人數	%	人數	%	人數	%	人數	%
10.我很希望向電視台工作人員表達我對電視節目的看法（N=594）	108	18.2	153	25.8	224	37.7	109	18.4
11.我認為電視節目很符合一般觀眾的需求（N=615）	122	19.8	262	42.6	172	28.0	59	9.6
12.一般來說，我相信電視廣告中所陳述的產品品質（N=617）	170	27.6	317	51.3	105	17.0	25	4.1
有所距離型								
3.我從未參加電視台的有獎徵答活動（N=610）	126	20.7	75	12.3	96	15.7	313	51.3
4.我從未現場參加過電視台的節目錄影（N=610）	139	22.8	51	8.4	66	10.8	354	58.0
8.我從未接受過有關電視收視率的電話調查（N=607）	117	19.3	119	19.6	112	18.4	259	42.7
13.我從不購買沒上過電視廣告的產品（N=613）	194	31.6	263	42.9	98	16.0	58	9.5
14.我不太瞭解電視公司的節目製播方式（N=609）	46	7.6	105	17.2	230	37.8	228	37.4

電視節目動態」最多，達五成以上；「我覺得電視台很重視我們一般觀眾的意見反應」次之，約在四成左右；再者為「我認為電視節目很符合一般觀眾的需求」，不到四成的受訪者表示「有點同意」或「相當同意」。

這些說明目前台灣地區民眾對電視媒體的回饋，仍多抱持懷疑態度，比較信賴電視的仍是少數。

大多數民眾認為應限制青少年兒童收看不適合他們年齡的節目，並期待電視公司重視節目意見調查，改進節目內容；甚至有不少受訪者對電視感到陌生，有所距離。這同時反映一般民眾進入「主動閱聽人」的階段，仍限於主動拒絕、主動選擇三台以外的節目、主動期望電視台改善節目。至於能主動直接向電視台製播群表達有關節目意見者仍然很有限。

貳、人口學變項與回饋型態的關係

一、性別、職業、常用語言、居住區域與回饋型態的T 檢定／變異數分析

　　這裏的變異數分析，性別方面採取的是T-test檢定，而職業、常用語言與居住地點則是以Oneway來比較組與組之間的差異性。由下表可看出，「性別」與「居住地點」兩個變項有.05的組間差異顯著度。

　　由表5-2關於性別與回饋型態的T檢定獲知。男性受訪者在整體回饋或單向有限回饋型態的平均數，顯著高於女性受訪者。

　　表5-3顯示有關職業與回饋型態的變異數分析結果，不同職業受訪者在單向有限回饋型態上呈現明顯差異。其中以農林漁牧受訪者在單向有限回饋型態的平均數明顯高於其他行業受訪者。

　　在教育程度方面，經變異數分析，由表5-4獲悉，不同教育程度受訪者在單向有限、有所距離回饋型態上有明顯差異。其中專科教育程度受訪者在單向有限回饋型態的平均數，顯著高於其他教育程度受訪者；博士教育程度受訪者在有所距離回饋型態的平均數，明顯高於其他教育程度受訪者。

表5-2　性別與回饋型態之T檢定

回饋型態 自變項		整體	單向有限	比較信賴	有所距離
性別	男M	52.7937	26.7176	14.1274	12.0458
	女M	51.3743	25.9048	13.9358	11.6166
	T值	2.27	2.64	0.58	1.50
	Prob.	0.024 *	0.008 **	0.562	0.134

* p<0.05　** p<0.01　*** p<0.001

表5-3 職業與回饋型態之變異數分析

回饋型態 自變項		整體	單向有限	比較信賴	有所距離
職業	軍警M	53.4000	27.4286	14.1667	12.6250
	公務員M	53.0847	26.5238	14.1017	12.5238
	民營事業受雇者M	53.3333	26.8228	14.4375	12.0241
	自營商人M	52.0748	26.3246	14.1468	11.5526
	公私立學校教師M	51.5000	26.3000	12.8333	12.6667
	農林漁牧M	53.7273	28.2308	13.8182	11.6667
	工M	54.0556	27.0476	14.6585	12.3488
	自由業M	52.6042	26.9259	14.4286	11.3214
	學生M	49.5366	24.5000	14.0732	10.9286
	家庭主婦M	50.6512	25.7083	13.3778	11.5333
	無業M	51.2571	26.2045	13.9189	11.8372
	退休M	51.9615	26.8065	13.2143	12.3871
	其他M	52.2609	26.1739	13.6957	12.5417
	F值	1.26	1.85	0.65	1.13
	Prob.	0.24	0.04*	0.80	0.33

* $p<0.05$ ** $p<0.01$ *** $p<0.001$

表5-4 教育程度與回饋型態之變異數分析

回饋型態 自變項		整體	單向有限	比較信賴	有所距離
教育程度	博士M	49.0000	26.0000	9.0000	14.0000
	碩士M	51.1000	25.4000	13.2727	12.1818
	大學M	51.6224	26.4231	13.4455	11.7429
	專科M	52.8088	26.7550	13.7465	12.4474
	高職M	53.0000	26.6897	14.5596	11.7143
	高中M	52.6610	26.4531	14.5806	11.7385
	國中M	50.7963	26.3390	14.2963	10.6552
	小學M	53.0698	26.1321	14.8889	12.1923
	識字M	52.7000	25.7000	13.4000	13.6000
	不識字M	46.1538	22.4615	12.7692	10.9231
	F值	1.82	2.19	1.57	2.02
	Prob.	0.06	0.02	0.12	0.03

* $p<0.05$ ** $p<0.01$ *** $p<0.001$

由表5-5得知,受訪者在家中慣用語言的不同,在他們對電視媒體的回饋型態上並無顯著差異。

　　表5-6的變異數分析顯示,不同居住區域的受訪者,在整體回饋上有明顯差異。其中以居住東部區域的受訪者在整體回饋的平均數,明顯高於北、中、南部區域受訪者。

表5-5　家中主要使用語言語言與回饋型態之變異數分析

回饋型態 自變項		整體	單向有限	比較信賴	有所距離
常用語言	國語M	51.4038	26.2456	13.9908	11.4123
	閩南語M	51.6500	25.9221	13.7310	12.1883
	客家語M	52.7500	25.9091	13.6000	13.4019
	國語閩南語混合M	52.6211	26.6345	14.2119	11.7312
	國客語混合M	53.9259	27.1481	14.1582	12.5926
	其他M	54.5000	28.1579	15.5000	11.7222
	F值	1.20	2.05	0.81	2.08
	Prob.	0.31	0.07	0.54	0.07

* $p<0.05$　** $p<0.01$　*** $p<0.001$

表5-6　居住地區與回饋型態之變異數分析

回饋型態 自變項		整體	單向有限	比較信賴	有所距離
居住地區	北區M	51.3771	26.1765	13.7138	11.6970
	中區M	52.6500	26.5513	14.2483	11.8667
	南區M	53.2430	26.6803	14.4035	12.1575
	東區M	55.1667	27.0952	15.2105	13.0000
	F值	3.32	0.98	1.90	1.35
	Prob.	0.02	0.40	0.13	0.26

* $p<0.05$　** $p<0.01$　*** $p<0.001$

二、年齡、居住時間、語言理解程度、接觸大眾媒體程度與回饋的皮爾森相關／逐步迴歸分析

　　這一部分分析採用的是皮爾森積差相關、雙尾檢定的統計方法，相關係數值與顯著性如下表所列。由表5-7獲知，受訪者年齡愈長者，其愈常向媒體表達回饋；進一步分析年齡與三種回饋型態的關聯性，年齡愈長者，其愈常採單向有限或有所距離的回饋型態。

　　在語言理解程度與回饋關聯性方面，受訪者對國語理解程度愈低，其愈常向媒體表達回饋；進一步分析語言理解程度與三種回饋型態的關聯性，受訪者對國語理解程度愈低，其愈常採單向有限的回饋型態（表5-7）；受訪者對客語的理解程度愈低，愈常採有所距離的回饋型態（表5-7）。

表5-7　人口學變項與回饋型態的皮爾森相關分析

人口學變項	回饋關係	單向有限	比較信賴	有所距離
年齡大小	0.1135 （n=526） p=0.009**	0.1103 （n=579） p=0.008**	0.0484 （n=546） p=0.259	0.0968 （n=584） p=0.019*
居住時間長短	0.0292 （n=512） p=0.509	0.0380 （n=564） p=0.368	-0.0252 （n=529） p=0.563	0.0806 （n=566） p=0.055
對國語的理解程度	-0.1087 （n=530） p=0.012*	-0.1674 （n=585） p=0.000***	-0.0349 （n=551） p=0.414	-0.0241 （n=588） p=0.560
對閩南語理解程度	-0.0152 （n=532） p=0.727	-0.0334 （n=587） p=0.419	0.0441 （n=553） p=0.301	-0.0355 （n=592） p=0.388
對客語的理解程度	-0.0650 （n=533） p=0.134	-0.0347 （n=588） p=0.402	-0.0309 （n=554） p=0.468	-0.0987 （n=593） p=0.016*

* p<.05 ** p<.01 *** p<.001

審視人口學變項對回饋的預測情形，經由逐步迴歸分析，由表5-8可知，年齡大小、對國語程度分別對整體回饋具正向、負面預測力。

至於影響三種回饋型態的預測分析方面，年齡大小對單向有限回饋型態具正向預測力，但國語的理解程度則對單向有限回饋型態具負向預測力（表5-9）。

表5-10也顯示，僅客語的理解程度對有所距離回饋型態具負向預測力。即受訪者對客語理解程度愈高，愈不常對媒體採有所距離回饋型態。

人口學變項對比較信賴回饋型態的預測解釋，則未呈現顯著結果。

表5-8　人口學變項與整體回饋型態之逐步迴歸分析

人口變項	B值（斜率）	估計之標準誤	Beta值	T值	顯著性
年齡	.55248	.020381	.122011	2.711	.0069*
國語理解程度	-1.488241	.562175	-.119151	-2.647	.0084*
常數	51.846570	1.073292		48.306	.0000

複相關係數：.15140
決斷係數：.02292
調整之R平方：.01905
標準誤：6.83692
F值：5.92356**

人口變項與「整體回饋型態」建構之迴歸模式為：
$Y = 51.846570 + (0.055248) X1 - (1.488541) X2$
$Y = $ 整體回饋型態指數
$X1 = $ 年齡
$X2 = $ 對國語理解程度

表5-9　人口學變項與單向有限回饋型態之逐步迴歸分析

人口變項	B值（斜率）	估計之標準誤	Beta值	T值	顯著性
對國語之理解程度	-1.175419	.267303	-.187091	-4.397	.0000***
年齡	.032814	.009673	.144328	3.392	.0007***
常數	26.560822	.511231		51.955	.0000

複相關係數：.20877
決斷係數：.04358
調整之R平方：.04015
標準誤：3.44447
F值：12.69131***

人口變項與「單向有限回饋型態」建構之迴歸模式為：
Y＝26.560822－（1.175419）X1＋（0.032814）X2
Y＝單向有限回饋型態指數
X1＝對國語的理解程度
X2＝年齡

表5-10　人口學變項與有所距離回饋型態之逐步迴歸分析

人口變項	B值（斜率）	估計之標準誤	Beta值	T值	顯著性
對客家話理解程度	-.306086	.130264	-.098809	-2.350	.0191*
常數	12.932230	.444641		29.085	.0000

複相關係數：.09881
決斷係數：.00976
調整之R平方：.00799
標準誤：3.23076
F值：5.52128*

人口變項與「有所距離回饋型態」建構之迴歸模式為：
Y＝12.932230－（0.306086）X1
Y＝有所距離回饋型態指數
X1＝對客家話之理解程度

參、傳播行為變項與回饋型態的關係

一、媒體使用型態、接觸大眾傳播與回饋型態的皮爾森相關／逐步迴歸分析

經皮爾森積差相關分析，由表5-11獲知，受訪者愈常採工具性媒體使用型態，其愈常向媒體表達回饋。進一步分析工具性媒體使用型態與三種回饋型態的關聯，受訪者愈常採工具性媒體使用型態，其愈常採單向有限回饋型態，或愈常採比較信賴回饋型態。

再以儀式性媒體使用型態來看，由此表亦可得知：受訪者愈常採儀式性媒體使用型態，則愈不常向媒體表達回饋。若進一步審視儀式性媒體使用與三種回饋型態之間的關聯性，則可看出：愈常採用儀式型媒體使用型態者，愈不常採單向有限或比較信賴型回饋型態。

接觸大眾媒體程度與回饋關聯性方面，受訪者愈常收看三台、愈常接觸報紙、雜誌或印刷媒體，愈常向電視媒體表達其回饋；進一步分析接觸大眾媒體程度與三種回饋型態的關聯性，受訪者愈常接觸廣播、電視、報紙、雜誌或印刷媒體，其愈常採比較信賴回饋型態；受訪者愈常接觸報紙、雜誌或印刷媒體，愈常採單向有限回饋型態。

再以逐步迴歸分析，則可看出工具性媒體使用型態對整體回饋有正向預測力，儀式性媒體使用型態對整體回饋則有負向預測力。而若進一步審視，則也可得知：工具性媒體使用型態、閱讀雜誌頻率對單向有限回饋型態具正向預測力，而接觸電子媒體程度、儀式性使用型態則對單向有限回饋型態具負向預測力。

此外，工具性媒體使用、接觸電子媒體程度、閱讀雜誌頻率對比較信賴回饋型態具正向預測力，而儀式性媒體使用型態則對比較信賴回饋

表5-11 媒體使用型態、接觸大眾傳播媒體程度與回饋型態的皮爾森相關分析

接觸媒體 程度	回饋	單向有限	比較信賴	有所距離
儀式性使用型態	-0.1866 （n=471） p=0.000***	-0.1378 （n=513） p=0.002**	-0.2464 （n=489） p=0.000***	0.145 （n=517） p=0.742
工具性使用型態	0.3817 （n=450） p=0.000***	0.2270 （n=486） p=0.000***	0.5631 （n=465） p=0.000***	-0.0435 （n=491） p=0.336
每天收聽廣播的 時間	0.0185 （n=524） p=0.673	-0.0136 （n=575） p=0.744	0.1263 （n=543） p=0.003**	-0.0247 （n=580） p=0.553
每天收看三台電 視的時間	0.1192 （n=533） p=0.006**	0.0236 （n=588） p=0.567	0.2421 （n=553） p=0.000***	-0.0313 （n=591） p=0.447
每週看報紙的情 形	0.1160 （n=531） p=0.007**	0.1214 （n=585） p=0.003 **	0.0854 （n=552） p=0.045 *	0.0202 （n=591） p=0.624
每月看雜誌的情 形	0.1414 （n=531） p=0.001**	0.1838 （n=586） p=0.000***	0.0852 （n=552） p=0.045*	0.0108 （n=591） p=0.792
接觸電子媒體程 度	0.0837 （n=524） p=0.055	-0.0001 （n=575） p=0.997	0.2345 （n=543） p=0.000***	-0.0377 （n=580） p=0.365
接觸印刷媒體程 度	0.1449 （n=529） p=0.0001**	0.1755 （n=583） p=0.000***	0.0948 （n=550） p=0.026*	0.0138 （n=589） p=0.739

* p<.05 ** p<.01 *** p<.001

型態具負向預測力。

　　至於媒體使用型態、接觸大眾傳播媒體程度，對有所距離回饋型態的迴歸預測，則未呈現顯著預測力。

表5-12　總體回饋型態與工具性媒體使用、接觸大眾傳播媒體程度之迴歸
　　　　分析

媒介使用型態	B值（斜率）	估計之標準誤	Beta值	T值	顯著性
工具性使用	.219427	.025472	.379527	8.615	.0000***
常數	38.013670	1.673396		22.716	.0000

複相關係數：.37953
決斷係數：.14404
調整之R平方：.14210
標準誤：6.27527
F值：74.21125***

迴歸公式　Y＝38.013670＋（0.219427）X1
其中X1＝工具性媒體使用型態
　　　Y＝總體回饋型態

表5-13　總體回饋型態與儀式性媒體使用、接觸大眾傳播媒體程度之迴歸
　　　　分析

媒介使用型態	B值（斜率）	估計之標準誤	Beta值	T值	顯著性
儀式性使用	-.235312	.059468	-.181432	-3.957	.0001***
常數	59.653606	1.881808		31.700	.0000

複相關係數：.18143
決斷係數：.03292
調整之R平方：.03082
標準誤：6.67650
F值：15.65746***

迴歸公式　Y＝59.653606－（0.235312）X1
其中X1＝儀式性媒體使用型態
　　　Y＝總體回饋型態

表5-14　單向有限回饋型態與工具性媒體使用、接觸大眾傳播媒體程度之
迴歸分析

媒介使用型態	B值（斜率）	估計之標準誤	Beta值	T值	顯著性
工具性使用	.069496	.013319	.238234	5.218	.0000***
閱讀雜誌程度	.486737	.144363	.152109	3.443	.0006***
接觸電子媒體程度	-.244016	.085113	-.130330	-2.867	.0043**
常數	21.657956	.916263		23.637	.0000

複相關係數：.29532
決斷係數：.08721
調整之R平方：.08141
標準誤：3.33119
F值：15.03282***

迴歸公式Y＝21.657956＋（0.069496）X1＋（0.486737）X2－（0.244016）X3
其中X1＝工具性媒體使用型態
　　X2＝閱讀雜誌程度
　　X3＝接觸電子媒體程度
　　Y＝單向有限回饋型態

表5-15　單向有限回饋型態與儀式性媒體使用、接觸大眾傳播媒體程度之
迴歸分析

媒介使用型態	B值（斜率）	估計之標準誤	Beta值	T值	顯著性
閱讀雜誌程度	.525447	.142198	.165115	3.695	.0002***
儀式性使用	-.066089	.028246	-.103888	-2.325	.0205**
常數	27.031016	1.043403		25.907	.0000

複相關係數：.21138
決斷係數：.04468
調整之R平方：.04084
標準誤：3.40199
F值：11.62280***

迴歸公式Y＝27.031016＋（0.525447）X1＋（0.066089）X2
其中X1＝閱讀雜誌程度
　　X2＝儀式性媒體使用型態
　　Y＝單向有限回饋型態

表5-16　比較信賴回饋型態與工具性媒體使用型態、接觸大眾傳播媒體程度之迴歸分析

媒體使用型態	B值（斜率）	估計之標準誤	Beta值	T值	顯著性
工具性使用	.167422	.012208	.541664	13.714	.0000***
接觸電子媒體程度	.201812	.076507	.104183	2.638	.0086**
常數	2.231908	.794629		2.809	.0052

複相關係數：.57508
決斷係數：.33071
調整之R平方：.32776
標準誤：2.95044
F值：112.16631***

迴歸公式Y＝2.1231908＋（0.167422）X1＋（0.201812）X2
其中X1＝工具性媒體使用型態
　　X2＝接觸電子媒體程度
　　Y＝比較信賴回饋型態

表5-17　比較信賴回饋型態與儀式性媒體使用型態、接觸大眾傳播媒體程度之迴歸分析

媒介使用型態	B值（斜率）	估計之標準誤	Beta值	T值	顯著性
儀式性使用	-.143284	.030496	-.209692	-4.689	.0000***
接觸電子媒體程度	.423671	.084528	.220576	5.012	.0000***
閱讀雜誌程度	.261404	.128929	.090708	2.028	.0432*
常數	15.551388	1.317316		11.805	.0000

複相關係數：.33690
決斷係數：.11350
調整之R平方：.10789
標準誤：3.40818
F值：20.22881***

迴歸公式Y＝15.5513888－（0.143284）X1＋（0.423671）X2＋（0.261404）X3
其中 X1＝儀式性媒體使用型態
　　 X2＝接觸電子媒體程度
　　 X3＝閱讀雜誌程度
　　 Y＝比較信賴回饋型態

二、疑慮消除策略型態與回饋型態的皮爾森相關／逐步迴歸分析

經皮爾森積差相關分析，由表5-18獲知，在人際互動愈常採疑慮消除策略，其愈不常向電視媒體表達其回饋意見。檢視疑慮消除策略與三種回饋型態的關聯性，受訪者愈常採疑慮消除策略，其愈不採單向有限、比較信賴，或有所距離回饋型態。再分析三種疑慮消除策略與回饋的關聯性，由表5-18得知，受訪者愈常採被動或互動疑慮消除策略，其愈不常向媒體表達其回饋意見，審視三種疑慮消除策略與三種回饋型態的關聯性，受訪者愈常採被動疑慮消除策略，愈不採取單向有限或有所距離回饋型態；受訪者愈常採互動疑慮消除策略，亦愈不採取單向有限或有所距離回饋型態；而受訪者愈常採主動疑慮消除策略，其愈不採取比較信賴回饋型態。

表5-18　疑慮消除策略型態與回饋型態的皮爾森積差相關係數表

疑慮消除 回饋型態	疑慮消除策略	被動	主動	互動
整體回饋行為	-0.1644 (n=501) p=0.000***	-0.1030 (n=522) p=0.019*	-0.0720 (n=509) p=0.105	-0.1554 (n=512) p=0.000***
單向有限	-0.1410 (n=546) p=0.001**	-0.0942 (n=572) p=.024*	-0.0472 (n=557) p=0.266	-0.1278 (n=560) p=0.002 **
比較信賴	-0.0868 (n=521) p=0.048*	-0.0019 (n=543) p=.964	-0.1054 (n=529) p=0.015*	-0.0640 (n=533) p=0.140
有所距離	-0.0994 (n=549) p=0.020*	-0.1090 (n=576) p=.009**	-0.0020 (n=560) p=0.963	-0.951 (n=562) p=0.024*

* p<.05　** p<.01　*** p<.001

進一步以逐步迴歸分析疑慮消除策略對回饋的預測力，由表5-19及表5-20可知，互動策略分別對整體回饋及單向有限回饋型態具負向解釋力，即受訪者愈常採互動策略，愈不常對媒體採整體回饋或單向有限回饋型態。

表5-19　疑慮消除策略與整體回饋關係之逐步迴歸分析

疑慮消除策略	B值（斜率）	估計之標準誤	Beta值	T值	顯著性
互動疑慮消除策略	-.354024	.101632	-.154076	-3.483	.0005***
常數	55.267259	.936516		59.014	.0000

複相關係數：.15408
決斷係數：.02374
調整之R平方：.02178
標準誤：6.87822
F值：12.13399***

疑慮消除策略與「整體回饋型態」建構之迴歸模式為：
$Y = 55.267259 - (0.354024) X1$
Y＝整體回饋型態指數
X1＝互動疑慮消除策略程度

表5-20　疑慮消除策略與單向有限回饋關係之逐步迴歸分析

疑慮消除策略	B值（斜率）	估計之標準誤	Beta值	T值	顯著性
互動疑慮消除策略	-.162940	.049875	-.138716	-3.267	.0012**
常數	27.810537	.460529		60.388	.0000

複相關係數：.13872
決斷係數：.01924
調整之R平方：.01744
標準誤：3.50899
F值：10.67303**

疑慮消除策略與「單向有限回饋型態」建構之迴歸模式為：
$Y = 27.810537 - (0.162940) X1$
Y＝單向有限回饋型態指數
X1＝互動疑慮消除策略程度

表5-21 疑慮消除策略與比較信賴回饋關係之逐步迴歸分析

疑慮消除策略	B值（斜率）	估計之標準誤	Beta值	T值	顯著性
主動疑慮消除策略	-.259782	.093629	-.120897	-2.775	.0057**
常數	15.212423	.462886		32.864	.0000

複相關係數：.12090
決斷係數：.01462
調整之R平方：.01272
標準誤：3.61814
F值：7.69833**

疑慮消除策略與「比較信賴回饋型態」建構之迴歸模式為：
Y＝15.212423－（0.259782）X1
Y＝比較信賴回饋型態指數
X1＝主動疑慮消除策略程度

表5-22 疑慮消除策略與有所距離回饋關係之逐步迴歸分析

疑慮消除策略	B值（斜率）	估計之標準誤	Beta值	T值	顯著性
被動疑慮消除策略	-.226532	.084087	-.114431	-2.694	.0073*
常數	12.687384	.346866		36.577	.0000

複相關係數：.11443
決斷係數：.01309
調整之R平方：.01129
標準誤：3.28046
F值：7.25775**

疑慮消除策略與「有所距離回饋型態」建構之迴歸模式為：
Y＝12.687384－（0.226532）X1
Y＝有所距離回饋型態指數
X1＝被動疑慮消除策略程度

　　表5-21則顯示，僅主動策略對比較信賴回饋型態具負向預測力，即受訪者愈常採主動策略，愈不常對媒體採比較信賴回饋型態。

　　至於有所距離回饋型態的預測分析，表5-22可知，被動策略對有所距離回饋型態具負向預測力，即受訪者愈常採被動策略，其愈不常對媒體採有所距離回饋型態。

肆、結論與討論

一、目前台灣地區民眾對電視的回饋為何？

　　大眾傳播媒體與閱聽人互動的關係，不僅僅是傳播媒體對閱聽人的影響或媒體訊息對閱聽人使用所產生的效果，從閱聽人接收的角度來看，閱聽人對媒體的回饋也可反映傳播媒體與閱聽人之間的關係。本論述嘗試探討台灣地區民眾對電視的回饋型態，作者視電視與閱聽人之間的互動如同一個疑慮消除的過程，閱聽人愈常接觸電視或愈信任電視內容，愈傾向比較信賴回饋型態；愈質疑電視內容，其對電視的回饋則呈現單向有限回饋型態；愈不熟悉電視媒體，其對電視的回饋傾向有所距離回饋型態。

　　作者依據回饋相關文獻與實際應用層面，試擬一電視回饋型態量表，經由前測、後測反覆驗證獲致十九道題型，再經Cronbach信度檢定與因素分析歸類為三種回饋型態：單向有限、比較信賴及有所距離。這三種回饋型態的分布，以單向有限回饋型態最多，其次以有所距離回饋型態居多，三種回饋型態以比較信賴回饋型態最少。

　　這些說明目前台灣地區民眾對電視媒體的回饋，仍抱持保留懷疑態度，比較信賴電視的仍是少數。大多數民眾認為應限制青少年兒童收看不適合他們年齡的節目，並期待電視公司重視節目意見調查，改進節目內容；甚至有不少受訪者對電視感到陌生，有所距離。這同時反映一般民眾進入「主動閱聽人」的階段，仍限於主動拒絕、主動選擇三台以外的節目、主動期望電視台改善節目。至於能主動直接向電視台製播群表達有關節目意見者仍然很有限。

　　正如傳播學者干寶夫婦（Gamble & Gamble, 1993）的分析，閱聽人

與節目製播者的互動關係，可能有零回饋、有限回饋及自由回饋。本研究發現台灣地區民眾的三種回饋型態，亦符合干氏的回饋概念。其中有所距離回饋型態相當於零回饋，單向有限回饋型態近似有限回饋，比較信賴回饋型態近似自由回饋。

二、有哪些基本人口變項影響民眾對電視的回饋？

　　若不論受訪者所採取的回饋型態，在總體回饋部分，影響受訪者對電視媒體回饋的基本人口變項包括：性別、居住區域、年齡及對國語理解程度。經T檢定發現，男性受訪者在總體回饋平均數顯著高於女性受訪者，顯示男性受訪者向電視表達回饋意見的比例，高於女性受訪者，這與國外研究發現相同。另經變異數分析，居住於東部區域的受訪者在總體回饋平均數顯著高於北、中、南部區域受訪者，反映居住台灣地區東部的受訪民眾向電視表達回饋意見的比例高於其他區域的受訪民眾。這或許與東台灣地區民眾的媒體訊息管道有限，屬於偏遠弱勢媒體使用群相關。

　　根據皮爾森積差相關分析，受訪者年齡大小與其總體回饋呈正相關，表示受訪者年齡愈大，愈常向電視表達回饋意見；然而，受訪者對國語理解程度則與其總體回饋呈負相關，即受訪者對國語理解程度愈高，愈不常向電視表達回饋意見。事實上，本研究分析亦發現，對國語理解程度愈高的民眾，愈不常採工具性媒體使用型態，但愈常採儀式性媒體使用型態。這說明受訪者國語理解程度，可左右其媒體使用型態與回饋。

　　進一步探討影響三種回饋型態的基本人口變項，影響單向有限回饋的基本人口變項有：性別、職業、教育程度、年齡大小，及對國語理解程度。經T檢定顯示，男性受訪者在單向有限回饋型態的平均數顯著高於女性受訪者，表示男性受訪者向電視表達批評改革意見的比例高於女性受訪者。而經變異數分析結果，農林漁牧人士向電視表達批評改革意見

比例，亦顯著高於其他職業人士，或許與三台長期忽略農林漁牧業的節目內容及需要訊息有關；教育程度部分，專科畢業人士向電視表達單向有限回饋的比例，亦顯著高於其他教育程度人士。

經皮爾森積差相關分析發現，受訪者年齡愈大，愈常向電視表達其單向有限回饋；但受訪者對國語理解程度愈高，愈不常向電視表達其單向有限回饋意見。

至於影響比較信賴回饋型態的基本人口變項，則未有顯著發現。

在影響有所距離回饋型態的基本人口變項上，經變異數分析，博士教育人士對電視採有所距離回饋型態的比例，明顯高於其他教育程度人士。另經皮爾森積差相關分析，受訪者年齡愈大，愈常對電視採取有所距離的回饋型態；受訪者對客語理解程度愈高，愈不常對電視採取有所距離的回饋型態。正如東部地區民眾屬媒體使用的弱勢族群一般，台灣地區客語族群僅占12％（黃宣範，民84），為一弱勢族群，而相關文獻也顯示（Newhagen, 1994），參與電視叩應雙向互動者，以對社會權力分配不均的族群居多，本研究亦驗證類似發現。研究者審視受訪者客語理解程度與其媒體使用型態的關聯性發現，受訪者對客語理解程度愈高，愈常採儀式性媒體使用型態，這再次反映慣用不同語言的受訪民眾，其對電視媒體的回饋受到媒體使用型態的影響。以下將陳述有關受訪者傳播行為與回饋的關聯性。

三、有哪些傳播行為變項（如人際傳播、大眾傳播）影響民眾對電視的回饋？

首先探討影響總體回饋的傳播行為變項，經皮爾森積差相關分析，受訪者愈常接觸電視、報紙或雜誌，愈常向電視表達回饋意見；受訪者愈採工具性媒體使用型態或愈不採儀式性媒體使用型態，愈常向電視表達其回饋意見。有關受訪者愈常主動接觸一媒體，愈傾向與此一媒體有互動，這支持過去相關文獻（Armstrong & Rubin, 1989）。此外，本研究

表5-23　人口學變項、傳播行為變項與回饋關係總表

	整體回饋	單向有限	比較信賴	有所距離
性別	*	**		*
教育		*		
職業		*		
年齡	**	**		*
	(*)	(***)		
國語理解	-*	-***		
	(-*)	(-***)		
閩南語理解				
客語理解				(-*)
居住時間				
居住地區	*			
慣用語言				
接觸廣播			**	
接觸電視	***		***	
接觸報紙	**	**	*	
接觸雜誌	**	***	*	
		(***)	(*)	
接觸電子		(-**)	***	
			(***)	
接觸印刷	**	**	*	
工具使用	***	***	***	
	(***)	(***)	(***)	
儀式使用	-***	-**	-***	
	(-***)	(-**)	(-***)	
疑慮消除	-***	-**	-*	-*
	(-***)			
被動策略	-*	-*		-**
	(-**)			(-*)
主動策略			-*	
			(-**)	
互動策略	-***	-**		-*
	(-***)	(-**)		

* p<.05　** p<.01　*** p<.001　　　括弧內表迴歸預測力

並發現，受訪者愈常接觸電視、報紙、雜誌、印刷傳播媒體，也較常向電視媒體表達回饋意見，踏出互動的第一步。至於媒體使用型態與回饋的關聯性，根據文獻探討（Armstrong & Rubin, 1989; Avery, Ellis & Glover, 1978），較常與媒體產生互動的民眾，其使用媒體動機以蒐集資訊等類似工具性媒體使用型態居多，本研究驗證此研究結果。

再審視影響三種回饋型態的媒體使用變項，受訪者愈常接觸報紙、雜誌或印刷媒體，愈常對電視採取單向有限回饋型態；受訪者愈常採工具性電視使用型態，愈常對電視採取單向有限回饋型態。受訪者愈常採儀式性媒體使用，愈不常採取單向有限或比較信賴回饋型態。受訪者愈常接觸廣播、電視、報紙、雜誌、電子或印刷媒體，愈常對電視採取比較信賴回饋型態；受訪者愈常採工具性電視使用型態或不採儀式性電視使用型態，其愈常對電視採取比較信賴回饋型態。不論媒體接觸程度或電視使用型態，皆未與有所距離回饋型態呈顯著相關。

比較接觸不同媒體程度對回饋的影響不難看出，受訪者對雜誌報紙等平面印刷媒體接觸程度愈高，愈常向電視表達單向有限回饋意見，這印證國內對電視媒體內容批評回饋管道，仍以電視以外的印刷媒體如「讀者投書」、「民意論壇」等較多；而經常接觸不同大眾傳播媒體的受訪者，其對電視媒體較抱持樂觀、比較信賴的態度。

分析人際傳播中疑慮消除策略對回饋的影響，在總體回饋部分，經皮爾森積差相關分析，受訪者愈常採取疑慮消除策略，愈不常向電視表達回饋意見；其中受訪者愈常採取被動或互動策略，愈不常向電視表達回饋意見。這支持相關文獻的發現（Armstrong & Rubin, 1989; Bierig & Dimmick, 1979; Turow, 1974），人際互動較弱的閱聽人，較常運用傳播媒體的互動服務。

進一步探索疑慮消除策略對三種回饋型態的影響，經皮爾森積差相關分析，受訪者愈常採取疑慮消除策略，愈不常對電視採取單向有限、比較信賴或有所距離回饋型態；其中受訪者愈常採取被動或互動策略，愈不常向電視採取單向有限或有所距離回饋型態；受訪者愈常採取主動

策略，愈不常向電視採取比較信賴回饋型態。

　　儘管過去相關文獻以美國境內研究居多，而美國爲一崇尚個人主義的低情境文化（low-context culture）民族（Samovar & Porter, 1994），與台灣地區受到中華文化影響形成的高情境文化（high-context culture）民族中推崇家族親屬觀念的集體主義互異，這反映兩個地域民衆的人際互動生態有別，本研究中呈現的人際互動與對媒體回饋的關聯性，則驗證了國外文獻。這說明台灣地區民衆的人際傳播與大衆傳播的互動方式，呈現取代、相對的模式，兩者呈負相關。

四、討論與建議

　　這份調查報告希望爲建立回饋型態量表的學術領域邁出第一步，而本研究以電視（三台）媒體的回饋型態爲之，日後還將重複驗證回饋量表的適用性。另台灣地區民衆對廣播、衛星暨有限電視、電腦網路等媒體的回饋型態亦爲後續研究可努力的方向。甚至可針對特定媒體的內容型態（如電視綜藝節目、廣播新聞節目、電視戲劇節目、有線電視公益頻道等）的回饋進行分析。

　　再者，身爲傳播媒體的傳播者，對於民衆回饋意見與型態有何反應，實值得探討、比較。本書下一章將深入討論。

　　這篇報告的結果也可供電視實務界人士參考。這兩三年電視台常以推出叩應節目爲號召，認爲這代表提供民衆與電視雙向互動的管道。根據本研究結果，實際參與叩應的觀衆非常有限。而一些民衆對電視節目製播內容有「意見」，反而缺乏反應管道，只得採取消極的有所距離或拒絕收看的方式。電視公司有心服務大衆，或許應重視觀衆對本身節目的回饋意見，加強設置觀衆反應信箱或服務熱線等管道，或正視節目測試市場調查，不斷改進節目規劃與製作。

　　正如亞洲大衆傳播研究資訊中心執行秘書馬隆（Menon, 1986）所言，亞洲地區國家政府應派遣能與社區居民打成一片的專業人士或草根

性組織，提供適合公民參與傳播過程的訓練計劃。甚或立法保障回饋為閱聽人的社會權利。在資訊蓬勃發展的時代，基層民眾傳播參與權的自省與實踐實不容忽視。

問題討論

1.你看電視節目嗎？你對電視採取的回饋型態是？

2.你使用其他傳播媒體時，你採取的回饋型態有哪些？

3.那麼，你周圍的親友對電視採取的回饋型態是？

4.你周圍親友對其他傳播媒體所採取的回饋型態有哪些呢？

5.你認為電視台或傳播媒體，可以加強哪一些蒐集閱聽人回饋的方式？

附　錄

　　文中有關媒體使用型態、回饋型態、疑慮消除策略係採因素分析，以建構分析並檢視不同回饋型態，被動、主動、互動策略，以及儀式性使用媒體與工具性使用媒體等型態量表的信度。

一、疑慮消除策略的信度與因素分析

　　這部分為問卷中的第十六題，共包括八個題項，整體在經過Cronbach信度分析後，得到 α 值為0.80，顯示本量表相當可信。而八個題項在經過因素分析後，其因素負荷量均到達0.7以上，而因素負荷量（coefficient）、因素共同性（communality）與解釋變異量（percent of variable）則如附表5-1所列。

　　本量表所採用的因素分析法，均是以主成分分析法（Principle Component Method, PC）來抽取因素，並以斜交轉軸（oblimin rotation）來觀察因素結構。而因素抽取的原則，則以因素特徵值（Eigenvalue）在1.00以上為標準。

　　而在抽取了三個因素後，筆者亦使用Cronbach的信度分析，來檢驗三個因素各自的信度值，其中因素一的 α 值高達0.88，因素二的 α 值為0.86，而因素三的 α 值也有0.82，可見由此疑慮消除策略量表所抽取的這三個因素，均有相當高的信度。

　　根據信度考驗與因素分析，將疑慮消除策略量表的八個題項分為三組，將因素分別命名為：

■被動型

　　這包括了項目一的「我透過默默觀察一位新朋友的交談情形，來間接瞭解這位新朋友的意見」以及項目二的「我透過默默觀察一位新朋友

附表5-1 疑慮消除策略之因素分析列表

因素	因素內容	因素負荷量	因素共同性	解釋變異量（77%）
因素一被動	1.我透過默默觀察一位新朋友的交談情形，來間接瞭解這位新朋友的意見	-0.9258	0.8600	42.1%
	2.我透過默默觀察一位新朋友的舉止，來間接瞭解這位新朋友的行為	-0.9090	0.8389	
因素二主動	3.當我想瞭解一位新朋友的意見時，我是透過詢問這位新朋友的朋友來側面瞭解	0.9361	0.8774	21.4%
	4.當我想瞭解一位新朋友的行為時，我是透過詢問這位新朋友的朋友來側面瞭解	0.9288	0.8674	
因素三互動	5.我藉由直接詢問一位新朋友的方式，來直接瞭解這位新朋友的意見	0.7627	0.6279	13.5%
	6.我藉由直接詢問一位新朋友的方式，來直接瞭解這位新朋友的行為	0.7437	0.6097	
	7.我會直接告訴一位新朋友有關我對事情的看法	0.8590	0.7624	
	8.我會直接告訴一位新朋友我對事情處理的方式	0.8337	0.7158	

的舉止，來間接瞭解這位新朋友的行為」兩個題項。這兩項指標得分的加總，表示受訪者被動型疑慮消除的程度。分數越高，表示受訪者被動性的疑慮消除程度越低。

■主動型

　　這型態包括了項目三的「當我想瞭解一位新朋友的意見時，我是透過詢問這位新朋友的朋友來側面瞭解」，及項目四的「當我想瞭解一位新朋友的行為時，我是透過詢問這位新朋友的朋友來側面瞭解」兩個題項。這兩項指標加總後的得分，代表了受訪者主動型疑慮消除程度的高低；分數越高，表示受訪者主動型態的疑慮消除程度越低。

■互動型

　　這個項目包含了項目五至八的四個題項，分別是：「我藉由直接詢問一位新朋友的方式，來直接瞭解這位新朋友的意見」、「我藉由直接詢問一位新朋友的方式，來直接瞭解這位新朋友的行為」、「我會直接告訴一位新朋友有關我對事情的看法」，以及「我會直接告訴一位新朋友有關我對事情處理的方式」。將這四個題項的得分加總，代表了受訪者互動的疑慮消除程度高低，分數越高，表示受訪者互動型態的疑慮消除程度越低。

二、媒體使用型態的信度分析

　　此部分是想瞭解受訪者在使用電視媒體時，所採取的動機、態度與行為，分別是屬於「工具性」的使用，還是「儀式性」的使用。而在量表方面，則是參考羅賓等人（Rubin & Perse, 1987）與梁欣如碩士論文「電視新聞神話解讀」中的「儀式性與工具性使用量表」所製定的。

　　不論是「工具性媒體使用型態」量表，抑或是「儀式性媒體使用型態」量表，基本上都是由動機、態度與行為三類指標所構成。以下便分別說明這兩類量表所包含的指標項目：

(一)工具性媒體使用型態量表

　　這部分的指標共有二十五題，其整個題庫的信度值為0.9；而其中又可以細分為三類主要的指標——

■動機類指標

　　這部分的指標共有八題，分別為「因為它很刺激」、「因為它很令人震撼」、「因為它有娛樂性」、「因為我樂於收看」、「因為我可藉機學到些自己可能會面臨的事」、「因為它幫助我瞭解自己和別人」、「因為我可以學到一些做事的方法」，以及「因為這樣我才可以和別人一起討論電視內容」八個題項。此類指標在經過Cronbach信度檢定後，得到 α 值

=0.79。

■態度類指標

這部分的指標共有十題,分別為:「我寧可只收看電視新聞,而不收看其他的電視節目」、「我不能好幾天不收看電視」、「如果沒有電視,我會感到生活中好像失去了什麼」、「假如電視有一天遭到全面禁播,我大概會很懷念以前有電視的日子」、「觀看電視是我一天當中比較重要的事情之一」(以上五題在測量受訪者對電視媒體的「親近性」態度之高低);以及「電視節目呈現的事物,在眞實生活中確實發生過」、「我相信在電視節目中呈現的事物,就是它原來的樣子」、「電視節目讓我看到別人是如何生活的」、「但是節目呈現的人生是很眞實的」、「電視節目讓我看到其他地方發生的事情,就彷彿我置身在那裏一樣」五題(以上五題則是測量受訪者對電視媒體所呈現的「眞實性」態度之高低)。這十個題項,在經過Cronbach信度檢定後,得到 α 值=0.78。

■行為類指標

這部分的指標共有七題,分別為測量「意圖收視程度」的「把一個電視節目從頭看到尾,對我來說很重要」、「爲了不要錯過電視節目,我經常會對一下時間,看看是否已到播出時間」、「我經常會特別挪出一些時間來收看電視」三個題項;以及測量「行爲涉入程度」的題項「我看完電視節目後,經常會去思考一下剛才的所見所聞」、「我經常會一邊看電視,也一邊和別人討論節目的內容」、「我經常會和別人討論最近我在電視上看到的事情」,以及「我經常會在看電視節目時,也一邊思考節目的內容」四個題項。這部分的指標在經過Cronbach信度檢定後,得到 α 值=0.82。

上述二十五個指標所得到相加的總分,就表示受訪者的工具性使用程度。分數越高,就意謂著使用工具性形式收看電視新聞節目的程度越高。

(二)儀式性媒體使用型態量表

這部分的指標共十三題，整個信度值在經過Cronbach檢定後α值為0.62；而整個題庫也可分為三類主要指標：

■動機類指標

此部分指標共有五題，分別為「因為我沒有其他更好的事情可做」、「因為我無聊時，它能打發時間」、「只因為電視機剛好開著」、「因為它讓我覺得有事可做」以及「只因為我沒有可說話的對象或無人陪伴」。這部分的Cronbach信度α值為0.76。

■態度類指標

這部分的指標共有五題，其測量題目與工具性媒體使用型態量表中的親近性態度類指標的五題完全相同，只不過在計分方式上剛好相反，這是因為儀式性使用電視新聞媒體者，對於電視新聞的缺乏親近感所致。這五個題項在經過Cronbach信度檢定後，其α值為0.65。

■行為類指標

這部分的指標有三題，其測量題目也與工具性媒體使用型態量表中的意圖收視行為程度類的題項相同，只是在計分方式上恰好顛倒，這是因為儀式性使用電視新聞媒體者，並沒有太高的意圖去收視之故。這三個題項在經過Crobbach信度檢定後，其α值為0.75。

綜合上述的的十三項指標相加所得到的總分，就表示受訪者的儀式性使用程度。分數越高，便表示受訪者使用儀式性方法收看電視新聞的程度就越高。

三、回饋型態的信度與因素分析

這部分原本共包括二十二個題項，整體在經過Cronbach信度分析後，得到α值為0.73。而這二十二個題項在經過因素分析後，刪除掉因素負荷量小於0.45的題項（這共有三個題項，分別為「我很希望向電視台工

因素	因素內容	因素負荷量	因素共同性	解釋變異量 （36.5％）
因素一單向有限	15.我認為應該禁止青少年收看不適合他們年齡的電視節目	0.6464	*0.4353	
	16.我認為應該禁止兒童收看不適合他們年齡的電視節目	0.6581	0.4537	
	17.我從不相信任何民意調查的結果（如對選舉、公共事務的調查）	0.5079	0.3433	
	18.我從不相信有關電視節目的收視率調查	0.5325	0.4164	
	19.我認為電視台應加強收視率調查，以瞭解一般觀眾對節目的看法	0.4500	0.2464	16.3％
	20.我認為電視台應重視電視節目意見調查，來改進電視節目內容	0.6588	0.4731	
	21.我最近常收看三台以外的電視新聞節目	0.4581	0.2138	
	22.我認為國內應多引進可靠的民意調查機構，增加調查結果的公信力	0.6868	0.4986	
因素二比較信賴	1.我經常收看電視叩應節目	0.5296	0.3406	
	2.我經常打電話加入電視叩應節目的討論	0.5745	0.3362	
	5.我經常向電視台表達對節目內容或主持人的看法	0.4756	0.2818	
	6.我覺得電視台很重視我們一般觀眾的意見反應	0.6260	0.3970	
	7.我經常收看電視叩應節目	0.6178	0.3927	
	9.我經常藉著影劇新聞報導獲知電視節目動態	0.4975	0.2997	11.8％
	10.我很希望向電視台工作人員表達我對電視節目的看法	0.4286	0.3004	
	11.我認為電視節目很符合一般觀眾的需求	0.5694	0.3412	
	12.一般來說，我相信電視廣告中所陳述的產品品質	0.4412	0.2131	
因素三有所距離	3.我從未參加電視台的有獎徵答活動	0.7960	0.6440	
	4.我從未現場參加過電視台的節目錄影	0.8250	0.6875	
	8.我從未接受過有關電視收視率的電話調查	0.6079	0.3705	8.3％
	13.我從不購買沒上過電視廣告的產品	0.1574	0.0328	
	14.我不太瞭解電視公司的節目製播方式	0.4968	0.3139	

作人員表達我對電視節目的看法」、「一般說來，我相信電視廣告中所陳述的產品品質」，以及「我從不購買沒上過電視廣告的產品」）後，其餘十九個題項再經過Cronbach信度檢定後，α值爲0.72。

而在回饋型態中二十二個題項中，其因素分析後之因素負荷量、因素共同性與解釋變異量如附表5-2所列。

本量表所採用的因素分析法，乃採主成份分析法（Principle Component Method, PC）限定抽取三個因素，並以斜交轉軸（oblimin rotation）來觀察因素結構，同時此三個因素的特徵值均大於標準值1.00。

而在抽取了三個因素、並刪除掉負荷量小於.45的選項後，筆者亦使用Cronbach的信度分析，來檢驗三個因素各自的信度值，其中因素一的α值有0.70，因素二的α值爲0.68，而因素三的α值亦爲0.68，由此可見由回饋型態量表所抽取的這三個因素，均有不錯的信度。

而就回饋型態而言，根據信度分析與因素分析，刪除掉因素負荷量過小的題項後，將回饋型態的三因素分別命名如下：

■有所距離型

這包括了四個題項，分別爲：項目三的「我從未參加電視台的有獎徵答活動」、題項四的「我從未現場參加過電視台的節目錄影」、題項八的「我從未接受過電視收視率的電話調查」，以及題項十四的「我不太瞭解電視公司的節目製播方式」。這四個題項的分數經過加總後，分數越高，代表有所距離的回饋型態程度越高。

■比較信賴型

這包括了七個題項，分別爲：項目一的「我經常收看電視叩應節目」、項目二的「我經常打電話加入電視叩應節目的討論」、項目五的「我經常向電視台表達對節目內容或主持人的看法」、項目六的「我覺得電視台很重視我們一般觀眾的意見反應」、項目七的「我經常收看電視叩應節目」、項目九的「我經常藉著影劇新聞報導獲知電視節目動態」，以及項目十一的「我認爲電視節目內容很符合一般觀眾的需求」。這七個題

項經過加總後，分數越高，表示屬於比較信賴的回饋型態程度越高。

■單向有限型

　　這部分則包括了項目十五到項目二十二的八個題項，分別為：「我認為應該禁止青少年收看不適合他們年齡的節目」、「我認為應該禁止兒童收看不適合他們年齡的節目」、「我從不相信任何民意調查的結果」、「我從不相信有關電視節目的收視率調查」、「我認為電視台應加強收視率調查，以瞭解一般觀衆對節目的看法」、「我認為電視台應重視電視節目意見調查，來改進電視節目內容」、「我最近常收看三台以外的電視新聞節目」，以及「我認為國內應多引進可靠的民意調查機構，增加調查結果的公信力」。這八個題項分數經過加總後，分數越高，代表單向有限的回饋型態程度越高。

第六章
電視節目製播者與觀眾回饋

就如同結交朋友，建立溝通管道一般，當觀眾對電視表達回饋時，電視是欣然接受或充耳不聞呢？回饋是先有訊息輸入，然後產生接收者對訊息的反應、效果或互動溝通。就電視觀眾的回饋而言，訊息即電視節目內容，電視節目主導者則為節目製播者或電視台主管。前一章審視台灣地區民眾對電視的回饋型態，本章將從傳播者這一方呈現電視節目製播者對觀眾回饋的應對方式。

　　本章根據深度訪談結果，分析電視節目製播流程、節目製播者構思一節目的考慮因素、獲知觀眾／市場的反應方式、對收視率調查的看法及其與瞭解市場的關係，對叩應節目的看法及其與大眾需要的關係，以及製播者瞭解觀眾回饋的途徑。

壹、製播節目流程

　　大多數節目製播人都是先有一個構想，再企劃製播一個節目。構想的來源大致分為三種方式：

1.觀察目前的社會環境，看看目前大眾的想法和流行的趨勢。這方面的訊息可藉由接觸報紙和各媒體內容獲得。這個構想必須符合當時的需求，且為觀眾所接受。
2.查資料，找尋點子。查詢相關記錄、報告，從中構思。
3.憑空縱情想像，有了想法之後再嘗試推動。

　　也有製作人比較目前和有線電視尚未合法化的第四台時期，當時製作節目一切從簡，也可以說一切隨便，誰有時間就叫幾個人出去亂拍一些廟會、遊行之類的東西，回來剪一剪就播出。現在觀眾要求高、市場競爭激烈，必須要把節目做好。

　　有了構想以後，各製作人、導播因所屬公司編制或定位不同，構想之後未必立即付諸實行。編制稍具規模的電視台或傳播公司，會由專門

的創意小組或製播群蒐集資料、討論評估可行性，擬好企劃案之後，才找時段或買主；編制較有限的傳播公司或獨立工作室，則會先找財力、出資人，一切確定可行再擬企劃案。

因為各種節目的型態不同，其製播過程也不盡一致。

以新聞談話性節目為例，節目主題係由製作群在觀察當天報章雜誌、廣電媒體議題而決定。有時有突發重要事件，立即機動改變題目。決定主題後，著手邀請來賓並剪輯、整理相關報導。例如TVBS「2100全民開講」的執行製作黃淑娟提供了該節目詳細的製播流程：

09:00-11:00　　觀察當天媒體，決定今日話題。

11:00-16:00　　發通告（傳真今日話題內容、方向，及主持人和其他來賓的資料給每一位受邀來賓）。

11:00-17:00　　剪報給主持人閱讀，並蒐集其他與話題有關之資料，如新聞報導影片等。

20:00-20:45　　來賓抵達及化妝。

20:50-21:00　　主持人與來賓溝通今日談話內容與方向。

21:00-22:00　　現場錄影播出。

關於生態紀錄片，有了企劃腳本後，要到各處實地探勘及觀察記錄，然後展開拍攝製作。拍完之後的呈現方式完全依照劇本。劇本完成之後，就是剪接和補拍，如果完成一部生態紀錄片，將這部紀錄片交給委託人便大功告成。

文化藝術的紀錄片首要考慮是否值得記錄。決定主題後，便蒐集資料。資料的蒐集有助於決定如何拍攝、以何種角度切入。製作、拍攝階段以具時效性為主要考量，訪問部分優先拍攝，讓劇本撰寫者能同時進行。拍攝、訪問稿整理完成即進入後製作階段。爾後剪接、配上旁白，有不足處進行補拍。

大致說來，一般有線電視公司節目製播流程如下：

企劃－腳本（劇本）－尋求適合的演員或工作人員－拍攝－剪接－
修改（補拍）－完成作品－排定上檔時間－播出

傳播公司製播節目流程大致為：

蒐集資料－選擇主題－企劃－投案子（找買主）－製作（拍攝）－
後製（剪接、動畫、特效）

　　無線電視台因編制較完整，其製播流程分工頗細，但隨著節目內
製、外製情形也有所改變。依照正規方式，無線電視台的節目製作流程
大致為：

1.尋找節目來源，由節目研發小組決策訂定。
2.然後由節目部企劃組與業務部分頭進行。
3.企劃案提出後要經過審議會議審核。
4.決定後即召開節目製作行政會議，包括企劃組、編審組、管理組、
　導播組、美術組、副控組都要出席。
5.召開節目製作會議討論實際製作過程，出席者為製作人、導播、美
　術指導、技術指導、行政與業務代表。
6.節目製作會議中的成員交換意見，隨即進行排練。
7.正式錄製。
8.播映。
9.檢討與改進、評估。

　　一位電視台資深製作人（見本章附錄）展示電視公司完整的節目製
播流程表，坦誠表示台灣的製作「很泡沫」，在不同時空有不同轉變，在
不同時代也不同，有些節目完全不按章法，如趕著上演的八點檔連續
劇，經常是當天演，當天上，毫無流程可言。
　　由此可見，理想的製播流程是一回事，實際情況則是另一回事。

貳、構思節目考慮因素

　　理想與現實之間的平衡，是許多電視節目製作人、導播在構思節目時考慮的因素。

　　現實顯然是節目製播人首先面臨的問題，尤其對於身爲外製節目製播者的傳播公司，或部分衛星暨有線電視工作者。現實的考量有兩面，包括觀眾或市場反應，以及是否爲頻道經營者或電視公司接納。

　　所謂現實或市場反應，係指欲推出節目與時下其他節目的差異性，和以前是否有人做過，因爲大同小異的節目觀眾是不會感興趣的；如果新的節目與別的節目不同，那第一步就成功地踏出去了。

　　市場反應對多數節目製播人而言是尋找觀眾群的口味，考慮這個節目有沒有市場性、是否獲得市場的回響，找到其中一項之後，就能針對訴求觀眾群去設計節目。

　　市場反應在構思新聞節目時主要的考慮點在於是否具時效性，以及這個節目具有多少新聞價值，即主題內容的顯著性、衝突性、即時性、影響性等，像遇到立委選舉、總統大選等相關新聞都具有新聞價值。

　　現實情況還包括自己可以掌握的人力與財力資源。除配合播出單位的需要外，製播人本身擁有多少資源、能力來做好一個節目。例如，製作一個戲劇節目，需要有好的劇本、好演員、好導演；製作綜藝節目，要有好的主持人；紀錄片需要有很強的學理背景、背後有學界專業人士的支援顧問。

　　一位資深製作人強調，基礎專業爲重要考量，先具基礎專業的時候去選擇主題會比較好做，因爲比較深入與瞭解。如所屬傳播公司製作兒童節目已近二十年，比較知道那一類型節目適合小朋友。除了憑經驗，還要憑專長。因爲光是兒童節目的範圍就很廣，有兒童科學、美術、音樂等，這些都需要人力資源的配合。如此才可應付小朋友喜歡看什麼、

需要看什麼、喜歡節目如何呈現等因素。

　　財力資源必須考慮的因素是看電視台節目部需要何種類型的節目，他們是出錢的人，難免聲音大一點。而製播人的立場，當然希望這個節目很多人看，一方面有成就感，另一方面公司的口碑才會好。投資人在乎的是廣告是否滿檔、節目預算是否平衡；製播人較關心能否掌握節目品質、觀眾反應等。

　　理想層面的考慮因素，包括考慮民族文化態度，目前社會環境、教育體系的主流為何，儘量在潮流中結合教養、良好價值觀、精神、內涵、提供想像，或配合時代脈動在節目中注入「隱喻性」的教化意義。

　　構思一節目仍以自己想製作的節目為主，先問自己作品是否是觀眾所需要或欠缺的，並將文化、精神、豐富內涵傳遞給觀眾。

　　尖端傳播負責人鄧文斌說，當初選擇製作紀錄片，就是覺得週遭環境逐漸惡化，離自己越來越遠，子孫都看不到原來美麗的生態或是逐漸消失的文化藝術，再不記錄下來，恐怕後代子孫就只能讀文獻資料了。因此構思紀錄片時，值不值得記錄是主要考慮因素。另外能否真實記錄也很重要，因為這是紀錄片的本質。一個節目不能有錯誤的意識型態，因此也要注意是否對大眾產生負作用。紀錄片製作較不考慮市場因素，只在乎它是否有意義，透過技術將內容呈現，貢獻給後代子孫。

　　整體而言，市場性是節目製播人最主要的考慮因素，僅極少數紀錄片工作者或資深導播表示不受觀眾影響。許多製播者不諱言，觀眾才是節目最大的老闆，製作出來的節目有收視率最重要；他們會注意閱聽人的喜好和口味，在於這是開拓節目市場的來源，也是利潤回收的憑據。

參、收視率、叩應節目與回饋

一、獲知觀眾或市場的反應方式

受訪無線電視台及大部分傳播公司的製播者，多將觀眾或市場反應與收視調查劃上等號。但這並不意味著他們會在節目播出前後進行收視率調查。他們主要是從市調公司、廣告公司公布的收視率調查報告得知。

對於廣告製作人而言，廣告的目的在於宣傳，每支廣告在推出一段時期之後，才能看出其宣傳成效。其成效多少反應在產品銷路的成長上。也就是說，如果產品在廣告推出後銷路有明顯成長，就可證明觀眾對這支廣告的喜好程度，產生了潛移默化的功效，間接影響消費者的消費行為。

除參考收視率調查或廣告銷路外，一些衛星暨有線電視節目製作人、導播，也在節目播出後由觀眾打電話或上電子布告欄（BBS）的反應來判斷。有線電視台強調社區服務，其收視群有所區隔，和觀眾之間常常是較直接的接觸，例如觀眾藉由電話、傳真機或BBS等管道來傳達。此外，為鼓勵觀眾主動發表意見，製作單位在節目中宣傳和促銷，如開放猜謎讓觀眾寄回明信片，也是常用的手法。

在節目錄製、播出過程中觀眾的參與，也可幫助一些外製單位的傳播公司製播人，或衛星暨有線電視叩應節目製播人，獲知觀眾參與或市場反應方式。巨登育樂公司節目部經理趙家琪說，逢有現場觀眾參與錄影的節目，大多是經由觀眾的參與情形來評估其喜好程度。「2100全民開講」執行製作人黃淑娟也表示，瞭解觀眾的喜好反應，可從叩應過程中觀眾的反應熱烈程度，以及2100全省戶外巡迴時現場觀眾的回響得

知。兒童節目「大自然教室」製作單位在全省各地拍片時接觸過很多的小朋友，也會藉此機會詢問小朋友對節目的反應。

　　比較外製單位傳播公司、衛星暨有線電視、無線電視台節目製播人，前兩者製作單位顯然較重視觀眾或市場反應，也較以積極方式獲知觀眾、市場反應。

　　類似市場調查或節目測試又可分節目播出後或節目播出前進行。一般而言，多數製作單位較常採節目播出後的調查方式。比如有些衛星暨有線電視公司本身即針對節目設置觀眾反應的電話熱線，或在固定時間請調查公司對播出節目進行收視率調查，或由廣告公司市調與廣告客戶的託播等途徑。

　　實際在節目播出前進行市調或節目測試的製播非常有限，除非已重複製作同一類型節目多年。卜卜視聽製作人郭志強已參與兒童節目製作近二十年，他以「大自然教室」為例，說明在選擇節目呈現方式時，曾在全省幾個小學進行節目測試，以獲知小朋友是否喜好及其反應。同時，製播者周遭親朋好友的小朋友，也常是進行測試的對象。

　　如果經費不足或時間不夠充裕，則採在節目播出前試片的方式，試片的結果若不符合節目原本訴求對象的需求，就要重新審視每個環節，看看到底那裏出錯了。

　　至於在節目製作、企劃前，要如何獲知觀眾或市場的反應，則多參考報章有關市場調查、民意調查的報導、節目評論，或製作人員個人的觀察。這顯示在製作的前製作業階段，國內製作單位較被動依賴市調公司或其他媒體報導，並未有計畫主動地蒐集訴求對象的需求。

　　也有一些無線電視台製播人員或紀錄片獨立工作室製作人，不顧及觀眾、市場反應，反求諸己。中視導播組組長余秉中表示，先不問市場反應，先問自己給的東西是否是觀眾需要或欠缺的，再考慮將文化、精神、內涵豐富後傳達給觀眾。尖端傳播負責人鄧文斌指出，他不在乎觀眾是否喜歡，因為紀錄片本來就是一個冷門的節目；反正盡量做好，能夠做到教育和資料保存的意義就足夠了。他認為必須教育觀眾什麼才值

得觀賞。

綜合不同製作人的意見不難發現，少數資深製作人及無線電視台工作人員，製作節目前後較不在意觀眾或市場反應，其中電視台因採外製外包頻繁，且業務部與製播部門分開，或製作題材有別於大眾文化取向（如紀錄片），其創作方式屬創作者導向；而其他多數外製單位傳播公司，及競爭激烈的新興有線暨衛星電視公司製播人，反而較留心觀眾對節目的喜好與反應，其創作方式有屬使用者導向，或兼顧使用者與創作者導向。

其次，一些有線電視節目製作人強調，類似收視率調查通常針對大範圍的觀眾群，有線電視為深入社區的媒體，收視群有限，不太有這方面的需要。尤其只在一頻道播出，較少有針對地區不同頻道的分眾收視率調查。受訪的無線電視台節目部副理及導播，則多被動參考報紙報導或廣告利潤、收視率調查月報，這與目前無線電視台外製外包制度有關，無線電視台扮演房東的角色，不如傳播公司製作單位面臨的競爭。倒是跨區播出的衛星電視公司設有觀眾反應熱線、電子布告欄等管道，提供閱聽人表達意見的途徑。

二、收視率與回饋

不論無線電視台、外製單位製作公司、衛星暨有線電視公司製播者，對收視率調查的看法及其與市場的關係，大致分為完全相信收視率可反映市場、半信半疑但仍參考、不理（會）不採（信）三類。其中又以第二類居多，第一類次之，不理（會）不採（信）者較少。

完全相信收視率可反映市場的製播者認為，數字會說話，收視率調查可探測一個節目受歡迎的程度，至少是一項參考，除此之外，似乎也沒有其他的方法可以提供資訊。因此，許多製作人、導播多抱著姑且信之的態度。一位製作人說，收視率調查公司接受了許多媒體的委託，在互相制衡的情況下，應不至於敢作假。

收視率調查對相信它的製播人來說是值得肯定的。只要樣本取得夠客觀，能夠具代表性，這樣的收視調查經過分析解釋，可提供製作單位針對各階段的節目內容、節目主題和收視率的起伏關係進行檢討。再加上對其他類型節目與其收視率的分析，便可進一步評估大眾目前所喜好的節目型態。重要的是收視率調查的內容不能只問觀眾看那一台，而是要調查大眾對什麼感興趣、想看什麼節目，如此對節目製作單位瞭解市場及行銷方面均有助益。不過，「觀眾是捉摸不定的」，即使製作單位獲知目前觀眾的口味，等到刻意設計出一個「應該是」可以讓觀眾們拍手叫好的節目時，大眾的喜好可能早就改變了。

大多數的製作人、導播對收視調查半信半疑，但仍會參考其調查結果。一些製播者表示贊成收視率調查，因為它確切反應觀眾的喜好，這個方法直接又快速，只是有些令人懷疑它的真實性。收視率如同一個無法直接讀取的數字，令這些製播者對其可信度持保守態度，主因在於收視率的準確度不佳，這涉及到技術層面，收集調查觀眾收視習慣的代表性比例是否真能擴大到整個收視群。

同時，節目的時段本身也是一個問題，加上不同的節目類型，收視群也不同，收視率調查時卻往往將所有節目放在一起展開調查，沒有所謂的特定類型節目──如「兒童節目」或「紀錄報導」等項目，所以僅能當作參考，因為不確定其訴求對象。不論如何，收視率調查有時可協助特定媒體節目炒作的效果。

收視率調查令多數製作單位半信半疑的另一原因，在於觀眾的回答是否真實，無所對證。如果能採取開放式問卷，或與觀眾直接、間接的對答，這樣的調查將更有助於掌握市場。在現階段沒有其他更好的方法下，或許仍可反應市場大概；扣掉那百分之二十的不真實好了，其餘的百分之八十仍可供「參考」嘛！

幾位無線電視台所屬製播者及外製傳播公司製作人指出，收視調查的確有其盲點存在，早期電訪誤差太大，目前聯亞（SRT）的個人收視記錄器較受公認，卻也非完全可信，因其結果對綜藝節目等轉台機率大的

節目顯然不公平；又當收視率對自己不利的情況下，就更不信任。

群視國際文化公司製作人兼導播林樹橋說，事實上收視的好壞不應該由製作單位去承擔，應該是電視台有勇氣去扛。他覺得收視率很無聊，未來那麼發達的情況下，我們開電視就知道了，用電腦統計，可以把台灣兩千一百萬人口隨時收編在一起就好了；打開電視即可經由電話線傳訊，獲知觀眾收視行為，這才叫收視率，而非抽樣，抽樣都是有錯的，台灣那麼小根本不需要抽樣。話說回來，林樹橋仍覺得收視率調查有助於瞭解市場，至少知道製作的節目是那個族群喜歡看，或知道收看年齡層與性別等。

第三類對收視率調查不理不採的製播人，則對收視率調查方式及所產生的效應提出質疑。

三位任職衛星暨有線電視公司的製播人認為，台灣現有收視率調查報告，盛傳是用錢買來，即使表面好看，實際上只能作為節目廣告時段價格的基準，對節目製作者毫無用處。因此他們不相信收視率的數字，覺得很荒謬，因為它一點也不客觀。然而在現今沒有可取代的方式下，老闆仍會用收視率來賣廣告。

另一位有線電視公司節目經理指出，收視率調查感覺好像是三台在玩的東西，無非是想吸引更多觀眾和廣告商，然後賺錢。有線電視較注重的是訂戶數，訂戶數愈多，我們愈高興，做節目愈帶勁，收視率對有線電視工作者沒有多大的意義，我們的業務人員去拉訂戶時強調的也不是我們的收視率，而是我們訂戶數和重要節目品質，況且收視率調查未必正確，不是聽說有十萬元買一個百分點的笑話嗎？

從紀錄片工作者的角度來看，收視率對非商業的影響較小，因為非商業節目不需要宣傳造勢。收視率對於商業節目也多拿來做參考、宣傳造勢之用。如果紀錄片是為觀眾所做的，必然會趨向商業，如此紀錄片會做不下去，沒有市場可言。不同的節目有不同的表現方式，考慮不同的因素。

三、對叩應節目的看法

　　近兩、三年電視叩應節目在台灣地區盛行，社會各界反應不一，包括無線電視台、衛星暨有線電視公司、傳播公司的製播人，對叩應節目分別抱持叩應萬能論、叩應有限論及叩應無用論三種看法。其中大多數製播人主張叩應有限論，主張叩應無用論者次之，僅少數製播人篤信叩應萬能論。

　　推崇叩應萬能論的少數製作人或節目部經理表示，目前國內傳播事業可以算是剛剛起步，頻道的開放和相關法案都才剛出爐；在強調互動的前提下，叩應成為一個最直接而廣為採納的方式。一方面可以讓觀眾有表達意見的機會，另一方面也可以讓製作者知道觀眾的反應如何。智訊傳播公司總經理趙怡便說，叩應節目的立意很好，可以讓電子媒體打破單向傳播這項限制，讓電子媒體能夠和觀眾進行簡單的雙向互動，多少幫助製播人員瞭解觀眾的喜好。

　　主張叩應有限論的製播人認為，叩應節目吸引人之處在於提供觀眾一個透過電話線參與節目進行的途徑，達到傳播者與接收者互動的效果；叩應節目讓一向沒機會上節目的人有更多表達的機會，但若說要瞭解大眾的需要或喜好可能還做不到。這類節目提供的是「認識大眾需要或喜好」之外的訊息。

　　其次，這些製播人表示，觀眾的意見往往最真實、最直接的，從叩應觀眾群中可以獲知製作單位人員之外的其他人的想法，但因平常叩應的觀眾層次不一，其談話內容深度也有差別，實際參與叩應的人仍有限。

　　國內盛行的叩應節目大部分以討論政治議題為主，其實叩應節目最主要的製作宗旨，應該是開放議題，讓大家都能親身參與討論，發表自己的意見。以前在威權時代，如果有各式各樣的叩應節目，在大家不同意見的抒發中，養成獨立思考判斷的習慣，這樣對打破僵化的思考模式

有很大助益。

　　也有製作人指出，國內電視的叩應節目較廣播叩應節目少，要做得成功也比較難，因為電視本身給觀眾一種壓迫感，至少比起廣播是如此，壓迫之後就讓觀眾減少參與的樂趣，因此要做一個叩應節目並不容易，要做得真正有互動當然就更難了。

　　主張叩應無用論的製作人、導播則認為，叩應只是一項工具，不能做深刻的溝通，為了刺激收視率，幾乎很刻意地運用政治或性課題，有了扭曲。加上參與叩應的人有限，就像那些議員、立法委員們的意見並不能完全代表大眾的心聲一般。叩應節目往往因製作單位一味求收視率而走偏了，尤其是政治議題，通常為求收視率多會找明顯對立的兩方，增加其衝突性，結果往往只是挑起議題，讓民眾廣泛冷漠，但無法提出具體解決方法。

　　一位紀錄片工作者指出，叩應節目很速食，是一種「蛋片文化」。它有存在的必要但是不能太多。而且這樣的節目對於我們社會型態有什麼正面的效果，令人抱持懷疑的態度。在傳播是一種文化事業的前提下，叩應節目做得很沒有文化深度時，觀眾因為常接觸這種速食，就不會去思考深一層的東西。叩應以聲音表達，適合廣播，用電視這麼貴的媒體做叩應節目是一種浪費！

　　對於叩應節目泛政治議題的趨勢，受訪製播者也持有正反意見。持正面意見的看法是，叩應節目在政治上來講，是一個政治族群發洩的園地，滿足一些人宣洩己意的表達慾；但它的壞處是節目一風行，太多人跟進，沒有考慮到一個不適當的引導會造成什麼樣的影響。如果只是漫無邊際地亂罵、發洩，這樣的節目不要也罷，應該是理性的討論，否則沒必要說給全國觀眾聽。

　　一些製播者主張，叩應節目應該做一些跟我們「人」非常相關的內容，譬如食、衣、住、行；政治不應該在節目裏面，因為他們打電話進來不能代表群體，可是如果做其他食、衣、住、行的議題就可以，好像我們對交通有意見，我們可以去處理，而且要客觀地處理，由不同觀點

的專家學者解答。就某方面來看，叩應節目如同質詢應邀來賓，主持人扮演來賓與觀眾之間的橋樑，用在民生議題可以達到公共服務的目的。

此外，卜卜視聽公司製作人郭志強對兒童叩應節目深表擔心，他表示，因為兒童是需要疏導的，兒童觀眾無法像觀眾一樣可以判斷節目內容，必須有人幫助他們解讀。

四、叩應節目與瞭解大眾需要的關係

叩應節目是否可以幫助電視節目製作人、導播瞭解大眾的需要？大多數的受訪製播者認為，叩應節目雖然標榜互動性，但這類型節目已經氾濫了，相同的題材一做再做，實在無聊。而且不見得所有題材都適合做叩應節目，不適合就會使節目產生冷場。所以，節目播出內容不能完全代表觀眾的需要。

其次，參與叩應節目的人畢竟是少部分，大部分的觀眾仍是沉默的。有經驗的製播者也知道，通常打電話來的就是那些人，偶爾可能會有新的聲音出現，但基本上都蠻固定的。同時，叩應節目的前提必須是觀眾對節目有興趣，這並不能叫大眾，應該是小眾。尤其是叩應電話一次只有一通，就算一分鐘一通電話，十線電話有十通，三十分鐘的節目也不過三百通的電話，它怎麼能算大眾？它永遠也不能成為大眾。

但智訊傳播公司總經理趙怡卻持正面的看法。他認為叩應節目的立意很好，可以讓電子媒體打破單向傳播這項限制，讓電子媒體能夠和受眾做簡單的雙向互動。雖然叩應節目最大的問題是無法控制叩應電話的品質，不過這類型的節目多少能夠幫助製播人瞭解觀眾的喜好，由叩應節目的反應程度，大致能瞭解觀眾對這項議題的興趣如何，也可成為我們以後製作節目的方向。

除上述兩種意見主張可瞭解小眾或大眾的需要外，第三種意見則對叩應節目與大眾的意見關係提出質疑。一位有線電視公司節目部經理指陳，現在大家都叩應，不做就落伍了，因為別家有線電視都有，如果我

們沒有，觀眾會講話。其實叩應是可以滿足某些觀眾的喜好，因為好玩嘛、新鮮嘛。但做久了發現很多觀眾叩應的意見有時不合節目的需求，可能只是玩玩而已，如果說想藉此瞭解觀眾的需求，不太可能。

部分製作人坦承，叩應節目只是節目設計的一部分，叩應的表現在電視上是很浪費頻道的，因為節目播出的時間很短，如果透過主持人來問一些整理過的問題，可以在有效的時間內得到深入答案，不必浪費在叩應上。充其量叩應提供觀眾立即式互動的選擇，可以帶動氣氛，刺激收視率；對主持人而言，叩應的主角是觀眾，主持人可十分輕鬆地殺掉時間，降低工作量。叩應仍不能全盤反應觀眾意見，畢竟許多人不會拿起電話發抒己見，不抒發並不表示沒有意見，反倒是未來的互動電話，更人性化，更能反映觀眾意見。

肆、瞭解觀眾回饋的途徑

受訪無線電視台、衛星暨有線電視公司、外製傳播公司製作人與導播，對於瞭解觀眾回饋的途徑，大致分為利用外援與自我耕耘兩種方式。

所謂利用外援方式，包括參考報章雜誌報導、評論、讀者投書等相關內容，委託市調公司進行收視率調查，或至圖書館、基金會蒐集研究報告、有關調查數據。甚至由一節目播出的集數來判斷觀眾的需要或喜好；大眾喜愛的節目類型集數自然較長。電視有廣告的壓力，廣告量多寡也是反應的指標。

主張自我耕耘方式的製作人、導播較主張利用外援方式的製播人少。所謂自我耕耘方式，除製作叩應節目外，還可設立觀眾服務部門（如一些有線電視公司）或觀眾熱線，提供觀眾表達己見的途徑。另外如果利用傳真機、設電子布告欄（BBS）站、發行刊物讓觀眾填意見表寄回、與觀眾直接接觸、與同業交換意見或日常生活觀察，都可獲知觀眾

的看法。若經費充裕，可自行進行較詳盡深入的問卷調查或街頭訪問。一些節目製作單位還以有獎徵答的贈獎方式，吸引觀眾表達意見，不要太認命現有節目內容。

平心而論，國內無線電視台、外製傳播公司較少採自我耕耘方式進行調查，似乎很少有上述製作單位實際主動開放一條管道，瞭解觀眾的意見。倒是一些新興衛星有線電視公司較主動積極，由媒體本身建立一個和觀眾良好的溝通管道，如電子布告欄、觀眾服務部、服務熱線或傳真熱線等。

此外，有部分節目製播者指出，目前國內除平面媒體設有民意論壇外，廣電媒體可以說根本不想去獲知閱聽人的需要；而觀眾的想法也根本難以改變。一位外製傳播公司製作人說，傳播業者要瞭解觀眾想法的管道實在不多，通常業者也不會太在乎觀眾的需求，畢竟節目賣錢最重要。讀者投書、電話或傳真雖為可行之道，但會這麼做的人仍是少數。一方面觀眾若想打電話，可能是為了發表他個人對政治議題的意見，而未必是要告訴製作單位節目好不好看，可以如何改進，這是一個不爭的事實，一些製作人也希望改變，但有誰可以做到呢？

群視國際文化公司製作人林樹橋覺得要瞭解觀眾的意見很難。像時下叩應節目照理應由電視台自行製作，但實際上是開放給外製傳播公司，市調也是參考外面調查公司的，電視台自己什麼都不做，又質疑別人做得不公平。而電視台不主動進行市調、觀眾意見調查，其他外製單位做的又不足採信，那麼到底要如何知道觀眾的喜好？

也有製播者表示，瞭解閱聽人只是企劃節目過程中的一項考量，更重要的是，節目企劃應走在眾人之前，而不是以閱聽人的喜好作為護身符，一味地觀眾要什麼就給什麼，有時也可以自己創造流行，刺激觀眾收看，中視節目部導播組組長余秉中認為自我要求勝於不客觀的回饋。

十月影視製作公司總監符昌榮強調，無論市場走向如何，值得思考的是，是否製作的節目符合大眾喜好？因為有時高品質高水準的節目，並不能吸引最多的觀眾，反而是強調娛樂特質但製作粗糙的節目大受歡

迎。如果要提升整個媒體環境，有時必須堅持自己的創作理念，如何能製作高水準的節目，又能受到大眾的喜愛，是必須努力的方向。

伍、本章結論

大多數節目製播人是先有一個構想，才開始製播一個節目。

構想來源包括觀察社會環境流行趨勢，蒐集報章紀錄資料，或憑空縱情想像。

隨著節目型態不同，製播過程也有差異。如傳播公司在構思企劃後還得投案子（找買主），再展開製作過程。傳播公司也是節目供應單位中較力行企劃、監督流程的。

無線電視台雖編制完整，但貫徹節目製播流程圖的情形不多，有些節目完全不按章法，趕著上檔。

整體而言，市場性是多數節目製播人在構思企劃最主要的考慮因素，僅極少數紀錄片工作者或資深導播表示不受觀眾影響。許多製播人不諱言，觀眾才是節目最大的老闆，節目有收視率最重要；他們會注意閱聽人的喜好和口味，因為這可開拓節目市場來源，也是利潤回收的憑據。

大部分節目製播人往往將觀眾或市場反應與收視率調查劃上等號，但這並不意味著他們會在節目播出前後進行收視率調查。他們主要是從市調公司、廣告公司公布的收視率調查報告獲悉。

比較不同製作人的意見不難發現，少數資深製作人及無線電視台工作人員，製作節目前後較不在意觀眾或市場反應，其中電視台因採外製外包頻繁，且業務部與製播部門分開，或製作題材有別於大眾文化取向（如紀錄片），其創作方式屬創作者；而其他多數外製單位傳播公司，及競爭激烈的新興有線暨衛星電視公司製播人，反而較留心觀眾對節目的喜好與反應，其創作方式屬使用者導向，或兼顧使用者與創作者導向。

這些節目製播人對收視率的看法及其與市場的關係大致分為完全相信、半信半疑但仍參考及不理（會）不採（信）三類。其中又以第二類居多，第一類次之，不理不採者較少。

　　近年電視叩應節目在台灣地區盛行，社會各界反應不一，受訪人士對叩應節目分別抱持叩應萬能論、叩應有限論及叩應無用論三種看法。大多數主張叩應有限論，主張叩應無用論者次之，僅少數製播人篤信叩應萬能論。

　　大部分製播人認為，叩應節目雖然標榜互動性，但這類型節目已經氾濫了，相同的題材一做再做，實在無聊。而且不見得所有題材都適合做叩應節目，不適合就會使節目冷場，所以節目播出內容不能完全代表觀眾的需要。

　　這些節目製作單位瞭解觀眾意見的途徑，大致分為利用外援和自我耕耘兩種方式。前者如參考報章雜誌報導、評論、讀者投書、市調報告或廣告量反應；後者除製作叩應節目外，還設立觀眾熱線、傳真機、電子布告欄、刊物意見調查等。

　　平心而論，國內無線電視台、外製傳播公司較少採取自我耕耘方式進行調查，似乎很少有上述單位主動開放一些管道，瞭解觀眾意見。一些新興衛星有線電視公司反較主動積極開放觀眾回饋途徑，改善或修正節目內容。

問題討論

1.一般節目製播流程為何？你認為閱聽人在製播單位心目中的角色
如何？

2.媒體節目或內容如何兼顧製播創意、閱聽人需要與廣告市場機
制？

3.你認為叩應節目製播單位在乎閱聽人的看法嗎？

4.如果你是製作人，你會如何製作媒體節目或內容？

5.如果請你針對自己的興趣製作一媒體特別節目或內容，你會如何
進行？

附錄　深度訪談設計

本研究係兼用深度訪談及問卷調查，其中深度訪談對象以資深電視節目製播者、決策主管為主，訪談對象的身分以當時其工作為主，訪員採親身面訪方式，進行半小時至一小時的深度訪談。

有關深度訪談的問題如下：

1.請問您從事傳播這一行業有多久了？先後從事過那些工作？（如企劃、剪輯、記者、執行製作……等）

2.請問您製播一個節目的流程？（從構想開始……）

3.在您構思一個節目時，您考慮那些因素？

4.您如何知道觀眾或市場對這個節目的喜好反應？

5.請問您對收視率調查的看法？您覺得這些調查對瞭解市場需要有幫助嗎？為什麼？

6.請問您對叩應（call-in）節目的看法？這類型節目可以幫助您認識大眾的需要或喜好嗎？為什麼？

7.您覺得國內電視製作單位，可以從那些途徑瞭解觀眾的想法？

深度訪談對象包括二十一位任職傳播公司、衛星暨有線電視公司、無線電視台的資深電視節目製播者、決策主管等，受訪名單包括：

1.傳播公司（十位）
群視國際文化公司導播、製作人　　　林樹橋
卜卜視聽有限公司　　　　　　　　　郭志強
尖端傳播公司負責人　　　　　　　　鄧文斌
十月影視製作公司總監　　　　　　　符昌榮
十月影視製作公司製片　　　　　　　盛士偉

自由製作人　　　　　　　　　　　　　江吉雄

眞言傳播公司製作人　　　　　　　　　郭淑齡

今朝影視製作公司製作人　　　　　　　張龍潭

雙鶴傳播公司導演、策劃　　　　　　　朱筠青

巨登育樂公司節目部經理　　　　　　　趙家琪

2.衛星暨有線電視公司（七位）

超級電視台大陸資訊中心監製　　　　　雪柔

超級電視台新聞部監製　　　　　　　　藍祖蔚

無線衛星電視公司節目部執行製作　　　黃淑娟

無線衛星電視公司新聞部主播　　　　　趙薇

國興衛星電視公司總經理　　　　　　　陳政德

新視波有線電視節目部經理　　　　　　蘇順益

智訊傳播公司─傳訊電視總經理　　　　趙怡

3.無線電視台（四位）

中國電視公司節目部副理　　　　　　　涂金泉

中國電視公司節目部導播　　　　　　　白汝珊

中國電視公司節目部導播組組長　　　　余秉中

中國電視公司「童話世界」製作人　　　邱幼玉

第七章
有線電視與消費行為

壹、電視消費數字

· 一般閱聽人收看電視的高峰為午間12:00-13:59及晚間19:000-21:59
  兩時段（楊繼群，民88）。
· 一般閱聽人接觸有線電視購物頻道的情形是：從不收看（67%）、
  很少看（26%）、平均一個月看一至兩次（2%）、平均一周有一天
  會看（2%）、一周有兩至三天會看（2%）、一周有四至五天會看
  （1%）、幾乎每天看（1%）（楊繼祥、李清忠，民88）。
· 廣電基金「電視收視行為調查」報告的6173份有效樣本中，有
  2098位受訪者表示自己是家中主要的消費決定者。這些受訪者女
  性占67.6%，有58.4%受訪者年齡層介於三十一至五十歲。
· 潤利公司廣告監測中心所做的四大媒體調查的有效廣告量分別
  為：無線電視占22,135,096,000元，有線電視占12,697,043,000元，
  報紙占21,157,218,000元，雜誌為5,886,786,000元，總計
  61,876,144,000元。

　　電視台質疑電視收視率調查的爭議一再出現，又如有線電視系統業
者的斷訊風波重演，這兩個事件均與消費者和節目內容息息相關。

　　一般常將收視率高低視為消費者數量多寡的代表，消費者數量多寡
就某些程度而言可反映頻道節目內容的喜好反應。有線電視分級付費直
接牽涉到消費行為。

　　消費行為是什麼？消費行為是指「誰」的消費行為？閱聽人？抑或
消費者？閱聽人與消費者有何異同？在有線電視與消費行為的議題範圍
內，難道電視公司、廣告主沒有消費行為嗎？消費行為如何測量？因
此，本章將先後就以上思索的問題一一陳述。

貳、消費行為的定義

消費行為研究自從媒體效果有限論之後愈發受到重視，這一改一九二〇年代視閱聽人為被動的觀念。如何考量個人差異（預存立場的不同）、社會關係（人際傳播的網路）、社會範疇（如年齡、收入、性別、教育、職業、生活型態）等不同特質，來推估閱聽人的收視反應或購買電視廣告產品的情形，遂成為一九四〇年代以降的研究重點。

消費行為是人類行為的一部分，有關消費行為的定義包括：

・消費行為為有關市場或公眾部門和家庭製作生產的物品和服務。消費行為包括物品的購買、使用和處置（Antonides & Raaij, 1998: 17）。

我們可以將消費行為應用於有線電視訂戶對廣告物品的購買使用和處置；有線電視觀眾對電視節目頻道的訂閱、使用和處置。

消費行為也可能是電視公司節目部決策人員對外製節目的購買、採用和編排。

從廣告主的角度來看，廣告主對電視頻道或廣告時段的購買、使用和處置，也屬消費行為。

・消費行為反映消費者有關獲取、消耗或處置物品、服務、時間和決定觀點的決策總計（Hoyer & MacInnis, 1997:3）。

同樣的道理，消費行為可以反映有線電視有關獲取節目資訊，或觀看節目、收視時間等觀點的決策總計。甚至有線電視訂戶有關獲取、消耗或處置廣告產品、服務、時間和決定觀點的決策總計。

消費行為也可反映電視公司節目部決策人員有關獲取、消耗或處置節目片源、服務、時間和決定觀點的決策總計。

廣告主有關獲取、消耗或處置廣告時段、服務、時間和決定觀點的決策總計，也可視爲消費行爲。

- 消費行爲可被界定爲所有與購買相關的活動、意念與影響，這些活動、意念與影響發生於產品及服務的購買者與消費者，以及影響購買的人決定購買之前、決定購買的過程與購買之後（Terrell, 1982:5）。
- 消費行爲是一種決策過程，以及個人牽涉到評估、獲取和使用經濟物品和服務的行動（Loudon & Della Bitta, 1979:5）。
- 消費行爲是一種個人決定是否購買、購買什麼、何時購買、如何購買、從何處購置物品及服務的過程（Walter, 1974:7）。

消費行爲包括決策過程與行動，其中過程和行動均可應用於有線電視訂戶、電視台節目決策人員、廣告主等不同角色的消費行爲。

不可諱言地，消費行爲是關心行銷、消費者教育與保護、公共政策的人所注意的議題，這些人基於不同原因期望影響或改變消費行爲（Engel, Blackwell & Miniard, 1990:3）。

消費行爲涵蓋的層面計有（Antonides & Raaij, 1998:4）：

1.心智與體力的行動（行爲）。
2.動機與主張／理由。
3.個人或個體。
4.態度的決定、購買、使用、保存及丟棄（消費循環）。
5.家庭自行生產製作。
6.物品與服務。
7.市場、公眾、家庭部門。
8.導向實用性及達成消費者的目標與價值。
9.達成滿意與福利。
10.短期與長期的效果。

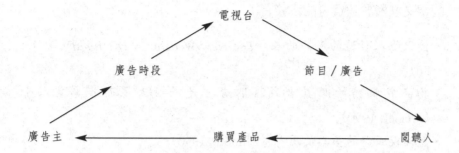

圖7-1　節目循環架構

11.個人與社群影響。

　　上述範圍論及達成消費者的目標與價值,其中消費者的角色,就節目循環架構來看(圖7-1),消費者似乎不只限於閱聽人而已。

　　電視台藉由廣告主購買節目的廣告時段,將節目廣告播放給閱聽人,閱聽人的部分因看到了電視廣告而選購廣告產品。由於廣告產品的暢銷程度,提供廣告主更多的資金購買節目的廣告時段。因此,這個循環架構的消費者可能是電視台、閱聽人及廣告主。

參、當消費者遇見閱聽人

　　消費者概念的出現不過一百年。在經濟匱乏的時代,消費者主要的挑戰是求生存與滿足其基本需求。除非家庭在滿足基本需求之餘有餘錢用來消費和儲蓄。早期只有貴族、神職,或其他富足人家得以如此。二次世界大戰之後,大多數的老百姓才有餘錢消費。消費者因有選擇購買自由而有權力。由於消費者擁有的選擇自由增加,如何深入瞭解消費行為以便解釋消費者對物品與品牌的偏好,相形重要。

觀察文獻對於消費者的定義有：

· 使用他人製造的產品的人（*The New Webster's Dictionary*, 1997: 86）。

· 物品或服務的購買者或獲取者，是一般大眾而非專業人士（Weiner, 1990）。

· 產品或服務的基本使用人（Ellmore, 1990）。

· 消費者至上，他／她有能力過濾所有影響的企圖，這些影響來自公司機構適應消費者動機與行為的結果（Engel, Blackwell & Miniard, 1990:23）。

· 凡購買（或具購買能力）行銷機構為滿足個人或家庭需求、願望、慾望所提供的物品或服務的個體即為消費者（Walter, 1974 :4）。

· 消費者是指積極於購買行為，或在不久的將來將成為積極購買者的人（Walter, 1974:5）。

從以上的定義獲知，消費者泛指一般大眾而非專業的購買者、可能是潛在的購買者。重要的是，消費者可依據其需求自由選擇是否進行消費。

至於閱聽人的概念，最早係指一群觀賞戲劇、比賽、景觀或表演的人；這群特定人口兼具以下特色（McQuail, 1987:149-151）：

1.泛指相當於全體人口或一般社交聚集的多數人。
2.經由事先安排於某段時間及地點。
3.目的在擴大閱聽接收品質。
4.其聚集地點（劇場、大廳、教會）按階級、地位設計。
5.潛在受當權威當局的控制。
6.為一集體行為的組織化形式。

因此，閱聽人在沒有大眾傳播媒體的時期被視為：根據娛樂、崇

拜、學習、享受、恐懼或哀悼等預期效益，在某一特定時段，經由個人自願方式的公共聚集。

在沒有大眾傳播媒體的時代，那時的閱聽人的聚集方式，需有預先規劃，連座位安排都受階級、地位左右，而且無形地被權威當局控制。換言之，那個時代的觀眾，一但聚集在接收地點，其自主空間十分有限。

閱聽人的定義，大多從傳播媒體的使用著眼，例如：

- 一群人聚集在一起傾聽或觀看某事物的人（*The New Webster's Dictionary,* 1997:27）。
- 一群聚集在一起觀賞或傾聽訊息的人，特別是公開演講（*The New Lexicon Webster's Dictionary of the English Language,* 1995:61）。
- 出版品的讀者或廣播的聽眾（*The New Lexicon Webster's Dictionary of the English Language,* 1995:61）。
- 一群不同背景的聽眾、觀眾或觀賞者（Ellmore, 1990）。
- 暴露於廣播節目、電視節目或其他廣播媒體的個人或家庭（Ellmore, 1990）。
- 一群表演／演出、節目或作品的觀賞者、聽眾、觀眾或讀者（Weiner, 1990）。
- 廣播節目、電視節目、電影、書籍、刊物等的接收者（Ellmore, 1990）。

閱聽人予人的一般印象，往往為一群使用大眾傳播媒體，如廣播、電視、電影、報紙、雜誌的人。即使在結合媒體批評與使用滿足的理念，閱聽人被視為多義性的文本詮釋者（Fiske, 1986），具某些程度的主動特質，但仍受制於文本的架構概念基礎。

相對而言，消費者包括一般購買者與潛在購買者，具有消費選擇權，消費者的涵蓋面顯然大於閱聽人的涵蓋面。

肆、消費行為的測量方式

一、常見的消費行為測量方式

目前消費行為的測量方式，就電視台、廣告主、閱聽人三者來看，以閱聽人的消費行為調查較普遍，其中尤以收視率調查最深刻牽動電視台、廣告主、閱聽人的三角關係。

台灣地區現階段的收視／聽率調查可分為以下方式：

(一)即時電話訪問法

以台灣本島大台北地區裝有電話號碼的家庭與其成員為母體，採用電話號碼隨機抽樣法，並由訪員按照已設計好的問題（未必有問卷）來進行調查。

即時電話訪問法的優點，可減少或排除受訪者回憶因素的影響，由於問題簡短也降低拒答的情形，調查可集中特定地區或特定節目播出時間，可較快提供分析結果，花費較低等。

即時電話訪問法的缺點，包括無法兼顧非大台北地區的閱聽人，無法觸及未設置電話或未公布電話號碼的家庭及其成員或個人，無法在夜晚、深夜或清晨從事調查，從受訪者口中獲知其個人或家庭的收視／聽狀況可能有誤差，不易確實掌握受訪者收視／聽行為的調整。

(二)電話回溯法

以本島大台北、北、中、南四區裝有電話號碼的家庭與其成員為母體，採用電話號碼隨機抽樣法，並由訪員依照已設計好的問卷問題，協助受訪者回憶先前的收視／聽行為，問卷內容計有受訪者一天使用媒體

的時間、收視／聽的節目及陪伴收視／聽的人數等。

電話回溯法的優點，像是調查時段不受限制，可獲知相關樣本收視／聽資料，可提供家中之外的收視／聽訊息，得到的資料為受訪者有印象（記憶）者，花費較低。

電話回溯法的缺點，如完全依賴受訪者的記憶，無法觸及未設置電話或未公布電話的家庭及其成員或個人，從受訪者口中獲知其個人或他人的收視／聽資訊可能有誤差，無法獲悉受訪者一段時間的收視／聽行為轉變等。

(三)日記式固定樣本調查法

以台灣本島大台北、北、中、南四區設有戶籍登記的家庭與其成員為母體，採用分層抽樣法，將日記留置樣本戶，讓收視戶自行記錄每週每天（以十五分鐘為單位）家中成員的收視行為與相關問題。

日記式固定樣本調查法的優點，可獲知收視戶收看行為及人口學相關資訊，固定樣本一週的追蹤記錄可以提供收看行為趨勢訊息，收視戶可以自由表達意見，可反應大致的平均收視時間等。

日記式固定樣本調查法的缺點，計有無法分辨節目／廣告收視率，無法立即反應任何轉台行為，依靠收視戶記憶填寫可能有誤差，無法兼顧不同語言文字或識字程度有限的受訪者，收視分析每週才提供分析，回收率偏低，固定樣本戶的成員變動無法立即反應至抽樣的樣本分配。

(四)個人收視記錄器調查法

以本島大台北、北、中、南等四地區設有戶籍登記的家庭或其成員為母體，採用分層抽樣法，裝設個人收視記錄器於家庭用戶，同時訓練其成員於收視過程使用代表成員編號的裝置，用電腦自動追蹤統計收視資料。

個人收視記錄器調查法的優點，可將所有轉台出入均追蹤記錄，不依賴樣本戶辨識頻道，提供二十四小時觀察記錄，可反映家庭成員若干

程度的個人收視行為，可區分節目與廣告的收視行為等。

　　個人收視記錄器調查法的缺點，則有因操作錯誤而產生不正確的記錄，不易察覺有線電視系統業者換頻而產生不正確記錄，樣本戶有限，未能詳實反應一戶多機的家庭成員收視行為，週末收視資料結果不易立即取得，可能受到斷訊而無法反映真實收視狀況。

(五)親身問卷調查法

　　以本島設有戶籍登記的家庭與其成員為母體，採分層抽樣法，由訪員依照已設計好的問卷問題協助受訪者回憶先前的收聽狀況。

　　親身問卷調查法的優點，包括調查時段不受限制，可獲知相關樣本收聽資料及相關人口學資訊，收視戶可自由表達意見，得到的資料為受訪者有印象（記憶）者。

　　親身問卷調查法的缺點，像完全依賴受訪者的記憶，無法觸及不在家中的成員，或未設有戶籍登記的個人，從受訪者口中獲知他人的收聽資訊易有誤差，無法獲悉受訪者累積的收聽行為及轉變，拒訪率高，花費較高等。

二、潤利、紅木、尼爾森公司與收視率調查

　　台灣地區現階段定期從事電視收視率調查的組織大抵以即時電話調查、電視個人收視記錄器等兩種方式記錄分析，其中潤利公司採取即時電話調查方式，紅木公司、尼爾森公司則以個人收視記錄器記錄分析為主，紅木公司目前還有行之十二年的全省日記式固定樣本戶調查。

　　潤利公司從民國七十年開始提供電話訪問方式的電視收視率調查，民國八十年開發出一套即時連線系統——即時抽樣、即時訪問、即時統計、即時顯示，以期和任何頻道製作單位「同步化」顯示其收視率。其所提供的電視收視率調查報告包括：每日／十五分鐘家庭收視率報告、每周／全頻道節目收視率排名，和每月／衛星與有線電視頻道收視調查

報告等。

　　潤利的即時電話訪問收視率調查，調查時間自每日中午十二時至晚間十時四十五分，調查母體主要使用家庭電話訪問電腦抽樣資料庫的全省家用電話。但收視率調查的隨機抽樣範圍為大台北地區（含基隆、台北市、台北縣以02打到的區域）。其他的區域只有當客戶專案委託，才進行抽樣調查。即時連線系統每十五鐘會統計一次，統計之後再立即連線調查進行下一刻鐘的統計分析（87.4.10訪談蔡鈺賢）。

　　紅木市場研究顧問公司於民國七十二年成立，成立之初即進行收視率調查，先後採取三種方式，第一種方式為電話調查：大台北地區至全省；第二種方式為留置問卷－日記式的調查；八十七年開始使用個人收視記錄器調查（87.3.5訪談徐慶虹）。

　　紅木市調公司對收視的定義為：持續收視達六秒以上視為有效頻道收視，收視未達六秒者視為轉台。有關收視率的計算公式如下：

$$節目收視率 \ = \ \frac{該節目之收視長度總合（秒）}{樣本人數×該節目播出長度} \ ×100\%$$

紅木公司認為即平均每秒收視率。

　　徐慶虹表示，個人收視記錄器是由全省抽樣出一千戶，經過訓練之後在這些家庭裝設個人收視記錄儀器；整個調查運作的過程，是以全台灣的家庭戶籍為母體，按照城鎮鄉市區域的比例，從大台北、北、中、南部各按29％、17％、24％及30％的家庭人口比例分配。紅木提供的內容分析有家庭的收視率、家庭的開機率，及家庭成員的個人收視率。

　　目前紅木在全省四區五百五十個家庭裝設了收視記錄器，這些收視資料在每天深夜從回存電腦的作業自動傳回菲力普的機房，次日清晨下載至電腦以秒進行分析（87.3.5訪談徐慶虹）。另擁有七百五十戶日記式固定樣本收視率調查。

　　尼爾森台灣公司也以個人收視記錄器進行收視率調查。尼爾森公司

每年八月至十月間會在台灣本島，以最新村里表、二段分層隨機抽樣，其依照大台北、北－中－南部的母體比例（26%、19%、25%、30%）各設置35%、17%、21%、27%的樣本戶，合計六百七十個家庭（2597個成員）[1]。

尼爾森的抽樣以家庭為主，家庭成員的收視資料經由電腦自動追蹤統計，資料每日回收，次日提供數據，可自動追蹤每一秒鐘的收視變化，分析每一分鐘的頻道類別（87.1.22訪談張小玲）。

有關家庭戶收視率調查的樣本結構，尼爾森按地區（大台北、其他北部加宜蘭、中部加花蓮、南部加台東）、家中人口數（一至二人、三至四人、五人以上）、裝置有線電視與否等分層抽樣。

至於家庭成員個人收視率調查的樣本結構，則按上述四地區、性別、及年齡（四至九歲、十至十四歲、十五至二十四歲、二十五至四十四歲、四十五至五十四歲、五十五至六十四歲、六十五歲以上）等進行分層抽樣。

國內也有部分民意調查機構以專案方式進行收視率調查，其中民國七十九年六月成立的台灣蓋洛普徵信顧問公司，便是一例。類似專案不定期的收視率調查，以電話調查法為主。

台灣蓋洛普對於收視率調查的設計程序，先以台灣地區住宅電話簿為抽樣母體，探後兩碼隨機抽樣方式，抽樣範圍分為北部、中部、南部三區，於特定節目的播出時間之內從事電話調查，再統計分析這個節目的觀眾群占所有受訪者（含未開機者）的比例。提供的資料計有開機率與收視特定節目的比例。

觀察這些機構所進行的收視率調查，其中潤利公司測量的母體為大台北地區裝有電話的家庭戶數與其成員，測量的對象為裝有電話且正在

---

〔1〕根據八十八年十月十九日尼爾森台灣公司簡報顯示，樣本戶已達七百二十戶家庭。

看電視的家庭與其成員，測量的時間單位為十五分鐘，測量所看的內容為特定頻道或特定節目。

紅木公司兼有日記式固定樣本收視率調查及個人收視記錄器調查，測量的母體為大台北、北、中、南四地區（台灣本島）有戶籍登記的家庭與其成員，時間單位為特定節目長度或每六秒鐘，測量的對象單位為家庭及其成員，測量所看的內容是特定頻道或特定節目。

尼爾森台灣公司的收視率調查以個人收視記錄器調查為主，其測量的母體為台灣本島有戶籍登記的家庭與其成員，測量的對象單位為家庭與其成員，測量的時間單位為每秒鐘至特定節目播出時間、特定時段，測量所看的內容為特定頻道或特定節目。

台灣蓋洛普公司不定期的收視率調查，所測量的母體為北、中、南三區裝有電話的家庭及其成員，測量的對象單位包括家庭用戶與其成員，測量所看的內容為特定時段的特定頻道使用，測量的時間單位為特定節目播出的時間。

這顯示台灣地區目前收視率所形成的觀眾概念具備以下特色：

1.基於家庭場所或電話號碼可觸及的家庭與其成員。
2.需在擁有電視的場所才產生收視行為。
3.泛指台灣本島或大台北、北、中、南四地區擁有電視（或電話）的家庭與其成員。
4.觀眾群的歸類為每秒至特定時間、特定時段收看特定頻道或特定節目。
5.收看方式兼有公共聚集或私人性質。

三、其他消費行為調查

觀察閱聽人的消費行為，也可將焦點置於閱聽人收看有線電視購物頻道的情形。例如，尼爾森公司就「台灣地區電視生態研究」發現，習

慣收視購物頻道者僅占整體受訪者的6%。

　　針對中度（一周看一天或一周看二至三天者）及重度（一周看四至五天或幾乎每天都看）使用者做進一步的分析，性別上，女性較男性比例高（59:41）；工作狀況上，學生及女性工作者居高（30%及28%），年齡以二十五至三十四歲（32%）為最；在地區及都市分級方面，台北地區及都會區為此兩類別中占比例最高者（前者26%，後者45%），購物頻道本身具有較高的區域性（localization），因此各地區的購物頻道台數不同，亦會影響當地居民對購物頻道的選擇性及對當地頻道的占有率（楊繼祥、李清忠，民88，頁21）。

　　進一步探討閱聽人的商品消費行為，同項研究顯示，受訪者喜好收看的產品排序如下：(1)家用電器（44%）；(2)減肥、減脂用品（36%）；(3)化妝保養品、美容藥品（35%）；(4)運動器材（34%）；(5)汽車百貨（26%）；(6)廚具（25%）；(7)家庭收納用品衣架屋（20%）；(8)藥酒、強身藥品（12%）；(9)清潔用品（1%）；(10)玩具（1%）；(11)文具用品圖書（0.8%）；(12)內衣用品（0.7%）；(13)速讀／教學廣告（0.5%）。但就中重度的使用者而言，最喜愛觀看的商品排名為減肥、減脂用品（51%），家用電器（50%），化妝保養品、美容藥品（44%）。

　　其中男性族群中對家用電器（45%）、運動器材（43%）、汽車百貨（41%）喜好度高，女性則為化妝保養品、美容藥品（46%）、減肥、減脂用品（44%）、家用電器（43%）喜好度高，兩性對於生活中所關切的面向原就不同，差異因而形成；另外以年齡來看，在十至二十四歲者中化妝保養品、美容藥品及減肥、減脂用品最受其歡迎，而二十五至六十四歲者則偏好家用電器（楊繼祥、李清忠，民88，頁31至32）。

　　依調查數據顯示，所有有收看購物頻道之受訪者中77%的比例並未購買任何產品，因收看購物頻道的介紹而購物的產品中，以家用電器（7%）、運動器材（5%）、汽車百貨（4%）為重；男性主要購買家用電器（6%）、運動器材（6%）、汽車百貨（6%），女性為家用電器（8%）、廚具（5%）、運動器材（8%）；有趣的發現是，女性所購買的產品與所喜

表7-1 潤利公司一九九六至一九九八年「四大媒體」有效廣告量表

廣告量單位：千元

年度	1998	1997	1996
無線電視	22,135,096	18,871,895	18,275,439
有線電視	12,697,043	6,813,350	6,031,425
報紙	21,157,218	18,063,130	12,799,833
雜誌	5,886,786	4,837,189	3,987,375
合計	61,876,144	48,585,565	41,094,073

愛收看的產品（化妝保養品、美容藥品、減肥、減脂用品、家用電器）相去甚遠，反觀男性，二者間較一致（楊繼祥、李清忠，民88，頁32），以上數據似乎意味著，閱聽人不等同於消費者。

至於廣告主的消費行為，則是指廣告主針對不同媒體所選購的媒體廣告時間或空間。例如：潤利公司針對一九九六年至一九九八年四大媒體所統計的有效廣告量呈現，近三年有線電視的廣告量由6,031,425,000元增加為6,813,350,000元，至去年為12,697,043,000元。近三年成長幅度為兩倍。

潤利公司廣告監測中心專案部經理蔡鈺賢表示，有效廣告量的計算係依潤利公司監測中心實際監看商品之實際播出量，乘上各媒體的廣告訂價，再扣除各時段、各版面相關性折扣、搭配、贈送等條件專案推估統計完成。這些數據係「一般商品」廣告，不含「基金會」、「政府機關」、「電視郵購」三類商品廣告，潤利公司監測之「商品廣告」分類共計二十五大類（三百五十八小類）。

目前有關有線電視廣告主的消費行為，僅潤利公司長期蒐集側錄資料進行分析。

反觀電視台的消費行為，或許牽涉內部作業機密，研究者與一般大眾不得而知。然而，電視台究竟如何評估，選購不同類型、不同國家地區的片源，的確值得關注。

伍、結論、討論與建議

　　思索有線電視與消費行為的議題，閱聽人、電視台、廣告主三者均扮演重要角色，目前台灣地區有少數針對廣告量進行的分析，如潤利公司、台北市廣告代理商業同業公會等；有關電視台的片源採購情形，並無中立機構或研究者從事分析評估，因為資料也無所取得。

　　相對而言，閱聽人的消費行為調查占大多數。有趣的是，比較閱聽人與消費者的概念，後者的涵蓋範圍顯然遠超過前者。

　　印證廣電基金所做「電視收視行為調查」報告，6173個有效受訪樣本中，有2098位表示自己是家中主要消費決定者，這些受訪者女性占67.6％，58.4％受訪者年齡層為三十一歲至五十歲，教育程度為高中職及小學，職業為家庭主婦或老闆或管理者。這證明閱聽人不等同於有消費決策的消費者。

　　尼爾森公司進行一九九八年「台灣地區電視生態研究」發現，有6％受訪者習慣收視有線電視購物頻道，從來不看及很少收看者占93％。而所有有收看購物頻道的受訪者中，有77％的比例未購任何產品。雖然這份報告針對極少數收看購物頻道的人分析其消費行為與收視有所關聯，但很明顯地，有線電視購物頻道的閱聽人不等同於有實際消費行為的消費者。

　　根據以上分析可以推論，閱聽人不等同於消費者，而收視率調查更與消費行為調查有所差距。換言之，僅以收視率為節目編排依據或廣告時段購買參考，缺乏完整的理論與實際根據。

　　關心消費行為分析的學者，主張消費行為象徵不同的角色（Loudon & Della Bitta, 1979, p.6）：

　　1.創始者（initiator）：基於需求或期望的達成而決定購買。

2.影響者（influencer）：經由有意或無意的言語行動而影響購買決策、實際購買行為，以及使用產品或服務的人。

3.購買者（buyer）：實際進行購買交易的人。

4.使用者（user）：直接消費或使用購買物品的人。

　　將上述四個消費行為角色，分析電視台、廣告主、閱聽人的三角關係，廣告主與電視台雙方的消費行為均或多或少呈現了創始者、影響者、購買者、使用者的色彩。觀察閱聽人的消費行為偏重購買者、使用者的角色，有關創始者和影響者的角色扮演仍待加強。

　　此外，有線電視與寬頻網路結合後的使用者、網站設計人員與廣告主的三角關係，亟待重視及觀察。以有線電視與寬頻網路結合後的使用者為例，電纜基研究（cable-based research）可與各地區有線電視系統經營者合作，選取一些合乎條件、願意參與研究的訂戶，受測者在依規定時間觀看某頻道播放的節目，播放當天於播放前電話提醒受測者收看，播放後再以電話訪問受測者，填一份詳細的問卷，蒐集研究所需資料。因無他人干擾，且受測者身處自己熟悉的家中，受測者很容易就講出真正的反應。

　　電纜基研究的對象限於有線電視訂戶，不包括非訂戶。值得留意的是，它牽涉到有線電視收視戶個人資料隱私權問題，這需要系統經營者在與訂戶訂定消費者契約時多加考量。

　　其次，日後網路電視普及後，藉由網路使用電視者是否也算電視閱聽人？其中牽涉的消費行為又是如何？均待進一步釐清與分析。

問題討論

1.請想一想媒體「使用」與媒體「消費」的異同之處。

2.請想一想媒體「閱聽人」與媒體「消費者」的異同之處。

3.請想一想媒體生態中的消費者有哪些。

4.請想一想目前媒體消費行為測量方式有哪些，你認為需要這些測量數據的對象是誰？

5.這些測量方式與數據對於現有媒體內容的影響是？如何加強正面影響、減少負面衝擊？

附錄 深度訪談名單

公司	聯絡人	
	職稱	姓名
紅木	副總經理	徐慶虹
	總經理	徐慶年
尼爾森	媒體部總監	張小玲
	媒體部研究主任	郭魯萍
蓋洛普	首席顧問	丁庭宇
潤利	經理	蔡鈺賢
	總經理	汪志龍

第八章
台灣地區民眾觀看無線電視台
轉台行為分析

壹、閱聽行為的轉變

隨著網路廣播與網路電視、數位廣播和數位電視的啟用，如何掌握閱聽眾方向，加強傳播媒體對閱聽人的互動，並隨時修正廣播電視節目管理策略，是進入二十一世紀的重大革新與挑戰。

新電台和電視台陸續開播，由於普遍採取現代化的經營策略，帶動電子媒體之間的競爭及市場區隔的媒體定位，電子媒體定位愈趨多樣化，節目內容與選擇亦與電子媒體解禁之前有別，一般民眾閱聽消費行為也有所改變。

關心消費行為分析的學者，主張消費行為象徵不同的角色（黃葳威，民88；Loudon & Della Bitta, 1979:6）：

1.創始者（initiator）：基於需求或期望的達成而決定購買。
2.影響者（influencer）：經由有意或無意的言語行動而影響購買決策、實際購買行為，以及使用產品或服務的人。
3.購買者（buyer）：實際進行購買交易的人。
4.使用者（user）：直接消費或使用購買物品的人。

將上述四個消費行為角色，分析電視台、廣告主、閱聽人的三角關係，廣告主與電視台雙方的消費行為均或多或少呈現了創始者、影響者、購買者、使用者的色彩。觀察閱聽人的媒體消費行為偏重購買者、使用者的角色，有關創始者和影響者的角色扮演仍待加強。

多家電子媒體在經營定位穩定之後，逐漸以節目聯播、策略聯盟等形式組成全國聯播網，在原有播放區域和全國聯播網範圍，分別與有線電視、衛星電視、中功率區域電台、小功率社區地區電台、大功率全區聯播網競爭廣告業務。

廣告主的消費行為，是指廣告主針對不同媒體所選購的媒體廣告時

間或空間。例如：潤利公司針對一九九七至二〇〇一年五大媒體所統計的播出廣告量顯示，無線電視台的播出廣告量呈現逐漸減少的現象，報紙廣告與雜誌廣告亦然。

《廣告與市場》月刊二〇〇一年三月所公布的五大媒體有效廣告量排名，以有線電視居首，其次為報紙，再者依序為無線電視、雜誌（占11.51％）及廣播。很明顯地，無線電視台已從過去的第一名退後為第三名，廣告量大幅減少；相對地，多頻道型態的有線電視廣告量超越無線電視廣告量。

同時，多頻道電視環境的形成，不僅未帶來良性競爭，節目品質反倒日趨劣質化，其中無線電視台因透過無線電波播放，電波公有的理想使命未能彰顯，部分未釋股民營化的電視台如台視與華視是否公共化的爭議，也促使無線電視台的前景備受矚目。

電子媒體廣告資源分配率涉各媒體閱聽眾的收視率或收聽率排行榜，加上節目製播編排與廣告時段購買均常參考觀眾收看行為，民眾閱聽消費時間分秒必爭，探討閱聽行為如何轉變相形重要。

閱聽人行為分析除質化研究外，量化研究偏重閱聽動機及使用程度調查，有關閱聽眾轉台行為的探討相當有限。既有轉台行為的文獻，分別基於多頻道有線電視帶來觀眾分眾化的現象（Katz, 1982）、節目單元中出現廣告的轉台行為（Kaplan, 1985; Heeter & Greenberg, 1985）、遙控器使用與轉台行為的關聯（Walker & Bellamy, 1991）、當觀賞錄影機預設節目時以快轉避開廣告（Cronin & Menelly, 1992）、搜尋頻道數（Ferguson, 1992）等，均探討或測量不同形式的轉台行為。

國內現有轉台行為的文獻較有限，莊允中（民81）曾分析觀眾在廣告時段的轉台行為，若如（民84）曾探討遙控器與觀眾流動理論，鍾起惠（民85）曾研究新店地區觀眾有線電視收視行為，王永隆（民85）則針對電視新聞時段觀眾轉台進行研究。迄今仍無研究討論電子頻道開放後，台灣地區觀眾收看無線電視台的轉台行為變化。

基於電子頻道開放帶來民眾閱聽行為改變、無線電視台廣告大幅減

少、無線電視台因是否公共化爭議而受到矚目，和無線電視台轉台行為相關文獻的缺乏等，本研究採電話問卷調查法，調查對象為居住於台閩地區年滿十八歲以上的民眾。電話訪問以集中式的電腦輔助電話訪問（CATI）進行。抽樣方法採分層隨機抽樣方法。同時輔以焦點團體法瞭解影響民眾轉台的原因。預計探討的問題有：

1.台灣地區民眾收看四家無線電視台的轉台行為為何？
2.居住不同地域的觀眾，其轉台行為有無差異？
3.有哪些因素影響觀眾收看四家無線電視台的轉台行為？

貳、電視轉台行為

心理學者葛林諾（Greeno, 1976:479-480）曾提出資訊尋求的主張，說明人類傾向依賴解決問題過程所形成的資訊，解釋這些參考資訊為無目的性選擇行為的一種依據。經由無目的性選擇行為所依賴的參考資訊，代表資訊透過過濾與選擇，而非照單全收。

柯傑列吉（Koielecki, 1981:260）從心理決策模式的觀點，以為人類能否完成決策，受決策過程中資訊的複雜性與不確定性的影響；資訊的複雜性係指決策過程中變數的多少，資訊的不確定性代表決策者對資訊充分掌握的程度。

如果將資訊尋求的概念及心理決策模式應用於電視選台行為，毫無疑問地，決策過程中資訊的複雜性如同電視頻道數目的增加，致使選台過程中的複雜性增加。而資訊的不確定性，則形同觀眾對多頻道電視生態多樣化節目的不確定。奚特（Heeter, 1985:129）結合葛林諾及柯傑列吉的觀點，認為觀看電視的選擇行為，便是一種有規律的決策行為。

與觀看電視選擇行為相關的論著，大致分別有以剖析觀眾轉台行為為主的研究，以及討論著重轉台行為所造成的影響等論述。

傳播學者奚特與葛林堡（Heeter & Greenberg, 1985）的研究顯示，觀眾轉台行為的產生，同時與電視遙控器和錄影機的普及相關。觀眾轉台行為發生在廣告出現的時間，也出現在節目單元進行的過程。例如，有線電視類似MTV、CNN、ESPN等二十四小時播出的頻道，提供觀眾其他的選擇，觀眾可在節目結束進廣告時，轉台至上述頻道，且有足夠時間在下一節目單元開始前轉回收視（Kaplan, 1985）。這意味著觀眾對任一電視節目的收視過程，未必從開始看到結束。

　　分析遙控器使用與轉台行為的研究發現（Walker & Bellamy, 1991; Walker & Bellamy, 1993），遙控器提高觀眾參與媒體內容選擇的主動性，也增加觀眾接觸不同節目類型的機會。

　　針對遙控器使用所進行的調查（Walker & Bellamy, 1991），探討大學生使用遙控器的情形，發現人們使用遙控器的動機，分別基於選擇性的逃避、干擾他人或嘗試控制節目選擇的主導權、獲知其他已在播映的節目、藉由轉台獲知更多資訊、避開廣告、以切看音樂頻道取代廣告時間、切看新聞頻道等。

　　遙控器使用也牽動人們觀看錄影節目的方式，研究呈現觀眾會略過廣告不看的情形，或使用遙控器立即迅速地略過廣告（Cronin & Menelly, 1992）。這反映觀眾可較快速有效率地觀看錄影節目。

　　相關研究發現指出（鍾起惠、彭芸，民84；Heeter, 1985:146; Heater, 1988:27; Ferguson, 1992），使用遙控器的有線電視訂戶，其所習慣選擇收視頻道總數，明顯較沒有遙控器的非有線電視訂戶多。所謂搜尋頻道數是指：觀眾在可以收視的電視頻道中，較常選擇收看的頻道總數（Heeter, 1985:133; Ferguson, 1991:1）。多頻道電視生態的形成，加上遙控器的普及使用，直接反映在觀眾觀看電視的搜尋頻道數。

　　觀察轉台與購買行為的研究，研究人員調查那些在廣告時段轉台的受訪觀眾，較廣告時段不轉台的受訪觀眾，呈現較高的購買頻率（Zufryden, Pedrick & Sankaralingam, 1993）。這反映一個有趣的現象：廣告時段轉台者未必是非消費者，相反地，可能更留意節目中的廣告破

口。

前述研究還指出，觀眾傾向在節目進行過程中轉台，而不是在廣告進行過程中。至於遙控器使用和中途轉台行爲的關聯，研究人員將受訪者自行填答的遙控器使用次數，與錄影觀察受訪者的使用行爲相比較，結果顯示受訪者明顯有低估其使用遙控器次數的現象（Ferguson, 1994）。可見遙控器使用的便利性，可能常伴隨觀眾習慣性再評估的情境下出現。

電視節目廣告時段的轉台迴避，主要取決於頻道轉換的方便性，及透過錄影機或電視機遙控器進行轉台（Danaher, 1995）。同一篇研究結果呈現，觀眾的轉台行爲不僅在廣告時段和節目單元交替之間出現，即便在節目進行途中也可能發生；一般而言，廣告時段的確引起節目收視率下滑，其中以電影節目的廣告時段流失較多的觀眾群，肥皂劇廣告時段的收視率較少變動。這代表長時間播出的電影在電視上播出，其廣告破口出現的時機，相較連續性播出的肥皂劇廣告破口，後者顯然在節目內容設計上抓住了觀眾的好奇心理。

遙控器的出現也對中東地區的收視行爲有所影響。魏曼（Weimann, 1995）的分析反映，以色列民眾過去身處單一頻道的電視生態，不常使用遙控器，除非用於調整電視音量及色彩明暗對比；隨著以色列電視事業朝向多頻道發展，以色列民眾使用遙控器的比率由早期的21％，提高爲78％。這似乎意味著遙控器的重要性經由多頻道生態的觸發倍增，而電視觀眾的轉台行爲亦隨之蛻變。

奚特（Heeter, 1988:14）將觀眾轉台行爲區分爲三種蒐集導向：

1.處理模式：可分爲自動處理與控制處理。其中自動處理是依遙控器數字順序來選擇頻道，不需要刻意記住頻道的代碼；控制處理則係由某些篩選過的頻道中，再選擇某些頻道，有目的性地、規律地選擇頻道，這需要較多的資訊處理。

2.搜尋節目頻道：可區別爲詳盡搜尋及限制搜尋。其中詳盡搜尋是指

在全部或大部分頻道中搜尋，以便讓觀眾對所有的節目頻道有概念；限制搜尋被定義為在特定的、有限的頻道搜尋。

3.評估導向：計有窮盡評估和終止評估。所謂窮盡評估是指在個人的節目頻道中，搜尋全部頻道，再回到最好的選擇；終止評估代表在個人收視的節目頻道中依序搜尋，遇到第一個想看的頻道便終止搜尋。

葛林堡（Greenberg, 1988:101）在一系列探討觀看電視過程中的行為改變，將觀看過程中的轉台行為分為三種取向：

1.計畫型收視（preselection）：包括在固定時段收看特定頻道的節目、開電視機前已知道要看的頻道節目。

2.搜尋模式（orienting search）：像是選台時碰到好節目會立刻收看的情形，選台時會一路找下去再回到最好的頻道，會轉台看哪一台有好節目，按頻道順序選台，只選擇幾個特定的頻道，切換多少台後才會停下來收視某台等。

3.再評估模式（reevaluation）：節目結束前換台或停看，節目結束時立刻轉台，節目中廣告出現時換台，節目進行中換台，同時看兩個節目且在兩台間切換，從頭到尾一直看完同一個節目等。

黃葳威、王旭（民87）在「多頻道廣電生態下台灣地區收視聽率調查的昨日、今日與明日」計畫中，曾初探性地調查大台北地區民眾觀看電視的轉台行為，結果發現受訪者選台時，通常會換13.6台才會停下來看某個電視頻道。受訪者中有五成七以上會在固定時段收看特定頻道的節目，但也有四成三表示從不或不常如此。六成以上受訪者常在節目一結束時立刻換台，七成二的受訪者在開電視機後總是或經常轉台看看哪台有好節目。近六成受訪者常在節目中廣告出現時就換台。這反映觀眾搜尋節目頻道且再評估的現象不容忽視。

分析既有國內外論述，影響電視觀眾轉台行為的人口學變項，像是

性別、年齡、教育程度、收入等。

　　國外研究大多顯示，男性比女性常在廣告時段轉台（Heeter & Greenberg, 1985; Greenberg & Heeter, 1988; Krugman, Cameron & White, 1995），男性比女性易於在觀賞錄影節目時快速略過廣告（Cronin & Menelly, 1992）。然而，也有研究指出男性並不比女性更容易在廣告時段轉台（Danaher, 1995），女性較男性常採取計畫型收視（Greenberg & Heeter, 1988）。

　　國內的實證結果則呈現，女性觀眾較男性觀眾喜歡轉台（莊允中，民81），女性觀眾較男性觀眾易依選台器順序來選擇收視頻道（鍾起惠，民85）。

　　因此，本研究提出假設如下：

假設1-1：不同性別的觀眾，其採取計畫型收視的方式有別。
假設1-2：不同性別的觀眾，其觀看電視的搜尋模式轉台行為有別。
假設1-3：不同性別的觀眾，其觀看電視的再評估模式轉台行為有別。

　　國內外相關研究都指出，年齡愈輕的電視觀眾，較容易在觀賞電視節目時轉台（Heeter & Greenberg, 1985; Danaher, 1995）；年紀愈輕的電視觀眾，較年齡愈長的觀眾，容易略過廣告（Cronin & Menelly, 1992）；年齡愈輕的電視觀眾，較年齡愈長的觀眾，更容易轉台（莊允中，民81；鍾起惠，民85）。但年長者觀眾較常採取計畫型收視。王永隆（民85）就電視新聞時段的觀眾轉台行為進行分析，發現不同年齡層均最常在廣告時段轉台，但其中又以年長者最常在廣告時段轉台。這些結果均反映年齡對轉台行為的影響。所以，本研究提出相關假設包括：

假設2-1：觀眾年齡高低與計畫型收視呈正相關。
假設2-2：觀眾年齡高低與搜尋模式轉台行為呈負相關。
假設2-3：觀眾年齡高低與再評估模式轉台行為呈負相關。

教育程度與轉台行為的關聯，也在部分研究調查應證相關。其中像是奚特與葛林堡（Heeter, 1988; Greenberg & Heeter, 1988）發現教育程度高的觀眾，愈常採取的轉台模式是計畫型收視與搜尋模式。莊允中（民81）針對廣告轉台行為的調查顯示，教育程度較低的觀眾，較不喜歡在廣告時段轉台。王永隆（民85）研究指出，不同教育程度的觀眾，在廣告時段的轉台行為有所不同。例如，國小程度的觀眾最常在新聞播報過程中的廣告時段轉台，研究所程度次之，國中程度的觀眾最少；而國中程度最常在氣象報告前的廣告時段轉台，大學程度次之。換言之，教育程度不同，其計畫型收視、搜尋模式或再評估模式的轉台行為均有差別；教育程度愈高，其上述模式的轉台行為愈頻繁。

根據前述研究應證，本研究提出的假設有：

假設3-1：觀眾教育程度高低與計畫型收視呈正相關。

假設3-2：觀眾教育程度高低與搜尋模式轉台行為呈正相關。

假設3-3：觀眾教育程度高低與再評估模式轉台行為呈正相關。

部分文獻也指出，收入高低影響觀眾的轉台行為。例如：收入較高的觀眾，較常採取計畫型收視（Heeter, 1985; Greenberg & Heeter, 1988）。相對地，收入較低的觀眾，愈常在觀看電視的過程轉台（Greenberg & Heeter, 1988）。有鑑於此，本研究提出相關假設如下：

假設4-1：觀眾收入高低與計畫型收視呈正相關。

假設4-2：觀眾收入與搜尋模式轉台行為呈負相關。

假設4-3：觀眾收入高低與再評估模式轉台行為呈負相關。

黃葳威（民89）分析台灣地區居住不同地域的民眾，其收聽廣播行為所採取的計畫型收聽模式有顯著差異，其中涵蓋人口密集、經濟高度發展的兩大直轄市區域——南部、北部，明顯高於中部與東部民眾。這似乎意味著居住不同地域的民眾，其媒體使用行為有所差異。因而，本研究嘗試提出的假設為：

假設5-1：居住不同地域的觀眾，其採取計畫型收視的方式有別。

假設5-2：居住不同地域的觀眾，其觀看電視的搜尋方式轉台行為有別。

假設5-3：居住不同地域的觀眾，其觀看電視的再評估模式轉台行為有別。

除以上人口學變項外，觀眾收視時間長短，對其轉台行為也有影響。文獻顯示，觀眾看電視時間愈短，其愈常採取計畫型收視；觀眾收視時間愈長，其搜尋模式轉台行為也愈明顯（Heeter, 1985; Heeter, 1988; Greenberg & Heeter, 1988）。

此外，觀眾收視時間愈短，其轉台頻率愈高（Greenberg & Heeter, 1988）。莊允中（民81）與鍾起惠（民85）的研究則發現，國內觀眾收視時間愈長，其愈常採取計畫型收視或愈常轉台。

綜合上述國內外文獻，本研究提出以下假設：

假設6-1：觀眾收視時間長短與計畫型收視呈正相關。

假設6-2：觀眾收視時間長短與搜尋模式轉台行為呈正相關。

假設6-3：觀眾收視時間長短與再評估模式轉台行為呈正相關。

莊允中（民81）就電視廣告時段轉台行為的研究獲知，家中電視數量並不會顯著影響觀眾轉台行為，但家中擁有三台以上電視機的觀眾，其轉台行為明顯增加。這代表家中擁有電視機數量多的觀眾，愈容易有轉台行為。基於此提出假設如下：

假設7-1：家中擁有電視機數量多寡與搜尋模式轉台行為呈正相關。

假設7-2：家中擁有電視機數量多寡與再評估模式轉台行為呈正相關。

鍾起惠（民85）在新店地區進行的觀眾收視行為調查發現，觀眾最常收看的電視頻道數量愈多，其愈常採搜尋模式的轉台行為。本研究因

此推論提出以下假設：

假設8-1：家中最常收看電視頻道數量多寡與搜尋模式轉台行為呈正
相關。

假設8-2：家中最常收看電視頻道數量多寡與再評估模式轉台行為呈
正相關。

家中是否裝設有線電視，對觀眾轉台行為亦有若干程度影響。研究
顯示，置身多頻道電視的有線電視訂戶，其使用節目指南的計畫型收視
頻率較高（Greenberg & Heeter, 1988）。而王永隆（民85）的分析呈現，
有線電視訂戶較常在新聞播報過程中轉台，若遇他台正播出廣告，則繼
續轉台；非有線電視訂戶最常在氣象播報前轉台，若遇他台也播廣告，
則轉回原頻道。這意味著有線電視訂戶與一般無線電視台觀眾，觀看電
視的轉台方式有別。因此本研究嘗試提出的假設是：

假設9-1：家中是否裝設有線電視，其採取的計畫型收視方式有別。

假設9-2：家中是否裝設有線電視，其觀看電視的搜尋模式轉台行為
有別。

假設9-3：家中是否裝設有線電視，其觀看電視的再評估模式轉台行
為有別。

參、研究設計

本研究採問卷電話訪問方式調查，並佐以焦點團體座談，蒐集分析
進一步深入資料。電話訪問以集中式的電腦輔助電話訪問（CATI）進
行。調查期間分別包括問卷測試、電話訪問及複查三部分。其中問卷先
進行測試（試訪），修改後正式執行電話訪問；分別於星期一至星期五下
午6:30至晚上10:00，及星期六至星期日上午9:30至晚上10:00進行複查。

抽樣方法採分層隨機抽樣方法，將台灣地區依照北、中、南、東部地區分為四層。北部地區包括台北市、基隆市、台北縣、宜蘭縣、桃園縣、新竹縣、新竹市，中部地區包括苗栗縣、台中縣、台中市、彰化縣、南投縣、雲林縣，南部地區包括嘉義縣、嘉義市、台南縣、台南市、高雄縣、高雄市、屏東縣、澎湖縣，東部地區包括台東縣、花蓮縣。各層依照城內十八歲以上人數占台灣地區總十八歲以上人數的比例分配樣本數，層內各縣市再依照其十八歲以上人數比例分配其樣本。

各縣市內以住宅電話號碼簿做為抽樣清冊，把電話號碼簿上的電話號碼建成電腦檔案，以簡單隨機抽樣法，抽出樣本電話號碼。為了使未登錄在電話號碼簿上的電話號碼也有機會被抽為樣本，再把從電話號碼簿抽出的樣本號碼的最後兩位數以隨機號碼取代。因為這樣，最後樣本電話也包含了很高比率（大約六成左右）的空號和非住宅電話號碼，實際使用7,663個電話號碼，成功訪問2,080位。

樣本戶內，十八歲以上的民眾，若有二人以上，則按年齡排序隨機抽選一人做為訪問的對象。戶內訪問對象一旦確定，絕對不替換，而以再打電話追蹤的方式，找到抽中的受訪者完成訪問。

訪問的結果分為五大類：(1)成功訪問：2,080人。(2)拒答：包括受訪者拒答119人、中途拒答148人和家人代為拒答者190人，共計457人。(3)未完成訪問：經多次電話追蹤仍無法完成訪問者（含受訪者不在、不方便、有事中途離開等），432人。(4)不能訪問：包括沒有適合受訪對象、非住宅電話、空號、號碼錯誤、電話暫停使用、答錄機、傳真機、四次以上無人回答，4,683個電話號碼。(5)無效樣本：對四家無線電視台的各項滿意度等問項皆回答不知道者，視為無效樣本，共計11人。

有效訪問率＝成功訪問樣本數／應該訪問樣本數

　　　　＝成功訪問樣本數／（成功訪問樣本數＋拒答＋未完成訪問數）

　　　　＝2,080／（2,080+457+432）＝70%

表8-1　樣本與母體結構之差異檢定

	樣本分配		母體分配		卡方檢定
	樣本數	百分比	應有樣本數	百分比	
性別					卡方值＝0.1347＜3.84
					（自由度1，顯著水準5％）
男	1070	51.4	1062	51.1	在5％的顯著水準下，樣本與
女	1010	48.6	1018	48.9	母體的性別分配無顯著差異
年齡					卡方值＝105.31＞11.07
					（自由度5，顯著水準5％）
18～19歲	150	7.2	106	5.1	在5％的顯著水準下，樣本與
20～29歲	519	25.0	486	23.4	母體的年齡分配有顯著差異
30～39歲	579	27.8	502	24.2	
40～49歲	456	21.9	426	20.5	
50～59歲	193	9.3	228	11.0	
60歲及以上	183	8.8	332	16.0	
居住縣市					
台北縣	324	15.6	325	15.6	卡方值＝11.4654＜36.42
宜蘭縣	47	2.3	44	2.1	（自由度24，顯著準5％）
桃園縣	146	7.0	150	7.2	在5％的顯著水準下，樣本與
新竹縣	43	2.1	40	1.9	母體的縣市分配無顯著差異
苗栗縣	53	2.5	53	2.5	
台中縣	133	6.4	134	6.4	
彰化縣	121	5.8	121	5.8	
南投縣	55	2.6	52	2.5	
雲林縣	72	3.5	73	3.5	
嘉義縣	55	2.6	56	2.7	
台南縣	103	5.0	106	5.1	
高雄縣	117	5.6	119	5.7	
屏東縣	87	4.2	88	4.2	
台東縣	25	1.2	24	1.2	
花蓮縣	37	1.8	35	1.7	
澎湖縣	9	0.4	9	0.4	
基隆市	38	1.8	37	1.8	
新竹市	35	1.7	33	1.6	
台中市	4.1	4.1	84	4.0	
嘉義市	1.4	1.4	25	1.2	
台南市	71	3.4	68	3.3	
台北市	252	12.1	258	12.4	
高雄市	135	6.5	140	6.7	
金門縣	5	0.2	5	0.2	
連江縣	3	0.1	1	0.0	

資料來源：《八十七年中華民國台閩地區人口統計》，內政部編印，87年12月出版。

資料經審查和複查後根據各縣市人口、性別與年齡分配檢定樣本的結構。結果各縣市人口及性別分配與母體分配沒有顯著差異；但是在年齡分配方面，因六十歲以上受訪者對此議題大多表示不知道或是無法回答，以至於成功訪問率較低，在考慮此樣本並不是調查訪問的主要對象的理由下，所以不以戶籍資料的母體年齡分配進行樣本分配的調整（見表8-1）。

一、問卷設計

　　本研究相關的問卷題項大致分為基本人口資料及觀看電視行為兩大部分。其中基本人口資料，包括：居住縣市（基隆市、台北縣、台北市、桃園縣、新竹縣、新竹市、苗栗縣、台中縣、台中市、彰化縣、南投縣、雲林縣、嘉義縣、嘉義市、台南縣、台南市、高雄縣、高雄市、屏東縣、澎湖縣、花蓮縣、台東縣）、年齡（十八至十九歲、二十至二十九歲、三十至三十九歲、四十至四十九歲、五十至五十九歲、六十歲以上）、性別（男、女）、教育程度（國小及以下、初中／國中、高中／高職、專科、大學、研究所及以上）、職業（軍公教、企業主管等、專業人員等、技術員等、技術工等、農林漁牧、家庭管理、無職業者、學生）、個人每月平均所得（無經常性收入、二萬元以下、二萬元至未滿三萬元、三萬元至未滿四萬元、四萬元至未滿五萬元、五萬元至未滿七萬元、七萬元至未滿十萬元、十萬元以上）、宗教信仰（天主教或基督教、佛教、道教、其他宗教或信仰）、家中主要使用語言（國語、閩南語、客語或混合其他語言、國語和閩南語混合、其他語言）、看電視的頻率（每天看、一星期看五六天、一星期看三四天、一星期看一二天）、有沒有裝有線電視（有、沒有）。

　　觀看電視行為部分計有每天收看電視時間長短及轉台行為。轉台行為是採葛林堡（Greenberg, 1988:101）在一系列探討觀看電視過程中的行為改變，將觀看過程中的轉台行為分為三種取向，包括計畫型收視

（preselection）、搜尋模式（orienting search）和再評估模式（reevaluation）。

　　資料分析部分，研究者分別以次數分配、單因子變異數分析、皮爾森相關分析等統計方法，探討電視觀眾轉台行為及相關因素。

二、焦點研究法

　　其次，研究者先後於二〇〇〇年二月十日下午、晚間，二月十二日上午、下午，二月十三日上午、下午，及二月十九日上午、下午，分別在台北、花蓮、台中、高雄、花蓮舉行八場焦點團體座談。

　　其中各地區的兩場分別邀請青壯年社群（十八歲至三十歲）、中壯年社群（三十歲以上至五十五歲）出席，各社群又分為原住民代表、客家人士代表、社區文化代表、女性代表和消費團體代表等五面向，以便蒐集一般民眾與弱勢族群的意見。

　　每場焦點團體座談會討論主題有：

1.自我介紹、收視時間長短、收視時段、收視動機、有無裝設有線電視。
2.對於無線電視台綜藝節目的收視過程，什麼情況下會轉台？什麼情況下不會轉台？原因？
3.對於無線電視台戲劇節目的收視過程，什麼情況下會轉台？什麼情

表8-2　各場焦點團體出席人士選取方式

青壯年組（18歲至30歲）	中壯年組（30歲以上至55歲）
2名原住民代表 2名客語人士代表 2名社區文化代表 2名女性代表 2名消費團體代表	2名原住民代表 2名客語人士代表 2名社區文化代表 2名女性代表 2名消費團體代表

況下不會轉台？原因？

4.對於無線電視台新聞節目的收視過程，什麼情況下會轉台？什麼情況下不會轉台？原因？

5.對於無線電視台公共服務／生活資訊節目的收視過程，什麼情況下會轉台？什麼情況下不會轉台？原因？

6.對於無線電視台弱勢團體節目的收視過程，什麼情況下會轉台？什麼情況下不會轉台？原因？

7.對於無線電視台叩應互動節目的收視過程，什麼情況下會轉台？什麼情況下不會轉台？原因？

8.對於無線電視台廣告時段的收視過程，什麼情況下會轉台？什麼情況下不會轉台？原因？

9.其他收看無線電視台的整體經驗。

肆、民眾轉台模式

一、基本資料分析

研究受訪者以男性居多，有1070位，占全體有效樣本51.4%；女性受訪者有1010位，占全體樣本的48.6%；年齡分布以三十至三十九歲所占比例最高（27.8%），其次依序為二十至二十九歲（25%）、四十至四十九歲（21.9%）、五十至五十九歲（9.3%）、六十歲及以上（8.8%），及十八至十九歲（7.2%）（見表8-3）。

宗教信仰分布以佛教（38%）、沒有信仰（31.8%）、道教（22.7%）所占比例最高，其次依序為基督教（4%）、一貫道（1.4%）、天主教（1.3%），其他占0.8%；語言使用以國語與閩南語混合最多（58.1%），其次依序為閩南語（17.2%）、國語（13.2%），再者依序為國語、客語與閩

表8-3　受訪者性別、年齡、宗教信仰、語言、教育程度、職業、個人每月平均所得、居住地區次數分配與百分比

	次數分配	百分比（%）
性別		
男	1070	51.4
女	1010	48.6
總計	2080	100.0
年齡		
18~19歲	150	7.2
20~29歲	519	25.0
30~39歲	579	27.8
40~49歲	456	21.9
50~59歲	193	9.3
60歲及以上	183	8.8
總計	2080	100.0
宗教信仰		
基督教	83	4.0
天主教	27	1.3
佛教	790	38.0
道教	472	22.7
一貫道	29	1.4
回教	0	0.0
沒有信仰	661	31.8
總計	2062	99.2
語言		
國語	274	13.2
閩南語	358	17.2
客語	21	1.0
國、閩語混合	1208	58.1
國、客語混合	71	3.4
閩、客語混合	2	0.1
國、閩、客語混合	96	4.6
國、閩、日語混合	8	0.4
其他	42	2.0
總計	2080	100.0
教育程度		
小學及以下	252	12.1
國（初）中	225	10.8
高中（職）	785	37.7
專科	401	19.3
大學	363	17.5
研究所及以上	54	2.6
總計	2080	100.0

（續）表8-3 受訪者性別、年齡、宗教信仰、語言、教育程度、職業、
個人每月平均所得、居住地區次數分配與百分比

	次數分配	百分比（%）
個人每月平均所得		
無經常性收入	658	31.8
二萬元以下	188	9.0
二至未滿三萬元	334	16.1
三萬至未滿四萬元	347	16.7
四萬至未滿五萬元	196	9.5
五萬至未滿七萬元	207	10.0
七萬至未滿十萬元	87	4.0
十萬元以上	63	2.9
總計	2080	100.0
居住地區		
北部地區	885	42.5
中部地區	519	25.0
南部地區	606	29.1
東部地區	62	3.0
金馬地區	8	0.4
總計	2080	100.0
職業別		
軍公教	182	8.8
企業主管	115	5.5
專業人員	143	5.9
技術員	578	27.8
技術工	268	12.9
農林牧	70	3.4
家庭管理	294	14.1
無（待）業	188	9.0
學生	242	11.6
總計	2080	100.0

南語混合（4.6％）、國語與客語混合（3.4％）、其他（2.1％）、客語（1
％），國語、閩南語與日語最少（0.4％）（見表8-3）。

受訪者教育程度以高中、高職最多，占全部樣本的37.7％；其次先後
為專科、大學，各占19.3％、17.5％；再者為小學及以下、國（初中）、
各占12.1％、10.8％；研究所及以上占2.6％；職業分布以技術員居多（見

表8-3），占27.5%；其次各爲家庭管理（14.1%）、技術工（13%）、學生（11.6%）；再者依序爲待業（無業）的9%、軍公教（8.8%）、專業人員（6.9%），以及企業主管（5.7%）、農林牧（3.4%）等（見表8-3）。

受訪者分布於北、中、南、東各縣市，其中北部地區占42.5%，南部地區受訪者占29.1%；中部受訪者占全體樣本的25.0%；東部地區較低，受訪者占全體樣本的3%，金馬地區占0.4%；個人每月平均所得以無經常性收入最多（31.8%）、其次爲三萬至四萬（16.7%）、兩萬至三萬（16.1%）、五萬至七萬（10%）、四萬至五萬（9.5%）、兩萬元以下（9%）、七萬至十萬（4%），十萬元以上最少（2.9%）（見表8-3）。

審視受訪者收看電視的轉台行爲，首先在計劃型收視方面，2080位受訪者中有四成三以上表示「經常」在固定時段收看特定頻道節目，其次有三成以上「總是」在固定時段收看特定頻道節目，有兩成以上受訪者表示「不常如此」，另有不到一成的受訪者分別表示「從不如此」（4.8%）或「不知道」（0.3%）。

全體受訪者中近四成「經常」在開電視機前已知道要看的頻道節目，三成二以上「總是」在開電視機前已知道要看的頻道節目，二成以上表示「不常如此」，另有不到一成的受訪者分別回答「從不如此」（6%）或「不知道」（0.7%）。

從搜尋模式分析，受訪者中近五成「經常」在選台時碰到好節目會立刻收看，近四成受訪者「總是」在選台時碰到好節目會立刻收看，另有一成以上受訪者表示「不常如此」，其餘有不到一成的受訪者分別表示「從不如此」（2.9%）或「不知道」（0.7%）。

四成以上受訪者「經常」在選台時一路找下去再回到最好頻道，其次有二成五以上受訪者「總是」在選台時，一路找下去再回到最好頻道，再者有二成四左右受訪者表示「不常如此」，其餘有低於一成的受訪者分別表示「從不如此」（8.9%）或「不知道」（1%）。

近四成二的受訪者「經常」會轉台看哪一台有好節目，其次有二成七以上「總是」會轉台看哪一台有好節目，另有二成三以上表示「不常

如此」，其餘有不到一成的受訪者分別表示「從不如此」或「不知道」。

　　三成四以上受訪者「不常」會按頻道順序選台，近三成「經常」會按頻道順序選台，再者有兩成以上受訪者「總是」會按頻道順序選台，其餘有一成以上受訪者表示「從不如此」，另有低於一成受訪者回答「不知道」。

　　四成以上受訪者「經常」只選擇幾個特定頻道收看電視，三成五左右「總是」只選擇幾個頻道收看電視，近兩成表示「不常如此」，另有不到一成的受訪者分別回答「從不如此」（4.7%）或「不知道」（1.2%）。

　　近三成受訪者會切換二至三台才停下來收看某台，近兩成受訪者分別會切換六台或十一台以上才停下來收看某台（18.4%），或是切換四台至五台才停下來收看某台（18.3%），有一成多的受訪者只會切換一台才停下來收看某台（11.1%），還有兩成六回答「不一定」。

　　觀察再評估模式部分，三成六以上受訪者表示「不常」在節目結束前換台或停看，其次有三成四以上「經常」在節目結束前換台或停看，近一成五受訪者表示「總是如此」，一成三表示「從不如此」，另有1.2%回答「不知道」。

　　近四成受訪者「經常」會在節目結束時立刻轉台，其次有二成五以上「總是」在節目結束時轉台，25.4%以上受訪者「不常如此」，低於一成的受訪者分別答覆「從不如此」（7.8%）或「不知道」（1.3%）。

　　三成五受訪者「不常」在節目中廣告出現時轉台，其次近三成四受訪者「經常」在節目中廣告出現時換台，近兩成受訪者「總是如此」，其餘有一成以上受訪者「從不如此」，僅1.2%受訪者答覆「不知道」。

　　五成六受訪者「不常」在節目進行中換台，二成以上受訪者「經常」在節目進行中換台，另有一成八表示「從不如此」，至於「總是如此」占4.8%，有1.2%表示「不知道」。

　　近五成受訪者「不常」同時看兩個節目且在兩台間切換，其次有二成五以上「經常」同時看兩個節目在兩台間切換，另有二成一以上「從不如此」，其餘有低於一成受訪者各回答「總是如此」（7.9%）或「不知

表8-4　受訪者計劃型收視、搜尋模式、再評估模式轉台行為次數分配

	總是如此	經常如此	不常如此	從不如此	不知道	總計（%）
計劃型收視						
一固定時段收看特定頻道節目	640 (30.8)	901 (43.3)	431 (20.7)	100 (4.8)	6 (0.3)	2080 (100)
一開機前已知道要看的頻道節目	682 (32.8)	803 (38.6)	453 (21.8)	125 (6)	15 (0.7)	2080 (100)
搜尋模式						
一選台時碰到好節目立刻收看	755 (36.3)	971 (46.7)	279 (13.4)	60 (2.9)	15 (0.7)	2080 (100)
一選台時一路找下去再回到最好的頻道	530 (25.5)	849 (40.8)	495 (23.8)	185 (8.9)	21 (1)	2080 (100)
一會轉台看哪一台有好節目	569 (27.4)	865 (41.6)	495 (23.8)	133 (6.4)	19 (0.9)	2080 (100)
一按頻道順序選台	463 (22.3)	614 (29.5)	699 (33.6)	285 (13.7)	19 (0.9)	2080 (100)
一只選擇幾個特定頻道	725 (34.9)	847 (40.7)	385 (18.5)	98 (4.7)	25 (1.2)	2080 (100)
一切換多少台才停下來收看某台	6台以上	4至5台	2至3台	1台	不一定	
	383 (18.4)	381 (18.3)	545 (26.2)	231 (11.1)	540 (26)	2080 (100)
再評估模式						
一節目結束前換台或停看	308 (14.8)	713 (34.3)	755 (36.3)	279 (13.4)	25 (1.2)	2080 (100)
一節目結束時立刻轉台	537 (25.8)	826 (39.7)	528 (25.4)	162 (7.8)	59 (1.3)	2080 (100)
一節目中廣告出現時換台	381 (18.3)	703 (33.8)	728 (35)	241 (11.6)	25 (1.2)	2080 (100)
一節目進行中換台	100 (4.8)	431 (20.7)	1152 (55.4)	374 (18)	25 (1.2)	2080 (100)
一同時看兩個節目且在兩台間切換	164 (7.9)	526 (25.3)	928 (44.6)	443 (21.3)	21 (1.0)	2080 (100)
一從頭到尾一直看完同一個節目	612 (29.4)	980 (47.1)	418 (20.1)	48 (2.3)	23 (1.1)	2080 (100)

道」（1%）。

　　近五成受訪者「經常」從頭到尾一直看完同一個節目，近三成「總是」從頭到尾一直看完同一個節目，二成以上表示「不常如此」，另有不到一成受訪者各回答「從不如此」（2.3%）或「不知道」（1.1%）（以上見表8-4）。

　　由此可見，台灣地區民眾較常採取計劃型收視，或搜尋模式的轉台行為，其次採取再評估模式的轉台行為。

二、假設驗證

　　第一，依據變異數分析，女性受訪者選台時，會一路找下去再回到最好的頻道的情形高於男性受訪者（M=2.9；M=2.8；F=7.81， p<.01**）。這表示不同性別的觀眾，其選台時會一路找下去再回到最好的頻道的比例顯著有別，女性的比例高於男性。

從搜尋模式觀察，變異數分析結果應證，女性經常或總是會轉台看哪一台有好節目的比例高於男性（M=3；M=2.9；F=7.63，p<.01**）。女性會切換多少台才停下來收看某台的比例高於男性（M=4.36；M=4.28；F=8.3，p<.01**）。觀眾在開機後，會轉台看哪一台有好節目或會切換多少台才停下來收看某台的情形，與其性別顯著有別。

再評估模式部分，變異數分析結果顯示，女性按頻道順序選台的情形顯著高於男性（M=2.7；M=2.5；F=10.56，p<0.1），這說明民眾按頻道順序選台的情形，與其性別明顯有別（以上見表8-5）。

由此可見，研究假設1-1及1-3均未獲驗證支持；但假設1-2：不同性別的觀眾，其觀看電視的搜尋模式轉台行為有別，獲得部分驗證支持成立。

第二，經由皮爾森相關分析，年齡與開電視機前已知道要看的頻道節目呈正相關。觀眾年齡愈高，在開電視機前已知道要看的頻道節目者愈多（r=0.06，N=2065，p<.01**）。

從年齡與搜尋模式關聯觀察，年齡分別與選台時碰到好節目會立刻開始收看、會一路找下去再回到最好的頻道、會轉台看哪一台有好節目、會按頻道順序選台呈負相關。觀眾年齡愈低，選台時碰到好節目會立刻開始收看的愈多（r=-0.12，N=2065，p<.01**）、會一路找下去再回到最好的頻道者愈多（r=-0.23，N=2060，p<.01**）、會轉台看哪一台有好節目的也愈多（r=-0.24，N=2061，p<.01**）、會按頻道順序選台者愈多（r=-0.18，N=2061，p<.01**）。然而，觀眾年齡愈高，只會選擇幾個特定的頻道的愈多（r=0.05，N=2056，p<0.5*）。資料顯示，除了選擇特定頻道的轉台行為與年齡呈正相關以外，其餘搜尋模式的轉台行為皆與年齡高低呈負相關。

至於年齡與再評估模式的關聯性方面，年齡分別與在節目結束前換台或停看、在節目結束時立刻換台、在節目中廣告出現時換台、在節目

表8-5 受訪者性別、居住地區、訂閱有線電視台與是否轉台行為之單因子變數分析

| | 性別 | | | | 居住地區 | | | | | | |
---	男	女	F值	p	北	中	南	東	金馬	F值	p
計劃型收視											
一固定時段收看特定頻道節目	2.99	3.02	3.12	>.05	2.99	2.97	3.06	3.03	2.63	3.51	**
一開機前已知道要看的頻道節目	2.97	3.02	3.3	>.05	2.92	3.03	3.06	3.02	2.38	3.28	>.05
搜尋模式											
一選台時碰到好節目立刻收看	3.13	3.22	6.8	>.05	3.19	3.20	3.15	3.02	3.38	3.2	>.05
一選台時一路找下去再回到最好的頻道	2.78	2.89	7.81	**	2.9	2.8	2.77	2.72	3.5	3.31	*
一會轉台看哪一台有好節目	2.86	2.96	7.63	**	2.93	2.88	2.88	2.97	3.63	7.63	**
一按頻道順序選台	2.54	2.68	10.5	**	2.63	2.59	2.59	2.58	3.13	3.15	>.05
一只選擇幾個特定頻道	3.07	3.07	6	>.05	3.05	3.10	3.08	3.06	3	3.14	>.05
一切換多少台才停下來收看某台	4.28	4.36	8.3	**	4.95	4.31	3.21	4.37	4.17	6.7	**
再評估模式											
一節目結束前換台或停看	2.53	2.49	3.3	>.05	2.48	2.52	2.55	2.55	2.63	3.37	>.05
一節目結束時立刻換台	2.87	2.82	6.5	>.05	2.89	2.83	2.78	2.87	3.25	3.29	>.05
一節目中廣告出現時換台	2.6	2.59	3.28	>.05	2.64	2.55	2.58	2.47	2.88	3.16	>.05
一節目進行中換台	2.11	2.14	3.17	>.05	2.13	2.14	2.09	2.24	2.13	3.12	>.05
一同時看兩個節目且在兩台間切換	2.17	2.23	3.31	>.05	2.21	2.17	2.21	2.19	2.38	3.48	>.05
一從頭到尾一直看完同一個節目	3.07	3.03	3.29	>.05	3.04	3.03	3.08	3.05	2.75	3.27	>.05

* p<.05，**p<.01，***p<.001

表8-6　受訪者年齡、教育程度、收入、收視時間、電視擁有數、收看頻道數與轉台行為之皮爾森相關分析

	年齡	教育程度	收入	收視時間	電視擁有數量	收看頻道數量
計劃型收視						
一固定時段收看特定頻道節目	0.02 (2065) p>0.5	0.01 (2065) p>0.5	0.02 (2056) p>0.5	0.12 (2072) **	0.03 (2060) p>0.5	0.02 (2030) p>0.5
一開機前已知道要看的頻道節目	0.06 (2065) **	-0.07 (2065) **	0.01 (2056) p>0.5	0.1 (2065) **	0.02 (2060) p>0.5	0.01 (2034) p>0.5
再評估模式						
一節目結束前換台或停看	-0.1 (2055) **	0.06 (2055) **	0.01 (2054) p>0.5	0.1 (2053) **	0.02 (2059) p>0.5	0.07 (2027) **
一節目結束時立刻轉台	-0.16 (2054) **	0.13 (2054) **	0.01 (2054) p>0.5	0.02 (2055) p>0.5	0.01 (2060) p>0.5	0.02 (2028) p>0.5
一節目中廣告出現時換台	-0.26 (2056) **	0.19 (2056) **	0.02 (2054) p>0.5	0.07 (2055) **	0.01 (2059) p>0.5	0.08 (2029) **
一節目進行中換台	-0.15 (2056) **	0.1 (2056) **	0.02 (2054) p>0.5	0.01 (2055) p>0.5	0.02 (2059) p>0.5	0.01 (2031) p>0.5
一同時看兩個節目且在兩台間切換	-0.28 (2060) **	0.11 (2060) **	0.01 (2054) p>0.5	0.11 (2059) **	0.06 (2060) **	0.11 (2059) **
一從頭到尾一直看完同一個節目	0.15 (2057) **	-0.11 (2057) **	0.02 (2054) p>0.5	0.02 (2056) p>0.5	0.01 (2060) p>0.5	0.02 (2058) p>0.5
搜尋模式						
一選台時碰到好節目立刻收看	-0.12 (2065) **	0.09 (2065) **	0.02 (2056) p>0.5	0.11 (2064) **	0.01 (2060) p>0.5	0.05 (2038) *
一選台時一路找下去再回到最好的頻道	-0.23 (2060) **	0.18 (2060) **	0.01 (2056) p>0.5	0.07 (2060) **	0.01 (2059) p>0.5	0.02 (2034) p>0.5
一會轉台看哪一台有好節目	-0.24 (2061) **	0.15 (2061) **	0.01 (2056) p>0.5	0.09 (2060) **	0.02 (2059) p>0.5	0.05 (2034) *
一按頻道順序選台	-0.18 (2061) **	0.06 (2061) *	0.05 (2061) *	0.02 (2060) p>0.5	0.02 (2060) p>0.5	0.01 (2034) p>0.5
一只選擇幾個特定頻道	0.05 (2056) *	0.01 (2061) p>0.5	0.08 (2056) **	0.03 (2060) p>0.5	0.01 (2060) p>0.5	0.03 (2035) p>0.5

* p<.05，**p<.01，***p<.001

進行中換台、在兩台間切換、開始看一個節目後會一直看到完呈負相關。觀眾年齡愈低，在節目結束前換台或停看者愈多（r=-0.1，N=2055，p<.01**）、在節目結束時立刻換台的愈多（r=-0.16，N=2054，p<.01**）、在節目中廣告出現時換台的愈多（r=-0.26，N=2056，p<.01**）、在節目進行中換台的愈多（r=-0.15，N=2056，p<.01**），並且，在兩台間切換的頻率愈多（r=-0.28，N=2060，p<.01**）。但是觀眾年齡愈高，開始看一個節目後會一直看到完的愈多（r=0.15，N=2057，p<.01**）。這代表年齡愈長，愈不常再評估同一節目（以上見表8-6）。

因此，研究假設2-3：觀眾年齡高低與再評估模式轉台行為呈負相關，經驗證獲得支持成立。研究假設2-1：觀眾年齡高低與計畫型收視呈正相關，經驗證分析獲部分支持。研究假設2-2：觀眾年齡高低與搜尋模式轉台行為呈負相關，經驗證結果獲部分支持成立。

第三，根據皮爾森相關分析，教育程度與開電視機前已知道要看的頻道節目呈負相關（r=-0.07，N=2065，p<.01**）。觀眾教育程度愈高，在開電視機前已知道要看的頻道節目的愈少。

在搜尋模式方面，觀眾教育程度愈高，選台時碰到好節目會立刻開始收看的愈多（r=0.09，N=2065，p<.01**）、選台時會一路找下去再回到最好頻道者愈多（r=0.18，N=2060，p<.01**）、會轉台看哪一台有好節目的愈多（r=0.15，N=2061，p<.01**）；同時，會按頻道順序選台的也愈多（r=0.06，N=2061，p<.05*）。

教育程度與再評估模式的關聯性為：觀眾教育程度愈高，在節目結束前換台或停看的愈多（r=0.06，N=2055，p<.01**）、在節目結束時立刻換台的愈多（r=0.13，N=2054，p<.01**）、在節目中廣告出現時換台的愈多（r=0.19，N=2056，p<.01**）、在節目進行中換台的愈多（r=0.1，N=2056，p<.01**）同時看兩個節目且在兩台間切換的也愈多（r=0.11，N=2060，p<.01**）；以上再評估模式轉台行為與教育程度皆呈正相關。但是，觀眾教育程度愈高，開始看一個節目後會一直看到完的愈少（r=-0.11，N=2057，p<.01**）。顯示教育程度與開始看一個節目後會一直看

到結束呈負相關（以上見表8-6）。

　　統計分析結果顯示，假設3-1經驗證結果未獲得支持成立。研究假設3-2：觀眾教育程度高低與搜尋模式轉台行為呈正相關，經驗證結果部分獲得支持成立。而假設3-3：觀眾教育程度高低與再評估模式轉台行為呈負相關，驗證結果部分獲得支持成立。

　　第四，依據皮爾森相關分析，個人每月平均所得與按頻道順序選台呈負相關。個人每月平均收入愈低，會按頻道順序選台的愈多（r=0.05，N=2061，p<.05*）。

　　個人平均所得與只選擇幾個特定頻道的情形呈正相關。個人每月平均收入愈高，只選擇幾個特定頻道的情形愈多（r=0.08，N=2056，p<.01**）（以上見表8-6）。

　　很顯然地，假設4-1及4-3均未獲得驗證成立，僅假設4-2：觀眾收入高低與搜尋模式轉台行為呈負相關，驗證結果獲部分支持成立。

　　第五，居住不同地域的觀眾，其轉台行為如何？從變異數分析結果顯示，不同地域的觀眾，在固定時段收看特定頻道節目上有顯著差異（F=3.51，p<.01**）。居住在南部地區的觀眾，在固定時段收看特定頻道節目的情形最多（M=3.06），其次是東部（M=3.03）或北部地區（M=2.99），中部（M=2.97）或金馬地區的（M=2.63）最少。

　　從搜尋模式來看，變異數分析結果顯示，不同地域的觀眾，選台時會一路找下去再回到最好的頻道比例有顯著差異（F=3.31，p<.05*）。居住在金馬地區（M=3.5）的觀眾，選台時會一路找下去再回到最好的頻道的比例，多於北部（M=2.9）、中部（M=2.8）、南部（M=2.8）或東部（M=2.7）的觀眾（以上見表8-5）。

　　不同地域的觀眾，會轉台看哪一台有好節目的情形也有差異。其中金馬地區（M=3.63）的觀眾，會轉台看哪一台有好節目的情形，多於東部（M=2.97）、北部（M=2.93）、中部（M=2.88）或南部（M=2.88）的觀眾（以上見表8-5）。

　　不同地域的觀眾，會切換多少台才停下來收看某台的情形有顯著差

異（F=6.7，p<.01**）。居住在北部地區的觀眾，會切換多少台才停下來收看某台的情形最多（M=4.95），其次是東部（M=4.37）或中部地區（M=4.31）或金馬地區的（M=4.17），南部（M=3.21）最少。

根據上述分析，研究假設5-3未獲驗證成立。但研究假設5-1：居住不同地域的觀眾，其採取計畫型收視的方式有別，驗證結果獲部分支持成立。研究假設5-2：居住不同地域的觀眾，其觀看電視的再評估模式有別，經驗證結果獲得支持成立。

第六，經皮爾森相關分析結果顯示，收視時間長短，各與在固定時段收看固定頻道節目（r=0.12，N=2072，p<.01**）、開電視機前已知道要看的頻道節目呈正相關（r=0.1，N=2065， p<.01**）。即觀眾收視時間愈長，在固定時段收看固定頻道節目愈多；觀眾收視時間愈長，在開電視機前已知道要看的頻道節目愈多。

在搜尋模式與收視時間的關聯性部分，收視時間長短，分別與選台時碰到好節目會立刻收看（r=0.11，N=2064，p<.01**）、選台時會一路找下去再回到最好的頻道（r=0.07，N=2059，p<.01**）、會轉台看哪一台有好節目（r=0.09，N=2060，p<.01**）等呈正相關。即觀眾收看電視時間愈長，選台時碰到好節目會立刻收看的情形愈多；觀眾收視時間愈長，選台時會一路找下去再回到最好的頻道的比例愈高；觀眾收視時間愈長，開電視機後會轉台看哪一台有好節目的比例愈高。

收視時間與再評估模式的關聯性方面，收視時間長短，分別與節目結束時立刻換台的情形（r=0.1，N=2053，p<.01**）、在節目中廣告出現時換台（r=0.07，N=2055，p<.01**）、同時看兩個節目在兩台間切換（r=0.11，N=2059，p<.01**）等呈正相關。即觀眾收視時間愈長，節目結束時立刻換台的比例愈高；觀眾收視時間愈長，在節目中廣告出現時換台的比例愈高；觀眾收視時間愈長，同時看兩個節目在兩台間切換的比例愈高（以上見表8-6）。

因此，研究假設6-1：觀眾收視時間長短與計畫型收視呈正相關，經驗證分析結果獲得支持成立。假設6-2：觀眾收視時間長短與搜尋模式轉

台行爲呈正相關，經驗證結果部分獲得支持成立。假設6-3：觀衆收視時間長短與再評估模式轉台行爲呈正相關，亦獲部分支持成立。

第七，經皮爾森相關分析，家中擁有電視機數量多寡，與同時收看兩個節目在兩台間切換呈正相關（r=0.06，N=2060，p<.01**）。即觀衆家中電視機擁有數量愈多，其同時收看兩個節目在兩台間切換的比例愈高（以上見表8-6）。

由此可見，研究假設7-1驗證結果未獲得支持成立。但假設7-2：家中擁有電視機數量多寡與再評估模式轉台行爲呈正相關，經分析結果少部分獲得支持成立。

第八，另經皮爾森相關分析，家中最常收看電視頻道數量多寡，分別與選台時碰到好節目會立刻收看（r=0.05，N=2038，p<.05*）、會轉台看哪一台有好節目（r=0.05，N=2034，p<.05*）呈正相關。即觀衆家中最常收看電視頻道數愈多，選台時碰到好節目會立刻收看的比例愈高；家中最常收看電視頻道數愈多，會轉台看哪一台有好節目的比例愈高。

從再評估模式層面觀察，家中最常收看電視頻道數量多寡，分別與節目結束時立刻換台（r=0.07，N=2027，p<.01**）、節目中廣告出現時換台（r=0.08，N=2029，p<.01**）、同時看兩個節目在兩台間切換（r=0.11，N=2059，p<.01**）等呈正相關。即觀衆家中最常收看電視頻道數量愈多，其在節目結束時立刻換台的比例愈高；家中最常收看電視頻道數量愈多，其在節目中廣告出現時換台比例愈高；家中最常收看頻道數量愈多，其同時看兩個節目時在兩台間切換的比例愈高（以上見表8-6）。

根據前述分析，研究假設8-1：家中最常收看電視頻道數量多寡與搜尋轉台行爲呈正相關，經驗證結果部分獲得支持成立。研究假設8-2：家中最常收看電視頻道數量多寡與再評估模式轉台行爲呈正相關，經驗證亦獲部分支持成立。

第九，至於家中裝設有線電視與否，其轉台行爲有無異同？依據變異數分析結果顯示，是否裝設有線電視，與在開電視機前已知道要看的

頻道節目（F=7.78，p<.01**）成顯著差異，即非有線電視訂戶在開電視機前已知道要看的頻道節目的情形（M=3.1），明顯高於有線電視訂戶（M=3.0）。

在搜尋模式部分，變異數分析結果發現，是否裝設有線電視，各與碰到好節目會立刻開始收看（F=11.72，p<.01**）、選台時會一路找下去再回到最好的頻道（F=7.37，p<.01**）、會轉台看哪一台有好節目（F=18.43，p<.01**）等呈顯著差異。也就是說，有線電視訂戶選台時碰到好節目會立刻收看的比例（M=3.2），顯著高於非有線電視訂戶（M=3.1）；有線電視訂戶選台時會一路找下去再回到最好頻道的比例（M=2.9），明顯高於非有線電視訂戶（M=2.7）。

從再評估模式來看，家中是否裝設有線電視，分別與節目結束時立刻換台（F=28.69，p<.01**）、節目中廣告出現時換台（F=22.46，p<.01**）、同時看兩個節目時在兩台間切換（F=15.81，p<.01**）的情形呈顯著差異。即有線電視訂戶在節目結束時立刻換台（M=2.9）的情形，明顯高於非有線電視訂戶（M=2.6）；有線電視訂戶在節目中廣告出現時換台的情形（M=2.6），明顯高於非有線電視訂戶（M=2.4）；有線電視訂戶在同時看兩個節目時在兩台間換台的情形（M=2.2），顯著高於非有線電視訂戶（M=2.1）（以上見表8-5）。

因此，研究假設9-1：家中是否裝設有線電視，其採取的計畫型收視驗證結果獲部分支持成立。研究假設9-2：家中是否裝設有線電視，其觀看電視的搜尋模式轉台行為有別，驗證結果獲部分支持成立。研究假設9-3：家中是否裝設有線電視，其觀看電視的再評估模式轉台行為有別，驗證結果獲部分支持成立。

三、焦點座談結果摘述

(一)不轉台的原因

綜合整理台北、台中、高雄、花蓮地區八場焦點團體座談結果,吸引六十八位與會人士駐足收視,而不轉台的原因包括:

■聽到熟悉的語言或音樂

這一部分尤以客語出席人士最具代表,多數客語出席人士對客家語的傳承深感憂心,不論母語是否流利,一旦聽到熟悉的客家語,就不會轉開電視頻道。其他如聽到溫馨的廣告音樂,也不會轉台。例如:

> 「我的客家語講的不好,每天都會抽空收看客家新聞報導,很難得有這個資訊在螢幕上,非常高興這個弱勢族群受到關懷。」(S3)
> 「收看客家新聞的原因是聽到自己的語言,聽起來很舒服,不用看字幕就懂。」(S4)
> 「有一些廣告使用的音樂很溫馨,會停下來看。」(N10)

■相關族群議題

相較於客語出席人士對母語的熟悉感,原住民出席人士比較重視有關部落社區議題的呈現。

> 「電視出現族群文化的內容,帶給我很大的安慰,一方面使大家瞭解原住民在部落或深山的生活,也讓大家瞭解族群的文化與傳統。」(S1)
> 「由於在部落社區教室工作,我最關心殘障原住民就業的內容,常常一起收看,一邊討論批評。」(W1)

■順眼的人物角色

部分出席座談的人士不否認當影集出現順眼的人物角色,或新聞主

播比較順眼，便會收看。

> 「如果有俊男美女的影集就會看，但女兒常看，我少看。」（N5）
> 「我都看主播，看誰順眼就看下去，不固定哪一台，各台感覺大同小異。」（N6）

■本土化、生活化主題

一些出席人士直陳，本土化的內容，耐人尋味，同時提供年輕一輩認識和掌握歷史生活的基礎。

> 「我本身是客家人，看到台語節目仍覺得可抒發一種感情，比較刻骨銘心。」（N3）
> 「比較鄉土化，比較親切；像現在的小朋友生活在都市，一些鄉土化生活內容，讓小朋友瞭解以前人如何生活。」（N7）

■宗教心靈主題

部分宗教心靈節目的見證分享，也吸引一些出席人士的目光，他們認為這些有助於建立小孩適當的價值觀。

> 「有一些見證，帶給我們很好的信仰教義，可啟發自己的想法。」（S2）
> 「目前我在做生命線協談員，很喜歡看一些大師講道，抱著學習的心態，學他聽他講，有些詞句像寫文章，可以學習詞句和做人的道理。」（S8）

檢視民眾代表收看無線電視台不轉台的原因，主要來自訊息內容的取向，如本土化、生活化，或宗教心靈相關族群議題。其次受到訊息呈現方式的影響，如熟悉的語言、順眼的人物角色等。其中抱持學習、獲取資訊動機的人，傾向在接收關注訊息的過程不轉台；而抱持娛樂、打發時間動機的人，傾向因為訊息傳遞的呈現方式而不轉台。尤其當無線電視台節目內容（如新聞報導、影集）雷同性高時，不一樣的訊息呈現

方式可以吸引民眾持續收視。

(二)轉台的原因

再分析前述民眾代表，收看無線電視台過程會轉台的原因計有：

■觀點重複

過多重複的官員活動或行程報導，或太多苦命女子悲情故事，這些都促使民眾立刻轉台。

「無線電視台為官員喉舌的氣氛很濃，好像只播被篩選過的重複畫面，其他角度的報導較少。」（N5）

「我最怕無線電視台遇到重大節慶聯播的方式，觀眾毫無選擇權利，逼得我們去裝cable。」（W12）

「星期天上午的節目最少選擇，即使是一些公共服務的節目，也穿插訪問鄉鎮長的內容，好似幫他們宣傳廣告，乏善可陳。」（S8）

「電視台常沒事現場連線，像什麼寫真集記者會現場連線，或官員訪問孤兒院連線，這些浪費大家的時間。」（N12）

「廣告都一樣，不想重複看。」（W9）

「台劇人物都跪來跪去，哭來哭去，年輕的、年長的、小孩子、尤其是女性沒事就哭，太誇張、太悲情。」（M13）

■綜藝節目整人、缺新意、扭曲社會道德觀

出席民眾代表認為，無線電視台綜藝節目走向模仿抄襲太盛，不同頻道之間的單元、來賓雷同，尤其整人單元對民眾和藝人隱私都不夠尊重，許多主題、動作、對白過於渲染誇張，扭曲社會價值觀。

「綜藝節目整人或call out節目太會整人，沒有內涵，製作很爛。」（M10）

「綜藝節目個人少看，因為覺得很爛，有時家人看時不小心看到，感想是：整人節目不尊重藝人及民眾隱私，但觀眾水準也很低，沒有

市場哪來這樣的節目；節目單元受東洋、外國影星造勢影響，雷同性高；又如猜來賓身分，什麼未婚媽媽、五子哭墓，都扭曲了社會道德觀。」（M11）

「無線電視台的綜藝節目都一樣，沒有變化，開黃腔，很無聊又無趣，看不下去。」（N14）

「我一看到小孩在看綜藝節目，就立刻轉台或關機，因為內容毫無營養，小孩學其中的口頭禪和誇張的動作，很糟。」（W7）

■戲拖太久、偏離現實生活、一窩蜂

出席民眾代表對於戲劇節目劇情偏離現實，拖戲過多，一窩蜂，深感不耐，因此也會不看轉台。

「八點檔常常媳婦被虐待，好人被虐待，和社會脫節，而且很拖戲，令人不忍看，又常一窩蜂地跟拍某個題材。」（S9）

「無線台的場景和內容都很老舊，八點檔的鄉土劇，有互相抄襲之風，九點檔又太文藝，都出現董事長，浮華不實際。台劇還有就是一叫好會拖戲。」（S10）

「現在連續劇幾乎沒有倫理道德、長幼有序的觀念，八點時段是非常經典的時間，影響層面廣，我一看到一定非轉掉不可；哭地西哩嘩拉，愛情不是生活的全部。」（W11）

「九點之後的劇情都流於變態、色情等。學生看到會影響他們的心智，這是最差的地方。」（W15）

■以刻板印象、矯飾做作取代關懷

八場座談會出席人士，對無線台有關弱勢族群的節目內容，大部分都不滿意，有人表示幾乎沒看到關懷角度的內容；要不就是被安排在冷門時段播出，聊備一格。

「一些原住民的議題，只用悲情或嚴肅一面呈現，缺乏原住民自己的想法看法，一些淒慘的話題令人看不下去。」（N2）

「有時新聞或公共服務節目也會呈現弱勢族群，但像連續劇一般十分
　濫情和誇張，基本上不是關心，而是矯飾。」（N4）

「一些節目會醜化原住民或客家人，不是三姑六婆，就是愛貪小便
　宜，每一兩年都出現刻板印象醜化特定族群，還不如不見爲淨。」
　（N12）

■缺乏時效性

　　部分出席民眾代表對於無線電視台的時效性存疑，即使是新聞都不
比有線新聞台或報紙報導來的即時。

「現在很多台有整點即時新聞，四台感覺上無時效性，所以轉台不
　看。」（W10）

「一些電視新聞報導，已由晚報獲知，毫無新鮮感。」（W13）

「午間新聞的內容，常出現在晚間新聞，甚至還拿前天、昨天的內容
　播出，有點奇怪。」（N3）

■主播個人表現過多

　　出席民眾代表除質疑無線台新聞畫面的雷同率過高，問題不得當
外，也批評主播太重視個人突出的表演（現），忽略專業能力的充實與呈
現。

「四台畫面很像，記者提問不切題，很多事件沒後續報導。主播太光
　鮮亮麗，挑眉、身體語言、小動作過多，蓋過原有新聞的客觀呈
　現，所以我會轉來轉去，看誰講的貼切就多看一下。」（N5）

「看電視台常跳來跳去，有些專題由主播訪問，但在播報時主播又加
　入自己的意見，不夠中立；跳來跳去看，可避開太主觀、情緒化的
　內容。」（N7）

■暴力、色情新聞充斥

　　四家無線電視台新聞處理不夠嚴謹，也爲出席代表所詬病。有部分

民眾表示電視影響社會風氣，特別在偏遠地區，過多的暴力、色情新聞，污染了純樸的民風與青少年、兒童。

「一些暴力新聞，沒有篩選畫面，也沒過濾便直接播出，孩子就在身旁，當然立刻轉台。」（W14）

「曾看到播報墜樓的自殺新聞，主播一直說以下畫面會影響您的小孩，既然會影響，爲何又一再重播呢？」（W18）

「無線台新聞的內容不見得比第四台有品質，有時會穿插一些猛男秀、出浴畫面，覺得很無聊，所以會換台看看。新聞節目塞一些有的沒的，播出一小時，還不如以前只播半小時。」（M7）

■廣告尺度誇張

有婦女代表表示，晚間全家看電視時，突然出現兩性互動較出軌的廣告，爲避免尷尬、或擔心對兒童有不良影響，出席民眾代表也選擇轉台。

「美容護髮用品廣告，學生在課堂公然有誇張親密動作，太過誇張。」（W7）

「口香糖等食品廣告，出現偷窺、偷腥的畫面，孩子就在身旁，怎麼看？當然轉台。」（N12）

■廣告聲音或音樂太突兀、太吵

一些出席代表談到電視節目的廣告時段，音量突然變大，或其中的音響、音樂太吵、太突兀，也令人不想看。

整體觀察民眾代表收看四家無線電視台會轉台的原因，主要取決於對訊息內容的不滿意，諸如缺乏創意、偏離現實生活、新聞時效性不足、暴力與色情新聞充斥、廣告內容誇張等；同時，訊息呈現、鋪陳方式的不當，也促使民眾轉台，包括新聞、戲劇、綜藝、公共服務節目、乃至廣告，以及四台間的重複性過高，一些感性內容過於矯飾、刻板，

或主播個人表現太過誇張突出等。

幾位代表說明具體的觀感：

「我看八點檔戲劇，演到母親在病榻交待遺言，正好垃圾車來，出門倒垃圾，半小時回來，仍在交待遺言，這也太扯、太拖了吧！」（N15）

「新聞節目塞一些有的沒的，播出一小時，還不如以前只播半小時。」（M7）

伍、結論、討論與建議

基於多頻道電視生態下電視頻道的激烈競爭、數位電視時代即將來臨，觀眾收視行為急驟轉變，以及國內閱聽人轉台行為文獻亟待建立，本研究參考葛林堡所提出電視轉台行為取向，經由分層隨機抽樣的電話調查法與質化焦點團體法，獲致以下結論：

一、台灣地區民眾收看四家無線電視台的轉台行為如何？

根據統計分析結果，台灣地區民眾收看無線電視台的轉台行為，大致可以分為計畫型收視、搜尋模式，及再評估模式三種。其中採計劃型收視與搜尋模式的較多，其次為採再評估模式的轉台行為。整體而言，有近七成的民眾會採取計畫型收視模式，但也有兩成以上受訪者不會採取計畫型收視模式。

台灣地區近五成以上的受訪者在收視電視時會搜尋不同頻道，從一台以上至十台不等，其中有三成以上的受訪者至少會搜尋一至三台，這表示台灣地區民眾在收看電視選台時，不會只固定收看一台。

至於收看電視的過程，近五成會在節目單元告一段落或節目結束時

會採取再評估模式，但也有六成以上的受訪者在節目單元播出過程不會採取再評估模式。但其中有五成以上的受訪者會因避開廣告而轉台，四成以上表示不會；其次各有近五成以上的受訪者會在節目結束前換台或停看，但也有近五成以上的受訪者表示不會如此，後者略多出0.6%。會因在節目進行中換台的不到三成，有七成以上表示不會如此。這反映大部分受訪者多在節目快結束或結束時或廣告出現時轉台，但近八成受訪者傾向從頭到尾一直看完同一個節目。這多少意味著電視廣告穿插於節目中播出的方式，觀眾不見得會照單全收。電視廣告的編排策略值得重視。

由於七成以上受訪者表示會採取計劃型收視方式，即在固定時段收看頻道節目，或開機前已知道要看的頻道節目。這表示不同電視頻道宜加強節目表公布與說明宣傳，甚至在各時段預告即將播出的節目順序與內容大要。

根據焦點團體訪談結果，出席代表收看無線電視台過程會轉台的原因計有：觀點重複；綜藝節目整人、缺新意、扭曲社會道德觀；戲拖太久、偏離現實生活、一窩蜂；以刻板印象、矯飾做作取代關懷；缺乏時效性；主播個人表現過多；暴力、色情新聞充斥；廣告尺度誇張；廣告聲音或音樂太突兀、太吵等。整體來看，影響出席代表收看無線電視台過程會轉台的原因以缺乏內容誠信或品質為主，且則隨節目類型有別而有不同，例如，主播個人表現過多可能造成觀眾轉台的反效果。

檢視民眾代表收看無線電視台不轉台的原因，主要來自訊息內容的取向，如本土化、生活化，或宗教心靈相關族群議題。其次受到訊息呈現方式的影響，如熟悉的語言、順眼的人物角色等。其中抱持學習、獲取資訊動機的人，傾向在接收關注訊息的過程不轉台；而抱持娛樂、打發時間動機的人，傾向因為訊息傳遞的呈現方式而不轉台。尤其當無線電視台節目內容（如新聞報導、影集）雷同性高時，不一樣的訊息呈現方式可以吸引民眾持續收視。

這顯示台灣地區民眾身處多頻道的電視環境，其對節目內容決策選

擇的主動性，已較過去三家無線電視台時代增加。尤其代表閱聽人接收訊息的創始者及影響者角色日益重要。

二、居住不同地域的觀眾，其轉台行為有無差異？

　　依變異數分析結果顯示，不同地區的觀眾，在開電視前已知道要看的頻道節目上有顯著差異。其中居住南部的觀眾，在開電視機前已知道要看的頻道節目最多，其次依先後順序為中部、東部、北部或金馬地區。不同地域的觀眾，會切換多少台才停下來收看某台的情形也有明顯得不同。其中居住在北部地區的觀眾，會切換多少台才停下來收看某台的情形最多，其次先後為東部、中部地區、金馬地區或南部。因此，研究假設5-1：居住不同地區的觀眾，其採取計劃型收視的方式有別，驗證結果獲部分支持成立。

　　從搜尋模式觀察，變異數分析結果發現，不同地域的觀眾，選台時會一路找下去再回到最好的頻道比例有顯著差異。其中居住在北部或金馬地區的觀眾，選台時會一路找下去再回到最好的頻道比例，高於中部或南部、東部的觀眾。東部、金馬地區、北部的觀眾會轉台看哪一台有好節目的情形，高於中部或南部。由此應證假設5-2：居住不同地域的觀眾，其觀看電視的再評估模式轉台行為有別，部分獲驗證支持而成立。

　　印證焦點團體訪談結果，多位來自中部、南部及東部的原住民或客語出席代表，便說明當聽看到熟悉的族群議題或聽到熟悉的鄉土語會不想轉台，這似乎間接呼應了問卷調查的發現。

　　研究結果反映中南部及東部地區的觀眾，其對頻道節目的忠誠度高於北部及金馬地區，因此電視台不妨加強對中南部及東部地區觀眾，有關其頻道或特定節目的推廣服務，以凝結觀眾群的繼續支持。從台灣本島來看，北部地區觀眾的主動選擇情形較多，且資訊管道眾多，競爭激烈，電視台也可加強其頻道或特定節目的行銷宣傳，增加頻道或節目的知名度。金馬地區地處邊陲，加上經濟市場規模有限，一直被媒體忽

略，但如今兩岸展開小三通，或許可以開始重視金馬地區觀眾群的開拓。

其次，觀眾所居住地區的無線電視收訊情況（非有線電視訂戶）、或系統業者對於多頻道的規劃管理也可能影響觀眾的轉台行為。

三、有哪些因素影響觀眾收看四家無線電視台的轉台行為？

根據統計分析結果顯示，假設2-3：觀眾年齡高低與再評估模式轉台行為呈負相關、假設6-1：觀眾收視時間長短與計畫型收視呈正相關均獲得驗證支持成立。

假設1-2：不同性別的觀眾，其觀看電視的搜尋模式轉台行為有別、假設2-1：觀眾年齡高低與計畫型收視呈正相關、假設2-2：觀眾年齡高低與搜尋模式轉台行為呈負相關、假設3-2：觀眾教育程度高低與搜尋模式轉台行為呈正相關、假設3-3：觀眾教育程度高低與再評估模式轉台行為呈正相關、假設4-2：觀眾收入與搜尋模式轉台行為呈負相關、假設6-2：觀眾收視時間長短與搜尋模式轉台行為呈正相關、假設7-2：家中擁有電視機數量多寡與再評估模式轉台行為呈正相關、假設8-1、假設8-2：家中最常收看電視頻道數量多寡與再評估模式轉台行為呈正相關、假設9-1：家中是否裝設有線電視，其採取的計畫型收視方式有別、假設9-2：家中是否裝設有線電視，其觀看電視的搜尋模式轉台行為有別、假設9-3：家中是否裝設有線電視，其觀看電視的再評估模式轉台行為有別，都獲部分驗證支持成立。

第一，分析不同變項對轉台行為的影響，其中採搜尋模式轉台行為的相關假設，均部分獲驗證支持成立，即不同性別的觀眾，其觀看電視的搜尋模式轉台行為有別；女性按頻道順序轉台的情形高於男性。有線電視訂戶選台時碰到好節目會立刻收看，或會一路找下去再回到最好頻道的比例，明顯高於非有線電視訂戶。

觀眾年齡愈長、觀眾每月平均收入愈高，只會選擇幾個特定頻道的愈多。觀眾年齡愈輕、教育程度愈高、收視時間愈長、家中最常收看電視頻道愈多，其轉台時碰到好節目會立刻收看，或會轉台看哪一台有好節目的比例會愈高。

　　觀眾年齡愈輕、教育程度愈高、收視時間愈長，其轉台時會一路找下去再回到最好頻道的愈多。觀眾年齡愈輕、教育程度愈高、每月平均收入愈低，其會按頻道順序選台者愈多。

　　第二，有關再評估模式轉台行為的相關假設，其中觀眾年齡愈輕，其愈常採取再評估模式轉台行為。

　　進一步探討再評估模式的各種轉台方式發現，觀眾年齡愈輕、教育程度愈高、電視收視時間愈長、家中電視機擁有數量愈多，其同時收看兩個電視節目在兩台間切換的比例愈高。

　　觀眾年齡愈輕、教育程度愈高、電視收視時間愈長、家中電視機擁有數量愈多，其愈常在節目結束時立刻換台，或愈常在節目中廣告出現時換台。觀眾年齡愈輕、教育程度愈高，其愈常在節目結束前換台或停看，或愈常在節目進行中換台。

　　此外，變異數分析結果印證，有線電視訂戶在節目結束時立刻換台、在節目中廣告出現時換台，或在同時看兩個節目時在兩台間轉台的情形，明顯高於非有線電視訂戶。

　　第三，再觀察與計畫型收視相關的研究假設，皮爾森相關分析顯示，年齡愈長、教育程度愈低、收視時間愈長，在開電視機前已知道要看的頻道節目比例愈高。

　　電視收視時間愈長，在固定時段收看固定頻道節目的愈多。

　　變異數分析也發現，非有線電視訂戶在開電視機前已知道要看的頻道節目的情形，顯著高於有線電視訂戶。

　　不可否認，有線電視訂戶的轉台行為顯然較非有線電視訂戶頻繁，其收視主動性較高。當觀眾年齡愈長、平均收入愈高，愈傾向選擇幾個特定頻道，似乎反映這些觀眾的喜好較穩定，電視節目製播單位可以針

對前述觀眾群，建立其對特定頻道的忠誠度，並加強節目內容宣傳相關服務。

再者，觀眾年齡愈輕、教育程度愈高，愈常在節目結束前立刻轉台，或在節目中廣告出現時轉台，這些觀眾群觀看電視較重視效率，這意味著製播單位不妨在改進節目內容與品質的同時，重視即將播出節目內容的預告，或在前一節目破口時段預告，以吸引觀眾收看下一個節目。電視廣告的訊息設計，宜針對年齡較長、教育程度較低的閱聽人的需要。

除了資訊搜尋模式所呈現的各種轉台行為模式之外，訊息本身與訊息的呈現方式也牽動觀眾的轉台行為。根據八場焦點團體座談結果發現，節目或廣告訊息內容和鋪陳方式的不當，也促使觀眾轉台。印證柯傑列吉（Koielecki, 1981:260）心理決策模式的觀點，人的決策受決策過程中資訊的複雜性與不確定性的影響。奚特與葛林堡在一系列觀眾置身多頻道電視環境轉台行為的研究，其基本前提在於電視頻道數的遞增形同複雜性增加，而多樣化的節目如同資訊的不確定性。本研究探索觀眾面對多頻道電視生態，對無線電視台的轉台行為除卻部分人口學變項、各地區系統頻道規劃有別，或部分地區無線電視訊號不良的因素，進一步發現觀眾對於無線電視台的轉台行為，取決於訊息的雷同性（不複雜性）及重複性（可確定性）。

這項發現也呼應有關節目多樣性的研究，電視進入多頻道時代，未必代表節目多樣性的存在（劉幼琍，民86；李秀珠，民87；陳一香，民91），觀眾在收看無線電視台的過程，反倒因節目呈現形式的標準化、節目訊息的重複性與一窩蜂，或廣告音量與內容太突兀，而不住轉台。

隨著e世代、數位傳播紀元的展開，閱聽人選擇管道日趨多樣化。國內各市調機構偶爾公布有關廣播、電視使用調查結果、少數穿插生活形態的分析，也進一步探索閱聽人媒體使用行為或消費行為。當遙控器已成為電視觀看的主要入口（人們常因找不到遙控器而無法開電視，或忘記由螢幕下的開關也可開機），使用遙控器轉台的情形早已普遍，因而，

一般閱聽人觀看電視的轉台行為，除代表閱聽人的收視自主權，也成為追蹤媒體使用過程的重要依據。

　　閱聽人轉台行為的分析，可刺激傳播產業對於創意和創作的重視，甚至節目一窩蜂的現象未必能吸引觀眾收看，相反可能導致轉台及關機拒看。從閱聽人研究的理論層面、收視率調查與市場評估，和節目規劃與頻道編排策略等，閱聽人對衛星暨有線電視或特定頻道的轉台行為，值得持續觀察與探析。此外，後續研究也可從節目類型、收視動機是否有效影響轉台行為進行探討。

問題討論

1. 請想一想你自己或親友觀看電視會有哪些轉台行為，其中有既定轉台模式形成嗎？
2. 請想一想有哪些因素影響了你自己或親友觀看電視的轉台行為。
3. 你收聽廣播或上網時，有類似轉換頻道或網頁的方式嗎？其與電視轉台行為有何異同之處？
4. 請想一想有哪些因素影響了你自己或親友收聽廣播的轉台行為，影響你或親友轉換網頁的因素有哪些呢？
5. 當閱聽人轉台時，對於節目內容製播者的影響或提醒是什麼？

第三篇

媒體使用篇

第九章
廣電新聞編排次序對閱聽人的影響

壹、新聞編排次序與印象

傳遞最新的訊息是新聞的主要功能。站在傳播者傳遞的立場，新聞編排次序的先後，可反映新聞編輯所認定的新聞重要程度。一般來說，最重要的新聞往往置於頭條或前面幾則，以引起閱聽人的重視（Boyd, 1988）。

隨著廣播與電視多頻道、多選擇時代的來臨，從閱聽人的角度來看，類似新聞編排的策略，是否真令閱聽人「印象深刻」？他們對那些新聞內容記憶猶存？

實驗心理學研究應證，一般閱聽人較容易記憶在最開始的頭條新聞或最後的新聞，前者即所謂的最初效應（primary effect），後者為所謂的臨近效應（recency effect），編排次序居中的新聞內容則易被忽略（Gunter, 1987）。

相關實驗並發現，不同的新聞呈現方式，如單以廣播的聲音傳遞或以電視新聞影片的聲色包裝，均影響閱聽人對新聞內容或主題的回憶正確度（Katz, Adoni & Parness, 1977; Furnaham & Gunter, 1985; DeFleur, Davenport, Cronin & DeFleur, 1992）。

新聞部門可說是國內廣播與電視公司主要採行「節目自製」的部門，但放眼現有電視頻道或廣播電台，除偶爾參考收視率調查外，大多憑著經驗傳承或輕忽閱聽人市場分析，自行從事新聞編排。國內相關研究亦付之闕如。因此，本章將探討的問題包括：

1.廣播新聞編排次序對聽眾回憶新聞內容的影響？
2.電視新聞編排次序對觀眾回憶新聞內容的影響？
3.新聞以廣播或電視傳遞，對閱聽人回憶其內容的影響？

貳、新聞編排次序與閱聽人接收

　　一般新聞室編輯新聞的原則，往往將最重要的新聞編排在廣播新聞或電視新聞的前面幾則，或置於報紙的頭版或各版頭條新聞，以期滿足閱聽人知的需求，且引起閱聽人的重視（張勤，民72；黃新生，民83；歐陽醇等，民65）。以廣播與電視而言，新聞編排次序的先後，可反映新聞編輯所認定的新聞重要程度（Boyd, 1988）。

　　心理學研究發現，編排次序對於手寫或口述內容的回憶，有相當程度的影響。大致來說，一般閱聽人較容易記憶在最開始的頭條新聞或最後的新聞，學者稱前者為最初效應（primary effect），後者為臨近效應（recency effect），編排次序居中的新聞內容則易被忽略（Gunter, 1987）。

　　早年唐納博（Tannenbaum, 1954）便選擇加拿大廣播公司（Canadian Broadcasting Corporation）晚間新聞的國內綜合報導十二則，將其製作成十二卷新聞排列次序不同的錄音帶，對一百八十名受訪者進行實驗。結果發現，不論這十二則長度相近的新聞內容如何，各錄音帶每十二則新聞中，第七則新聞被回憶的程度最低；而編排在最後第十二則的新聞，被回憶的程度最高。若按編排次序進行比較，較後（第十到第十二則）與較前（第一到三則）的新聞被回憶的程度，高於居中（第四到第九則）的新聞。

　　一項在非洲肯亞所做的研究也發現（Stauffer, Frost & Rybolt, 1980），三百九十二名不同教育程度的受訪聽眾，對所播放的十三則廣播新聞，最容易回憶的新聞是第一則，而最不容易回憶的新聞是第五則新聞。這再次驗證編排次序居中的新聞較不易被回憶，也應證所謂的最初效應。

　　除了專就廣播聽眾進行的實驗，也有針對電視觀眾的研究。學者甘特（Gunter, 1979）曾從事有關電視新聞回憶程度的實驗，他自電視新聞

中選取十五則長度相近的新聞，其中五則新聞以僅有播報者的方式呈現，另五則為靜態畫面加上旁白說明，其餘五則為動態畫面加上旁白說明。這項實驗目的在檢視新聞的呈現方式、視覺形式、編排次序與觀眾回憶程度的關聯性。甘特將受試者分成兩組，一組觀看錄影帶，另一組聆聽原聲帶。研究結果顯示，新聞編排次序影響兩組受試者對新聞內容的回憶程度，顯著呈現所謂的最初效應及臨近效應。

戴維斯等人（Davis & Robinson, 1985）針對英國、美國觀眾收看晚間新聞所進行的訪談，也測試比較編排次序最前、最後及居中的新聞內容，結果也證明新聞編排次序的確影響觀眾對新聞內容的回憶。

進一步比較最初效應與臨近效應，相關文獻則有不同結果。賀夫蘭等人（Hovland, Janis & Kelley, 1953）所作編排次序研究顯示，閱聽人對頭條新聞的回憶程度，高於其對排列次序最末的新聞內容的回憶程度。這表示最初效應大於臨近效應。

非洲肯亞的聽眾實驗（Stauffer, Frost & Rybolt, 1980）在十三則廣播新聞中，受試者回憶程度最高的是頭條新聞，高於其對次序最末新聞內容的回憶程度。雖然這項研究驗證了最初效應高於臨近效應，但由於測試的十三則新聞長度差距較大，尤其頭條新聞過長，因此可能影響測試結果。

亦有文獻提出相對的發現，唐納博（Tannenbaum, 1954）進行的聽眾研究顯示，有九成的受試聽眾記得編排次序最末的新聞內容，不到七成的受試者記得頭條新聞內容，這說明了臨近效應高於最初效應。唐氏測試的十二則新聞長度相近，較不易影響實驗情境。

甘特（Gunter, 1979, 1980）以十五則長度相近的電視新聞，測試觀眾對新聞內容的回憶程度，也支持臨近效應高於最初效應。

相關文獻並檢視不同性質的媒體，是否影響閱聽人對不同編排次序新聞內容的回憶。社會心理學者杜博（Doob, 1953）指出，分析最初效應與臨近效應在不同媒體各有相異的影響程度；印刷媒體以文字圖片閱讀為主，編排次序的最初效應較顯著，伴隨聲音影像的電子媒體則以編排

次序的臨近效應較明顯。上述研究係針對平面與立體媒體新聞編排次序對回憶的影響。

　　早期的研究文獻指出（Golding, 1950; Brrow & Westley, 1959; William et al., 1957; Trenamen, 1976），電視觀眾不論在訊息回憶、學習及理解的表現，都優於廣播聽眾或報紙讀者。但也有研究顯示（Stauffer et al., 1980; Furnaham & Gunter, 1985; DeFleur et al., 1992），報紙讀者在學習及回憶訊息的表現皆優於電視觀眾或廣播聽眾。

　　迪弗勒等人（DeFleur et al., 1992）的研究發現，閱聽人不論經由輔助記憶與否，在報紙、電腦、電視、廣播四種媒體中，對新聞內容回憶的正確度先後爲報紙、電腦、電視及廣播。顯示文字媒體的占有性對訊息的傳遞，優於影像聲光的電視；而廣播較不具獨占性，閱聽人對廣播新聞的回憶程度較低。

　　即使將焦點集中於電視新聞，其不同的呈現方式也影響閱聽人的記憶。甘特（Gunter, 1979, 1987）的研究將受試者分爲觀看錄影帶與聆聽原聲帶兩組，就觀看錄影帶組而言，不論觀看的是影片、靜止圖片或僅有播報者播報的畫面，皆發現臨近效應大於最初效應，而且以觀看新聞影片的回憶正確率最高，觀看靜止圖片的回憶正確率次之，觀看僅有播報者畫面的回憶正確率最低。這反映就閱聽人的視覺接收來看，新聞影片傳遞的訊息有助於閱聽人對內容的記憶。

　　同項實驗的另一組──聆聽原聲帶，也證實臨近效應大於最初效應。進一步比較訊息不同的呈現形式，對受試者回憶程度的影響，結果顯示，當新聞內容同時以聲音及影片呈現時，可提高閱聽人對內容的回憶程度；但若以聲音及僅有播報者畫面來呈現訊息，倒不如僅以聲音傳遞訊息，後者的受試者對內容的回憶程度較高。這說明與新聞內容無關的畫面，不僅無助於訊息的傳遞，反而會使閱聽人分心，降低其回憶程度。

　　甘特的研究多少可反映新聞內容以視聽方式（電視新聞）或聽覺方式（廣播）呈現的差異。比較廣播與電視這兩個電子媒體，在新聞內容

的呈現方式各有特色。廣播新聞以聲音為主要傳播方式，可能係播報員的敘述或插報廣播記者採訪現場原音；電視新聞不僅以聲音傳遞訊息，還搭配播報員的播報畫面或穿插新聞影片、新聞照片、插圖、電腦動畫或打上字幕說明，偶爾還有配樂出現（黃葳威，民83）。電視新聞聲光畫面的整體呈現，究竟是強化了閱聽人對新聞內容的記憶抑或適得其反？

凱茲等人（Katz, Adoni & Parness, 1977）曾探究電視新聞的影像或圖片，是否會增加閱聽人對新聞內容的記憶。他們的研究分為兩部分，首先於一九七一年一月，在耶路撒冷選出三百八十七名受試者，使受試者分別只聽廣播新聞或只看電視新聞，研究中發現，看電視新聞比只聽廣播新聞更有助於內容的回憶，其中又以教育程度高者看電視新聞的回憶程度較高。

第二部分研究在一九七二年進行，係採取團體研究，將兩百名受訪者分成三組，分別是只看晚間電視新聞、只聽晚間電視新聞，及不看也不聽電視新聞。第二個研究獲知：受訪者在回憶新聞的則數上，以一至兩則者為最多，其中以看新聞者的回憶程度較高；在是否能正確定義新聞的概念部分，多數受訪者皆能正確定義新聞的概念部分，特別是教育程度高者，但收訊型態（看或聽電視）並無顯著影響。這部分分析亦證實電視新聞的影像或圖片，有助於閱聽人對新聞內容的回憶。

影響閱聽人對新聞內容的回憶程度的因素有很多，除了受試者本身教育程度外，還包括新聞內容不同呈現方式或包裝，如內容在新聞提要或回顧中重複出現，或刻意延長新聞傳播時間等，本章主要探討新聞編排次序在廣播或電視不同傳播方式下，對閱聽人回憶程度的影響。根據英國格拉斯哥大學媒體研究中心（Glasgow University Media Group, 1976）的研究報告指出，其實廣播與電視的新聞報導在各類新聞的編排次序，均有一定的方式，政治、工業、國際事務等新聞通常被編排在較前面的位置；而體育、人性趣味、科技等新聞則被編在較後面的位置。這種刻版的新聞內容編排方式，也左右了閱聽人對新聞內容的回憶或理解。

甘特（Gunter, 1987）的研究也發現，廣播新聞回憶的實驗證明，某

種類型的新聞的確較易使人回憶其內容。例如，在全國性的新聞節目中，通常包括國內外新聞事件，一般來說，國內新聞易使閱聽人記憶但也有例外，如果一個特別的國際新聞具特殊意涵，或與本國有所關聯，則其內容也易引人記憶。

　　換言之，當我們探索新聞編排次序對閱聽人記憶的影響，還需考慮新聞內容的類型。本章將此因素控制，研究者係選擇同類型的新聞內容。根據前述文獻檢閱，提出以下研究假設：

1. 就廣播受試者樣本來看，廣播新聞的編排次序對觀眾回憶程度呈現最初效應與臨近效應。
2. 就電視受試者樣本來看，電視新聞的編排次序對觀眾回憶程度呈現最初效應與臨近效應。
3. 就廣播受試者樣本來看，聽眾對最後一則新聞的回憶程度，高於對頭條新聞的回憶程度。
4. 就電視受試者樣本來看，觀眾對最後一則新聞的回憶程度，高於對頭條新聞的回憶程度。
5. 編排次序居最後一則的新聞，以電視呈現較以廣播呈現，有助於閱聽人對其內容的回憶。
6. 編排次序居頭條的新聞，以電視呈現較以廣播呈現，有助於閱聽人對其內容的回憶。

參、閱聽人接收實驗設計

一、實驗材料的制訂

　　筆者因以地方新聞作為實驗材料，而國內三家電視台之各節新聞雖

都有地方新聞之報導，但多與各類新聞混合編排，僅有中視夜線新聞中，有獨立的「地方新聞」單元，因此筆者於民國八十三年十一月十五日至十一月十八日止，連續四天錄下中視夜線新聞（晚11:30）並以新聞中「地方新聞」單元為研究樣本。四天來，地方新聞共計有十五則，分列如下：

83.11.15
· 公路警察偵破專門偷竊風景區遊客的竊盜集團
· 花蓮鳳林員警執勤遭撞擊殉職
· 雲林發現的綠老鼠原來是嘉義商人染色噱頭
· 台灣地區首屆原住民大會揭幕

83.11.16
· 廢毒液致人死真相不明，高雄大樹鄉村民抗議
· 台東縣公布海砂屋懲戒名單
· 航發中心慶祝介壽廠二十五週年
· 台中沙鹿民眾砍掉安全島樹種菜

83.11.17
· 逢甲大學訂定防止性騷擾要點
· 台北縣後埔國小老師抗議縣府廢校並改制
· 濁水溪盜採砂石嚴重，檢警取締不彰
· 高市刑大查獲私槍

83.11.18
· 林務局同意台東黑森林開發案
· 雲林二崙鄉公所全面提升便民
· 宜蘭農情物展在台北展出

因本研究主要在測量受試者對新聞之回憶程度，故以非連續新聞較

符合研究所需，經過筆者篩選後，決定以「花蓮鳳林員警執勤遭撞擊殉職」（83.11.16）、「濁水溪盜採砂石嚴重，檢警取締不彰」、「高市刑大查獲私槍」（83.11.17）這三則單一新聞當作研究之材料。這三則新聞根據立意抽樣法，乃根據筆者主觀見解和判斷抽取，而這三則新聞之主題皆與檢調單位有關，同質性高，但可發現其中亦有相異之處：「花蓮鳳林員警執勤遭撞擊殉職」新聞，為警方本身受害；「濁水溪盜採砂石嚴重，檢警取締不彰」新聞，為警方表現不佳；「高市刑大查獲私槍」新聞則是警方建立功績。這即符合了本研究選相似但其間亦有所別之新聞做排列組合的原因。

實驗帶的內容如下：

高崗屋海苔廣告	30秒
美國運通卡廣告	1分20秒
「花蓮鳳林員警執勤遭撞擊殉職」新聞	1分59秒
「濁水溪盜採砂石嚴重」新聞	1分48秒
「高市刑大查獲私槍」新聞	1分22秒
美國運通卡廣告	1分20秒
高崗屋海苔廣告	30秒

二、研究變項的操作化定義

本研究實地實驗配合問卷為調查工具，因不論電視新聞或廣播新聞之敘事內容均相同，因此採用相同之問卷，僅媒體名稱有電視與廣播之別。筆者就問卷設計的問題說明如下：

(一)自變項

1.人口變項：包括性別、年齡、收入等。
2.居住台北時間：採開放式問法，由受試者自行填答。

3.家中主要使用語言：包括國語、閩南語、客語及其他等項。

4.媒體使用型態：包括各種媒體（報紙、電視、廣播、雜誌、有線電視）之暴露頻率量表共九題，及儀式使用與工具使用電視或廣播新聞之量表共三十一題。

(二)中介變項

新聞編排次序：依三則新聞做排列組合，電視或廣播部分，均各有六種組合。

(三)依變項

回憶程度：採開放式問卷為調查工具，分別請受試者寫出所看/聽到之新聞內容。

開放式問卷之計分方式以5W1H為計分要點，其給分方式如下：

1.花蓮鳳林員警執勤遭撞擊殉職

WHO	A.警員	1分
	B.邱姓警員	2分
	C.邱信德	3分
	D.有描述邱信德之背景（如：警校畢業……）加1分	
	E.沒寫	0分
WHEN	A.昨天深夜	1分
	B.沒寫	0分
WHAT	A.警員執勤遭撞擊殉職	1分
	B.沒寫	0分
WHERE	A.花蓮	1分
	B.沒寫	0分
HOW	A.過程（如：邱信德被撞後身體彈起、歹徒留下之線索……）	1分

	B.沒寫	0分
WHY	A.實施路檢	1分
	B.沒寫	0分

2.濁水溪盜採砂石嚴重

WHO	A.濁水溪砂石	1分
	B.沒寫	0分
WHAT	A.盜採砂石	1分
	B.沒寫	0分
WHERE	A.雲林、彰化寫出一處	1分
	B.雲林、彰化皆寫出	2分
	C.沒寫	0分
HOW	A.盜採砂石造成之違害（如：農田取水、橋樑基樁造成危害）	1分
	B.沒寫	0分
WHY	A.取締不彰、責罰過輕寫出其一	1分
	B.取締不彰、責罰過輕皆寫出	2分
	C.沒寫	0分

3.高市刑大查獲私槍

WHO	A.高市刑大、郭進財寫出其一	1分
	B.高市刑大、郭進財皆寫出	2分
	C.沒寫	0分
WHEN	A.今天下午	1分
	B.沒寫	0分
WHERE	A.高雄縣、梓官鄉寫出一處	1分
	B.高雄縣、梓官鄉皆寫出	2分
	C.沒寫	0分
WHAT	A.查獲私槍	1分
	B.寫出查獲私槍及槍枝之類型	2分

	C.沒寫	0分
HOW	A.偵辦過程	1分
	B.沒寫	0分
WHY	A.防止黑槍介入選舉	1分
	B.沒寫	0分

三、研究對象與施策程序

　　由於本研究以實地實驗法蒐集資料，研究的規模及範圍不可能太大，故決定以師大附中學生為施策對象。

　　研究首先進行預試，對三十七位政治大學廣電系四年級學生進行預試，主要目的在獲知問卷中各種量表的適用性。在進行預試並修改問卷不適之處後，便進行正式訪問，研究樣本均為師大附中學生，探實地實驗配合問卷調查，並以班級為團體的分類標準，就抽取的各班級學生集中調查。共抽取十二的班，其中六個班做「電視新聞接收分析」之測試，另六個班級做「廣播新聞接收分析」之測試。

　　訪問人員共有十二名（包括筆者自己），施測時均根據統一的指導過程及指導語進行。施測時間約歷時五十分鐘。測試場所，電視新聞部分因需錄影機及電視機，故於該校之視聽教室進行；廣播新聞部分則由訪員自備卡式錄音機至各班級教室進行測試。

　　整個施測的過程主要如下（電視與廣播之測試步驟均同）：

1.先由訪員說明身分及進行測試之目的，約三分鐘。
2.問卷中「媒體使用狀況」、「基本資料」、「媒體使用情形」等第一至第三部分量表之施測，施測時間約二十分鐘。
3.收回第一至第三部分問卷後，則播放測試之新聞帶，播放之前並不告知受試者新聞帶內容，僅要求其仔細觀看或聆聽。歷時約十五分鐘。

表9-1　不同新聞編排次序所得之樣本數分配

新聞排列次序	電視新聞		廣播新聞	
	人數	百分比	人數	百分比
ABC	47	18.4	49	18.6
ACB	48	18.8	41	15.6
BAC	45	17.6	41	15.6
BCA	29	11.4	47	17.9
CAB	37	14.5	38	14.4
CBA	49	19.2	47	17.9
合計	255	100.0	263	100.0

附註：A「花蓮鳳林員警執勤遭撞擊殉職」新聞
　　　B「濁水溪盜採砂石嚴重，檢警取締不彰」新聞
　　　C「高市刑大查獲私槍」新聞

4.播放完畢，隨即發下開放式問卷讓受試者寫。歷時約十五分鐘。

結果共得有效樣本人數518人，其中電視新聞受試者有255人，占49.2％；廣播新聞受試者有263人，占50.8％。不同新聞編排次序所得之樣本數分配如表9-1。

肆、新聞編排次序與回憶

以下分別以「A」表示「花蓮縣鳳林分局員警邱信德被撞身亡」新聞；「B」表示「濁水溪盜採砂石嚴重」新聞；「C」表示「高雄市刑大查獲私槍」新聞。

根據資料顯示，本研究所提六項研究假設，驗證如後。

■假設一：就廣播受試者樣本來看，廣播新聞的編排次序對聽眾回憶程度呈現最初效應與臨近效應

由表9-2廣播部分圖表得知，ABC組中，受試者A、B兩則新聞的平

均回憶程度較高（M=0.56; M=0.37）。BAC組中，受試者B、C兩則新聞的平均回憶程度較高（M=0.42; M=0.22）。BCA組中，受試者B、A兩則新聞的平均回憶程度較高（M=1.02; M=1.09）。以上三組均顯示所謂的最初效應與臨近效應。

其次在CAB組，受試者對B則新聞的平均回憶程度較高（M=0.84）。這呈現了所謂的臨近效應。

至於在ABC、CBA兩組，受試者反而對居中B則新聞的回憶程度較高（M=2.18; M=0.49），兩組受試者對C則新聞的回憶程度最低（M=1.23; M=0.34）。

這兩組未呈現所謂的最初效應與臨近效應。不過所測試的三則新聞中，C則新聞時間為1分22秒，長度明顯短於A、B兩則，可能影響實驗結果。因此假設一獲得部分支持。

■假設二：就電視受試者樣本來看，電視新聞的編排次序對聽眾回憶程度呈現最初效應與臨近效應

就表9-2電視部分圖表得知，受試者對ACB組中的A、B兩則新聞的平均回憶程度較高（M=1.54; M=1.71）。受試者對BCA組中的B、A兩則新聞的平均回憶程度較高（M=1.62; M=1.35）。上述兩組均呈現最初效應與臨近效應。

另外在CAB組，受試者對B則新聞的平均回憶程度較高（M=1.81），其次為A則新聞（M=1.49），C則新聞的平均回憶程度最低（M=0.95）。受試者在CBA組中對A則新聞的回憶程度最高（M=1.53），其次為B則新聞（M=1.49），C則新聞的平均回憶程度最低（M=1.04）。以上兩組呈現了臨近效應。

ABC組中，受試者對A則新聞的平均回憶程度最高（M=1.85），其次為B則新聞（M=1.81），C則新聞的平均回憶程度最低（M=1.0）。本組則呈現了最初效應。

至於BAC組中，受試者對A則新聞的平均回憶程度最高（M=2.11），B則新聞次之（M=1.71），C則新聞的平均回憶程度最低（M=1.24）。本組

表9-2　電視與廣播媒體之各組新聞平均回憶程度比較

	電視	廣播	T值	Prob
ABC	4.660（N=47）	4.653（N=49）	0.01	0.991
A	1.851	1.245	2.48	0.015*
B	1.809	2.184	-1.83	0.171
C	1.000	1.225	-0.93	0.357
ACB	4.167（N=48）	1.146（N=41）	6.88	0.000***
A	1.542	0.561	4.10	0.000***
B	1.708	0.366	5.73	0.000***
C	0.917	0.220	4.31	0.000*
BCA	4.069（N=29）	2.872（N=47）	2.37	0.021*
A	1.345	1.085	1.13	0.262
B	1.621	1.021	2.51	0.016*
C	1.103	0.766	1.57	0.120
CAB	4.243（N=37）	1.526（N=38）	5.82	0.000***
A	1.486	0.500	3.58	0.001***
B	1.811	0.842	4.26	0.000***
C	0.946	0.184	5.15	0.000***
CBA	4.061（N=49）	1.255（N=47）	7.91	0.000***
A	1.531	0.426	7.03	0.000***
B	1.490	0.489	5.14	0.000***
C	1.041	0.340	4.88	0.000***
BAC	5.222（N=45）	0.829（N=41）	9.04	0.000***
A	2.111	0.195	8.08	0.000***
B	1.867	0.415	6.60	0.000***
C	1.244	0.220	5.83	0.000***

p<0.05*，p<0.01**，p<0.001***

並未顯示最初效應或臨近效應。換言之，假設二僅獲得部分支持。

■假設三：就廣播受試者樣本來看，聽眾對最後一則新聞的回憶程度，
　　　　　高於對頭條新聞的回憶程度

　　由表9-2廣播部分圖表得知，在BCA組，受試者對A則新聞的平均回憶程度，高於對B則新聞的平均回憶程度（M=1.09; M=1.02）。在CAB組，受試者對B則新聞的平均回憶程度，高於對C則新聞的平均回憶程度（M=0.84; M=0.18）。在CBA組，受試者對A則新聞的平均回憶程度，高於對C則新聞的平均回憶程度（M=0.43; M=0.34）。以上假設均支持假設三。

　　其次在ABC組中，受試者對A則新聞的平均回憶程度，略高於對C則新聞的平均回憶程度（M=1.85; M=1.0）。在ACB組中，受試者對A則新聞的平均回憶程度，高於對B則新聞的平均回憶程度（M=0.56; M=0.37）。在BAC組中，受試者對B則新聞的平均回憶程度，高於對C則新聞的平均回憶程度（M=0.42; M=0.22）。這三組驗證結果則未支持假設三。所以，假設三只獲得部分成立。

■假設四：就電視受試者樣本來看，觀眾對最後一則新聞的回憶程度，
　　　　　高於對頭條新聞的回憶程度

　　就表9-2電視部分圖表得知，在ACB組中，受試者對A則新聞的平均回憶程度，高於對B則新聞的平均回憶程度（M=1.71; M=1.54）。在CAB組中，受試者對B則新聞的平均回憶程度，高於對C則新聞的平均回憶程度（M=1.8; M=1.49）。

　　在CBA組中，受試者對A則新聞的平均回憶程度，高於對C則新聞的平均回憶程度（M=1.53; M=1.49）。這三組分析結果均支持假設四。

　　此外，在ABC組中，受試者對A則新聞的平均回憶程度，高於對C則新聞的平均回憶程度（M=1.85; M=1.81）。在BAC組中，受試者對B則新聞的平均回憶程度，高於對C則新聞的平均回憶程度（M=1.87; M=1.24）。

　　在BCA組中，受試者對B則新聞的平均回憶程度，高於對A則新聞的

平均回憶程度（M=1.62; M=1.35）。這三組的實驗結果則未支持假設四。

　　由於實驗結果有三組支持研究驗證，因此，假設四獲得部分支持。

■假設五：編排次序居最後一則的新聞，以電視呈現較以廣播呈現，有
　　　　　助於閱聽人對其內容的回憶

　　由表9-2得知，在ACB組中，電視受試者對B則新聞的平均回憶程
度，高於廣播受試者對B則新聞的平均回憶程度（M=1.71; M=0.37）。在
BAC組中，電視受試者對C則新聞的平均回憶程度，高於廣播受試者對C
則新聞的平均回憶程度（M=1.24; M=0.22）。在BCA組中，電視受試者對
A則新聞的平均回憶程度，高於廣播受試者對A則新聞的平均回憶程度
（M=1.35; M=1.09）。此外，在CAB組中，電視受試者對B則新聞的平均回
憶程度，高於廣播受試者對B則新聞的平均回憶程度（M=1.81;
M=0.84）。在CBA組中，電視受試者對A則新聞的平均回憶程度，高於廣
播受試者對A則新聞的平均回憶程度（M=1.53; M=0.43）。上述五組除
BCA組未呈現顯著差異，其餘四組均明顯有所差異。但在ABC組中，電
視受試者對C則新聞的平均回憶程度，則較廣播受試者對C則新聞的平均
回憶程度低（M=1.0; M=1.23）。不過本組之差異比較未達顯著水準。

　　而進一步根據表9-3的分析，A、B、C三則新聞居電視新聞編排次序
最後一則的平均回憶程度（M=1.46; M=1.75; M=1.12），則較三者居廣播
新聞最後一則的平均回憶程度高（M=0.76; M=0.6; M=0.77），且達顯著差
異。因此，假設五獲得支持成立。

■假設六：編排次序居頭條的新聞，以電視呈現較以廣播呈現，有助於
　　　　　閱聽人對其內容的回憶

　　由表9-2獲知，在ACB組中，電視受試者對A則新聞的平均回憶程
度，高於廣播受試者對A則新聞的平均回憶程度（M=1.85; M=1.25）。在
ACB組中，電視受試者對A則新聞的平均回憶程度，較廣播受試者對A則
新聞的平均回憶程度高（M=1.54; M=0.56）。在BAC組中，電視受試者對
B則新聞的平均回憶程度，較廣播受試者對B則新聞的平均回憶程度高
（M=1.62; M=1.02）。在CAB組中，電視受試者對C則新聞的平均回憶程

表9-3　電視與廣播媒體中三則不同排列次序之平均回憶程
度比較

		電視	廣播	T值	Prob
A	首	1.695	0.933	4.36	0.000***
	中	1.829	0.342	8.09	0.000***
	尾	1.462	0.755	5.14	0.000***
B	首	1.770	0.739	6.50	0.000***
	中	1.646	1.354	1.55	0.123
	尾	1.753	0.595	6.91	0.000***
C	首	1.000	0.271	7.08	0.000***
	中	0.987	0.511	3.54	0.001***
	尾	1.120	0.767	2.17	0.031*

$p<0.05*$，$p<0.01**$，$p<0.001***$

度，較廣播受試者對C則新聞的平均回憶程度高（M=0.95; M=0.18）。在
CBA組中，電視受試者對C則新聞的平均回憶程度，較廣播受試者對C則新
聞的平均回憶程度高（M=1.04; M=0.34）。以上六組差異均達顯著水準。

另由表9-3的分析發現，A、B、C三則新聞居電視新聞編排次序頭條
的平均回憶程度高（M=1.7; M=1.77; M=1.0），均較三者居廣播新聞編排
次序頭條的平均回憶程度高（M=0.93; M=0.74; M=0.27），且達顯著水
準。因此，假設六亦獲得成立。

伍、結論、討論與建議

一、結論

本文在探索新聞編排次序對閱聽人的影響，研究結論分述如後。

(一)廣播新聞編排次序對聽衆回憶新聞內容的影響

實驗分析發現，六組廣播受試者中，有三組受試者對編排次序居頭條及最後一則的新聞回憶程度較高，這呈現了所謂的最初效應與臨近效應。另有一組受試者對最後一則的新聞回憶程度較高，呈現了臨近效應。其餘兩則反倒是居中的新聞被回憶的程度較高，未呈現最初效應與臨近效應。

檢視有兩組實驗結果未呈現臨近效應亦未呈現最初效應的原因，可能是因爲該則新聞「高雄市刑大查獲私槍」長度明顯短於其餘二則新聞「花蓮縣鳳林員警邱信德被撞身亡」、「濁水溪盜採砂石嚴重」。

換言之，即使同性質的新聞編排在一起，新聞長度仍影響閱聽人對新聞內容的回憶。但大致而言，聽衆對編排次序最後一則新聞回憶程度較高，即呈現明顯的臨近效應。聽衆對編排次序居頭條的新聞內容也較記憶深刻，即所謂的最初效應。

比較廣播受試者對居頭條及最後一條新聞的回憶程度，實驗結果顯示，三組受試者對最後一則新聞的回憶程度，高於對頭條新聞的回憶程度，呈現臨近效應高於最初效應。而其餘三組受試者對頭條新聞的回憶程度，高於對最後一則新聞的回憶程度，即呈現最初效應高於臨近效應。

姑且不考慮C則新聞的長度問題，在本研究中，廣播受試者回憶新聞的最初效應與臨近效應，未呈現顯著差異。

(二)電視新聞編排次序對觀衆回憶新聞內容的影響

資料分析結果發現，六組電視受試者中，僅有兩組對編排次序居頭條及最後一則的新聞回憶程度較高，呈現最初效應與臨近效應。另外有兩組受試者對最後一則新聞回憶程度較高，呈現所謂臨近效應。有一組受試者對頭條新聞回憶程度較高，呈現所謂最初效應。有一組受試者則未呈現臨近效應及最初效應。

一般而言，電視受試者的確對編排次序最後一則或頭條新聞的新聞回憶程度較高，亦即呈現所謂的臨近效應與最初效應。

比較電視受試者對居頭條及最後一則新聞的回憶程度，實驗分析結果，有三組受試者對最後一則新聞的回憶程度，高於對頭條新聞的回憶程度，顯示臨近效應高於最初效應。但另三組受試者對頭條新聞的回憶程度，則高於對最後一則新聞的回憶程度，即最初效應高於臨近效應。

然而，受限於三則新聞長度不同，其中一則尤其明顯短於其他兩則，可能左右實驗結果。就本實驗結果來看，電視新聞編排次序所形成的最初效應與臨近效應未呈現明顯差異。

(三)新聞以廣播或電視傳遞，對閱聽人回憶其內容的影響

比較六組電視受試者與六組廣播受試者對新聞的回憶程度，由表9-3獲知A、B、C三則新聞以電視方式呈現，不論其編排次序居頭條，中間或最後一則，均較同則新聞相同編排次序以廣播方式呈現的平均回憶程度高。換言之，新聞以電視聲光畫面相互配合的呈現，較單單以聽覺為主的廣播方式呈現，更令閱聽人記憶深刻（Gunter, 1987; Katz, Afoni & Parness, 1977）。

二、討論與建議

本實驗結果驗證，新聞不論是以廣播或電視方式呈現，編排次序對閱聽人回憶其內容有直接的影響，譬如所謂的最初效應及臨近效應。這證實閱聽人對頭條新聞或最後一則新聞的回憶程度較高。唐納博（Tannenbaum, 1954）及甘特（Gunter, 1977）的研究甚至顯示，閱聽人對編排次序較後的新聞記憶深刻。

而一般新聞室編排新聞的原則，是將新聞依重要程度按次序編輯，編排次序較後的新聞，除非是臨時突發的重大新聞及時送達播報台，否則多以軟性題材或地方新聞、體育新聞為主。這形成一個矛盾的編輯方

式。也就是說，新聞編輯希望將最重要或相關重要新聞在頭條或前面幾則告知大眾，但閱聽人可能對第二條之後的新聞已「印象」模糊；相對地，閱聽人卻對後面幾則的新聞記憶猶存。

雖然新聞事業需要實務經驗的傳承，但上述編排新聞的模式，其實與閱聽人的接收記憶型態有所差異。這反映廣播與電視新聞傳播者與閱聽人認知上的差距。

有趣的是，不論就廣播、無線電視、有線電視或衛星電視來看，目前以新聞部的節目自製率最高。但這些電子媒體是否重視新聞節目規劃策略及閱聽人市場分析呢？

早期新聞傳遞的訊息往往重視行政部門與大眾之間的溝通，如今不僅需要雙向溝通，尤需要不同族群、團體之間訊息傳遞的多向溝通。為了因應廣播與電視多頻道時代的來臨，如何瞭解閱聽人的需求，改善訊息設計和呈現方式，實需要電子媒體重視閱聽人市場分析。且不僅僅是被動地「參考」收視率調查公司的報告，還應積極設置專屬市場調查部門，從事節目測試，根據閱聽人的反應動態，不斷及時修正節目設計策略。

問題討論

1. 請想一想什麼是最初效應？什麼是臨近效應？

2. 請想一想平日你看新聞時，會留意頭條新聞，或最後幾則新聞呢？

3. 請想一想平日你看新聞時，容易對哪些內容留下印象？原因是什麼？

4. 請想一想平日你看新聞時，你希望的新聞播放次序為何？原因是什麼？

5. 目前國內有哪些電視新聞頻道？你比較常觀看的新聞頻道是哪些？原因是什麼？

第十章
電視新聞配樂對閱聽人的影響

壹、電視配樂功能

一九八九年六四天安門事件，國內三家電視台新聞曾以配樂營造悲愴氣氛，違背客觀報導原則，而爲人所質疑。近年來，電視新聞配樂的情形屢見不鮮，除片頭、片尾、氣象報告外，股市商品行情、專題報導、新聞摘要、新聞回顧，加上偶爾配樂的外電新聞影片，電視新聞愈發「聲」動了。電視新聞在強化配樂的包裝下，對閱聽大眾有何影響？

有關配樂在廣播內容中扮演的角色，現有文獻大多分析廣告配樂的效果，從電視新聞角度出發的非常有限。既有文獻多分析閱聽人對廣告行爲音樂的情緒反應、涉入程度、回憶程度、會購買與否（是否被說服而有購買行爲），較忽略閱聽人的收看方式、解讀型態。

文獻顯示，電視配樂具有標示（labeling）、突顯（italicizing）、解釋（the sound hermeneutic）、內部觀眾（the internal audiences）、預示（the sound advance）及推論（discursification）等功能，目的在強調傳播訊息、吸引閱聽人、協助閱聽人接收訊息。然而，有關電視新聞配樂的研究付之闕如。

本文爲一初探性研究，將探索電視新聞配樂的效果——分別就對電視新聞配樂對收看方式相異的閱聽人回憶程度的影響，並對閱聽人接收電視新聞的型態進行研討。

貳、新聞配樂與閱聽人接收

一、電視新聞配樂

電視如同語言，是一種符號體系（Silverstone, 1981）。符號基本上由意符（signifier）及意涵（signified）構成；意符如同聲音、文字、影像；意涵則為聲音、文字、影像與閱聽人（包括電視觀眾）互動的結果。其中電視新聞的聲音，大致有主播或主述記者旁白、採訪現場收音（natural sound）、受訪人物聲音和人為音效配樂。本研究將探討電視新聞（人為）配樂對閱聽人的影響。澳洲傳播學者韓寧瀚（Henningham, 1988）曾提出音效為建構真實情境的一種形式，刻意強調的音效不僅可豐富電視新聞的呈現方式，亦能增加傳播效果。他所指的音效除刻意突顯的現場收音外，也包括人為的配樂。

有關電視新聞配樂的文獻十分有限，一項分析電視聲音的研究指出，電視聲音所扮演的角色如下（Altman, 1987）：

1. 標示（labeling）：表明播出節目內容，協助閱聽人瞭解。
2. 突顯（italicizing）：強調播出內容的特色，吸引閱聽人。
3. 解釋（the sound hermeneutic）：註解播出節目內容的背景、地點。
4. 內部觀眾（the internal audiences）：代表播出節目現場觀眾的反應，或協助節目氣氛塑造的特殊效果。
5. 預示（the sound advance）：預告節目播出流程，以供閱聽人參考。
6. 推論（discursification）：協助閱聽人推論節目內容。

以現場立即播出的電視新聞為例，電視新聞配樂也有上述功能。如

電視新聞播出的片頭音樂或氣象報告配樂，各具備預告兼標示功能；體育新聞或選情報導穿插快節奏配樂，突顯播出內容的動感或節奏；商品行情、股市報導有特定配樂，兼具推論、標示、突顯功能；又如外電新聞集錦配樂隨不同地域有其不同配樂，也具解釋功能；電視新聞專題報導的配樂，不僅突顯專題特色，亦扮演內部觀眾的角色。此外，電視新聞配樂同時具「過門」的功能，如同平劇演員在幕後唱倒板戲（新聞主述旁白），間歇時間避免「冷場」，配樂出現；但相對角度來看，電視新聞配樂也提供閱聽人咀嚼新聞內容的空間。

綜論以上優點，電視新聞配樂與播出內容的互動呈現三項特質：

1. 相加特質：配合新聞內容節奏，並強調播出內容特色，如「突顯」、「標示」或「解釋」功能。
2. 相減特質：不配合新聞內容節奏，但表達觀眾可能的反應，利用對比氣氛，形成特殊效果，如「內部觀眾」功能；性質迴異的新聞報導，配樂調整亦可協助觀眾轉移情緒，「推論」新聞內容。
3. 替代特質：以配樂替代旁白說明，並提供觀眾咀嚼空間，如「過門」或「預示」功能。

二、閱聽人與接收分析

電視新聞配樂的角色固然不容忽視，但閱聽人本身接收新聞的方式尤其重要。什麼是閱聽人？閱聽人予人的一般印象，往往為一群使用傳播媒體，如廣播、電視、電影、報紙、雜誌等的人。根據傳播學者馬奎爾（McQuire, 1991）的分析，閱聽人的概念，最早係指一群觀賞戲劇、比賽、景觀或表演的人；這群特定人口兼具以下特色：

1. 泛指相當於全體人口或一般社交聚集的多數人。
2. 經由事先安排於某段時間及地點。
3. 目的在擴大閱聽接收品質。

4.其聚集地點（劇場、大廳、教會）按階級、地位設計。

5.潛在受權威當局的控制。

6.為一集體行為的組織化形式。

因此，閱聽人在沒有大眾傳播的時期被視為：根據娛樂、崇拜、學習、享受、恐懼或哀悼等預期效益，在某一特定時段，經由個人自願方式的公共聚集（McQuire, 1991）。

隨著時代的發展演變，如印刷術的發明、表演與公共傳播形式的商業化、電子媒體出現、媒體社會責任和閱聽人參與日受重視，閱聽人的內涵亦相對調整。除被視為大眾傳播媒體的使用者外，閱聽人也被歸類為一群烏合之眾（Clausse, 1968）、公共或社會團體（Dewey, 1927）、市場（Garham, 1981; McQuire, 1991）。本研究目的在瞭解電視新聞配樂對閱聽人的影響，因此以電視觀眾的角度，探索閱聽人的接收方式。

有關閱聽人與大眾傳播媒體的關係，從傳播萬能論的被動接收者、傳播有限論的被說服者，至一九六〇年代末興起的主動的閱聽人的觀念，傳播媒體和閱聽人的互動方式，爭議不斷。一般而言，近年傳播研究較重視閱聽人的主動程度。

主動的閱聽人也是使用與滿足、議題設定、知溝等研究的立論要旨。支持閱聽人主動角色的論點，基礎植基於閱聽人主動選擇大眾傳播媒體的能力（Lin, 1977），視閱聽人為主動的媒體消費者。潛化理論的研究學者（Gerbner, 1969）對閱聽人的主動性提出質疑，主動閱聽人長遠仍可能受媒體內容潛移默化的影響。還有學者以為閱聽人的主動、被動性，仍視其觀賞電視的型態而定（Hawkins & Pingree, 1981）。

閱聽人觀賞電視的型態，大致分工具性使用（instrumental uses）、儀式性使用（ritualized uses）兩種（Rubin & Perse, 1987; Windahl, 1981），兩者定義如下：

1.工具性收看電視新聞：

  (1)收看動機：為求刺激、娛樂、資訊等使用動機。

(2)對電視新聞的態度：相信電視新聞的眞實性，並以爲電視新聞和自己很接近。

(3)收看行爲：有目的地收看電視新聞，涉入程度高，且經由高度選擇收看電視。

2.儀式性收看電視節目：

(1)收看動機：排遣時間。

(2)對電視新聞的態度：不認爲電視新聞與自身接近。

(3)收看行爲：消極地、未經由選擇地收看電視新聞，且涉入程度低，容易分心。

符號學的接受分析研究主張，閱聽人與文本（text）互動的關係，可決定文本的意義。費斯克（Fiske, 1984）指陳上述互動的結果導致電視文本呈現多元化的意義。有關上述閱聽人與文本互動的關係，可略分爲三種解讀方式（Eco, 1979；Moores, 1990）：

1.優勢（dominant）立場解讀方式：即霸權立場解讀方式，係指閱聽人解讀策略，符合政治精英或優勢一方的意識型態主張，直接受制於文本的意義，完全接受文本「引導式讀法」（preferred readings）的影響。

2.協商（negotiated）立場解讀方式：閱聽人不完全接受文本「引導式讀法」的影響，有限度地解讀文本意義，且依閱聽人個別需要而定。

3.對立（oppositional）立場解讀方式：閱聽人完全推翻「引導式讀法」的影響，與文本的主導意識型態相對立。

將此三種解讀方式用於電視新聞，優勢解讀方式如同閱聽人完全接受新聞報導角度和內容；協商解讀方式則係閱聽人接受新聞報導的部分角度和內容，同時解讀出不同於新聞報導期望的內涵；至於對立解讀方式，閱聽人完全解讀出與報導角度和內容相對的意義。

例如英國環境保護團體，因保護犀牛這種稀有動物，發起抵制台灣出口商品運動，因爲大量犀牛角被台灣用於藥用，以致不肖商人濫殺犀牛。採優勢解讀方式的閱聽人，收看上述電視新聞，將完全接受新聞報導角度；協商解讀的閱聽人，可能贊成保護犀牛角，但反對因此抵制台灣出口品；對立解讀的閱聽人，則可能對英國環境保護團體反感，覺得他們不瞭解犀牛角藥療的功效。

探討影響閱聽人解讀方式的文獻，有別於從社會人口變項（性別、年齡、收入、政黨偏好等）、心理學變項（人格、對某項議題的認知和態度等）等角度出發（Newcomb & Hirsch, 1984; Rubin & Perse, 1987）。本研究將焦點置於電視新聞配樂，探究採工具性或儀式性收看電視新聞的閱聽人，隨電視新聞配樂存在與否，而可能呈現的電視新聞解讀方式，以及這些閱聽人對電視新聞內容回憶程度的影響。

三、電視新聞配樂、觀賞型態與解讀方式

文獻顯示閱聽人本身觀賞的情況，將影響其解讀傳播內容的方式（Eco, 1979; Rubin & Perse, 1987）。魯賓等學者曾將工具性、儀式性觀賞型態分別定義，且說明前後者的差異之一，在於前者涉入程度很高，觀賞重點在節目內容，後者則易分心，觀賞重點在看電視這件事本身。

一項針對台北地區十二至二十二歲在學學生的調查發現，最常以工具性方式收看電視新聞的，係採優勢解讀的學生，協商解讀的學生其次，對立解讀的學生最不常採工具性方式收看電視新聞（梁欣如，1991:155-156）。同項調查亦指出，最常以儀式性收看電視新聞的，是採對立解讀的學生，其次是協商解讀的學生，優勢解讀的學生最不常採儀式性使用電視。這些表示閱聽人的觀賞與解讀方式存在有某種關係。

有關配樂的研究說明，當閱聽人對傳播媒體涉入程度低時，配樂對傳播內容的效果有正面影響（Zenna, Kiesler & Pilkonis, 1970）；但當閱聽人對傳播內容涉入程度高時，則沒有配樂才有利於傳播內容的效果

（Grayson, 1974）。換言之，電視新聞配樂、閱聽人觀賞型態（工具性或儀式性），可能影響其解讀電視新聞的方式。所以本研究得出假設如下：

假設一：採工具性收看電視新聞的閱聽人，對新聞內容的解讀方式，不會受電視新聞配樂的影響。

假設二：採儀式性收看電視新聞的閱聽人，對新聞內容的解讀方式，將受電視新聞配樂的影響。

四、電視新聞配樂、觀賞型態與內容回憶

少有文獻分析電視配樂、閱聽人觀賞型態對內容回憶程度的關係。相關社會心理學與消費者行為的研究，則發現閱聽人對傳播內容的涉入程度和內容回憶程度，會受到有無配樂的影響。三項分就廣播、電視廣告的研究，均獲得以下結論（Hunt, 1988; Sewall & Sarel, 1986; Stewaet & Firse, 1986，轉引自Bruner II, 1990）：閱聽人對傳播內容的回憶程度，隨配樂出現而呈現正面關係。而一項就閱聽人對傳播內容涉入的程度研究則發現（Park & Young, 1986），對於傳播內容涉入的程度較低的閱聽人，配樂出現將有助於閱聽人對傳播內容的回憶。因此，本研究提出以下假設：

假設三：採工具性收看電視1聞的閱聽人，對新聞內容的回憶程度，將受電視新聞配樂的負面影響。

假設四：採儀式性收看電視新聞的閱聽人，對新聞內容的回憶程度，將受電視新聞配樂的正面影響。

參、接收實驗設計

本研究以台北縣境內兩所綜合大學的八十六名大學生為研究對象

（詳見表10-1），分別於四月間進行。以實驗法為主，問卷調查法、普洛普敘事分析法、焦點團體為輔，探討電視新聞配樂對實驗組、控制組的影響，並於四月初先行預試。以下將分別簡述實驗設計、預試—焦點團體、研究變項測量方式及資料分析等程序。

一、實驗法

本研究目的在探討電視新聞配樂對閱聽人接收的影響。為配合整個實驗在一小時完成，研究者收錄民國八十一年十二月九日至十八日立法委員合法的選舉期間，三台所播放的晚間新聞。

經由初步分析，三台晚間新聞以十二月十一日中視頻道的整點新聞配樂次數最多，因此選擇當日中視晚間新聞，並剪輯為十二分五十秒的實驗帶。這是為兼顧新聞報導的真實感及實驗時間。實驗帶播出內容和長度如表10-2所示。

表10-2所述七則新聞以政經新聞為主，這也避免實驗帶的新聞異質性過高。

本研究分控制組、實驗組兩組進行。兩組的實驗對象均在未告知實驗目的的情況下，觀賞錄影帶，且觀賞後填寫問卷。所不同者，在於控制組觀賞的實驗A帶，為濃縮剪輯的晚間新聞；實驗組觀賞的實驗B帶，則為相同內容但在配樂部分經過配樂處埋的新聞帶。

表10-1　樣本結構（學校型態）

校名	淡江大學	輔仁大學	合計
人數	39	47	86
百分比	45.3%	54.7%	100%

表10-2　實驗帶播出內容和長度

內容	A 帶	B 帶	時間長度
新聞片頭	有配樂	有配樂	26秒
李總統巡視科學園區			1分11秒
我國鼓勵外法人機構投資		有配樂	1分22秒
柯林頓公布美國內閣名單	有配樂	有配樂	1分32秒
犀牛角走私事件		有配樂	1分48秒
東部選情特別報導	有配樂	有配樂	2分26秒
競選經費知多少		有配樂	2分18秒
股市報導	有配樂	有配樂	0分49秒
一分鐘新聞回顧	有配樂	有配樂	0分58秒
合　計			12分50秒

二、預試—焦點團體

　　本研究使用的解讀材料是電視新聞敘事體。為求嚴謹，研究者以焦點團體先行預測。就回憶程度而言，十二位受試者所記憶者依序為「競選經費知多少」、「東部選情特別報導」、「犀牛角走私事件」、「我國鼓勵外法人機構投資」、「柯林頓公布美國內閣名單」等五則新聞。上述新聞除「競選經費知多少」、「東部選情特別報導」、「柯林頓公布美國內閣名單」有配樂，「犀牛角走私事件」、「我國鼓勵外法人機構投資」兩則皆無配樂。

　　其次，經由自由討論篩選，多數受試者認定「競選經費知多少」、「東部選情特別報導」、「犀牛角走私事件」、「我國鼓勵外法人機構投資」等四則新聞具有故事爭議性。然而，進行正式測試階段，研究者基於新聞同質性的考慮，擇定以「競選經費知多少」、「犀牛角走私事件」、「我國鼓勵外法人機構投資」等三則新聞為電視新聞敘事體的解讀材料。

受試者並就各則新聞提出看法。茲針對「我國鼓勵外法人機構投資」、「競選經費知多少」、「犀牛角走私事件」等三則新聞的討論意見，摘錄於下：

A.對政府即將放寬外國法人機構投資股市的看法：
- 可望提升外人機構投資股市意願。
- 政府應儘速通過證券交易法。
- 可帶動國內股市蓬勃發展。
- 可帶動國內保險業蓬勃發展。
- 鼓勵外資方式不僅於此，即使放寬，成效未必樂觀。
- 如此可能導致國內保險業不易生存。
- 如此可能導致國內機構向外（包括大陸）發展。
- 如此可能長外人志氣，更不易提升國人投資意願。
- 若仍未見效，日後是否再將對外放寬。

B.對警方查緝犀牛角走私事件的看法：
- 可杜絕走私，掃除我國犀牛終結者惡名。
- 不肖商人偽造文書，應懲以重罰。
- 不肖官員涉案，致使犀牛角、鹿茸走私猖獗。
- 走私物品不僅於此，還有老虎、娃娃魚等待追蹤調查。
- 我查緝犀牛角走私，乃屈於英國環保團體的壓力，為傳播帝國主義的又一印證。
- 我查緝犀牛角走私，乃屈於英國環保團體的壓力，打鐵趁熱。
- 官官相護，不肖官員涉案可能無疾而終。
- 犀牛角有藥效價值，犀牛終結者之名乃欲加之罪。

C.對「競選經費知多少」報導的看法：
- 經費多寡，可提供選民參考。
- 報導內容可暗示金牛在哪裏。

- 報導內容及畫面仍偏重執政黨候選人。
- 經費越高者，理由、說詞愈多。
- 經費多寡，多少反映背後團體的支持程度。
- 經費多寡，可供支持者捐款參考。
- 受訪候選人偏重台北地區，仍欠缺客觀。

至於添加製作配樂部分，亦根據受試者建議，分別在「犀牛角走私事件」、「我國鼓勵外法人機構投資」兩則新聞的犀牛角畫面、電腦統計畫面，各配錄悲傷節奏慢、輕快節奏快的音樂。

三、問卷調查法

本研究兼採實驗法、焦點團體和問卷調查法。茲就研究變項及問卷設計方式說明如下：

(一)自變項

自變項包括人口變項及觀賞型態。

1. 人口變項：性別、年齡、戶籍所在地域。
2. 觀賞型態：即採工具性或儀式性收看電視新聞。兩項觀察型態量表，都由動機類指標、態度類指標和行為類指標構成，這些指標的來源，係參考Rubin 和 Perse（1987）及梁欣如論文（1991）的測量題庫。

其中工具性觀賞型態量表，在動機、態度、行為三類指標的題目包括：

1. 動機類：基於刺激、令人震撼、娛樂性、樂於收看、可學習一些事、可幫助瞭解別人、可與他人談論新聞等理由，此類指標經Cronbach α 信度檢定後，$\alpha = .77$。

2.態度類：基於只看新聞、不能不看、生活所需、與眞實生活貼近、信賴報導、瞭解他人生活、眞實呈現、天涯若比鄰等感覺，此類指標經Cronbach α信度檢定後，α=.87。

3.行爲類：認爲例行事項、不願錯過報導、與他人討論、邊看邊思考，或看後咀嚼，此類指標經Cronbach α信度檢定後，α=.67。

這三類指標的計分方式，「很不同意」給一分，「不太同意」給兩分，「有點同意」給三分，「相當同意」給四分。總分相加，分數愈高，表示其愈採工具性收看電視新聞類型。工具性觀賞型態量表經Cronbach α信度檢定後，α=.85。

至於儀式性觀賞型態量表內容則大致有：

1.動機類：基於無事可做、排遣時間、電視機正好開著、無人陪伴等理由，給分方式與上述三類指標相同。此類指標經Cronbach α信度檢定後，α=.76。

2.態度類：量表內容同工具性觀賞型態態度類量表，但給分方式爲：「相當同意」給一分，「有點同意」給兩分，「不太同意」給三分，「很不同意」給四分，此類指標經Cronbach α信度檢定後，α=.87。

3.行爲類：量表內容同工具性觀賞型態態度類量表，但給分方式爲：「相當同意」給一分，「同意」給兩分，「不太同意」給三分，「很不同意」給四分，此類指標經Cronbach α信度檢定後，α=.65。

總分相加，分數愈高，表示其愈採儀式性收看電視新聞類型。儀式性觀賞型態量表經Cronbach α信度檢定後，α=.77。

(二)中介變項

有無電視新聞配樂──在實驗A、B兩帶製作、實驗過程已分別控

制。

(三)依變項

1.回憶程度：測量受試學生對播放新聞內容回憶的程度。以開放式問題，請受試者學生任意填答。
2.解讀方式：以「證管會鼓勵外人投資」、「犀牛角走私事件」、「競選經費知多少」，測試受試學生解讀方式。茲將解讀材料的制定與分析說明於後。

(四)解讀材料的制定與分析

研究者依據前述三則電視新聞敘事體，將結構為敘事體的內容抽取出來。抽取標準依據普洛普（Propp）發展的敘事體分析法（narrative analysis）（Berger, 1982）。敘事體分析法所具備敘事體結構的文本必有以下特色（張秀麗，1987；轉引梁欣如，1991:64）：「任何敘事體，均從罪惡（villainy）或匱乏（lack）開始；接著，英雄便針對此不平衡的狀態，進行補救行動。在行動的過程中，英雄或許會遭遇一系列的考驗試煉，或許會得到某些神奇的助力；最後，惡行得到解決，匱乏獲得彌補，重新恢復平衡。」

換言之，敘事結構是從不平衡的狀態，經過補救行動，再求取平衡。本研究以普洛普的民間故事敘事結構為分析模式，目的在說明電視新聞的現代敘事體，如同原始民間故事或神話的敘事結構。結構分析基本上是將整個故事，重新做一歸納有系統的陳述（Eco, 1979）。

以下便是新聞結構的敘事分析：

■政府即將放寬外國法人機構投資股市

根據普洛普的敘事體分析法，任何敘事體均從罪惡或匱乏開始。本則新聞是由一種匱乏的狀態開始。基於促使國內經濟活絡的目標，財政部證管會（英雄）將放寬外國法人機構投資規定。這些補救方式包括放寬外國法人投資基金、外商銀行排名、保險業務年限、基金管理機構成

立年限等，期望吸引外商來台投資股市。此則新聞的結構功能及主要人物如表10-3。

■警方查緝犀牛角走私事件

如前所述，任何敘事體均從罪惡或匱乏開始。本則新聞一開始即指出，為了杜絕走私、掃除犀牛終結者的惡名，偵辦走私犀牛角的檢警單位，正進行大規模的清查工作。此則新聞的結構功能及主要人物如表10-4。

■選舉經費知多少

本則新聞一開始即指出，為了反賄選、反金權，避免候選人以金牛姿態暗中進行賄選，因此就候選人競選經費進行報導，以供選民參考。此則新聞的結構功能及主要人物如表10-5。

表10-3　電視新聞的普洛普敘事分析之一

普洛普的功能	象徵	新聞中的主要事件
匱乏	a	外商機構投資股市並不熱絡
調解	B	財政部證管會放寬外國法人機構投資規定
出發	↑	證管會放寬外國法人投資基金、外商銀行排名、保險業務年限、基金管理機構成立年限
英雄受試煉	D	外人機構匯出款項仍有限制
英雄接受魔法	F	幫助立法院儘速通過證交法
空間的轉移	G	與中央銀行、立法院進一步磋商
戰鬥	H	接受立法委員質詢
勝利	I	外國法人機構積極投入股市
淨化	K	放寬的方案被接納
認可	O	可望於近期實施、放寬外國法人機構投資規定
主角	英雄：財政部證管會 調解人：中央銀行 衛士：立法委員 壞人：影響外人機構的投資限制	

表10-4　電視新聞旳普洛普敘事分析之二

普洛普的功能	象徵	新聞中的主要事件
初期狀況	L	犀牛被列為世界上應受保護的稀有動物
惡行	A	犀牛遭某些不肖商人濫殺
調解	B	環保團體呼籲、譴責濫殺犀牛者
戰鬥	H	西方國家政府在環保團體壓力下對濫殺國家、地區進行經濟制裁
勝利	I	各國政府陸續支持響應
淨化	K	稀有動物逐漸受到保護
匱乏	a	我國被視為犀牛終結者
調解	B	我國政府正視保護犀牛等稀有動物
反制行動	C	中藥商人說明犀牛角、鹿茸具醫療效用
出發	↑	檢警單位成立專案小組，查緝犀牛角不法來源
英雄受試煉	D	檢警單位發現私梟以假提貨單走私犀牛角、鹿茸
英雄接受魔法	F	幫助國際刑警組織偵查香港幕後集團
空間的轉移	G	檢警單位在全省各地查緝走私犀牛角、鹿茸
戰鬥	H	檢警單位追查不法歹徒
勝利	I	查獲偽造文書的鍾世雄、貨主藍麗戀和涉案人員
淨化	K	警方追緝犀牛角走私事件
懲罰	U	依法處理涉案人員，並沒收走私犀牛角、鹿茸
主角	英雄：環保團體、警檢人員 調解人：政府 術士：國際刑警組織 壞人：不肖商人	

表10-5 電視新聞的普洛普敘事分析之三

普洛普的功能	象徵	新聞中的主要事件
初期狀況	L	二屆立法委員選舉活動展開
惡行	A	部分立委候選人以金牛姿態暗中進行賄選
調解	B	輿論界和其他立委斥責賄選技倆
戰鬥	H	輿論界和其他立委發起反賄選、反金權運動
勝利	I	民眾普遍支持響應
淨化	K	舉行一次乾淨的立法委員選舉
匱乏	a	賄選情事頻傳
調解	B	新聞報導探討立委候選人背景
反制行動	C	立委均聲稱自己的清廉
出發	↑	新聞報導探討選舉經費知多少
英雄受試煉	D	受訪候選人拒絕接受訪問或未吐實
英雄接受魔法	F	記者綜合報導，並列出受訪立委的估計數字
空間的轉移	G	新聞記者各處進行調查採訪
戰鬥	H	新聞記者鍥而不舍追蹤報導
勝利	I	受訪候選人的估計數字會說話
淨化	K	競選經費知多少報導完成
認可	O	民眾支持反賄選、反金權
懲罰	U	以金牛姿態暗中進行賄選的立委落選
主角	英雄：新聞記者 調解人：輿論界和其他斥責賄選技倆的立委 術士：支持反賄選、反金權的民眾 壞人：以金牛姿態暗中進行賄選的立委	

綜合上述普洛普敘事分析、預訪中焦點團體的討論結果，測試問題如下：

A.請問您對政府即將放寬外國法人機構投資股市的規定，有何看法？

	很不 同意	不太 同意	有點 同意	相當 同意
• 可望提升外人機構投資股市意願	—	—	—	—
• 政府應儘速通過證券交易法	—	—	—	—
• 可帶動國內股市、保險業蓬勃發展	—	—	—	—
• 鼓勵外資方式不僅於此，即使放寬 ，成效未必樂觀	—	—	—	—
• 如此可能導致國內保險業不易生存	—	—	—	—
• 如此可能長外人志氣，更不易提升 國人投資意願	—	—	—	—

B.請問你對警方查緝牛角走私事件的看法？

	很不 同意	不太 同意	有點 同意	相當 同意
• 可杜絕走私，掃除我國犀牛終結者 惡名	—	—	—	—
• 不法商人偽造文書，應懲以重罰	—	—	—	—
• 不肖官員涉案，致使犀牛角、鹿茸 走私猖獗	—	—	—	—
• 我查緝犀牛角走私，乃屈於英國環 保團體的壓力，打鐵趁熱	—	—	—	—
• 官官相護，不肖官員涉案可能無疾 而終	—	—	—	—

- 犀牛角有藥效價值，犀牛終結者之
  名乃欲加之罪　　　　　　　　　　　── ── ── ──

C.對「選舉經費知多少」報導的看法

	很不 同意	不太 同意	有點 同意	相當 同意

- 經費多寡，可提供選民參考　　　　　── ── ── ──
- 報導內容可暗示金牛在哪裏　　　　　── ── ── ──
- 經費多寡，多少反映背後團體的支
  持程度　　　　　　　　　　　　　　── ── ── ──
- 經費多寡，可供支持者捐款參考　　　── ── ── ──
- 受訪候選人偏重台北地區，仍欠缺
  客觀　　　　　　　　　　　　　　　── ── ── ──
- 受訪候選人未必吐實，不具參考價
  值　　　　　　　　　　　　　　　　── ── ── ──

　　測驗量表中，各新聞主題均有五項相關敘述。各提敘述若達「相當同意」給四分，「有點同意」給三分，若答「不太同意」給兩分，若答「很不同意」給一分。各題前兩項敘述目的在測量受訪者採優勢解讀的程度，第三、四項敘述目的在測量受訪者採協商解讀的程度，各題後兩項敘述則在測量受訪者採對立解讀的程度。分數愈高，愈傾向該類解讀方式。

肆、新聞配樂與解讀方式

■假設一：採工具性收看電視新聞的閱聽人，對新聞內容的解讀方式，
　　　　　不會受電視新聞配樂的影響。
　　驗證結果支持假設一。經由多變項變異分析發現（MANOVA），實

驗組和控制組兩組對電視新聞內容的解讀方式無顯著差異（F=1.3,
p=.26）。另經皮爾森相關分析，觀眾採工具性收看方式，與其對電視新
聞的解讀方式（包括優勢、協商、對立）無關（r =.05, N=86, p>.05; r
=.06, N=86, p>.05; r =.09, N=86, p>.05）。在控制組和實驗組亦獲相同結果
（詳見表10-7、表10-8）。這顯示不論有無配樂，工具性的收看，與其對
電視新聞的解讀方式無關。

■假設二：採儀式性收看電視新聞的閱聽人，對新聞內容的解讀方式，
　　　　　將受電視新聞配樂的影響。

　　驗證結果，假設二獲部分支持。首先，皮爾森相關分析顯示，觀眾
採儀式性的收看方式，與其對電視新聞的優勢解讀方式呈負相關（r=-.28,
N=86, p<.05*）。在控制組驗證發現，儀式性的收看方式，與對電視新聞
的解讀方式（包括優勢、協商、對立）均無關（詳見表10-9）。但在實驗
組部分（即增加配樂組），儀式性的收看方式，分別與對電視新聞的優
勢、協商解讀方式呈負相關（r =-.33, N=86, p<.05*; r =-.32, N=47,
p<.05*）。經由逐步迴歸分析進一步驗證，在實驗組部分，儀式性的收看
方式，分別與對電視新聞的優勢、協商解讀方式具負向解釋力（Beta=-
.32, p<.05*; Beta=-.32, p<.05*）。這顯示在刻意強調電視新聞配樂的情況
下，觀眾愈採儀式性的收看方式，愈不易以優勢、協商方式解讀電視新
聞。

■假設三：採工具性收看電視新聞的閱聽人，對新聞內容的回憶程度，
　　　　　將受電視新聞配樂的負面影響。

　　驗證結果未支持假設三。經由多變項變異分析（MANOVA）發現，
實驗組和控制組兩組對電視新聞內容的回憶程度無顯著差異（F=1.3,
p=.26）。另經皮爾森相關分析顯示，觀眾採工具性收看方式，與其對電
視新聞的回憶程度無關（r =.04, N=86, p>.05）。而在控制組和實驗組亦獲
相同結果（r =-.11, N=47, p>.05; r =.25, N=39, p>.05），顯見不論有無電視
新聞配樂，工具性的收看皆與新聞內容回憶程度無關。

表10-6 全部新聞回憶程度、純新聞回憶程度、配樂新聞回憶程度、優勢
解讀、協商解讀、對立解讀與工具性收看、儀式性收看相關表

（總樣本，N=86）

	全部新聞回憶程度	純新聞回憶程度	配樂新聞回憶程度	優勢解讀	協商解讀	對立解讀
工具性收看	.04	.11	-.06	.05	.06	.09
儀式性收看	.19	.18	.01	-.28*	-.08	.16

p<.05*，p<.01**，p<.001***

表10-7 全部新聞回憶程度、純新聞回憶程度、配樂新聞回憶程度、優勢
解讀、協商解讀、對立解讀與工具性收看、儀式性收看相關表

（控制組，N=47）

	全部新聞回憶程度	純新聞回憶程度	配樂新聞回憶程度	優勢解讀	協商解讀	對立解讀
工具性收看	.25	.16	.23	-.02	.15	.11
儀式性收看	.17	.07	.17	-.33*	-.32*	.05

p<.05*，p<.01**，p<.001***

表10-8 全部新聞回憶程度、純新聞回憶程度、配樂新聞回憶程度、優勢
解讀、協商解讀、對立解讀與工具性收看、儀式性收看相關表

（實驗組，N=39）

	全部新聞回憶程度	純新聞回憶程度	配樂新聞回憶程度	優勢解讀	協商解讀	對立解讀
工具性收看	-.11	-.04	-.17	.14	.06	.09
儀式性收看	.25	.07	.43**	-.22	.08	.27

p<.05*，p<.01**，p<.001***

表10-9　逐步迴歸分析：工具性收看對配樂新聞回憶程度的影響

（控制組，N=47）

變項	標準迴歸係數	調整後的決斷係數	F值
配樂新聞	.43	.19	10.47**

p<.05*，p<.01**，p<.001***

表10-10　逐步迴歸分析：工具性收看對優勢解讀、協商解讀的影響

（實驗組，N=39）

變項	標準迴歸係數	調整後的決斷係數	F值
優勢解讀	-.33	.11	4.4**
協商解讀	-.32	.1	4.18*

p<.05*，p<.01**，p<.001***

■假設四：採儀式性收看電視新聞的閱聽人，對新聞內容的回憶程度，
　　　　　將受電視新聞配樂的正面影響。

　　驗證結果，假設四獲部分支持。經皮爾森相關分析，觀眾採儀式性
的收看方式，與其對電視新聞的回憶程度無關（r =.19, N=86, p>.05）。但
在控制組驗證發現，儀式性的收看方式，與其對電視新聞內容回憶程度
呈正相關（r =.43, N=47, p<.05*）。經由逐步迴歸分析測試儀式性收看方
式，對新聞內容回憶的預測強度，也發現在控制組的部分，儀式性的收
看方式，對有配樂新聞的回憶程度具正向解釋力（Beta=.43, p<.01**）。
換言之，在一般新聞播出情況下（即未刻意增加新聞配樂的控制組），觀
眾愈採儀式性的收看方式，對有配樂新聞的回憶程度愈高。

伍、結論與討論

一、研究結論

本實驗暨調查為一初探性研究，其中部分發現與既有相關研究結果相似，也有部分驗證結果係初探性質，值得進行後續討論。

其中與既有研究相似的發現包括：

第一，閱聽人對電視新聞的回憶程度，未必和有配樂與否有關。

本研究驗證獲知，不論在一般新聞播出情況的控制組，及增加配樂新聞的實驗組，兩組受試者對電視新聞的回憶程度，皆與新聞是否配樂無直接關係。此發現未完全肯定電視新聞配樂的直接、單獨效果；這表示若無其他因素（如收看動機、態度及行為）配合，電視新聞配樂對閱聽人回憶程度的影響，將孤掌難鳴。

由於多數研究皆偏重配樂對廣告內容回憶程度的影響，部分文獻支持配樂有助於對廣告品牌的回憶；亦有研究顯示廣告配樂對廣告內容的影響，仍視閱聽人的認知或情緒等因素影響（Bruner II, 1990）。也因此，本研究並就閱聽人的涉入程度進行驗證，將說明於後。

第二，本研究發現，在一般新聞播出情況的控制組，當閱聽人採儀式性收看方式，配樂有助於閱聽人對新聞內容的回憶。

本實驗暨調查閱聽人的涉入程度，係針對其收看電視新聞的方式；其中工具性代表涉入程度高，儀式性代表涉入程度低。本研究驗證獲知，在一般新聞播出情況的控制組，閱聽人愈採儀式性收看方式，其對有配樂的新聞內容回憶程度愈高。

事實上，既有文獻亦顯示，當閱聽人涉入程度低時，廣告配樂對回憶廣告內容有正面的影響；當閱聽人涉入程度高時，廣告配樂對回憶廣

告內容的效果並不顯著（Park & Young, 1986）。這符合本研究的假設驗證。換言之，配樂可加強採儀式性收看方式的閱聽人，即涉入程度低的閱聽人，對電視新聞內容的回憶。

有關部分初探性質驗證結果如下：

第一，當閱聽人採工具性收看方式，其對電視新聞的解讀方式，和有配樂與否無關。

本研究驗證得知，當閱聽人採工具性收看方式，即其涉入程度高時，配樂對解讀方式的影響並不顯著。這顯示配樂對涉入程度高的閱聽人的解讀方式，並無顯著效果。然而，當閱聽人採儀式性收看方式，配樂對解讀方式的效果，則另當別論。

第二，本研究發現，在刻意強調電視新聞配樂的情況下，觀眾愈採儀式性的收看方式，愈不易以優勢、協商方式解讀電視新聞。

本實驗暨調查分一般新聞播出情況的控制組，及增加配樂新聞的實驗組，其中實驗組除一則新聞未予配樂外，其餘六則皆有配樂。這顯示在刻意強調電視新聞配樂的情況下，配樂的出現，反而未能使採儀式性收看方式的閱聽人，即涉入程度低的閱聽人，全面或片面接受傳播內容的觀點。因此，可能適得其反。也就是說，儘管電視新聞配樂有助於採儀式性收看方式的閱聽人，即涉入程度低的閱聽人，對新聞內容的回憶，但未必可說服閱聽人接納，或片面接納新聞報導的觀點。

這與既有文獻所發現配樂可影響閱聽人的購買行為有別（Bruner II, 1990）。其實，一般大眾對新聞、廣告的觀賞動機或態度確有所不同，如大多數人會利用廣告時間做其他的事，或趁機轉台收看其他頻道。如此，配樂在不盡相同的收看情境下，所扮演的角色和效果亦有差別。

二、研究應用和後續方向

除驗證研究發現與既有文獻的異同，就研究結果的應用層面來看，電視新聞報導如欲加強閱聽人對報導內容的回憶程度，事實加上配樂或

可加強其傳播效果。不過，如欲加強配樂影響閱聽人的解讀方式或立場，配樂的出現有待商榷。

從另一角度而言，閱聽人對電視新聞的解讀方式，與其社經地位、心理特質等因素相關，值得進一步探索。本研究以對受試者社經地位進行控制，且研究重點在於收看及解讀方式，故未就社經地位、心理特質進行驗證。

兼用質化及量化方式為本研究重要特色，其目的亦為避免單一取向可能的偏失，如過分強調量化可能忽略的深入資料，或偏重質化可能的以偏概全傾向。然而，也因本研究屬初探性質，僅就配樂部分進行操控。至於配樂類別、配樂出現方式——單獨出現或與旁白同時出現、配樂出現時間、配樂出現比重、配樂新聞編排次序、情境操控則無法分組實驗和比較。以上變項實值得後續研究繼續驗證。

問題討論

1.請想一想電視配樂的功能有哪些？
2.電視配樂對閱聽人有哪些影響呢？
3.請想一想有哪些新聞常會出現配樂呢？
4.電視新聞配樂對你看新聞會有影響嗎？是哪些影響呢？
5.請想一想在哪些情況下，新聞配樂對閱聽人的影響較大？又在哪些情況下，新聞配樂對閱聽人的影響較小？

第十一章
閱聽人對公益廣告的接收分析：
以職場健康宣導片為例

壹、公益廣告宣導測試設計

一、宣導的定義

　　Paisly（1989）認為宣導這一概念可被界定為：「宣導是用來影響大眾的認知、態度和行為，是被用來做為社會改變的工具。」他還將公共傳播宣導定義為：「一個團體的意念藉傳播來企圖影響其他團體的信仰、行為。活動主體可能會有爭議，如限制反菸是否會侵害部分人民權利。」劉淑華（1999）則認為宣導所關注的並非個人或團體的商業利益，其目的是在告知、說服或激勵一群特定受眾，使其行為改變。Rogers和Storey（1987）提出宣導的目的在告知、說服或激勵群眾，使其行為改變，通常是在一段時間內藉著大眾傳播及人際傳播管道舉辦系列活動，其概念應當包括：(1)傳播理論與實務兼備。(2)宣導訊息與受眾需求和宣導目標相符。(3)以個人為訴求標的。(4)大眾、人際管道並用。(5)即時性的利益宣導易於長期的說服。(6)說服傳播理論的應用（設計內容並避免與其他相關資訊衝突對立）。(7)以改變行為為宣導目的時，需著重於人際、社會網路傳播。(8)評估宣導成效應合理客觀。

　　McGuire（1984）從健康傳播的觀念將宣導定義為：「說服個體運用其責任感，為了健康而將生活型態朝向健康的方向，經由使用大眾媒介及其他的傳播通道，來告知大眾有關危險的生活型態，促使他們降低冒險程度，訓練他們技巧，以使他們可以得到更健康的生活型態。」（彭如先，2000）

二、宣導與説服傳播

宣導主要目的在加強或改變人們的知識、態度、行為（knowledge, attitude and practice, KAP），但過去研究顯示，雖然宣導的知識可以導致改變行為，但是健康宣導的知識對於健康行為的改變可能沒有或僅有一點影響，特別青少年，即使知道危險行為的危害，卻未必能說服其遵行健康行為。健康行為的改變需要許多有關於健康行為利益的資訊、社會團體期待的感知，或跨越行為障礙的方法。而這些影響健康行為的因素可以簡化成健康行為理論（溫宜芳，民93）：

(一)暴露學習理論

扎喬克（Zajonc, 1968）檢視有關閱聽人接受各種刺激暴露的研究，發現人們暴露於某種概念的時間越長，就越有可能接受並認同這個概念，甚至是一些不被理解的圖像（例如：看不懂的語文），閱聽人接觸訊息的次數越頻繁，就會越喜歡它們。扎喬克（1980）指出，熟悉感會讓人覺得安心舒適。辛巴杜與李普（Zimbardo & Leippe, 1991）則更進一步探討這個理論，進行研究後發現當閱聽人被迫暴露於先前所喜歡或是不喜歡的刺激當中，經過一段頻繁的接觸，訊息會強化原先閱聽人所持有的正面或負面態度，而態度強度的增強向度則與閱聽人重複暴露在正面或負面的態度有關。

(二)社會學習理論

當一個人的態度越堅定時，行為一致性就越可能發生。班度拉提出觀察學習理論，他認為人們是透過觀察已取得活動中的象徵性再現，並且以此做為行為的指導。此理論認為人類的行為與家庭、同儕、大眾媒體的觀察學習有關，並且由此引發個人行為的學習與改變。依據學習理論主張，當人們接觸到相同資訊和行為模式時，他們的觀察結果可能會

引導出相似的行為模式，模式也可能加強或削弱人們先前所學習到的禁止行為，再者觀察模式也會激勵人們從事他以往所害怕的行為，觀察學習有指導、約束、解除約束、促進行為、強化態度、建立態度等影響。所以大眾與人際傳播所呈現的菸害宣導訊息，會影響人們反菸的態度，甚至於行為的改變。

(三)理性行動理論

理性行動理論認為個人行為可用測量意向強度來預測，並顯示意向兩個決定性因素與態度相關，包含有：(1)個人對於行為抱持的態度。(2)社會期待或壓力的感知。

當態度清楚顯著、態度和行為有關、態度和行為兩者與相同的態度系統相互有強烈關聯時，或態度對個人有相當的重要性時，此時個人所持有的態度便足以用來預測行為（Zimbardo & Lippe, 1991:192）。依此推論，個人意向需要測量個人對於吸菸行為的態度以及感知社會對於吸菸行為的壓力與期待，個人反菸的意向越堅定，其反菸的行為可能越強烈，因此雖然過去研究多顯示，大眾媒體健康宣導未必能直接改變人們的行為，但若能加強或改變個人支持無菸空間的態度，及形塑整體社會禁止公共空間吸菸的氛圍，也能間接地加強或促進人們對於無菸空間的支持。

三、宣導的效果研究

大眾媒介對於健康宣導的效果，不同的論述亦有分歧的發現（溫宜芳，民93）：McCombs和Shaw（1972-1973）認為，大眾媒體對於健康的、不健康的議題都有強大的影響力；不同媒體的使用，可能因此擴大或縮小宣導的效果，學者指出若要使大量群眾獲得宣導資訊、知識，使用大眾傳播媒介會較有效果，大眾媒體有利於大規模的宣導活動。曾經

提出社會學習論（social learning）的學者Bandura（1970, 1986）認為，若要使個人更能形成、改變、加強既存態度或促使行為改變，個體行為的模塑，人際影響是一大來源，使用人際通道加以宣導會較有效果。所以Rogers和Storey（1987）指出，宣導利用多樣傳播通道以達成目標的概念也漸被重視，多樣傳播通道的結合比單一傳播通道要達到行為改變的效果較佳。Robert W. Gillespie（1992）也提出類似的觀點，認為在健康宣導過程中，大眾傳播和人際傳播策略應攜手並進。大眾傳播可提供知識給閱聽大眾，並提供一般民眾在進行人際活動時一個合理的角色，Gerber和Gross（1976）亦指出，媒體也有涵化特定信念的力量，大眾媒介宣導在改變健康行為上可以扮演重要角色，當然也不能忽略其他非媒介的影響，如社區、學校教育等。

四、媒體評價內容及其指標

宣導主要目的在於加強或改變人們的知識、態度、行為，本專案將兼用質化與量化方式，評估一般大眾對於無菸餐廳公共宣導資訊的接收情形。

焦點團體法是為了瞭解閱聽人的消費態度及行為所使用的方法，普遍運用於媒體使用者或市場行銷分析。一般聚集十至十二人，在一有經驗的主持人的領導下，討論有關一節目各方面的主題，開始可播放所討論的節目範例，再進行約一小時半至兩小時的討論。主持人事先準備一些話題，但不必局限在這些話題中，以激發人們講出心中的話為目的。座談過程均錄音，必要時可以錄影。

本章目的在分析一般中小企業人士對職場健康宣導片的接收意見，同時獲悉中小企業職場健康目前需要加強或改善的議題方向，以提供公益廣告宣導單位（如國民健康局或相關機構）參考。

為蒐集中小企業人士（含職員勞工、主管及老闆）對職場健康宣導的意見，研究者首先於七月上旬匯集中小企業相關社團的名錄，如全福

會企業人社團所屬之中小企業公司行號，及外貿協會中小企業推廣班成員等，以滾雪球方式邀集六十位中小企業業主、職員、主管或外勤人員、勞工朋友，分別有三十一位女性中小企業代表及二十九位男性中小企業代表出席。同時透過電話邀訪、電子郵件或傳真等方式聯絡確認。

這項宣導短片測試一共舉行六場座談會，每場十位出席人士，共計六十位出席者參與討論。六場焦點團體座談會先後於七月十六日、十七日、十八日，連續三個週間晚間七時半至九時舉行。另外三場則於七月十九日週六一連舉辦三場，時間分別是上午九時至十時二十分、上午十時三十分至十二時，下午一十分至三時。座談會地點在民視電視台馬蹄形會議室。

焦點團體座談會的討論題綱有：

1.出席人士自我介紹，並說明最近一則有印象的廣告（包括廣播、電視、電影、車廂或捷運、街頭、報紙或雜誌等）。
2.對上述廣告最有印象的原因是？
3.請問什麼樣的廣告會吸引人？為什麼？
4.請問什麼樣的廣告不吸引人？為什麼？
5.依序播放廣播、電視的藍領篇、白領篇短片，共計六則。
　播放廣播藍領篇（國語及台語版）
5.1請問你剛才看到（聽到）了什麼？有何看法？會應用在工作職場嗎？
　播放廣播白領篇（國語及台語版）
5.2請問你剛才看到（聽到）了什麼？有何看法？會應用在工作職場嗎？
　播放電視藍領篇（國語版）
5.3請問你剛才看到（聽到）了什麼？有何看法？會應用在工作職場嗎？
　播放電視白領篇（國語版）

5.4請問你剛才看到（聽到）了什麼？有何看法？會應用在工作職場嗎？

（三場先播放藍領篇，再播放白領篇；另三場次序互換。六場中有四場先播放電視短片，兩場先播放廣播短片）

6.除了身體環境健康外，請問你對職場健康還有哪些看法或建議？

7.還有其他補充意見嗎？

貳、有印象的廣告

六十位座談會出席人士最近有印象的廣告，大多集中在電視廣告，其次是網路、廣播或街頭展示廣告，這反映出席代表有印象的廣告，其暴露管道以影音、視聽元素廣告為主。除有少數出席者提及一街頭汽車模式展示廣告或車廂外，幾乎沒有出席者有印象的廣告是來自報紙或雜誌、直接信函（DM）等平面媒體管道。

這些中小企業出席人士有印象的廣告，主要來自於廣告的劇情，如對e-Bay唐先生蟠龍花瓶、Mitsubishi旅行車中一家人的對話互動、安泰人壽敲門篇、生前契約、啤酒廣告等。

其次受到廣告所傳達觀念、價值觀的影響，例如門諾醫院中傳達關懷人群的觀念，金車飲料及部分休旅車傳達親近大自然、生態的觀念，或網路廣告傳達小孩子畫大鯨魚被誤解為自閉症，Nike運動產生傳遞"Just do it"的意念等。

廣告內容貼近生活也讓一些出席人士留下印象，例如麥當勞早餐反映上班族因忙碌來不及吃早餐，或樂透彩廣告裏餐廳中兩人挑木瓜籽的對話，還有信義房屋中小孩因鄰居搬家而難過的情形，網路廣告提醒繫安全帶、注意交通安全等。

有出席者表示，一些搭配廣告歌曲或口號的廣告，也讓他們留有印象，而留下印象不代表他們喜歡這樣的廣告。例如George & Mary現金

卡、斯斯感冒藥、喇叭牌正露丸、Pinky Pinky，或中華商業銀行的「口袋麥可麥可」、達美樂打了沒等。

大部分出席座談會的人士對廣告有印象的原因，分別是廣告的創意，或由於廣告呈現的幽默手法，或是帶來溫馨的感受，或廣告所傳遞的人際關係，甚至朗朗上口的廣告詞，以及發人深省的意念觀點或抄襲等。

就閱聽人觀看角度來看，廣告的產品類別是否為觀看者的相關職業，或其本身原有的興趣，也影響出席人士對一則廣告是否留下深刻印象。

留下印象的廣告以正面印象為主，少數座談會出席人士會因對部分廣告反感而留下負面印象。

■創意

創意是讓多數出席座談人士在廣告出現時不會轉台的主因。部分出席人士表示，很多廣告有其巧思、創意，提供新鮮的想法，或拍攝手法、情節突破傳統，讓廣告接收的對象也有另類的思考。

> 有創意（鴻、哲）。
> 有創意的廣告，就是視覺上什麼，要不然是就什麼代言人你才會去看啊，像國外演員吧（哲）。
> 我是覺得那個創意還不錯（智）。
> 我覺得第一個要有創意，然後新鮮、幽默感，有這三個特色在裏面的話，我就覺得通常它是一個好的廣告，然後可以引起大家心底的共鳴（梁）。

■幽默、趣味

幾位出席者表示，平時工作生活忙碌，能接觸到幽默、趣味的廣告，不僅令人會心一笑，也可抒解生活的單調、煩悶，忙裏偷閒，這時候，有趣味的廣告便使人容易記住。

就是比較有點搞笑、比較另類的那一種（游）。

很幽默的手法（巫）。

最重要是那個廣告真的很好笑（許）。

算幽默的（史）。

這個廣告會讓我覺得說，那我不用馬上轉台，蠻好玩的這樣子，然後我也覺得說那下次這樣對同事做一定也很有趣這樣子（斯）。

■溫馨

廣告帶出溫馨的感受，也往往打動人內心深處，較可引起回響，留下深刻印象。溫馨的氣氛可能來自畫面或熟悉的音樂。

還有加上他背景的音樂蠻溫馨的，所以你會想要知道說他們接下來的對話是什麼，可能他強調的是車子，但是我覺得也因為是那一些對話才會產生對那些產品的重要性（雯、夏）。

溫馨的，注重在全家人的那個健康安全著想（明）。

比較溫馨的廣告吧，一個車子不是爸爸、媽媽跟一個小孩，然後換媽媽開車，然後媽媽不是跟爸爸說，她踩煞車他也踩煞車，我覺得那種廣告就會蠻溫馨，對，就會蠻記得（秀）。

■人際關係、人情味

部分中小企業出席人士以汽車或房地產廣告為例，說明廣告中傳遞的人情味或人際關係，也讓觀看者自然而然地投射個人生活，特別是其中發人深省的一面，是留下印象的原因之一。

就是原本你會設想是，這個男的要幫這個女的拿東西，結果沒想到它後面出現在一個魅力難擋嘛，他是後來就把啤酒拿走了，我覺得它後面隱含的意義很好玩（許）。

幸福房車，就是爸爸媽媽跟小孩子的對話，但我覺得對話是其中之一（夏）。

■廣告詞、廣告歌

一些座談會出席人士說明，留下印象的廣告不見得有邏輯系統，但其朗朗上口的廣告歌或產品口號，經由媒體重複播放，也映入腦海。特別是兒童閱聽人，對這一類的廣告相當熟悉。不少藥品廣告也因此在成年人感冒時，便直接想到特定藥品。

> 就是它的歌還滿容易朗朗上口的，因為我的工作的話就是比較多小朋友嘛，那邊每一個小朋友都會唱，所以我想對大人來說，在這種生活當中當然也又……對小孩來說，不管它好不好喝，可是小孩就是連歌都會唱這樣子（吳）。
>
> 應該是要有活潑性，像有些廣告都會創造一些新的語詞、新的詞彙，像這些我就會覺得比較有意思（群）。

■正面的價值觀

座談會出席者分別以咖啡、醫院廣告為例，說明產品廣告傳遞的關懷或具遠見的觀念，是令他們對相關廣告有印象的原因。

> 因為金車拍的廣告都是有意義，提供……叫大家去做有關休閒的廣告比較多，然後，說真的是現在大家都忙碌生活，覺得說看了這個廣告以後，我們在忙裏偷閒的時候，還是要去利用自己的時間去休閒一下（順）。
>
> 廣告本身是一個非常有創意的東西，有這種idea的人實在是不簡單，但是我覺得有的東西牽涉到價值觀（國）。
>
> 會吸引我的應該是比較屬於……講出一些事情，廣告對我來講是比較有正面的意義的（翔）。

■自然、環保

有汽車廣告以接近大自然或重視生態環保的劇情，使觀看者留有印象。又如金車飲料的自然生態系列主題，也有異曲同工的效果。

它一開始就帶入整個大環境的介紹，大自然（翔）。

聽的……有山有水……大自然方面的，可能會比較吸引我（民）。

■抄襲

多數出席人士對e-Bay唐先生花瓶廣告留有深刻印象，但有一位中小企業出席代表對Yahoo唐先生花瓶續集記憶清晰，原因在於廣告的雷同、抄襲創意。換言之，留下印象的廣告也可能是感覺不妥的廣告。

我現在比較記得一個，就是感覺不是很好的廣告。就是唐先生花瓶的續集，就是Yahoo他們拍的一個廣告，我覺得那個滿爛的，覺得好像偷取人家的創意（佳）。

■個人因素

個人因素係指座談會出席人士本人的興趣、職業類別。例如有人對汽車或養寵物、運動有興趣，自然會關注相關的廣告。也有出席人士因為從事網路、金融、保險產業，會較注意電腦、金融、保險等廣告。

產業也有關係吧（獲）。

我很羨慕這種人，會想要藉由廣告知道現在廣告界有哪些人，或是哪些菁英的人才在拍出讓人激賞的廣告。不是有什麼廣告大獎嗎？（史）。

這個跟我的工作有關。

因為我本身蠻注重保險的（敏）。

我的背景（浩）。

參、吸引人的廣告

吸引人的廣告往往是出席人士願意接收，且期待後續發展的廣告。六十位出席人士對吸引人的廣告有正面的評價。這些廣告吸引人的原

因，包括懸疑性、廣告創意、賞心悅目、溫馨感人、主角造型、廣告搶眼誇張、幽默趣味、故事性、新觀點或主張、音樂配樂佳、代言人魅力、流行潮流、廣告具質感、產品功能、和諧的互動關係、特價優惠、真實生活化，或出席者個人因素。

吸引人的廣告可以讓接收者不轉台，從中獲得愉悅，但未必留下印象或對品牌有印象。

■懸疑性

多數中小企業出席人士認為，比較懸疑的廣告容易吸引人，會使人想知道下一步的進展，這些會勾起人追根究底的好奇心。

> 嗯，我覺得廣告要吸引人的話應該是你在看到這個廣告的那一瞬間能夠被它吸引，繼續把它看完（鴻）。
>
> 想知道他的目的在幹什麼，引起好奇心（劉）。
>
> 就是比較懸疑的，會想看下一步它到底要幹嘛（敏）。

■廣告創意

座談會出席人士將有創意的廣告界定為廣告劇情鋪陳或視覺呈現的創意，予人煥然一新或出人意外的效果。廣告劇情內容有別於日常生活想像，甚至廣告畫面、節奏銜接或結果有特色，都展現廣告是否有創意。

> 需要再有新一點的創意，更有說服力，我們已經被教育訓練出來，對某種廣告可能會有一些些的抵抗力了（芬）。
>
> 我覺得第一個要有創意，然後新鮮、幽默感，有這三個特色在裏面的話，我就覺得通常它是一個好的廣告，然後可以引起大家心底的共鳴（梁）。
>
> 有創意的廣告（哲）。

■賞心悅目

部分焦點團體座談出席代表表示，廣告產品或氣氛唯美，或有帥哥

美女，也會吸引他們的目光，例如一些飾品廣告將鑽石產品呈現得極有價值，或部分手機廣告有俊男美女穿插，其穿著打扮入時等。

也有部分代表欣賞有自然生態或草原、湖光山色的廣告，予人心曠神怡的感受。

> 我個人是比較欣賞有美女代言的，或是大小S那種，或是George & Mary那種，裏面女生比較漂亮的，我會比較仔細看，是爲了賞心悅目（琦）。

> 這個女生她走下來的時候，她的腿很漂亮，她長得很漂亮，然後她衣服也很漂亮，然後這個我覺得活潑生動、賞心悅目（斯）。

> 我覺得那個畫面很重要，畫面如果很唯美的話，像有一些牛奶的廣告，就會有草原啊，像張艾嘉那個有一頭牛的廣告，讓你有一個清楚的印象，記憶比較深刻，對我來講是這樣。我們家的小朋友對有一個芬達汽水的廣告，忽然間有兩個美女從水果裏面跑出來的，他們也覺得很新鮮，我覺得倒是給人家一個surprise。這種廣告好像也很有吸引力。（雅）。

> ㄟ……我喜歡那個所有的那個咖啡廣告，每一支我都很喜歡，嗯……大概是畫面、劇情、音樂都很浪漫，看了就會很想再看一次這樣子（素）。

■溫馨感人

出席人士以中華賓士、Mitsubishi爲例，說明汽車廣告做得很溫馨，結果角色之間的互動或鄉土色彩，可引起購車者的回響。

> 比較溫馨的廣告吧，一個車子不是爸爸、媽媽跟一個小孩，然後換媽媽開車，然後媽媽不是跟爸爸說，她踩煞車他也踩煞車，我覺得那種廣告就會變溫馨，對，就會變記得（秀）。

> 溫馨的，注重在全家人的那個健康安全著想（明）。

■主角造型

部分焦點團體座談會出席人士從廣告中的角色造型，來決定是否看一則廣告。主角造型除了人物裝扮外，還有寵物的造型。例如e-Bay廣告中飼主及寵物的造型，還有一些寵物食品的寵物呈現。

> 吸引人家注意就是那個裏面的人的造型，不需要是那種你認識的人（游）。
>
> 那隻狗很可愛（蔣）。

■廣告搶眼誇張

廣告表現搶眼、誇張，也吸引閱聽人的注意。一位出席人士便以街頭房地產廣告爲例，說明在紅燈停車過程街頭廣告的出現，或行進中重複看到同一廣告，均會引起注意。

> 像DHC，那個化妝品廣告，或是達美樂打了沒，那最近麥當勞有快樂兒童餐，我女兒沒去過麥當勞，我都說麥當勞賣什麼，因爲它是那種幼幼台，它快樂兒童餐就是針對暑假打出來的，就是可樂、漢堡、薯條，她都會講給我聽，她沒有去過。剛剛我從那個光復北路跟八德路口，就有賣房子廣告，它就一個工讀生拿一個招牌，因爲要等紅綠燈，要騎機車要回轉嘛，然後他每個路口，他就走過來停在路中間，看那個廣告牌，這個不得不看，因爲太搶眼了（張）。
>
> 就是誇張一點吧（潘）。

■幽默趣味

不少出席代表強調，廣告除了有創意外，新鮮、幽默感不可或缺。一則幽默的廣告，可以增添平日生活的趣味，同事間會討論，有時也提醒現代人對人事物抱持輕鬆、幽默的生活態度。

> 廣告喔！我每次看到廣告，有的廣告就以最有趣的，比如說它的講話、方式，讓人家覺得說每一次看到這個廣告都覺得很有意思很想

很想……就很愉快，這種廣告最吸引我。包括比如說選汐止市的市長喔！還有最近有一些樂透喔、四星彩的（武）。

可能是好笑的吧，就蠻吸引我的（吳）。

可能比較有趣味性的，讓你好像……像看一個笑話一樣（嘉）。

■故事性

廣告內容具故事性，且有連續情節發展，也耐人尋味。中小企業人士提起泛亞電信的系列廣告，仍意猶未盡。一位出席代表甚至上網抓下所有的廣告，如同看連續劇般觀賞，同時坦承如果人在高雄，一定申請產品代言的手機門號。

劇情比較重要（劉、蔣、吳、游）。

有連續性的廣告，會讓人家比較會去注意到（嘉）。

應該是看起來有那種類似那種有劇情的，那你就會一直想看看它到底它的結果是什麼（妙、王）。

這兩三年，比較吸引我的廣告就是泛亞電信的廣告。泛亞電信的廣告從第一集到最後一集吧！就是那個一個胖胖、一個瘦瘦的那個，從女朋友啊，到坐公車啊，到高雄拍到台北這樣，因為我也是高雄人，那……因為這個廣告成功的原因是因為，我們在電視上只能看到三十秒或二十秒的廣告片段。可是在網路上，有完整三十分鐘的從第一集到最後一集，所以我們很多網路人就跑去download，把整套電……那個……所有的影音檔，就是完……就是一秒不剪的都download下來看過，是蠻好看的（宇）。

■新觀點或主張

廣告中提出一些新的觀念或主張，可以作為中小企業人士生活方式的借鏡，或作為調整生活態度與觀念的參考，這些也是吸引閱聽人的廣告手法。

不一樣的IDEA或什麼出現的話，會覺得特別吸引你。一些有很特別

新的觀點主張（王）。

它很快就把我們從一個新的觀念進入一個新的領域，馬上就知道它要做的是什麼，主題非常清楚，而且角色啊各方面都很吸引人。我覺得這個廣告能夠用很短的時間把人的注意力吸引，然後知道它要做什麼，這是非常重要的一件事情（國）。

■音樂配樂佳

音樂配樂能夠搭配畫面，有相輔相成的效果。有幾位座談會出席者表示，有時會因為音樂好聽而被吸引不轉台。至於音樂的選擇，部分出席者認為熟悉、學生時代聽過的話會勾起回憶，格外吸引人。也有出席人士以為，只要好聽、順耳即可，不必要一定是老歌或熟悉的曲調。

像喜餅，會搭配西洋老歌，就是會把妳帶到那個情境。就是時代比較久的，或是學生時代曾經聽過的（廖）。

我覺得有時候就是音樂、配樂上就可以吸引得住人。因為有時候你不一定廣告的時候都還在看畫面，比如說它有比較良好的搭配，那聽到那個音樂的時候你可能會抬頭來看（廖）。

它音樂很……節奏比較快或是什麼可能就比較吸引我注意吧（王）。

應該是音樂本身的那種聽起來的感覺讓人家舒服，或者是讓人家覺得說這音樂可以看，這個音……廣告可以去看它這樣子（順）。

嗯……平常的話就是說……這個西洋音樂，以前聽過的、比較老的，那種音樂我就比較喜歡（美）。

音樂的部分就是你熟悉的音樂，你要聽到音樂就知道是這支廣告了，所以音樂是非常重要的（生）。

為什麼會印象比較深刻，可能是音樂和它那個感覺很鮮明吧，所以我就比較印象比較深刻。記得那些廣告的內容可是不見得記得那個產品（王）。

■代言人魅力

不少出席人士會因廣告代言人而注意廣告內容。代言人可以是公眾知名人物，也可以是新人，重要的是，代言人的形象符合代言產品。

明星代言拍的廣告。現在TOYOTA不是有拍一個新的車子嗎？請布蘭妮小甜甜拍的，就是它廣告主題是妳想要什麼的，就蠻吸引我的（吳）。

什麼代言人你才會去看啊？像國外演員吧（哲）。

■流行潮流

符合時事趨勢、潮流也是廣告吸引人的原因之一。少數中小企業人士會從接觸廣告中認識流行的趨勢。還有出席代表會因為一則廣告是否符合流行潮流，而決定轉台與否。

潮流吧！時事潮流。因為像有公益廣告打的是時事潮流的廣告（順）。

比較具體，也符合現在潮流（梁）。

■廣告具質感

多數座談會出席者以為，一則廣告的拍攝或呈現的品質，也影響是否吸引人。出席者以早期政府宣導短片為例，指出拍攝品質不佳，閱聽人往往視而不見、聽而不聞。相對地，一支具有質感的廣告，則相當吸引人。

最主要是那整個畫面處理的食物，包括整個的，包括飼主，那隻狗，包括整個環境，都會覺得還不錯，就不會想轉台。以我們飼主來講，會覺得那個廣告真的很棒，所以每次看到我都不轉台的（許）。

■產品功能

焦點團體出席代表還以汽車、電腦產品為例，說明廣告中提供的功

能資訊，會吸引眼光的駐足。

> 強調要廣告什麼。就是利用一些方式，像唐先生打破那個花瓶嘛，
> 然後去網路上買了之後，他又打破一個，就會讓人家想說，那個e-
> Bay的網站都可以找得到（彥）。

■和諧的互動關係

一些中小企業出席代表不諱言，平日工作生活繁忙緊張，若廣告中
呈現角色互動的和諧關係，也許是親子、朋友、家人、鄰居等，都可引
起注目。

> 家人關係的存在（民）。
> 善用人際之間經常發生的問題，來作為一個引子，創造話題（浩）。
> 幸福房車，就是爸爸媽媽跟小孩子的對話，我覺得對話是其中之
> 一，所以你會想要知道說他們接下來的對話是什麼，可能他強調的
> 是車子，但是我覺得也因為是那一些對話才會產生對那些產品的重
> 要性（雯、夏）。
> 跟鄰居保持良好的關係是不錯的（妙）。
> 覺得那種互動吧，正好把我的心聲，跟切身相關的對我來講比較重
> 要，那種很感動（江）。

■特價優惠

廣告內容具體傳遞特價折扣的優惠方式，也吸引閱聽人關注。有一
位出席代表表示，當廣播廣告播出特定產品優惠專案，比較吸引她的注
意。

> 像有些產品就是可能譬如說像資訊月時候，有時候會打那種特價的
> 啊，有一些會用數字來講，可是如果你對數字沒有概念，可是如果
> 他用一個比較特別的隱喻的方式，譬如說他用功能性來強調：哇～
> 這個可以幹嘛幹嘛的時候；你就會：哇～這是符合我要的話，我就

會繼續聽下去（黃）。

■真實生活化

雖然部分出席者以為，搶眼或誇張的廣告會吸引人，但也有出席代表持相反意見。他們表示，廣告貼近真實生活經驗，對話生活化、口語化，反而容易引起共鳴，吸引人注意。

> 會吸引我的應該是比較屬於講出一些事情，像剛才說到門諾的。其實我剛才還想講到另外一個，是和信，中國信託，他們之前拍了一個很長的廣告，講到他們前幾年的工作很辛苦，那因為我知道這個實情，就是天天加班的，甚至家庭都沒有辦法兼顧的，然後有拍到家裏人已經都生病了，也為了工作要求而必須要離開家。因為它沒有渲染，又是事實（翔）。
>
> 真實的東西就感動人（國）。

■個人因素

個人因素與出席代表的嗜好、興趣或職業類別有關。例如有出席代表喜歡玩線上遊戲，當廣告以類似主題出現，便吸引他的目光。還有出席者會因朋友拍的廣告，而特別注意一則廣告。

> 我有朋友在拍廣告，我就會特別注意他拍的廣告（吳）。
>
> 因為我本身比較喜歡玩一些那種網路遊戲（黃忠鴻點頭），因為它裏面有一些聲光特效，我比較喜歡看那些（豐）。

肆、不吸引人的廣告

過於露骨、直述、誇張、虛假、恐怖、主題複雜的廣告，或缺乏質感、定期重複播出的廣告，以及對立衝突的家庭關係，都是出席代表認

爲不吸引人的廣告。

　　座談會出席人士對於直接的廣告感到反感，如家具店直接陳述家具的特色，卻缺乏故事性。至於廣告中角色互動的對話過於露骨、誇張，也不吸引人。

■赤裸裸的呈現

　　廣告對產品的特色過於露骨、直接，較令人反感。一些出席代表分別以速食麵或家具廣告爲例，說明類似呈現手法無法打動人心。

> 比如說速食麵的廣告，對於這一類的產品，它的廣告非常的裸露，也非常清楚告訴你，我賣的就是這個東西，我讓你知道吃了這個東西是怎樣一種口味（浩）。

> 哪一種廣告喔，就沒有什麼劇情，就好像只是宣導他的產品這樣子（明）。

■直述法

　　廣告吸引人之處，在利用短暫時間引發好奇或共鳴。座談會出席人士表示，太過直接表白的廣告內容，根本不能吸引閱聽人。

> 如果你直接用這種直述法的話，這個根本沒辦法引起人家的注意（國）。

■誇張、虛假

　　如果廣告表現不夠眞實，或呈現錯誤的資訊，誤導閱聽人，也難以引起關注。有出席代表指出，牛奶廣告常呈現喝過產品，嘴唇四周留下白色的牛奶印，虛僞而缺乏新意。

> 我們從小看到大，就覺得好像沒什麼創意，而且有一點假假的感覺，就不太能夠吸引人（梁）。

> 大部分都是誇大的，所以我會先瞭解這樣的廣告，會不會帶給人不好的影響，包括錯誤的誤導，或是其他的（翔）。

■恐怖畫面

部分座談會出席代表表示，廣告手法或情節令人覺得恐懼，也不討好。不過，這不同於訴諸恐懼的疾病、保險廣告。前者在於畫面帶來的恐懼感，引起人不安的情緒。

> 比較不喜歡的就是有的廣告讓人家覺得恐怖的那一種，看了就不想去看，譬如說好像有一個酒的廣告，有一個人很高然後眼睛黑黑就倒下去，也不知道在廣告什麼，重複那個廣告，我現在說的是不喜歡的，看了就不想去給它看，轉台（麗）。

> 我覺得有些廣告如果太注重在某樣商品或品牌行銷的話，我覺得那樣子給我的感覺，我就不會有特別的興趣去把那廣告看完（呂）。

■主題複雜

廣告內容主題太過複雜，也造成接收者印象的混亂，反而抓不到廣告訴求重點。主題複雜的廣告也無法吸引人關注。

> 而且主題太多，根本不知道它訴求的重點（國）。

■缺乏質感

廣告畫面粗糙或產品呈現缺乏質感，同樣不會引起注意。有出席代表以窗簾廣告為例，說明產品呈現沒有質感，不能提供想像空間或好感。

> 之前有看到那個隆美窗簾，對啊，因為那個廣告是一點質感都沒有，它好像是吊在外面說裏面已經著火了是不是，我覺得那個廣告一點一看就知道，那有人賣窗簾是用火這種東西在做他的那個導引點，我覺得那個就不對了，那像之前賣車子啊，不管賣車子或賣衣服，很多我覺得都做得讓你有想像空間，你一看不知道它在賣什麼，可是到後來，哦，原來他是在賣這種東西，讓你可以去回想說它整個拍廣告的過程有沒有用心，因為有些東西你一看就知道的東

西，通常不會引起人家太多的注意（易）。

■定期重複播出

廣告內容缺乏變化，同一版本定期重複播出，會促使閱聽人跳過不看。尤其是主打品牌形象的廣告，如電視台形象廣告，重複播出同一版本，便使人立即轉台。

嗯，比較不會吸引我，因為我本身做數位行銷的，所以大概就是主打品牌的形象的，定期性去做曝光的廣告，對我來講，大概看了之後就直接就跳過，最常見就是一些煙酒的廣告，知名品牌，它可能久久做一些形象上，比如說就是只是打出品牌或是一種清涼的感覺，就是類似它本來品牌既有的形象這樣子的廣告。對，那我就覺得它不太會重新去塑造一個話題的，基本上不太吸引我（唐）。
那我個人比較不喜歡的廣告，聽了就想轉台的就是力麗家具的廣告。鄭進一寫的喔，聽了都想吐。就這樣子（宇）。

■對立衝突的關係

一位焦點座談出席代表指出，廣告中角色互動太過衝突、對立，予人緊張、不舒服的感覺，也不吸引閱聽人。

我不喜歡它把一個太太的角色講得那麼潑辣，我覺得家庭應該是美滿的，我喜歡它塑造出一個美滿的感覺，所以我非常討厭這個廣告所表現出來夫妻之間相處的感覺（淑）。

伍、公益廣告測試分析

一、廣播藍領篇

　　廣播藍領篇的測試結果，出席人士的回饋意見不一。六十位出席人士以職員占多數，出席代表最有印象的內容是：「員工的健康是老闆的財富」，多數中小企業出席職員或員工，及部分主管或老闆，表示這支廣播宣導片是個提醒，提醒自己也提醒雇主。

　　這些出席代表表示，聽到員工的健康很重要，會好奇如何加強個人健康保健，但在三十秒的短片中無法獲知。有中小企業出席代表表示，不清楚國民健康局與國民健保的差別，一直以來也沒有注意有國民健康局這個單位。

　　些許座談會出席代表質疑廣播藍領篇的執行效果，這些代表認為，如果雇主不重視或缺乏執行意願，效果有限。聽過廣播藍領篇後，頂多是和同事聊聊、交換意見，不太可能向雇主反映。僅少數出席代表表示，樂意嘗試將類似行動應用於職場環境。

　　由於出席代表中不乏經常觀看電視的人，這些經常使用電視的人士，較不習慣從廣播中獲得職場健康訊息。不過，部分經常使用廣播的業務代表或雇主（開車時聽廣播），則認為廣播藍領篇的訴求主題明顯，容易明瞭。

　　少數焦點座談出席者比較廣播藍領篇的國語、閩南語版，他們指出，廣播藍領篇的國語版本對話自然、通暢，閩南語版中的對話則如同由國語版直譯，較不符合閩南語口語化、生活化的使用方式。

　　廣播藍領篇結束前有「國民健康局關心您」的旁白，中小企業出席

代表對此也有正反意見。一般來說，這句旁白的出現，讓部分出席者留意到國民健康局這個政府單位的存在。有少數中小企業員工代表坦承，會感覺國民健康局有做事，真的關心職場上班族。

仍有一些座談會出席代表（以雇員居多）不喜歡這句旁白的出現，覺得多此一舉；還有人對「員工的健康是老闆的財富」感到反感，擔心如此呈現有點現實，令人不自在。

(一)正面反應

出席代表對於宣導內容中的訴求主題、提供單位或訴求口號留有印象。

> 閩南語也是這個嗎？那就講得很具體了（民）。
>
> 我覺得這個滿好的，因為通常都是一些大公司啊，他們比較推動；有一些比較小的公司，或是只有幾個人的公司，老闆比較不會這麼關心員工，我覺得這個廣告蠻不錯的（琦）。
>
> 第二個廣告很好提醒，就是不斷地加深印象，從剛開始不瞭解到瞭解，到後面去做，對我來講是一個提醒，如果他的廣告後面還有續集的話，不斷地加深印象，我想對我來講它是會有效果的，我覺得最後那句話是有達到宣導的目的（國）。
>
> 因為職員還是占多數，那其實這第二支廣播廣告，比較能影響，讓大家去注意到國民健康局有這樣子替企業做輔導，去注重職員健康，所以我覺得這支效果會比較好，會比較影響到（群、泰）。
>
> 我覺得跟第一個，我覺得第二個好像比較清楚的感覺。他有什麼健康講座那種，他說會舉辦健康講座，在公司什麼的（彥）。
>
> 就健康檢查啊，它比較慢啊，我會試著去聽它，比較有印象（哲）。
>
> 我通常都是看電視啦，所以廣播很少聽啦，也比較沒有機會接觸，不過用聽的就知道它這個訴求是什麼東西（麗）。
>
> 我覺得還蠻正面，那變成說這個小公司的職員可以去督促雇主，用

督促的力量去讓雇主有這個意識出來，說員工是公司一個很大的資產，我覺得這個相互的比較，這種落差，我是覺得還蠻正面的看法（宛）。

(二)負面反應

宣導內容中的劇情對白，會引起出席代表的討論，特別對於語言的表達親切感有不同的看法。

> 那個廣播說什麼健康講座，就是老闆願意讓員工不要上班去上健康講座？
> 然後那個……所以就是我們放棄休息時間，參加健康講座。資訊這麼發達，你覺得我需要去上健康講座，讓人家來告訴我怎麼維護我的健康嗎？（史）
> 是國語的印象。因為閩南語部分的話我覺得……說真的，如果放……放給一些老……那種老……年的人家聽的話，我覺得……可能他們也聽不懂那是什麼。因為可能腔調關係吧！（順）
> 嗯……他國語的這方面他應該提醒的對象就是白領階級的喔……白領階級的。也是最後面那一句聽得最清楚，因為我們都是說員工的對不對，健康就是老闆的財富。啊就台語的話勒！他訴求的對象應該是藍領階級的，應該不一樣，不應該用這種方式來講，應該比較適合他們聽得懂得方式這樣子去訴求（生）。
> 我覺得是口號，宣傳的文宣，不會有什麼感覺，就像講了一些制式的話，不會有什麼改變吧（廖）。
> 我覺得是因為我們看過第一支，不，聽過第一支，所以第二支會覺得好像是在說明他剛剛沒有講的部分。那如果我們都沒有聽過之後先聽第二支的話，我覺得莫名其妙（王）。
> 我覺得第一個比較清楚，而且第二個好像是在解釋第一個，然後我覺得第二個好像是多餘的（潘）。

這個好像是一個社教短片，然後沒什麼特別的。基本上主題很不明確，前面幾秒鐘不知道在幹什麼，然後它在強調中間的那些工作場景，不會讓你有很深的印象，它那幾個字，什麼勤打掃啊、多灑水啊，好像多了一些，都是一個跳一個，所以沒辦法對某一個比較有印象，因爲都平均的嘛。那後面再針對女主角多幾個鏡頭，也不會特別有什麼好感，就整個平平的感覺而已（翔）。

(三)正負兼具

出席人士對於這則宣導內容的觀感有欣賞的意見，也有持相反看法，認爲不吸引閱聽人注意。

> 覺得這個概念不錯，可是要實行，就是上面的人決定要實行才有用，因爲像我們小職員很少會爲了這種事情去跟老闆講，會覺得好像怪怪的，講不出口。可是像他剛剛提的，有健康檢查也不錯，至少一年一次的話，也可以知道自己身體哪裏有毛病，可以提早去做治療（佳）。
>
> 這個廣告效果是不錯，不過有很多小公司，是不是要有公文寫給他們，什麼健康，要補貼，教育什麼的（莫）。
>
> 我覺得廣播比剛剛那兩支電視廣告好多了。至少說他講了一句很重要的話，「員工的健康是老闆的財富」，不見得老闆都能這麼認爲，不過……這句話倒是蠻貼切的。那只是我覺得他台語部分的話，（以下用閩南語發言）我是覺得他的腔調很奇怪，用國語喔硬翻過去，硬說的，聽起來就是說很不順耳的你知道嗎？（以下恢復國語）國語是沒問題啦！台語眞的是……可能要稍微再修正一下（宇、東）。
>
> 說眞的不看畫面，只聽聲音，就會比較認眞去聽，這個廣告我是知道它在講什麼，可惜的是如果最後能再強調一下（智）。
>
> 國語版的不錯啦，台語的話我聽不太聽（憲）。
>
> 這一部分廣播的部分我還可以接受，我覺得有一句剛大家都有講到

就是，員工是老闆的財富嘛，它已經很明確它要告訴我們什麼東西了，至少說起來的話，我覺得比第二個廣告，雖然都是挑明了跟你講什麼事情什麼事情，可是我覺得比第二個廣告讓我感覺起來我覺得這個廣播比他好太多（奕）。

(四)無正負面反應

公共宣導內容中的實用性或參考行動訴求，會引發訴求對象的注意，出席代表會直接反省應用在自己生活的可行性與否。

那我想這個宣導可能大家都會知道，接下來要看有哪些方案讓企業主去選擇（荻）。

這廣告的訴求很像是在講說那個……就是說叫員工……就是說公司跟員工部分的那種，職場上的那種互動還有那種……那種座談吧（順）。

我覺得第一支是針對雇主，第二支是員工。因為員工才聽得到他自己的，就是他可以得到怎麼樣的一個資訊，然後他可以怎麼樣去知道這些東西對他自己是有幫助的。那其實第一支是雇主可以知道說有這樣的單位，那因為現在其實我覺得工作壓力的關係，還有一些工作，現在很多職場上的一些，很多可能職業病等等之類的，其實現在雇主基本上都會注意到這種問題，所以我覺得這兩支廣告可能針對的層面是不一樣的，第二支比較清楚（王）。

廣告看完之後其實我沒什麼印象，基本上藍領階級會比白領階級來得健康，因為他們有在動（張低語），那白領階級反而是比較不健康，因為整天坐在辦公室（敏）。

我是覺得女兒講老爸你變年輕，應該講老爸你變乾淨了（淑）。

能有點類似消費者意識，其實我覺得每個人都還是要照顧到自己，還是要以自己的權益為主吧，總不能說該是我的結果我沒有辦法得到（奕）。

二、廣播白領篇

大部分出席人士對廣播白領篇給予正面評價，理由在於其中提及「免費」提供服務的重點。中小企業出席代表不諱言，在接受廣播白領篇的過程，免費服務令人印象深刻。出席員工代表表示，當聽到類似講座的內容，會擔心費用支出，以致公司不鼓勵執行。而出席雇主則坦言，目前中小企業營運不易，老闆考量收支大多儘量節約花費，但當宣導片說出心中疑慮時，會有嘗試推動的意願。

多數中小企業出席員工代表指出，聽完這則廣播白領篇，會覺得有實踐的機會，除了免費的誘因，還在於廣告內容以雇主觀點為訴求，直接可影響中小企業雇主的觀念。

廣播白領篇提及的講座、體檢，甚至免費，是部分出席代表聽到的重點印象。也有出席人士因此好奇如何與國民健康局聯繫，以便在職場推展，他們建議能再提供聯絡國民健康局的電話或網址等相關資訊。

座談會出席代表還表示，這則廣播白領篇的內容，讓他們留有國民健康局關心上班族的好感。

比較廣播藍領篇和廣播白領篇的兩支廣播宣導片，後者得到的正面評價高於前者，而且出席代表中多位表示會將這項資訊傳遞給老闆或主管。這顯示白領篇播放帶出的行動與執行力，比較有效。

此外，部分中小企業出席人士仍然強調多種宣導版本存在的必要性。他們表示，廣播白領篇固然可激發執行效果，但仍需其他訴求不同對象的版本並進，才能加深一般上班人士對職場健康的認識和重視。

(一)正面反應

■認知態度

公共宣導內容訴求主題不需要太多，簡單清晰明瞭，會讓接收者留有印象。

我覺得這個廣告還蠻不錯的，就是因為他就抓住一個重點，第一個他就告訴我們員工應該要針對的對象就是我們的董仔，他就是應該幫我們辦這些，就是很明確的對象，第二個又讓董仔放心，就是我們員工提出建議也不用擔心，因為免錢這兩個字非常的清楚（唐）。

我覺得這支不錯呀，對，就是我覺得有兩個重點還蠻清楚的，第一個就是說因為我有做這樣的事情，所以我員工都動起來，然後公司績效也好嘛，那另外一個就有人提出疑慮，可是我做這樣的事情要付出代價，可是他是回他跟他講說是不用的，那這樣子的話我覺得還蠻ok的啊，就是說他有訴求他講的重點嘛（憲）。

我聽到就是提供的單位是國民健康局這個很清楚，然後第二個就是重點是他是free of charge，那第三個他提供的項目是講座跟體檢的部分，所以我想這三個重點是蠻清楚表達（呂）。

我馬上想到我們公司需不需要，可是因為它速度蠻快的，會想找機會再聽聽看第二次說，希望用在自己的工作環境裏（璞）。

我聽到健康局有這個好的概念，那會不會落實就不知道了（廖）。

我覺得這個東西它需要宣導，就像垃圾分類啊，剛開始沒人知道要怎麼做，但是做久了就會。其實這個國民健康局也沒人知道是誰，什麼都不知道，但是講久了人家就會印象深刻。我想就是到了一個程度，人所追求的除了物質金錢之外，慢慢就會注意到個人健康，這是一個趨勢，所以基本上它所講的東西必須要不斷地重複，讓人家有印象了之後。還有這個東西是一個廣播，它和人家電視那種用眼睛看的，跟耳朵聽的不一樣，印象就沒有辦法這麼深刻，所以它必須要重複播，重複多一定會有效果的（國）。

■行為

出席人士以為，公共宣導內容的可行性很重要，例如是否免費提供類似服務，或去哪裏申請上述福利。

其實感受跟上一次還蠻類似的，就是他們這種對話式的，就是說有

把那個所要講的主題都講出來，讓人家有感同身受的一個感受，就是說如果你是在一般的公司，他沒有在做這方面的事情的話，是不是我們也要同樣可以去督促我們的老闆做這些事情，享受這些福利或額外的這些訓練啊（楨）。

這個人說是免費的，那我想這個雇主應該比較會考慮，因爲不用花錢，如果這個時間是不會用到工作的時間，那我想一般雇主是會願意讓員工做這種事情（許）。

第一支的話，因爲它強調的重點蠻明確，很清楚，我會有執行力（張）。

非常希望辦公室也有這樣的活動（張）。

會跟同事或老闆反映這樣的消息（張）。

會跟同事討論這樣的消息（蔣）。

(二)負面反應

劇情雖可導引閱聽人注意力，但有時要避免喧賓奪主，避免接收者遺忘眞正的訴求主題。

因爲我剛很專心的聽台語，結果我已經忘記國語的是在講什麼了，對，可能台詞太長了吧（吳）。

我剛剛聽到的說是有免費的講座是不是？因爲免費講座老闆可能還是會考慮到時間，如果你工作已經很忙了，他不可能把時間挪出來給你去參加講座。我剛剛聽到這個廣告就覺得，他會針對小公司來舉行嗎？我眞的打了一個很大的問號，四五個人的小公司他大概就reject掉了，他應該是針對大公司來舉行這個講座吧？是嗎？（敏）

這是給老闆聽的嗎？因爲員工聽了有什麼用？像我們剛一進來就看到民視有乒乓桌球，就好羨慕哦，爲什麼我們公司沒有？就覺得有一些設備，那不是每個公司都可以做得到的，像我們公司也有提供國外旅遊，一年一次大家可以出去放輕鬆，也算是蠻不錯的，讓員

工回來可以更有效率的工作（佳）。

沒有什麼想法，除非結合五百大企業的老闆，叫他們在公司放桌球拍，或是說不要抽煙，怎麼樣怎麼樣的，這是主管階級做的事，而不是員工做的事。主管階級你不如就是叫勞工局，或是那個健康局，要工會的人就這樣實施下來，而不是就播一個廣播，然後坐上計程車聽到，關我什麼事啊！我不是決策者，就算我聽到了又怎麼樣？（史）

以這樣的廣告，是不會有效果，這是可以肯定的，不管它播幾次，就算有也是微乎其微（浩）。

(三)正負兼具

不同訴求對象的宣導內容，會激發不同出席背景人士的討論，大多數代表贊同公共宣導資訊因應不同對象而有不同版本。

我聽到的是國民健康局有一些服務項目，雖然沒有特別突出，但是可能對一些主管，考慮到要不要出錢的一些主管老闆，會有一些影響啦。但是對一般員工比較沒有什麼特別的訴求。這支乾淨利落，比較有印象（翔）。

這個廣告說能賺錢又不花錢，可能接受度會高一點，但是錢那個地方很籠統，如果幾千幾萬，譬如第一獎是多少錢，第二獎是多少錢，把那個金額亮出來，可能才會有吸引力。最後他說國民健康局關心你，真的是一大敗筆耶，因為整個內容聽起來很像商業廣告，做生意的商界的人可能比較喜歡，最後忽然間說一個國民健康局關心你，有點不太搭軋（雅）。

就是那個公司要去，國民健康局要去辦那個等於說免費講座去申請嘛，然後就是剛好碰到吃飯時間是不是，我是覺得這個感覺啦，就是蠻政府機關拍出來的廣告的感覺，就是政府機關都是這樣子步調，比較不會那麼活潑，不過這個聽起來也聽得滿明確蠻清楚的

（張）。

我比較常聽廣播啦，因為跑業務的關係，聽到國民健康局免費的檢查，我很贊同，我只聽到這一點，要趕快去辦，但是它的重點是說到哪去辦，我不知道，因為它速度太快，那我們在車上聽到的都是講話比較慢一點的，那個頻率比較慢，可以讓人比較容易吸收得進去，因為你在開車行進當中，你再費心去聽它的話，很容易出狀況，所以應該稍微頻率上慢一點比較好（璞）。

我是覺得第一支廣告節奏感太快了，讓人家沒有辦法去瞭解到它要講什麼，但是它廣告的強度很強（鴻）。

(四)無正負面反應

對於非宣導內容訴求的主要對象來說，他們關心的是生活中如何能夠實行。

第二支的效果可能會比第一支，如果在推行這樣一個動作的時候可能會比較好，就像唐小姐剛有提到的，其實這個東西也是要雇主去做，而不是員工去做，那他就擺明了跟你講這是免錢的（楨）。

其實我覺得這支跟上一支的廣告是不能做比較的，因為它是不同的事，不同的人在提這個，如果說兩個做比較是不是前面那個loss掉了，那是不是把兩個綜合在一起變成一個故事，一個完整性的東西會比較好一點，我的感覺（宛）。

我覺得他可以再把聯絡的方式加上去，比如說電話或住址，因為有些……大部分的老闆都很健忘（易）。

就健康檢查嘛，我只知道他是什麼健康檢查（哲、曾、豐）。

這支廣告呢，跟一般廣告差不多，很快的速度，可是我catch到它的重點，就是說職場健康，然後是免費的，這句話最重要（劉）。

嗯，就是國民健康局辦了一些健康活動，然後是免錢的。（蔣）

第一支比較有讓人印象深刻（蔣）。

三、電視藍領篇

座談會出席人士對電視藍領篇的認知態度，受到個人職業背景或角色，及播放順序的影響。一般而言，出席人士若身為人父、為人子女，較容易投入其中劇情，由短片中的親情引發溫馨、角色投射的心理。

其次，當搭配電視白領篇播放時，座談會出席者較能抓住短片中宣導重點，與會人士對這支電視短片的認知態度以職業衛生、健康為主，如不吸煙、沖洗身體等衛生習慣。

電視藍領篇的親情關係，會吸引部分與會者的關注。

相對地，也有中小企業辦公室上班族代表，由於本身屬白領上班族，對於這支以藍領為訴求的短片，感到有些距離，也不太注意其中的宣導內容。

類似白領上班族代表表示，如果其中角色是由公眾知名人物扮演，可能較吸引他們的目光。

另外也有出席代表建議加強畫面質感，或將「爸爸，你變年輕了」，改為「爸爸，你變乾淨了」。或將女兒出場的地點，由捷運改為火車站，更能突顯父女很久未見面的情況。不過，研究者認為，搭乘捷運仍可能由外地轉搭，所以劇情仍然合理。

六十位出席人士對電視藍領篇的意見，正負面並陳。有趣的是，六場座談會中有三場先播放藍領篇，另外三場先播放白領篇，往往藍領篇後播放時，獲致較肯定的接受意見，這顯示宣導片的播放安排，最好在不同屬性頻道，穿插播出，效果較佳。

部分出席代表建議，除電視頻道的播放，最好放在工地或職場辦公室，張貼相關宣導海報，較能讓職場工作者清楚職場健康實踐的方式。

(一)正面反應

出席代表對於溫馨的呈現方式，既覺得生活化，也感覺比較親切，

因而會看內容的發展，而不立刻轉台不看。

這支廣告非常成功，第一個清晰，第二個溫馨，然後它的主題可以被幾乎百分之九十九的觀眾接受（夏）。

嗯，我覺得剛那支可以朝這支來拍，可以類似這支來拍，應該會比較，這兩支接受度會比較好（夏）。

嗯，就是關於工地希望他們改進的一些健康對健康有用的方法吧，第二支比較有印象，感覺比較溫馨吧（蔣）。

蠻有趣的喔！從他這個女兒很久沒看到他爸爸開始喔！形容他爸爸這個看起來很年輕。我想這個看起來其實這個……這個……片子他訴求我覺得蠻重點是蠻……蠻那個的……就是職場的健康喔！比如說他是做這個鋼鐵的，那他的……可能不抽煙，然後常常沖洗，喔……讓自己……自己變得年輕，不用靠外來的那個己……比如說外來的方式，用藥物或什麼的，蠻……用很健康很傳統的方式，感受就是說他最後講就說他的這個爸爸的健康其實是很重要，因為整個家庭都被被拖累到。那職場健康其實像是爸爸的健康就是在對一個家庭是非常重要的（武）。

它表達的意思很清楚，就是職場健康化，然後人生才會更健康，很好，這樣就拍得很清楚，比剛剛第一個好很多（泰）。

我覺得我會比較喜歡第一支，但是我覺得效果應該是第二支會比較好，然後他就是主題很明顯，然後大家看說就是爸爸變健康了，然後因為有國民健康局，然後就是讓職場的健康環境變比較好（游）。

第二支如果不是一連串看下來的話，坦白講，第二支我感覺他好像是在一個壽險，賣一個壽險的廣告，因為很多保險他的廣告幾乎都是以親情還有一種很溫馨的感覺讓我們感到很貼切（明、林）。

(二)負面反應

公共宣導內容一旦被閱聽人察覺，是宣導資訊，大多數人會選擇轉

台不接受，因而如何有效引起接收者的切身關心，相形重要。

　　沒什麼特別的地方，沒有注意（憲）。

　　老實說，因為剛看到那個，我自己感覺印象不是很深刻，其實我不知道它主要訴求是在談些什麼，那主要就是說，好像找不到一個重點，找不到一點主題性的人物出現，就是說類似代言人這樣子，那另外一點就是說它的主要訴求的張力也不夠，就是它主要是在講些什麼東西，在影片一開始播放到最後，那個字幕打出來才知道，整個影片下來讓人家吸引力不夠，那另外還有一個感覺就是它的背景音樂也不夠強烈，居然是一個類似公營性的一個廣告，這種廣告應該把它的層級類似比較商業化一點，活潑一點，不要太這麼死氣沉沉，音樂待加強（楨）。

　　看了馬上就忘記也不知道在講什麼，也不會吸引人家去注意啦，看起來都平平的東西啊，沒有什麼特別的感覺啦（麗）。

　　我覺得他可以在重點部分多加一點，比如說他是抽煙，很多我們在工作看到他可能是吃檳榔，或是很多人沒有戴口罩，因為這個才是重點吧，你要做那種職場傷害的話，那可能要強調他的口罩或強調他的安全帽，對，或是你不要吃檳榔、不要抽煙，對呀，我覺得這才是重點吧，剛才那個，我覺得它重點只有一個煙，啊其他是我覺得沒有什麼重點，不會特別注意（易）。

　　零啊，好淡，這個廣告好淡，又沒有什麼感覺，而且他要讓我們瞭解什麼東西，我不知道，對，太淡了（宛）。

(三)正負兼具

公共宣導內容需要依據訴求對象來設計題材，避免區隔不明確。

　　就我個人的感覺，我比較喜歡第二支，我覺得感覺上跟我切身比較有關係，第一支單就這個我就會很切身地感覺到，我四周的人是不

是有這樣的環境，同樣是在工作，我跟我同學的工作環境，我就比他們好很多，那我就覺得其實台灣有很多要改進的地方（江）。

我覺得它講得蠻感動人的，可是主題又不夠強烈明顯，就是職場健康怎麼個健康法？它沒有講出來（琦）。

第二支廣告比較沒有很深刻的印象，可是我又覺得好像看一看之後，好像就是一個希望是這樣子那麼好的一個工作環境（吳）。

對，比較柔性，就是看起來比較舒服這樣子，可是我在想如果它旁邊要寫字，要不然字要大一點，要不然就不要寫那個字，因為這樣字也看不太清楚，因為看到旁邊有那個字，那我覺得但是可以感覺到說，國民健康局很強調那個職場的健康，對（秀）。

(四)無正負面反應

接收者會因為其中內容和自己生活的接近程度，而注意不同的情節或細節，這反映實景勘查與真實資訊查證的必要性。

其實我看到比較可能就是工人在點煙那一刻吧，因為我本身也有抽煙嘛，那其實現在很多環境其實是屬於禁煙的，甚至是說它也許會騰出一個就是可以讓你吸煙的空間讓你吸煙，那有時候當我到那個吸煙室去吸煙的時候我就會覺得，因為畢竟那個空氣比較不流通，我覺得原來周遭有不吸煙的人在旁邊我在吸煙的時候他們會是怎麼樣的心情，因為我覺得那個吸煙室就是空氣不流通，然後非常的悶，對啊，連我自己在吸煙的我都會有不舒服的感覺了，對呀，所以我看完，雖然很短，說真的其他的我真的沒看到什麼，但是我唯一看到的就是吸煙這一塊吧，因為跟自己比較息息相關（奕）。

女兒說父親變得更年輕，是因為他在職場裏有運動啊，不抽煙什麼的，我想人家看到這個，後面的東西也許不一定會注意到，就是已經把主題引到更深的地方，就是要注意健康（國）。

我看到的是他在訴求說告訴我們在職場這方面注重衛生，讓員工在

工作之餘，有那種可以得到身心健康。然後，對每一個員工來講是非常重要的（妙）。

剛剛看到就是一個……他一個宣導一個工作上跟在勞動者方面他們那個場所的安全啊，還有衛生，對勞動者而言是很重要的（嘉）。

你的環境一定要改善開始，這是非常重要的（生）。

就是一個那個有關的工作的環境……的重要性。然後你個人……個人……你必須要注意你個人的一些健康的問題，你必須要自己注重（東）。

沒什麼感覺（曾）。

我覺得第一支是概念式的宣導，就是把一些文字敘述讓你很簡單的看到，那第二支是用某一個行業，就是某一個比較屬性的角色去扮演出來它的意思，大概是這樣（黃）。

四、電視白領篇

座談會出席人士對電視白領篇的接受情形，隨年齡、職場類別、性別或角色各有差異。大致來看，年齡較輕、單身、女性上班族，或白領上班人士，對電視白領篇較有好感。

部分女性出席代表認為，電視白領篇的節奏快、音樂活潑，同時列舉在職場辦公室勤洗手、動一動的簡易步驟，具體明瞭。有一位從事電腦網路工作的女性上班族代表，肯定這隻宣導短片的呈現方式，她表示這樣有別於一般人對宣導短片的刻板印象。

喜歡這支短片的人士欣賞白領篇的節奏感、現代意義，並感覺電視白領篇的人物、環境，貼近中小企業白領上班族職業現況。不喜歡白領篇的出席代表則指出，平時上班生活步調緊張、快速，下班回家看電視目的在放鬆、調劑身心，如果看到這支快節奏的短片會因勾起白天工作壓力，而不想看下去。

電視白領篇活潑、緊湊的配樂也引起出席人士的討論。除了部分人

士對畫面進展快速有意見，倒是有一些出席代表表示會因聽到這支短片醒目、帶有趣味性的配樂，而稍微會留意這支宣導短片。甚至有出席者建議，這樣快節奏的配樂，不妨考慮用漫畫或動畫表現畫面，如此可添加宣導片的詼諧效果，也更易使觀眾留下深刻印象。

電視白領篇不同於藍領篇有劇情引導，白領篇採概念直述方式，畫面不僅配合文字，右下方還有一個不斷增加改變的健康指數，部分中小企業出席代表說，初次觀看會因畫面元素太多而無法吸收，待重複觀看第二遍才抓到重點。

出席人士對電視白領篇重複觀看的意願各有不同。有出席人士坦承，由於對影片快節奏的方式感到不自在，加上宣導教條化，所以沒有觀看意願。相對地，也有出席代表會因為首次觀看印象模糊，而希望在重複播放時明白片中宣導職場健康的簡易方法。

播放電視白領篇的次序先後，也似乎影響中小企業出席代表的評價。六場座談會的播放過程，當白領篇播放順序較後，其獲得的正面評價較多。這或許受到座談會出席人士對職場健康概念理解程度的影響，播放順序在前的短片，往往因觀看者無任何觀念，而獲得「不清楚」、「不記得」或「看不懂」的反應。一旦出席人士有些許觀念（來自前面播放的短片），愈後播放的短片，愈易獲致正面或有效的意見。

不論如何，中小企業出席人士建議，國民健康局除在媒體播放宣導片，不妨藉由海報、傳單在職場或公共場所張貼、發送，如此更可幫助職場工作者認識職場健康、衛生的重要性和實施方式。

(一)正面反應

■認知態度

公共宣導內容在電視頻道播放，一些出席代表表示重複播放，必然會觸及訴求對象的接收，因此，公共宣導內容的播出檔次需有一定的數量才可收效。

剛剛看是看了之後覺得它有介紹它裏面的一些內容，因爲比較清楚，促進了就是員工的一個健康狀況，感覺啊，就是覺得說好像有政府在關心我們這些員工，還有一些是健康的狀況的部分（林）。

我覺得還不錯耶，尤其是最後看到它是衛生局這個部分，會覺得有一種還滿嘉許的感覺，比前面的廣告它就是很清楚（唐）。

我覺得這支廣告蠻成功的，很活潑，而且健康局在針對辦公室做的可以做的那些服務，它就是一個單元一個單元很生動地表達出來，蠻好的（張）。

看到都是蠻符合我們現在職場上的需要，那些對我們來說都很重要（巫）。

這個廣告我蠻喜歡的，因爲蠻符合我們上班族的。前面是比較有誇張，可是蠻吸引我，會再繼續看下去（淑）。

一定會有印象，每天看的話（莫、琦、佳、史、國、群）。

勤洗手啊那些，我覺得還不錯耶，蠻活潑的，至少我知道它在講什麼（宛）。

第一支的片頭我覺得做得蠻好，我覺得會讓你往下看他下面要講什麼，可是就後面比較沒有力氣，第一支的話我覺得好像有點像醫療機構的廣告（秀）。

■行為

公共宣導內容往往在重複播出時，接收者才逐漸明白其中的訴求。

這一遍啊，它講的內容就比較清楚，這樣子看電視我覺得比較能瞭解，如果是雇主的話，我會覺得非常贊同這個推動的（彥）。

(二)負面反應

■認知態度

公共宣導影片的質感不容忽視，有出席代表對於不具質感的版本相當排斥，因而不會注意其中訊息。

這支廣告給我的感覺是，一看就知道是政府的宣導短片，基本我會絕對轉台，那我剛是因爲強迫在看，所以我覺得說我不會去注意他的畫面，但是我聽到了它的重點，它說話都點出來重點，會教我們說在職場上要注意吸煙的問題囉，還有洗手的問題，還有第二個point是什麼我忘記了，可是這個好像跟它要宣導職場健康免費檢查好像不相關，只是在幫國民健康局打廣告的感覺，不夠吸引（劉）。

看起來好像放了好幾年的影片（江）。

嗯，關於健康的，就是國民健康局對全民提供一些健康的方法吧，這些活動其實基本上都已經有在進行了，所以覺得不是很重要的東西（蔣）。

我覺得這個廣告他在推展的話，我有一點那種職業病態啦，我們做工程的第一個就重視工安的問題，所以每一個工地開工的時候，一定要做工安的這個會議跟教育訓練，所有的工人跟下包，跟我們的工程師，主辦的人員，全部都要上課，上一整天的課，那這種廣告倒不如說像我們這種一樣能強迫地推展到公司裏面去做教育訓練，還比較好（璞）。

第一支的感覺眞的是應該貼海報，你貼海報比在電視上宣導的效果可能會更好，你貼在應該貼的地方（劉）。

很像是，就看到海報那種感覺，我不會在腦筋裏面留下任何印象（江）。

我覺得它畫面跳動太快，我看得好累哦。因爲剛剛就一幕一幕，有看到它的字說勤洗手，做運動，但是其他畫面來不及看得那麼快，音樂我覺得好吵（許）。

這一次的畫面好像是人貼上去的，不是眞人的那種感覺，這次畫面不好看，像卡通跳來跳去，又不可愛又不吸引人，好像是一會在這裏拍，一會在那裏拍，那個畫面是死的，講了半天不知道它講什麼，乾脆明瞭你要告訴我們你就要講得清楚，然後有一個人講（麗）。

這個廣告，我覺得它主題太多了，還有就是太直接了，變成講說全民健康，但是聽了就知道是一個政令宣導，本身馬上就打了一個折扣（國）。

■行為

公共宣導內容最好考量訴求對象的生活作息與節奏，避免適得其反。

那也許回去以後會問問看同事，提醒一下說，有這個宣導的，有國民健康局他們到底要提供怎麼樣的服務，他們到底可以怎麼來做，彼此之間是什麼樣合作關係（斯）。

可是第一支的部分我覺得他後面實在是太快了，可能節奏太快，讓人家還是搞不清楚要幹什麼（王）。

(三)正負兼具

公共宣導內容避免「貪多嚼不爛」，訴求過多，反而讓接收者抓不住主要訴求重點。

太多東西了，我可能一下子吸收不了耶，就是至少他還是重點式的點出來他的東西，對，可是我覺得，因為我不知道這個到底跟剛剛廣播有沒有關係耶，好像到最後又跟我剛剛知道的有出入耶，對，那但是這個東西大概真的還滿適合貼在辦公室，然後把幾個要點弄成一個海報吧（吳）。

果然有白領篇，這個沒有事先套好。這個有比較讓我心有戚戚焉的感覺，有達到宣傳的效果，也知道要做什麼。只是我覺得跟現在的廣告品質比起來，它品質沒有非常好，可能是預算的關係啦。那廣告的內容有點凌亂，可能要表達很多事情（智、翔、羽）。

我覺得那個音樂配卡通動畫應該很不錯，像阿貴跟他阿媽來演，會比這個好。如果用卡通動畫來表現的話……這是我的想法（雅）。

會吸引我啊，可是我覺得不會記起來（易）。

我只是覺得說在剛開始它比較能夠表態就是說我們目前生活的狀況，就是辦公的狀況，每個人可能都是很忙碌，但是實際上你是不是有得到相對的層面，那就不太一定，但是後來我覺得它宣導，可能是每個細節它的轉換的話速度比較快一點，讓人覺得很模糊，不曉得它這個細節是什麼動作，它一下子跳過，很匆促，到最後他到底在宣導什麼，看不出來（明）。

嗯，我是覺得以公家機關的廣告來說這算不錯了，就是它蠻活潑、蠻生動的，然後我覺得它前半段就是還不錯，就是訴求得很貼切啊，就是你會覺得它表達的就是很貼切，但是就是跟剛剛前面說的一樣，就是中段那四、五個，就是國民健康局的，就是什麼洗手啊，然後也有一個護士小姐那個嘛，然後你就不知道說它的意思是說國民健康局宣導，還是說國民健康局有提供這些服務，還是什麼，對，就是那一段的意義是什麼，不太瞭解（游）。

第一支他講話的速度蠻快的，那個字真的蠻小的，可以放大一下，第一支可能對年輕人來講可能接受度比較高啦（彥）。

(四)無正負面反應

一些出席代表對於詼諧、輕鬆的訴求方式，較易留下印象。

印象比較深刻就剛開始一個人在那邊接電話那個而已啊，然後後面就是就跑場景啊，就是跑場景就對了，就這樣（哲）。

我會比較有印象的是後面而已吧，就是那些針對辦公室的那些無煙啊，什麼健康檢查、做運動這些東西，我比較對那個比較有印象一點這樣（曾）。

就是一些能夠在辦公室做的比較健康的活動吧，和教導一些方法這樣子（豐）。

嗯，看到些什麼，就是一些在職場上的一些可以隨時隨地做到的一

些跟個人健康有關的一些東西吧（鴻）。

第一支可能他的內容上可能會比第二支好一點（鴻）。

因爲我們都是在辦公室嘛，所以的話看得就比較清楚（張）。

我看到的就是職場健康的廣告，有關於健康的（琦）。

我看到了，應該是上班族在職場，應該是維護職場一個比較乾淨的空間吧，應該是這個意思（群）。

我想到一個廣告，其實是一個漫畫，叫做豆豆，也是政府單位做的，我覺得那個廣告好，它會讓人印象深刻，會想去看的，因爲是透過動畫，用一個非常可愛的人物來做它的簡單訴求，而且它的訴求也很簡單，我想這個就讓人家印象深刻（浩）。

我問一下，它這個是全民健康局，和全民健康保險局不一樣？（泰）覺得大家最關切的，和大家最密切的是全民健保局，因爲大家和健保連在一起比較多，你今天健康局可能一般人會誤判，有的可能沒有仔細聽的，可能會弄不清楚，因爲這個單位名稱可能會影響。就行政院就好，因爲你把單位區隔成越小，然後又容易讓人家混淆，還不如不要（泰）。

比較結合有故事性的方式，然後來拍出這樣的宣導短片，我覺得這樣效果會很大（群）。

其實像第一支剛才有講到就是説，在現實方面的話是蠻現實（林）。

陸、對公益廣告的看法

一、吸引人的公益廣告

六十位座談會出席代表進一步提出對此現有各機構或單位公益廣告的意見，他們認爲吸引人的公益廣告具備一些特色：

■訴求主題簡單明確

讓我知道他在做什麼就好了（宛）。

對於過去一些宣導的片子，我比較有印象像是孫越拍的安寧照顧，然後CoCo李玟他們有拍過那個拒吸二手煙、不要抽煙或是不要吃搖頭丸，那我覺得那幾個廣告的特點是它的背景都是白色的，幾乎沒有任何的背景，然後整個畫面是很focus在他這個人物上面還有他講的話，所以就是說，它沒什麼背景的音樂或什麼（奕）。

■代言人的知名度

一般公益性廣告，像一些由藝人他們所發起的這樣子的一個形象的廣告，像之前有提醒婦女她去做檢查，或是說像一些對於安寧照護，像孫越跟張小燕他們做的，這個就很能讓人家去感覺、感受，它的張力就很夠，整個廣告去強調的精緻度，就是像很多（唐）。

代言人的知名度有關係嗎？我覺得多多少少可能有（奕）。

■特別設計的手勢或口號

拒吸二手煙啊，飆車啊這些，應該算是第二次，第一次不知道他們說，像拒吸二手煙，二手是你不曉得，可是變成說像一個口語加上你的動作，比較能夠瞭解（宛）。

■廣告的精緻度

質感很重要，反而對一些那種民間團體自己拍的會比較有印象（易）。

■訴求觀念為主，單位的品牌暴露為輔

它的主要訴求是不是符合你自己的一個要求，品牌是次等的一個要求，那種品牌的東西次等才會出現在你的印象當中（楨）。

至於不吸引人的公益廣告，幾位出席人士的意見包括：

■缺乏創意

創意上來說不足啦，因為時間很短嘛，表達能力我覺得也還是欠佳，因為覺得說他的質感沒有那麼精緻，看過比如說你現在問我也沒有什麼印象，這樣我覺得就是它失敗的地方（姜）。

■缺乏質感

現在它是一個比較大家去強調感覺的行銷的時代，它不再說就是用政令宣導的方式，可是政府單位很多，不管是平面啊或是電視這樣子的想去達到這樣子的功效，它其實還是停留在缺乏質感的政令宣導（唐）。

■演員缺乏觀眾緣

而且演員也不是很知名的情況下，我覺得它的那個整個的訴求應該要比較強，跟一般的政府推出來的所謂的宣導短片沒什麼兩樣（姜）。

■插卡式廣告

像衛生署啊，為了因應，即時弄出來那種插卡式的廣告那種，就是字啊唸一唸這樣子，其實一般人根本不會去理它的，我是這麼覺得，它不會有警示標語的作用（奕）。

■脫離現實生活

最好比較能夠跟社會大眾結合的元素，想盡辦法結合，脫離現實會看不下去（麗）。
我覺得很多事情，最好如果你要訴求的對象，你要合乎他腦袋裏面的stereotype，不是你自己要創一個，要吸引他注意，吸引注意的結

果……大概……都是反……效的結果比較多啦（宇）。

柒、對職場健康推動的建議

六場焦點團體出席代表除了觀看六支短片，提供觀感之外，也就現有中小企業工作者面臨與職場健康相關的問題與需要，向國民健康局提出建言。

大部分座談會出席人士認為，職場健康應包括環境衛生、安全，人的身體、心理衛生、心靈精神層面，以及職場關係溝通互動。他們建議國民健康局不僅重視體檢，也不妨加強以下議題的宣導與行動。

■職場衛生

包括空調、拒吸二手菸、辦公室清潔等。

覺得你既然要打職場健康的話，你要拍就拍一些比如說那種……在那種……粉刷工人，或是一些木場工人那種喔！他們……那種……那種工作情況下的那種工作安全……那種健康環境……的那種影響。說真的，那種一些版模工，或者是一些那種水泥工，還有一些粉刷油漆工那些的，他們都沒有戴口罩（順）。

影響健康最大問題大概就是因為空調系統的關係吧！（宇）

我蠻注重那個工作環境的氣氛，還有空調啊，有沒有禁煙，空氣蠻重要（張）。

■職場安全

包括工地安全、避免易燃物、廠房噪音等。

而且他們一邊抽煙、一邊工作，對安全上也很危險這樣子（順）。

工作職場上有什麼樣比較危險的地方，該要去注意（林、王、彥、潘）。

工作職業傷害引起的一般基本的，那一般就是譬如説工作的傷害、意外這種基本的會比較清楚（黃）。

硬體設備還蠻重要（蔣）。

應該是關於吸煙不吸煙這種東西吧（曾）。

■個人身體

包括健康檢查、固定休假、休閒運動設施等。

如果説國民健康局會針對譬如説己……各個公司發個公文，然後發個函來，我會拿給他看。我覺得其實他可以……應該可以去跟健保局結合，因爲我記得健保局有……有説……己不曉得幾歲以上的…………幾歲以上的人每年有……一次的免費健康檢查。其實我覺得他可以去結合這樣的一個東西，不需要説另外再去……再去支出一大筆的經費，我覺得他可以去利用這樣的一個資源（瑄）。

我覺得做定期健康檢查蠻重要的，因爲有很多那種工作場所都會有職業傷害，做久了也會有職業病出來。那可能很多公司都沒有去注重到這種問題，那等你以後年紀大了，產生一些病變都已經來不及了（妙）。

就是電腦，跟顏色比較有關的工作，就是我們在常用電腦，只有覺得姿勢啊，距離啊，因爲我們一般情況來看，其實大家都已經換成液晶螢幕啦，可是有些工作他必須是用傳統的螢幕嘛，所以説，就是護目鏡，就是應該要，老闆應該要準備就對了（游）。

譬如説女生就是有一些婦女方面的相關，譬如説是生小孩（黃）。

因爲就我在職場上現在來看，很多人有那個甲狀腺激能亢進的問題，手會發抖，我大概十個同事中有三個，手會抖，就是太緊張了，譬如説公司要交什麼報告之後，很多人因爲過度加班、過度勞累，交完報告就會生病就會感冒啊，咳嗽啊，又甲狀腺激能亢進，又要去看醫生，那我想這種方面我覺得確實是勞工健康局也可以提供的服務，我還知道有些人因爲打電腦打太久，得了這個肩胛骨的

毛病，不能再打電腦，這些職業傷害確實是可以提醒職場的企業負責的人，要多注意員工這個的就是緊張程度，有些人是胃痛，有些人是腸胃不舒服，要定期舉辦一些健康檢查（斯）。

我們要有一個實際的行動或協會來主辦，做這個廣告是休閒，是由某某運動協會所提倡、贊助的，在某個時間有個運動這樣（民）。

休閒活動的部分（林）。

強制休假。勞工方面的啊，有些像我們公司就有常常加班，有時候像為了趕貨那方面的，六、日有時候都沒有休，然後工作環境也是蠻重要的啦，因為我們公司那個工作環境不是說非常的好，那廠房就是很熱，像今天天氣這麼熱，那就會影響到工作品質的，那就會有蠻多員工就會陸陸續續的在請假，他身體負荷不了（豐）。

運動很重要，應該要多推廣運動休閒這方面的（江）。

定期休假（斯）。

上班的時數吧，因為你覺得如果站在老闆的立場的話，他會一直丟工作給你，可能有時候要加班、要趕工方面的話，這樣你不管你的身體、你的心理當然都不會覺得很好過，那間接就會影響到你的身體的健康方面（豐）。

其實休假對一個人來講，超過一個禮拜甚至半個月的休假，在國外他們是很流行的，妳一定是有半個月甚至一個月，對他們來講是一個很好的充電再出發，我覺得要慢慢給這種觀念，不只是對員工，對老闆也要有這種觀念（智）。

■心理衛生

諸如情緒管理、如何面對挫折與衝突。

我想那個應該是心理的健康喔！老闆、員工他不一定是對立的，但就必須要有個溝通，然後跟互動（東）。

整體環境以及心理環境都很重要（順）。

我覺得可能情緒管理（敏）。

■心靈健康

我們公司該做的都有做，公司裏面還有社團，打球啊，籃球、羽球，員工的健康公司都做得很不錯，比較缺少精神上和心靈上的，工作久了都會有倦怠感、會煩（鴻）。

在精神上跟心靈上的，可不可以加強輔導。因為我們公司是每年都有旅遊啦，也有健康保險，也有強制做健康檢查，那這些方面都很完整，只是說工地裏面一忙起來，火氣會大，大家都有脾氣，反正都一動不動就會吵起來，連同事之間開個會都無法溝通，就是說精神上面還有心靈上可以說舒緩的話最好，而且還強制的有周休二日，因為營造業好像沒有周休二日，連禮拜天都工作（璞）。

因為這個工作環境喔……每天早上的話是最重要就是員工的心情喔！像聖經上面的永……這個叫喜樂心，就是良藥。你環境再好，他心情不好，那一天整個工作的情緒，整個士氣怎麼都是衰弱。所以他這個心情很重要（生）。

■職場關係

包括勞資關係互動、辦公室人際關係、避免語言暴力等。

健康關係的促進。每天在辦公室超過八個小時，可能都超過與家人真正在一起的時間，反而和同事接觸的時間是最久的（梁）。

我覺得可能雙方的心態上吧！關係的部分（嘉）。

管理模式，老闆會塑造一個大家都坐在同一條船上的感覺，比較容易啊（宇）！

我個人覺得不曉得是民情的問題還是怎麼樣，在辦公室裏面言語的暴力，講白一點就是黃色的笑話，語言上的這種暴力，是蠻普遍的，但一直沒有人去關心（翔）。

■其他

以職業婦女或一般上班族接送學童、托育安親問題為主，還有上班

族育嬰及育兒觀念建立等。另外如勞保、健保議題，以及SARS後續保健常識的傳遞等。

其實像我們職業婦女很頭痛就是，擔心小孩子上下課的情形，在公司已經很忙，還要趕著要去接小孩，早上要很早送小孩去上課，我覺得是不是可以關心一下這一點。職業婦女很多，上班已經很累，下班又要煩惱小孩接送的問題，尤其是接送，台北的交通又很亂，都會耽誤到時間，所以這段你很緊張的時間，也會影響到健康。公司可以提供小孩下課的這段時間，可以有一個場所，讓我們職業婦女比較安心（淑）。

可以導入一些想法和觀念，在歐美的辦公環境裏，對婦女帶小孩的、要哺乳的，或是幼稚園的學齡前的孩子，他們都已經生活化了，大部分的公司都很注意這些。但是健康局其實可以針對這個部分去宣導，特別是職場的。實際上聯合國對開發中國家的健康，有很多的建議，包括說母奶啊，包括在工作環境的改善，但是好像這次國民健康，是因為SARS而有這樣的宣導，但是還有很多可以加強宣導的（翔）。

我建議國民健康局，對台灣整個醫療體系的模式，因為大家最近發覺醫院體系就是出問題，沒有注重傳染病，所以國外SARS的問題可以很快解決，為什麼國內要這麼久？這一部分有沒有後續的宣導，讓國民有這樣一個知識的交流（翔）。

勞保。因為我們那邊狀況比較特殊，那每一個老師來上課的話是不完全隸屬於這個公司嘛，那其實每一個老師也都沒有勞健保，那健保是強制一定要有的對不對，那所以變成說大家都沒有勞保，那其實他們也會覺得說他們教了十幾年，沒有勞保，他們不覺得勞保有什麼重要吧（吳）。

問題討論

1.請想一想你比較有印象的廣告有哪些？原因是？

2.你認為吸引人的廣告有哪些？原因是？

3.你認為不吸引人的廣告有哪些？原因是？

4.你對目前公益廣告的看法或建議是？

5.公益廣告如何能吸引你或親友的注意呢？

第十二章
多元社會中青少年媒體接近權探討：從頻道自主權、廣告反思與收視行為談起

壹、青少年與媒體

　　青少年是重要且矛盾的媒體服務對象（Rose, Bush & Kahle, 1998）。其重要性在於青少年代表個人生命周期的關鍵階段，青少年時期正處於個人由依賴、受保護蛻變為獨立、自主，且有能力提供他人支持與照顧（黃德祥，1994）。同時，青少年往往成為媒體節目與產品市場的兵家必爭之地，諸如綜藝節目、娛樂新聞等周末黃金時段（尼爾森媒體季報，2003）。

　　青少年位於消費世界與生命周期的關鍵交叉入口。從發展心理學來看，青少年階段發展的任務是要達成「自我統整」的目標（張宏哲譯，1999）。另一方面，傳播媒體與廣告市場也竭盡所能地引導青少年進入消費社會化的生活模式，以廣告或置入性行銷的節目誘導青少年消費，導致青少年遺失在媒體包裝建構的表象，形成「自我混淆」（社區發展季刊，1995）；從某種程度而言，這些影響了青少年追尋自我認同的自主性。

　　有關青少年的消費社會化研究，對於行銷、傳播、教育、青少兒福利學者來說，一向較被忽略。早期文獻偏重消費學習理論模式，探討如家庭、同儕、媒體等社會化機構，對青少兒消費學習過程的影響（Moschis & Moore, 1982; Moschis & Churchill, 1978; 李仁芳，1981；李國祿，1980；潘月容，1983）。除學者郭貞曾結合自我認同面向的探討（Kuo, 1986），大多缺乏青少年媒體行為自主性的關懷。

　　美國聯邦傳播委員會早在一九七五年十二月，簽署一項傳播執照與公眾協定（Policy Statement on Agreements Between Broadcast Licenses and the Public），說明民眾有權涉入聯邦傳播委員會公聽會，參與核發執照的過程，且可基於團體利益考量，上訴傳播執照換發事宜，一般民眾並可嘗試改變由傳播業者控制的傳播體系（Garay, 1978）。這項協定不僅可促

使廣播業者正視本身負有的公共利益責任，也代表民眾對媒體接近權利的延伸，民眾有權利影響傳播體系的改變。

世界兒童人權日訂在十一月二十日，將兒童人權指標分為基本人權、社會人權、教育人權和健康人權四大類（梁玉芳，2003）。很明顯地，傳播媒體屬於社會人權的範疇，青少年或兒童的媒體近用權，為當代文明社會重要的一環。

根據廣播電視事業發展基金會二〇〇二年的調查，國內青少兒對電視的使用率達九成以上；二〇〇一年公布的電視收視行為分析發現，超過九成的十三歲及十三歲以上的青少年和成人平常有觀看電視的習慣（廣電基金，2001），四成民眾有上網的習慣。

研究文獻也顯示，青少年在電視節目的收視選擇方面，綜藝節目是青少兒最喜歡收看的節目，他們不僅喜歡綜藝節目，更經常收視（方鳳琪，2003；別蓮蒂，2002）。看電視成為國內青少年主要的休閒方式。

涵化理論主張，電視暴露量影響觀眾的世界觀，愈常收看電視的人，其世界觀與電視呈現的觀點愈趨一致（Gerbner & Gross, 1976）。即使愈常接觸線上遊戲，也愈常給予線上遊戲正面的肯定（Burnaby, 1998）。這些均說明媒體使用時間與對媒體抱持的態度有所關聯，更顯明長期大量使用傳播媒體，會影響個人的思考自主性。

不可否認，電視的吸引力是廣泛的、由來已久的，青少年的收視行為多屬非計劃性的，往往「電視播什麼就看什麼」及「跟著家人看」，沒有收看電視的自主權，而電視也缺乏屬於青少年階段的節目（莫季雍，2001）。

台北市少輔會與富邦文教基金會（2002）針對台北市國一至高一的1250名青少年學生，進行「少年TV大公開」的問卷調查，結果發現青少年每天平均看電視2.6小時，中度電視上癮或重度電視上癮的達八成，有一半受訪青少年表示會模仿電視節目出現的人物、個性或其與家人朋友的相處方式，這代表電視節目不僅影響青少年觀眾的認知、態度和情感，也會左右青少年的行為（黃葳威，1997）。這些都對正值青春期青少

年的「自我統整」造成或多或少的衝擊。

從電視媒體生態來看，青少年是媒體絕不放棄的目標對象；但站在青少年自主性的角度，青少年對電視的媒體接近權如何，值得正視，所以，本章將探討以下問題：

1.都會家庭中青少年的電視接近權如何？
2.影響都會家庭中青少年電視接近權的因素有哪些？

本章將都會家庭中青少年的電視接近權界定為：在家中使用遙控器的頻道自主權、對電視廣告的反思，以及收看電視的時間與內容選擇。

貳、青少年媒體使用與消費社會化

聯合國教育科學文化組織早在一九八二年十二月，便提出國際資訊新秩序（New International Information Order）的主張，倡導「傳播的權利」（the right to communicate），揭示不同國家、不同區域、乃至不同個人均應享有傳播權（Snijders, 1983）。所謂傳播權，如同一九七七年加拿大電訊傳播研究（Canadian Telecommunication Studies）報告所言，「由獲悉、被知悉、告知、被告知等權利所構成」，又如一九七八年馬克布萊德報告所說明：傳播可被視為個人、區域乃至國家參與任何公共機構管理的保證途徑（Snijders, 1983:3, 5）。

上述對傳播權概念的界定，明顯地勾勒出不論發展程度的任何國家、區域以及個人，皆享有主動蒐集、主動傳遞或被動知曉、被動告知的權利，也就是參與任何公眾事務的權利。這種傳播權可避免傳播媒體被誤用，亦可監督媒體運作，不僅代表一種參與權，也代表一種接近媒體的權利。

研究發展傳播的學者並且主張，接近資訊的權利與參與傳播的權利是亞洲社會需努力的方向。奚伯曼（Silberman, 1979）指出，即使被認為

應由專業人士主導的節目內容安排，只要基於健康、營養及教育等需求，民眾均有參與規劃的權利。奚氏的主張反映民眾參與傳播過程的角色，更顯示傳播媒體係公共資源，民眾的傳播權與參與權密不可分。

黃葳威（1997）從電子媒體的發展著眼，說明類似廣播、電視、網路等媒體公共服務專線、信箱、電子留言版或叩應互動節目，可被視為民眾回饋、媒體近用的管道之一。台灣自一九九〇年之後，設置類似回饋管道的機制逐漸受到重視，但少有針對青少年的媒體回饋管道。

社會化是指個人和所處團體對彼此目標和規範整合的嘗試；從整體來看，個人嘗試同化於團體的儀式、程序和期望，同時，個人也嘗試將己身需求形塑於所處團體（Deaux & Wrightsman, 1984: 380）。青少年由多種管道學習與成長，包括同儕、家長，以及傳播媒體（Rose, Bush & Kahle, 1998）。

觀察青少年媒體使用與社會化的文獻，大多圍繞在親職溝通、收視行為管理、政治參與及消費行為（Carlson & Grossbart, 1988; Carlson, Grossbart & Walsh, 1990；Rose, Bush & Kahle, 1998；李仁芳，1981，1982；李國祿，1990；潘月容，1983；郭貞，1990）。因而，在探討青少年電視使用行為時，家庭傳播型態或家中收視環境常被廣泛討論。本研究分析的對象為十三歲到十八歲的青少年，這一階段的青少年具有尋求「自我認同」和「角色轉變」的青春期特質，經歷建立自我認同的轉換階段（Kamptner, 1988）。文獻顯示，這一階段青少年受到同儕、人際關係影響較多，家長的影響則不如兒少階段（Kuo, 1986；馮燕，2001）。換言之，分析青少年在家中電視使用的情境，與其從親子共視或同儕角度著眼，倒不如直接先瞭解青少年在家中對電視遙控器的頻道決定權。

人類學家曾形容（Oakley, 1951）：人是工具的製造者與使用者（the maker and user of tools），學者（Edmondson, 1985）在《接近的年代：資訊科技與社會改革》（*The Age of Access: Information technology and social revolution*）一書，也以二次工業革命（a second industrial revolution）形容資訊科技對人類社會的衝擊。探索青少年的電視媒體接近權，除收視

行為外，其對於家中電視遙控器的頻道決定權，乃至於對電視廣告的態度，顯然不容忽視。

關心青少年電視遙控器的頻道決定權的研究，幾乎付之關如。台灣地區青少年大多處於就學階段，青少年觀看電視在一般家庭是否被允許，不僅受到課業壓力的因素，也與其生活型態有關。學者馮燕（2001）針對少年後期生活風格的研究，區分出包括內向穩健、獨立自信、心無定向、求新有主見及積極好學等五種生活型態的青少年；其中獨立自信的青少年不會注意廣告，而求新有主見的青少年也不相信產品外在訊息。這代表青少年擁有不同的自主程度，其對廣告態度或媒體訊息也有所差異。

對廣告的態度大致分從經濟和社會層面檢視（Bauer & Greyser, 1968）。所謂經濟層面一般指對廣告抱持正面態度，諸如認為廣告可提供資訊或提升生活水準（Andrews, 1989）。社會層面較由廣告導致的有害的或社會的影響著眼，像是批評廣告加速物質主義的形成，或廣告提供錯誤、誤導的資訊，廣告鼓勵浪費，遊說人們購買不需要的物品，或鼓吹性別主義與不當價值觀（Pollay & Mittal, 1993）。在談及青少年媒體接近權時，廣告顯然干擾了青少年的媒體使用，因而較常從社會層面測量青少年對廣告的態度，亦即對廣告抱持的反思態度。

許多研究證實（McCandless, 1989; Meyers-Levy & Maheswan, 1991; Kuo, 1990），不同性別會影響青少年的傳播行為，包括人際傳播與大眾傳播行為。

女性青少年與父母、同儕的相處互動，較男性青少年來得頻繁；女性青少年對於電視廣告產品的消費情形，也與男性青少年有別（Moschis & Moore, 1979; Whitebeck, 1988; Mochis, Moore & Stephens, 1977; 蔡美瑛，1993）。這反映女性青少年較容易受到父母、同儕的影響。

青少年的衝動性消費行為，也因性別而有差異。研究發現女性青少年較男性青少年具衝動性消費的傾向（d'Astous & Tremblay, 1990; d'Astous, Maltais & Roberge, 1990; 蔡美瑛，1993）。這些似乎意味著女性青少年與

家長的互動較多，甚至比男性青少年常參與家庭決策（蔡美瑛，1993）。

因而，本研究提出相關假設包括：

假設一：青少年隨著性別不同，其電視接近權也有別。

1-1：女性青少年的頻道決定權，比男性青少年的頻道決定權多。

1-2：男性青少年對電視廣告抱持反思態度的情形，比女性青少年對電視廣告反思態度的情形多。

1-3：青少年隨著性別不同，其觀看電視行為也有別。

家庭社經地位的高低，也影響青少年的媒體使用、消費行為及人際傳播。相關研究論述指出，不同社經地位的青少年，其對電視產品廣告的消費行為有所差異；家庭社經地位較高的青少年，與家長在消費事務的互動較頻繁（Churchill & Moschis, 1979; Moschis & Churchill, 1978）。

有趣的是，家庭社經地位進一步可能左右青少年的收視行為；如家庭社經地位較高的青少年，較喜歡觀看電視新聞，且較不喜歡看娛樂節目（Prisuta, 1979）。文獻也指出，家庭社經地位會影響青少年對電視廣告的態度（Ward & Wackman, 1971; Rose, Bush & Kahle, 1998），或媒體使用行為（Moschis & Churchill, 1978）。

前述實證研究說明，家庭社經地位的確對青少年的媒體使用有所影響，家庭社經地位一般以家庭收入為觀察重點，由於研究的是青少年在家中的電視接近權，家中擁有的電視機數目也可代表家中成員可以掌握的資源。因此，本研究提出以下假設：

假設二：青少年隨著家庭社經地位不同，其電視接近權也有差別。

2-1：家庭社經地位較高的青少年，比家庭社經地位較低的青少年的頻道決定權多。

2-2：家庭社經地位較高的青少年，對電視廣告抱持反思態度的情形比家庭社經地位低的青少年對電視廣告抱持反思態度的情形多。

2-3：青少年隨著家庭社經地位不同，其觀看電視行為也有差別。

國內外相關研究證實，青少年隨著年齡的增加，與同儕的互動隨之遞增，相對地，與家長間的互動卻隨之遞減（Kuo, 1990; Churchill & Moschis, 1979；馮燕，2001）。這反映青少年的年齡愈長，與其家長間的溝通互動會隨之減少。

在媒體使用行為方面，青少年隨著年齡增長，逐漸傾向由真實生活的角色相處，取代電視世界中的幻想，因而漸漸喜歡公共事務節目（Prisuta, 1979）。學者研究還發現，年齡較長的青少年，對電視的喜好會隨之降低，而逐漸增加對報紙的使用（Kuo, 1986; Moschis & Churchill, 1978）。

相關文獻發現，青少年的年齡愈長，其受到電視廣告的影響也較小；且具備較好的消費技巧，較不容易產生衝動性消費行為（d'Astous & Tremblay, 1989; d'Astous, Maltais & Roberge, 1990）。

依據前述論點，本研究提出的假設有：

假設三：青少年隨著年齡不同，其電視接近權也有別。

3-1：年齡愈長的青少年的頻道決定權，比年齡愈輕的青少年的頻道決定權多。

3-2：年齡愈長的青少年對電視廣告抱持反思態度的情形，比年齡愈輕的青少年對電視廣告抱持反思態度的情形多。

3-3：青少年隨著年齡不同，其觀看電視行為也有別。

家庭溝通型態會影響青少年對廣告的態度。一項研究證明，對子女採取保護型態的家長，比對子女採取放任型態的家長，容易對廣告抱持反思態度（Rose, Bush & Kahle, 1998）。有關少年後期生活風格的調查也支持，獨立自信與求新有主見的青年學生的家長，較重視子女身心健康，家庭氣氛溝通較好（馮燕，2001）。觀察影響親職溝通的因素，除家長人格特質外，家中長輩人數或學齡前幼童子女人數的多寡，尤其不容

忽視。換言之，家中長輩人數愈多（含父母親及年長者），或家中幼童子女人數愈少，可能使其中的青少年有較多的機會被關懷照顧，而家中長輩人數愈少（如單親家庭），或家中學齡前幼童數較多，可能致使其中的青少年，被關懷照顧的機會減少，其被賦予自主性也較少。因此，本研究提出相關假設如下：

假設四：青少年隨著家長人數的多寡，其電視接近權也有差別。

4-1：家中長輩較多的青少年，比家中長輩較少的青少年的頻道決定權多。

4-2：家中長輩較多的青少年，對電視廣告抱持反思態度的情形，比家中長輩較少的青少年對電視廣告抱持反思態度的情形多。

4-3：青少年隨著家長人數的多寡，其觀看電視行為也有差別。

假設五：青少年隨著家中學齡前幼童數的多寡，其電視接近權也有別。

5-1：家中學齡前幼童較多的青少年，比家中學齡前幼童較少的青少年的頻道決定權少。

5-2：家中學齡前幼童數較多的青少年對電視廣告抱持反思態度的情形，比家中學齡前幼童數較少的青少年對電視廣告抱持反思態度的情形少。

5-3：青少年隨著家中學齡前幼童數的多寡，其觀看電視行為也有別。

有關青少年生活型態的研究（馮燕，2001）發現，獨立自信的青少年，不會注意廣告訊息，而求新有主見的青少年，也不相信產品外在訊息。這反映青少年擁有不同的自主性，其對廣告態度或媒體訊息也有所不同。不可否認，電視遙控器的頻道決定權代表著青少年某種程度的自主性，本研究提出推論假設於後：

假設六：青少年隨著頻道決定權的不同，其對電視廣告的反思態度

也有差異。

假設七：青少年隨著頻道決定權的不同，其觀看電視行為也有差異。

參、研究設計與執行

依據前述文獻與研究目的，本研究關心都會家庭中青少年的電視接近權，以及影響這些青少年電視接近權的因素。其中電視接近權包括電視選台器的頻道接近權、對電視廣告的反思態度，以及收看電視的時間與內容選擇。人口變項有性別、年齡、家庭收入、家中長輩數、家中學齡前幼童數等，研究分析架構如圖12-1。

本研究兼採量化電話調查法及質化焦點團體座談。其中電話調查法係採取「台灣幼教電視頻道收視行為與幼教產品未來發展趨勢分析」研究報告資料（黃葳威、林紀慧，2002），進行次級資料分析。分析對象為台北縣、市內十三歲到十八歲的青少年，原始資料計有1200份有效樣本。

如前所述，本研究參考內政部人口統計月報（民國九十年六月底），樣本區含台北市、台北縣。其中兩縣市的男性、女性人口的年齡層分為兩個部分，分別是十三歲至十五歲、十六歲至十八歲。參照比例抽樣原

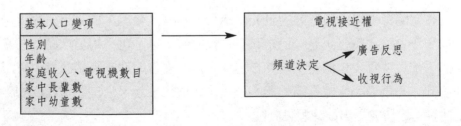

圖12-1　研究架構

則，以台北縣市十八歲以下兩個年齡層人口數除以母體所得的百分比，
即為樣本所占的比例（參見表12-1、表12-2、表12-3）。

問卷調查法的問卷設計分為兩大部分，第一部分為個人使用電視的
調查，第二部分為個人基本資料。

表12-1 台北縣市母體與有效樣本地區檢定

母體				有效樣本數
項目	人口數	比例	預計樣本數	樣本數
台北縣	224,153	39.1	469	465
台北市	349,725	60.9	731	735
合計	573,878	100.0	1200	1200

註1：卡方值＝0.056，df =1，p>0.05。
註2：母體資料來源為中華民國八十九年臺閩地區人口統計（內政部，89年6月）。

表12-2 台北縣市母體與有效樣本性別檢定

母體				有效樣本數
項目	人口數	比例	預計樣本數	樣本數
男性	295,444	51.5	618	621
女性	278,434	48.5	582	579
合計	573,878	100.0	1200	1200

註1：卡方值＝0.030，df =1，p>0.05。
註2：母體資料來源為中華民國八十九年臺閩地區人口統計（內政部，89年6月）。

表12-3 台北縣市母體與有效樣本年齡檢定

母體				有效樣本數
項目	人口數	比例	預計樣本數	樣本數
13-15歲	261,477	45.6	547	554
16-18歲	312,401	54.4	653	646
合計	573,878	100.0	1200	1200

註1：卡方值＝0.165，df =1，p>0.05。
註2：母體資料來源為中華民國八十九年臺閩地區人口統計（內政部，89年6月）。

個人使用部分，調查內容有：家中擁有電視機數量、節目頻道決定權、收看電視頻率、收看電視時間、收看電視時段、最喜歡的一般電視節目類型、最喜歡的青少兒節目呈現型態、最喜歡的青少兒節目內容類型、對電視廣告的反思態度。

　　其中一般節目類型分爲：卡通影片、兒童節目、教育文化、新聞（或新聞性）、電影影集、連續劇、綜藝節目、體育運動類、音樂服務、公共服務，及其他。青少兒節目呈現型態區分爲：藝術才能型態、戲劇、報導、訪談、競賽、綜合型態等。青少兒節目內容類型計有：語文、數學、社會、自然科學、藝術、健康、綜合等。

　　電視遙控器的頻道決定權，是測量受訪青少年在家中觀看電視時，對節目頻道的決定權；諸如：可以完全決定、大部分時間可以決定、有時後可以決定、很少的時候可以決定、幾乎不能決定。

　　對電視廣告的反思態度，係參考青少年消費社會化的量表（Rose, Bush & Kahle, 1998），並增補適合國情的題項，這些題項分別有：

　　對廣告的態度：

1.電視廣告說的是眞的。
2.大部分的電視廣告沒有什麼品味也很無聊。
3.電視廣告只表現一個產品的優點，而不說它的缺點。
4.基本上我蠻喜歡看電視廣告。
5.電視廣告引導人們購買人們實際上不需要的物品。
6.我相信電視廣告主角所說的話。
7.我想模仿電視廣告主角的舉動或生活方式。
8.越常在電視廣告出現的物品，越是好的物品。

　　對電視廣告的態度量表，經由Cronbach α 檢定，α 值爲0.68。

　　與家長討論廣告內容，則是詢問受訪青少年是否與家中長輩一起討論電視廣告的內容。

　　以上廣告反思態度題項總量表，經由Cronbach α 檢定，α 值爲

表12-4　焦點團體出席青少年比例分配

	台北市都會	台北縣城鄉
兼有男女	就讀國中（1／1）	就讀國中（1／1）
兼有男女	就讀高中職（1／1）	就讀高中職（1／1）
兼有男女	就讀五專（1／1）	就讀五專（1／1）

0.71。

　　第二部分基本資料分別有：受訪者性別、出生年份、家中長輩人數、家中學齡前幼童人數，及家庭每月收入等。

　　本研究並分別舉辦三場青少年焦點團體座談，一共邀請三十六位青少年出席。三場座談會先後於八月下旬假台北市金華街國立政治大學公共行政暨企業管理中心會議室舉行。

　　三場青少年焦點團體座談會的出席者，各有來自台北市、台北縣的青少年代表。

　　焦點團體座談出席人士的選擇基礎如下：

1.每場十二人兼顧青少年性別比例。

2.每場座談會兼顧台北市都會地區、台北縣城鄉地區青少年各占一半。

3.每場十二人皆含就讀國中、高中職、五專青少年。

焦點團體座談問題爲：

1.請你先簡單地自我介紹，並且告訴我們你平常一天大約花多久時間收看各類型電視？喜歡看哪些電視節目？收看的原因？

2.你如何選擇或安排收看的電視節目？由自己選擇？或由家長安排？如何安排？你有機會與家人一同收看嗎？

3.就您個人需要，您對類似要爲青少年設計節目的期待是？

4.就您日常的經驗，你覺得青少年朋友對類似電視節目的收視動機爲

何？收視習慣？收視喜好？與收視的期望？

5.青少年朋友對於節目中出現廣告有何反應？會要求也擁有嗎？你對於電視節目出現的廣告有何看法或建議？

6.你在購買生活用品時，會參考節目廣告的資訊嗎？如何做選擇？

7.你認為青少年節目可經由哪些方式，增加一般青少年朋友對節目的參與意願？

8.請問你還有意見要補充或說明？你的意見是？

肆、青少年的電視接近權

一、青少年的電視接近權

分析受訪青少年在家中的節目頻道決定權，以「可以完全決定」的最多，占34.1％；其次是「大部分時間可以決定」（27.7％），或「有時候可以決定」（27％），「很少時候可以決定」（6.5％）或「幾乎不能決定」（4.8％）的占少數。這反映青少年在家中的頻道決定權擁有部分自主性（見表12-5）。

青少年對電視廣告的反思態度，統計結果發現，有50.4％不同意「電視廣告說的是真的」，其次有27.3％表示沒意見，另有11.4％表示非常不同意。至於「大部分的電視廣告沒品味也很無聊」，有40.8％表示沒意見，其次有32.8％同意或非常同意，有26.4％不同意或非常不同意（見表12-5）。

「電視廣告只表現一個產品的優點，而不談它的缺點」，68.4％受訪青少年持同意或非常不同意的立場，20.8％沒意見，僅10.8％表示同意。「基本上我滿喜歡看電視廣告」，36.1％受訪青少年表示同意或非常同意，34％沒意見，另有30％表示不同意或非常不同意。

表12-5　青少年對電視廣告的反思態度

	廣告說的是真的	廣告沒品味很無聊	只說優點不說缺點	蠻喜歡電視廣告	購買不需要的產品	相信電視主角的話	模仿電視主角的話	愈常出現表示愈好	與家長討論廣告
非常不同意	137 (11.4%)	18 (1.5%)	17 (1.4%)	80 (6.7%)	29 (2.4%)	104 (8.7%)	149 (12.4%)	146 (12.2%)	53 (4.4%)
不同意	605 (50.4%)	299 (24.9%)	113 (9.4%)	279 (23.3%)	236 (19.7%)	586 (48.8%)	561 (46.8%)	568 (47.3%)	248 (20.7%)
沒意見	327 (27.3%)	490 (40.8%)	249 (20.8%)	408 (34.0%)	411 (34.3%)	392 (32.7%)	325 (27.1%)	334 (27.8%)	377 (31.4%)
同意	98 (8.2%)	309 (25.8%)	629 (52.4%)	358 (29.8%)	435 (36.3%)	18 (8.3%)	138 (11.5%)	125 (10.4%)	441 (36.8%)
非常同意	33 (2.8%)	84 (7.0%)	192 (16.0%)	75 (6.3%)	89 (7.4%)	18 (1.5%)	27 (2.3%)	27 (2.3%)	81 (6.8%)
總計	1200 (100%)	1200 (100%)	1200 (100%)	1116 (100%)	1200 (100%)	1200 (100%)	1200 (100%)	1200 (100%)	1200 (100%)

　　43.7%的受訪青少年對「電視廣告引導人們購買人們實際上不需要的物品」，持同意或非常同意的立場，20.8%沒意見，22.1%表示不同意或非常不同意。57.5%受訪青少年對「我相信電視廣告主角所說的話」表示不同意或非常不同意，其次，有32.7%表示沒意見，另僅9.8%表示同意或非常同意。

　　「我想模仿電視廣告主角的舉動或生活方式」，有59.3%表示不同意或非常不同意，另有27.1%表示沒意見，13.8%表示同意或非常同意。又如「越常在電視廣告出現之物品，越是好物品」，有59.5%持非常不同意或不同意的看法，其次有27.8%表示沒意見，另有12.7%表示同意或非常同意。

　　在「家中長輩會與青少年一起討論電視廣告的內容」題項，有43.6%回答同意或非常同意，其次有31.4%表示沒意見，25.1%表示不同意或非常不同意。

　　整體觀察青少年對電視廣告的反思態度，除「基本上我滿喜歡觀看

電視廣告」，有三成六以上受訪者表示贊同，與沒意見、不同意或非常不同意的受訪者接近，其次如「大部分的電視廣告產品沒品味也無聊」，四成以上受訪者表示沒意見，另有三成以上贊同，不同意或非常不同意的也達兩成六；這均表示青少年不排斥觀看電視廣告。

而且，有關對電視廣告的反思態度題項，受訪青少年皆傾向抱持反思，甚至也有四成以上受訪者表示會與家中長輩一起討論電視廣告，這些也代表青少年對電視廣告擁有部分反思的自主性。

青少年在家中的收視行為方面，依據青少年受訪者表示，在假日期間，一天平均收看時間為4.91小時；在非假日期間，受訪1190位青少年表示一天平均收看時間為2.47小時（見表12-6）。

整體來看，有55.5%受訪青少年每天都看電視，其次有15.9%受訪者表示不一定。青少年最常收看電視的時段，以晚上六時到八時最多（49%），其次在晚間八時到十時（27.9%），或傍晚四時到六時（10.6%）。

青少年最喜好的節目類型，以電影影集居多（23.2%），其次有綜藝節目（20.1%）或卡通影片（17.6%）、連續劇（14.2%）、新聞（10.2%）等。青少年最喜好的節目呈現型態，首先是戲劇型態（36%），其次是綜合型態（35.5%）、藝能型態（10%）、報導型態（8%）、競賽型態（6%）等。至於青少年最喜好的節目內容，依次為綜合（61.2%）、社會（9.8%）、藝術（7.5%），或語文（6.7%）等（見表12-7）。

二、研究假設驗證

本研究提出七項研究假設，以下將依序說明驗證結果。

研究假設一：青少年隨著性別不同，其電視接近權也有別。

1-1：女性青少年的頻道決定權，比男性青少年的頻道決定權多。

1-2：男性青少年對電視廣告的反思態度，比女性青少年對電視廣告的反思態度頻繁。

表12-6　青少年頻道決定權、收視時間、收視時段統計表

決定權	人數	有效百分比（%）
幾乎不能決定	57	4.8%
很少時段可決定	78	6.5%
有時候可決定	324	27.0%
大部分時間可決定	332	27.7%
可以完全決定	409	34.1%
總計	1200	100%
決定權	人數	有效百分比（%）
每天都看	661	55.5%
一星期看五、六天	63	5.3%
一星期看三、四天	90	7.6%
一星期看一、兩天	63	5.3%
少於一天	125	10.5%
不一定	189	15.9%
總計	1191	100%
收看時段	人數	有效百分比（%）
早晨（8:01~10:00）	8	0.7%
上午（10:01~12:00）	3	0.3%
午餐時間（12:01~14:00）	22	1.8%
下午（14:01~16:00）	43	3.6%
傍晚時間（16:01~18:00）	126	10.6%
晚上（18:01~20:00）	585	49.0%
夜晚（20:01~22:00）	333	27.9%
深夜（22:01~24:00）	74	6.2%
總計	1194	100%

1-3：青少年隨著性別不同，對其觀看電視行為也有別。

依據 t 檢定結果，男性青少年與女性青少年在節目頻道的決定權，無顯著差異（t=3.03, p>.05）。除了與家長討論在不同性別的青少年呈現顯著差異外（t=11.259, p<.001***，見表12-8），其餘對廣告的反思態度，

表12-7　青少年收看節目類型、呈現型態、節目內容統計表

節目類型	人數	有效百分比（%）
卡通影片	211	17.6%
兒童節目	6	0.5%
教育文化	22	1.8%
新聞（或新聞性）	122	10.2%
電影影集	278	23.2%
連續劇	170	14.2%
綜藝節目	241	20.1%
體育運動類	42	3.5%
音樂節目	74	6.2%
公共服務	1	0.1%
其他	31	2.6%
總計	1198	100%
節目呈現型態	人數	有效百分比（%）
藝能型態	119	10.0%
戲劇型態	430	36.0%
報導型態	96	8.0%
訪談型態	19	1.6%
競賽型態	72	6.0%
綜合型態	424	35.5%
其他	34	2.8%
總計	1194	100%
節目內容	人數	有效百分比（%）
語文	80	6.7%
數學	11	0.9%
社會	117	9.8%
自然科學	57	4.8%
藝術	89	7.5%
健康	38	3.2%
綜合	728	61.2%
其他	69	5.8%
總計	1189	100%

表12-8　性別和與父母討論、假日收視時間的t檢定

性別	人數	平均數	標準差	與父母討論
男	621	6.7198	1.4904	T=11.259
女	579	6.9983	1.3764	p<.001***
性別	人數	平均數	標準差	假日收視時間
男	617	4.591	3.178	T=11.98
女	574	5.259	3.478	p<.001***

無明顯差異（t=0.83, p>.05）。進一步以迴歸分析檢視，性別對廣告的態度具有解釋力（β=-0.08），女性青少年較男性青少年常對廣告採反思態度。

　　性別與收視行為部分，t檢定分析發現（見表12-8），不同性別的青少年，其假日觀看電視的時間有顯著差異（t=11.98, p<.001***），其中女性青少年觀看電視的時間比男性青少年的收視時間長。其餘在每週收視天數、非假日收視時間，不同性別的青少年無明顯差異（t=1, p>.05；t=2.66, p>0.5）。再以多元迴歸分析，性別對青少年每週收視天數，及非假日收視時間皆具解釋力（β=-0.11，β=-0.01）。

　　另外，卡方檢定也顯示（見表12-9、表12-10），不同性別的青少年，其觀看電視節目類型、節目內容、呈現型態也有差異（χ2=72.95, p<.01**；χ2=56.09, p<.01**；χ2=34.559, p<.01**）。其餘在收視時段則無差異（χ2=3.75, p>.05）。

　　由此可知，女性青少年與家長討論廣告的情形，顯著高於男性青少年；女性青少年觀看電視的時間，顯著高於男性青少年的收視時間；不同性別的青少年，其收視時段、觀看節目類型、節目內容，或呈現型態均顯著有別。研究假設一獲得部分驗證。假設1-1未獲支持，假設1-2及1-3均獲部分驗證成立。

　　假設二：青少年隨著家庭社經地位不同，其電視接近權也有差別。

　　2-1：家庭社經地位較高的青少年，比家庭社經地位較低的青少年的

表12-9　性別、家庭收入與電視節目呈現型態的交叉分析

性別	藝能	戲劇	報導	訪談	競賽	綜合	其他	總合	
男	54	194	52	10	58	228	19	615	$\chi 2$=22.15 p<.01**
女	65	236	44	9	14	196	15	579	
總合	119	430	96	19	72	424	34	1194	
家庭收入	藝能	戲劇	報導	訪談	競賽	綜合	其他	總合	
3萬元以下	5	1	12	7	21	124	55	11	
30001-60000元	1	1		6	19	105	59	13	
60001-90000元		1	2	5	8	53	24	5	
90001-120000元				4	4	13	15	4	$\chi 2$=56.4 p<.05*
120001-150000元				1		11	5	2	
150001元以上			1		1	10	6	2	
不知道	2		7	20	73	269	169	37	
總合	8	3	22	43	126	585	333	74	

　　　　頻道決定權多。

2-2：家庭社經地位較高的青少年，對電視廣告抱持負面態度的情形
　　　比家庭社經地位低的青少年對電視廣告抱持負面態度的情形
　　　多。

2-3：青少年隨著家庭社經地位不同，其觀看電視行爲也有差別。

　　皮爾森相關分析顯示（見表12-11），青少年家庭收入高低與使用電
視遙控器的頻道決定權無關（r=.02, p>.05）。這表示青少年家庭收入，不
會影響其在家中的頻道決定權。但家中擁有的電視機數目與使用電視遙
控器的頻道決定權呈正相關（r=.14, p<.01**）。這表示青少年家庭收入，
未必影響其在家中的頻道決定權，但是家中的電視機數愈多，青少年的
頻道決定權相對增加。

表12-10　頻道決定權、年齡與電視節目類型的交叉分析

性別	卡通	兒童	教育	新聞	電影	連續劇	綜藝	體育	音樂	公共服務	其他	總合	
男	135	2	9	60	170	56	107	34	30	1	16	620	
女	76	4	13	62	108	114	134	8	44		15	578	
總合	211	6	22	122	278	170	241	42	74	1	31	1198	$\chi^2=72.95$ $p<.01$**

頻道決定權	卡通	兒童	教育	新聞	電影	連續劇	綜藝	體育	音樂	公共服務	其他	總合	
幾乎不能	11	2	1	14	11	2	9	1	2		4	57	
很少	14	1	1	10	20	11	13	3	4			77	
有時	57	1	9	18	90	60	43	13	25		7	323	
大部分可	64	2	4	39	75	41	70	12	19		6	332	
完全決定	65		7	41	82	56	106	13	24	1	14	409	
總合	211	6	22	122	278	170	241	42	74	1	31	1198	$\chi^2=81.26$ $p<.01$**

年齡	卡通	兒童	教育	新聞	電影	連續劇	綜藝	體育	音樂	公共服務	其他	總合	
13歲	36		2	12	25	51	25	4	9		2	166	
14歲	25	2	2	14	48	15	25		4		1	136	
15歲	58		5	25	58	30	47	8	16		5	252	
16歲	35	2	5	17	42	21	52	9	15		9	207	
17歲	26		2	9	30	19	39	8	14		6	153	
18歲	31	2	6	45	75	34	53	13	16	1	8	284	
總計	211	6	22	122	278	170	241	42	74	1	31	1198	$\chi^2=119.65$ $p<.01$**

表12-11　人口變項與廣告反思態度的皮爾森相關分析

	廣告是真的	廣告沒品味很無聊	只說優點不說缺點	蠻喜歡電視廣告	購買不需要的產品	相信電視主角的話	模仿電視主角的話	愈常出現表示愈好	對廣告態度	與家長討論廣告
頻道決定權	r=.13 p<.01** N=1200	r=.00 p>.05 N=1200	r=.08 p<.01** N=1200	r=.04 p>.05 N=1200	r=.04 p>.05 N=1200	r=.09 p<.01** N=1200	r=.04 p>.05 N=1200	r=.06 p<.05* N=1200	r=.11 p<.001*** N=1200	r=-.05 p>.05 N=1200
年齡	r=.02 p>.05 N=1200	r=-.05 p>.05 N=1200	r=.10 p<.01** N=1200	r=-.09 p<.01** N=1200	r=.01 p>.05 N=1200	r=.01 p>.05 N=1200	r=-.04 p>.05 N=1200	r=.02 p>.05 N=1200	r=.13 p<.01** N=1200	r=.04 p>.05 N=1200
家中老人數	r=.04 p>.05 N=1200	r=.01 p>.05 N=1200	r=.02 p>.05 N=1200	r=.00 p>.05 N=1200	r=.00 p>.05 N=1200	r=.02 p>.05 N=1200	r=.01 p>.05 N=1200	r=-.02 p>.05 N=1200	r=.02 p>.05 N=1200	r=-.04 p>.05 N=1200
家中幼童數	r=-.07 p<.01** N=1200	r=.02 p>.05 N=1200	r=-.02 p>.05 N=1200	r=.05 p>.05 N=1200	r=-.02 p>.05 N=1200	r=-.01 p>.05 N=1200	r=.01 p>.05 N=1200	r=.05 p>.05 N=1200	r=-.04 p>.05 N=1200	r=.03 p>.05 N=1200
收入	r=.01 p>.05 N=1200	r=.01 p>.05 N=1200	r=.02 p>.05 N=1200	r=.01 p>.05 N=1200	r=.05 p>.05 N=1200	r=.03 p>.05 N=1200	r=.04 p>.05 N=1200	r=.01 p>.05 N=1200	r=.02 p<.05* N=1200	r=.07 p<.05* N=1200
家中電視數	r=-.05 p>.05 N=1200	r=-.02 p>.05 N=1200	r=.02 p>.05 N=1200	r=.02 p>.05 N=1200	r=.01 p>.05 N=1200	r=.001 p>.05 N=1200	r=-.03 p>.05 N=1200	r=.05 p>.05 N=1200	r=-.02 p>.05 N=1200	r=-.03 p>.05 N=1200

表12-12 家庭收入、頻道決定權、年齡、電視機數、家中幼童數與收視時段的交叉分析

家庭收入	早晨	上午	午間	下午	傍晚	晚上	夜晚	深夜	總合	
3萬元以下	5	1	12	7	21	124	55	11	236	
30001-60000元	1	1		6	19	105	59	13	204	
60001-90000元		1	2	5	8	53	24	5	98	
90001-120000元				4	4	13	15	4	40	χ2=56.4 p<.05*
120001-150000元					1	11	5	2	19	
150001以上			1		1	10	6	2	20	
不知道	2		7	20	73	269	169	37	577	
總合	8	3	22	43	126	585	333	74	1194	
頻道決定	早晨	上午	午間	下午	傍晚	晚上	夜晚	深夜	總合	
幾乎不能	3	2		3	7	25	15	2	57	
很少	1		8	3	9	38	14	4	77	
有時	3	1	6	11	37	156	92	18	324	χ2=97.27 p<.01**
大部分可			2	16	41	164	88	19	330	
完全決定	1		6	10	32	202	124	31	406	
總合	8	3	22	43	126	585	333	74	1194	
年齡	早晨	上午	午間	下午	傍晚	晚上	夜晚	深夜	總合	
13歲	1		2	5	24	84	43	6	165	
14歲			8	7	16	66	32	6	135	
15歲	2	2	3	11	33	130	62	8	251	χ2=86.48 p<.01**
16歲	2		1	3	19	111	60	9	205	
17歲	3		1	5	13	86	39	8	155	
18歲		1	7	12	21	108	97	37	283	
總合	8	3	22	43	126	585	333	74	1194	
TV數目	早晨	上午	午間	下午	傍晚	晚上	夜晚	深夜	總合	
1台	4	1	15	14	54	198	103	19	408	
2台	2		5	15	50	242	142	25	481	
3台		1		13	17	102	58	19	210	
4台			2	1	5	40	23	8	79	χ2=342.76 p<.001***
5台	1					3	7	2	13	
6台								1	1	
7台	1	1							2	
總合	8	3	22	43	126	585	333	74	1194	
幼童數	早晨	上午	午間	下午	傍晚	晚上	夜晚	深夜	總合	
0位	5	2	20	38	122	538	303	65	1093	
1位	2	1		3	3	36	21	7	73	χ2=60.49 p<.01**
2位	1					7	5	1	14	
3位			2	1	1		3		7	
總合	88	3	22	42	126	581	332	73	1187	

青少年家庭收入的高低和與家長討論廣告的頻率呈正相關（r=.07, p<.05*），進一步以多元迴歸分析，家庭收入也具預測力（β=0.1），即青少年家庭收入愈高，愈常和家長討論廣告（見表12-11）。青少年家庭收入高低和對廣告的反思態度無關（r=.04, p>.05），也與每週收視天數、收視時間無關（r=0, p>.05；r=-.03, p>.05）。不過，家中擁有電視機數量與對廣告的態度，或和家長討論廣告沒有關連。

　　依據交叉分析結果（見表12-9、表12-12、表12-13），青少年隨著家庭收入不同，其在家中觀看電視的收視時段有明顯差異（χ2=56.4, p<.05*），其喜好電視的節目呈現型態也呈現差異（χ2=56.4, p<.05*），其喜好的電視節目內容也有差異（χ2=79.44, p<.01**）。但青少年的家庭收入不同，其喜好觀看電視的節目類型未呈顯著差異（χ2=49.02, p>.05）。

　　青少年家中電視機數目不同，其與假日收視時間、收視天數，或收視節目類型、節目內容、呈現型態無顯著差異。但青少年家中電視機數

表12-13　頻道決定權、家庭收入與電視節目內容的交叉分析

頻道決定	語文	數學	社會	自然科學	藝術	健康	綜合	其他	總合	
幾乎不能	5			4	6	2	34	4	55	
很少	9	1	9	6	13	2	34	3	77	χ2=56.09 p<.01**
有時	24	4	25	14	25	14	198	16	320	
大部分可	29	4	41	20	24	8	187	16	329	
完全決定	13	2	42	13	21	12	275	30	408	
總合	80	11	117	57	89	38	728	69	1189	
家庭收入	語文	數學	社會	自然科學	藝術	健康	綜合	其他		
3萬以下	16	1	18	10	30	4	147	12		
30001-60000	19	2	26	6	10	5	129	7	204	
60001-90000	9		19	8	5	1	50	3	95	χ2=79.44 p<.01**
90001-120000		2	3	2		5	22	1	40	
120001-150000	1		2	1			12	2	18	
150001以上			1			1	17	1	20	
不知道	35	6	48	30	39	22	351	43	574	
總合	80	11	117	57	89	38	728	69	1189	

表12-14　電視機擁有數與每週觀看電視天數、非假日收視時間的單因子
　　　　變項分析

電視數	人數	平均數	標準差	收視天數
1台	409	2.77	2.03	
2台	478	2.33	1.90	
3台	208	2.66	2.06	F=2.74 p<.05*
4台	79	2.82	2.11	
5台	14	2.64	2.17	
6台	1	1.00		
7台	2	5.00	1.41	
電視數	人數	平均數	標準差	非假日收視時間
1台	405	2.14	1.88	
2台	480	2.50	2.08	
3台	208	2.88	2.70	F=8.45 p<.001***
4台	80	2.70	2.34	
5台	14	2.61	3.34	
6台	1	1.50		
7台	2	11.25	1.06	

目的不同（見表12-14），其在非假日收視時間和觀看電視的收視時段明
顯有別（F=2.75，p<.05*，F=8.45，p<.001***）。再以迴歸分析發現，家
中電視機數對青少年非假日收視時間具解釋力（β=-0.12）。

　　由統計分析結果得知，研究假設二獲得部分支持成立。假設2-1部分
獲驗證成立，假設2-2及2-3也獲部分驗證成立。

　　研究假設三：青少年隨著年齡不同，其電視接近權也有別。

　　3-1：年齡愈長的青少年的頻道決定權，比年齡愈輕的青少年的頻道
　　　　決定權多。

　　3-2：年齡愈長的青少年對電視廣告反思的態度，比年齡愈輕的青少

年對電視廣告反思的態度頻繁。

3-3：青少年隨著年齡不同，其觀看電視行為也有別。

從皮爾森相關分析得知（見表12-11），青少年的年齡與其在家中使用電視遙控器的頻道決定權呈正相關（r=.13, p<.01**），但與對電視廣告的反思態度、與家長討論廣告無關（r=-.02, p>.05；r=.04, p>.05）。進一步以多元迴歸分析（見表12-13），年齡對與家長討論電視廣告具預測力（β=.07）。

青少年的年齡大小與其假日或非假日在家中觀看電視的收視時間呈正相關（r=.08, p<.01**；r=.12, p<.01**），以多元迴歸分析（見表12-15），年齡對假日或非假日收視時間皆具預測力（β=.07；β=.11），即青少年年齡愈長，其在假日或非假日收看電視的時間愈長。皮爾森相關分析發現（見表12-16），青少年的年齡與其每週在家中觀看電視的收視天數無關（r=.02, p>.05）。再以多元迴歸分析，年齡對每週收視天數具預測力（β=.09），這顯示年齡對收視天數具正向預測力。

交叉分析發現（見表12-12、表12-10），青少年隨著年齡大小，其在家中觀看電視的收視時段、其喜好觀看的電視節目類型，均呈顯著差異（χ2=86.48, p<.05*；χ2=79.44, p<.01**）。但青少年隨著年齡不同，其喜好觀看電視的節目內容與呈現型態，皆無明顯差異（χ2=49.9, p>.05；χ2=37.97, p>.05）。

因此，研究假設三僅獲得部分驗證成立。其中假設3-1獲得完全支持成立，假設3-2及3-3均獲得部分驗證支持。

研究假設四：青少年隨著家長人數的多寡，其電視接近權也有差別。

4-1：家中長輩較多的青少年，比家中長輩較少的青少年的頻道決定權多。

4-2：家中長輩較多的青少年對電視廣告的反思態度，比家中長輩較少的青少年對電視廣告的反思態度頻繁。

表12-15　影響青少年電視接近權的多元迴歸分析

頻道決定權＝.13電視數＋.12年齡			
依序選入變項	多元相關係數R	決定係數R平方	增加解釋量△R	迴歸係數β
電視數	.14	.02	.02	.13
年齡	.19	.04	.02	.12

對廣告的態度＝.11頻道決定權－.07性別			
依序選入變項	多元相關係數R	決定係數R平方	增加解釋量△R	迴歸係數β
頻道決定權	.11	.01	.01	.11
性別	.13	.02	.01	-.07

與家長討論＝.072年齡＋0.99收入			
依序選入變項	多元相關係數R	決定係數R平方	增加解釋量△R	迴歸係數β
收入	.10	.01	.01	0.99
年齡	.12	.015	.01	.072

收視天數＝.090年齡－0.135頻道決定權－.107性別			
依序選入變項	多元相關係數R	決定係數R平方	增加解釋量△R	迴歸係數β
頻道決定權	.14	.02	.02	-0.14
年齡	.19	.04	.01	.09
性別	.17	.03	.01	-.11

假日收視時間＝.068年齡＋.058頻道決定權			
依序選入變項	多元相關係數R	決定係數R平方	增加解釋量△R	迴歸係數β
年齡	.08	.01	.01	.07
頻道決定權	.10	.01	.00	.06

非假日收視時間＝.118電視數＋.107年齡－0.1性別			
依序選入變項	多元相關係數R	決定係數R平方	增加解釋量△R	迴歸係數β
年齡	.17	.03	.01	.11
電視數	.13	.02	.02	.12
性別	.20	.04	.01	-.01

4-3：青少年隨著家長人數的多寡，其觀看電視行為也有差別。

根據皮爾森相關分析（見表12-11），青少年家中長輩人數的多寡，與頻道決定權、對廣告反思的態度，或與家長討論廣告無關（r=.02, p>.05；r=.02, p>.05；r=-.02, p>.05）。進一步以多元迴歸分析（見表12-15），家中長輩人數對頻道決定權具正向預測力（β=.12）。

青少年家中長輩人數多寡與其假日或非假日在家中觀看電視的時間、每週收視天數均無相關（r=.01, p>.05；r=-.01, p>.05；r=-.05, p>.05）。

　　依照交叉分析結果，青少年家中長輩人數不論多寡，其在家中觀看電視的收視時段、喜好的節目類型、喜好的節目內容或呈現型態，均無明顯的差異（χ2=15.84, p>.05；χ2=17.37, p>.05；χ2=22.29, p>.05；χ2=15.57, p>.05）。

　　研究假設四獲部分支持成立，僅4-1獲得驗證成立。

　　研究假設五：青少年隨著家中學齡前幼童數的多寡，其電視接近權也有別。

5-1：家中學齡前幼童數較多的青少年，比家中學齡前幼童數較少的青少年的頻道決定權少。

5-2：家中學齡前幼童數較少的青少年對電視廣告的反思態度，比家中學齡前幼童數較多的青少年對電視廣告的反思態度頻繁。

5-3：青少年隨著家中學齡前幼童數的多寡，其觀看電視行為也有別。

　　從皮爾森相關分析來看，青少年家中學齡前幼童數的多寡，與青少年使用遙控器的頻道決定權、對電視廣告的反思態度、與家長討論廣告等無關（r=-.04, p>.05；r=-.02, p>.05；r=-.04, p>.05）。

　　青少年家中學齡前幼童數與每週觀看電視的天數呈正相關（r=.08, p<.01**），即青少年家中學齡前幼童數愈多，每週觀看電視的收視天數愈多（見表4-5）。但與假日或非假日觀看電視的收視時間無關（r=-.02, p>.05；r=-.03, p>.05）。

　　再從交叉分析觀察（見表12-12），青少年家中學齡前幼童數不同，其觀看電視的收視時段顯著有別（χ2=60.49, p<.01**），但其喜好的節目類型、呈現型態，或節目內容均無差異（χ2=25.22, p>.05；χ2=16.71, p>.05；χ2=23, p>.05）。

假設五獲得小部分支持成立，假設5-1及假設5-3獲得小部分驗證成立。

研究假設六：青少年隨著頻道決定權的不同，其對電視廣告的反思態度也有別。

由皮爾森相關分析結果來看（見表12-16），青少年使用電視遙控器的頻道決定權，與對電視廣告的反思態度呈正相關（r=.11, p<.01**），依據多元迴歸分析（見表12-15），頻道決定權對電視廣告的反思態度具正向預測力（β=.11），即青少年的節目頻道決定權愈多，其愈常對電視廣告採取反思態度。但青少年的頻道決定權和與家長討論廣告無關（r=.03, p>.05）。因此，假設六獲得部分驗證成立。

研究假設七：青少年隨著頻道決定權的不同，其觀看電視行為也有差異。

根據皮爾森相關分析結果（見表12-16），青少年使用電視遙控器的頻道決定權，與其每週觀看電視的收視天數呈負相關（r=-.14, p<.01**），以多元迴歸分析（見表12-15），頻道決定權對收視天數具負向預測力（β=-0.14），即青少年的頻道決定權愈多，其每週收看電視的天數愈少。青少年的頻道決定權與其假日觀看電視的收視時間呈正相關（r=.07, p<.05*），但與其非假日的收視時間無關（r=.02, p>.05）。再以多元迴歸分析（見表12-15），頻道決定權對假日收視時間具正向解釋力（β=0.7），即青少年的頻道決定權愈多，其假日收看電視的時間愈長。

從交叉分析來看（見表12-12、表12-10、表12-13），青少年頻道決定權的不同，其收視時段、收看節目類型與收看節目內容均有顯著差異（χ2=97.27, p<.01**；χ2=81.26, p<.01**；χ2=56.09, p<.01**），但其觀看電視節目的呈現型態則無差異（χ2=33.71, p>.05）。假設七獲得大部分驗證成立。

表12-16　頻道決定權、基本人口變項與收視時間的皮爾森相關分析

	頻道決定權	年齡	家中老人數	家中幼童數	收入
頻道決定權	r=1 p<.001*** N=1200	r=.13 p<.01** N=1200	r=.02 p>.05 N=1200	r=-.04 p>.05 N=1200	r=.02 p>.05 N=1200
廣告態度	r=11 p<.01** N=1200	r=.02 p>.05 N=1200	r=.02 p>.05 N=1200	r=-.02 p>.05 N=1200	r=.02 p>.05 N=1200
與家長討論	r=-.05 p>.05 N=1200	r=.04 p>.05 N=1200	r=-.04 p>.05 N=1200	r=.03 p>.05 N=1200	r=.07 p<.05* N=1200
收視天數	r=-.14 p<.01** N=1200	r=.02 p>.05 N=1200	r=-.05 p>.05 N=1200	r=.08 p<.01** N=1200	r=.00 p>.05 N=1200
收視時間 （假日）	r=.07 p<.05* N=1200	r=.08 p<.01** N=1200	r=.01 p>.05 N=1200	r=-.02 p>.05 N=1200	r=-.03 p>.05 N=1200
收視時間 （非假日）	r=.02 p>.05 N=1200	r=.12 p<.01** N=1200	r=-.01 p>.05 N=1200	r=-.03 p>.05 N=1200	r=-.05 p>.05 N=1200

伍、結論、討論與建議

　　生態學的創始人Bronfenbrenner（1979），重視多重文化環境對人類行為與發展的影響，並將環境與個體的空間和社會隔離，分為一層一層的系統群。個體位在核心，與個人最直接互動的是家庭系統，所謂微系統（microsystem）；再者是居間系統（meso system），其介於微系統與外部系統（社會）之間，居間系統也被視為系統間的互動關係。就青少年的成長來看，傳播媒體如同青少年在家庭微系統外層的居間系統，其中電視媒體長期以來也形成現代人認識社會的一扇窗。

　　不可否認，居間系統發展的結果，直接推進個人的發展（Brofenbrenner, 1979），接近資訊與參與傳播為現代人享有的權利。本研

究探討都會家庭中青少年的電視接近權，電視接近權被定義爲：在家中使用遙控器的頻道決定權、對電視廣告的反思，以及收看電視的時間與內容選擇。以下將依研究問題分述研究結論。

一、都會家庭中青少年的電視接近權如何？

探究青少年在家中的電視節目頻道決定權，一方面考量其使用遙控器的自主性，一方面也反映當代都會青少年擁有多少主動選擇媒體、反思媒體內容的主動性。本研究從電話問卷調查的次級資料分析與焦點團體座談結果發現，都會青少年夾雜在學校系統或工作系統的就學、就業壓力，以及個人成長褪變的青春期變遷中，其在家中擁有部分使用遙控器的頻道決定權。

檢視青少年對電視廣告的反思態度，大部分青少年對電視廣告擁有反思的自主性，但青少年也不排斥電視廣告。依據焦點團體座談結果，青少年認爲電視廣告在極短的時限帶出有趣的創意，耐人尋味，也不擔心內容的接續理解，看來輕鬆又可在上學時與同儕討論流行話題。這意味著都會地區青少年雖然有興趣看廣告，卻未必對其中推銷的產品照單全收。而且，青少年的頻道決定權與對電視廣告的反思態度呈正相關，青少年愈擁有電視遙控器自主性，其愈傾向對電視廣告持反思態度，反之亦然。相關研究假設六：青少年隨著頻道決定權的不同，其對電視廣告的反思態度也有別，獲得部分驗證成立。

青少年由於擁有不同程度的頻道決定權，其在家中觀看電視的收視時段、喜好節目內容、喜好節目類型，也有所差異，但在喜好節目的呈現型態無差異。例如，從交叉分析獲知，青少年在可完全決定頻道使用選擇時，其收視時段集中於晚間六時到八時，其次是八時到十時；所喜好內容也以綜合型態最多，其次是社會型態內容；所喜好節目類型以電影、綜藝節目、連續劇爲主。這些反映青少年接觸電視的時段，仍受制於就學與就業時段之餘，且接觸的節目也傾向娛樂、放鬆或想像。假設

七：青少年隨著頻道決定權的不同，其觀看電視行為也有差異，經分析獲大部分驗證成立。

二、影響都會家庭中青少年電視接近權的因素有哪些？

參酌文獻探討所提出研究假設，除假設四：青少年隨著家長人數的多寡，其電視接近權也有差別，未獲驗證成立外，其他相關假設均獲部分支持成立。探討假設四未能成立的原因，可能與家中長輩參與家庭收視行為意願有關，單親家庭的家長身負養家、持家雙重責任；而都會雙親家庭中不乏雙薪家庭，其作息也有不確定性；而三代家庭中擁有的電視機可能不只一台，這些變數都左右家中長輩多寡對青少年收視接近權影響的不確定性。

從電視遙控器的頻道決定權來看，影響青少年頻道決定權的因素有：家庭收入、家中電視機數目、年齡、家中學齡前幼童數。因而，假設3-1、假設4-1及假設5-1獲驗證支持成立。其中家中電視機數與年齡，均對頻道決定權具正向解釋力。這多少顯示，家中收視行為的確受到家中環境收視資源的影響，或許日後探討家庭媒體使用情境時，不僅可以關注媒體接收機的數量，還可分析其擺設位置所造成的變化。

分析影響對電視廣告反思態度的變項，本研究發現女性青少年對廣告的反思情形高於男性青少年，這與一般探討衝動性消費的結果有別。或許在於女性青少年與家長互動較頻繁，有參與家中消費討論或提供反思評估的機會。因而，和家長討論廣告內容相關的因素有：性別、家庭收入、年齡等。這使得假設1-2、假設2-2、假設3-2獲得部分驗證成立。這則呼應先前文獻（d'Astrous, Maltais & Roberge, 1990; Kuo, 1986; Kuo, 1990; 蔡美瑛，1993）的結果，即女性青少年與父母的相處互動較男性青少年頻繁，家庭社經地位較高的青少年與父母在消費事務互動較多，年齡愈長的青少年愈常參與家中消費決策討論。

觀察青少年電視接近權的收視行為面向，就收視時間來看，青少年

的年齡與假日或非假日收視時間呈正相關；年齡、家中學齡前幼童數分別與每週收視天數成正相關；青少年隨著家庭收入、年齡、家中學齡前幼童數的不同，其觀看電視的收視時段顯著有別。

青少年收視內容選擇上，會隨著性別差異，其觀看電視喜好的節目類型、節目內容，與呈現型態均顯著不同；青少年的家庭收入不同，其所喜好的節目內容與呈現型態也有別；青少年由於年齡大小不同，其喜好的節目內容顯著有別。所以，相關假設1-3、假設2-3、假設3-3皆獲得不同程度的驗證支持成立。這些與既有實證研究的發現一致（Whitebeck, 1988; Meyers-Levy & Maheswan, 1991; Priston, 1979）。

本研究嘗試將家庭結構中的同居家長與學齡前幼童納入分析。結果發現，家中年長者與幼童數的多寡，的確對青少年的頻道決定權有影響；在青少年收視行為的影響，主要在收視時段。探究其原因，參酌焦點團體座談結果，家中年長者與青少年所喜好的節目內容或收視時程各有區隔；家中學齡前幼童的存在，會促使家庭成員收視時段或內容的規格化：如午後及傍晚時段，自然形成幼童收視時程，青少年未必參與收視，這時家長也忙於料理家務；接著晚間六時到八時，收視群則逐漸轉移到青少年成員；如果家長完成家務處理，收視觀眾再逐漸轉移到父母長輩，這時青少年常被催促要離開電視螢光幕去面對課業，特別逢非週末期間。

評量都會家庭中青少年的電視接近權，其對電視遙控器的使用決定權，牽涉的層面除了青少年個人作息外，還涉及家中其他成員的作息，本研究發現家中學齡前幼童存在的影響，不容忽視。觀察多數電視頻道在下午、傍晚時段，也以婦女、幼童或親子為訴求，但傍晚與晚間時段的節目內容構思，未必針對青少年或兒童需求量身設計。常見的現象是以卡通為呈現型態，而內容則超越青少年、甚至兒童的生活經驗理解範疇，既不符合節目分級制度，反倒形成青少年或兒童在不知所以然下模仿、學習的重要參考模式，青少年適逢青春期的轉型，傳播媒體形成青少年在家庭微系統外層的居間系統，如此是否損及青少年、兒童的電視

接近權以及身心發展，值得關注。

　　隨著數位傳播環境的形成，家中擁有電腦與否、其擺設位置、是否接設網路，或手機簡訊的傳遞互動，皆可左右家中成員的媒體接近權和青少年的居間系統的組成，類似數位科技居間系統對青少年有何影響？是否符合兒童少年福利法相關規範？相關檢視青少年的社會人權議題與消長，或可進一步深入探索。

問題討論

1. 為什麼說青少年位於消費世界與生命週期的關鍵入口？
2. 請想一想你在青少年時期對廣告的看法，和目前你對廣告的看法有何異同？
3. 請想一想你在家中使用遙控器情形，家中誰對遙控器有主要決定權呢？
4. 請想一想你會和家人討論家中所需要的消費物品，你會參與這些消費決策嗎？
5. 請想一想你的消費觀念和家人的消費觀念相似嗎？為什麼？

第四篇
回饋參與篇

第十三章
弱勢社群對電視新聞節目的回饋：
以原住民為例

- 一九九四年九月，公視籌委會招訓了一批原住民電視記者，希望這些來自原住民社會各階層的生力軍，能開創一個原住民觀點的媒體空間（江冠明，民85）。
- 一九九五年以來，文建會委託全景映象工作室，舉辦「地方攝影工作者訓練」，學員中多數為原住民青年（黃秀錦，民85）。
- 一九九六年上半年內閣改組，並成立了「原住民委員會」，專責原住民同胞的權益事宜。
- 台灣原住民歌謠成為一九九六年奧運的主題曲之一。
- 二○○二年，設置原住民專屬電視頻道的構想提出，但因原住民部落普遍存在的數位落差現象亟待解決，暫時與公共電視原住民新聞組合作製播原住民節目。

　　在大眾傳播新聞報導的推波助瀾下，原住民同胞似乎爭得出頭天，較以往受到各界的關懷。相關單位也逐漸重視原住民新聞人員或紀錄片攝影的培訓工作，希望嘗試將攝影機交給原住民，展現一些原住民觀點的新聞畫面記錄。從訊息接收者的角度來看，這些長期暴露於以漢文化為主的電視媒體環境的原住民，顯然一直處於弱勢社群的角色。

　　本文以屏東縣山區的排灣族、魯凱族原住民為研究對象，分析原住民對電視新聞節目（新聞報導、新聞雜誌節目）的回饋。所謂回饋，如同一相反的傳播過程，是由接收者傳遞給傳播者，並藉由口語、非口語或兩者並用來進行，其目的在減少歧視，協助傳播者的角色扮演。角色扮演是傳播者評估溝通符號意義的一種過程，傳播者期望在角色扮演的過程，使用接收者生活經驗也能明瞭的符號，傳遞訊息（De Fleur & Ball-Rokeach, 1982）。回饋也被視為「一種利用輸出結果來規範與修正反應機制的控制信號」（蔡琰，民84，頁172）。這些均顯示回饋有助於改善傳播過程或內容，傳播者可由較積極主動的層面善用回饋訊息，來改善傳播訊息的呈現或傳遞方式。因此，回饋是先有訊息輸入，然後產生接收者對訊息的反應、效果或互動溝通。回饋在文中被界定為對電視新聞節目

的反應或互動溝通，如對節目的觀感、期待，及向製播者表達意見的方式。研究者將根據焦點團體、深度訪談蒐集的資料探討以下的議題：

1.原住民對電視新聞節目的觀感。
2.原住民所希望看到的電視新聞報導內容或方式。
3.原住民向電視媒體表達對電視新聞的意見之途徑。

本章將分別審視弱勢社群的意涵、弱勢社群與媒體等相關文獻，再分析原住民對電視新聞節目的回饋。

壹、弱勢社群的意涵

一、弱勢社群的概念

弱勢社群係指社會中的某群成員，在生活上比其他社群擁有較少的控制力和主宰力；這群成員處於其他社群所支配的社會，其接受教育、追求成功、財富與個人幸福的機會，遠比其他社群有限（Schaefer, 1984:5）。雖然弱勢社群的人數通常少於其他強勢社群的人數，但即使前者的人數多於後者，也未必能支配一個社會。例如南非的白人占不到總人數的五分之一，但在種族隔離政策未廢除前，仍使其他五分之四的黑人備受歧視；美國的密西西比州、南加州，黑人、印地安裔的比例明顯多於白人，卻仍由白人主掌州政；台灣地區屏東縣山區的排灣族、魯凱族原住民比例多於平地人（閩南人），原住民的政治參與及社會參與仍非常有限。

因而，相對於主流社群（dominant group）或強勢社群（majority group）而言，弱勢社群往往扮演附屬的角色。弱勢社群並具備以下特質（Harris, 1964:4-11）：

1.弱勢社群會感受到強勢社群的偏見、歧視、隔離等形式的不平等。

2.弱勢社群在生理上和文化上不同於強勢社群。

3.每一個人無法自願選擇成為弱勢或強勢社群。

4.弱勢社群的成員通常互相通婚，這並非巧合，而是強勢社群自我優越感作祟所致。

5.由於弱勢社群意識到自己的附屬地位，這種認知導致強烈的族群孤立；當一個社群長期被歧視，其成員對此社群的歸屬感逐漸形成，且日益強烈。

由上述特質不難發現，弱勢社群形成的原因除可能肇因於生理、先天自然因素，絕大部分在於與其他社群的關係、互動、彼此認知等。

二、弱勢社群的類型

弱勢社群一般包括四種類型（Schaefer, 1984:8-10）：

1.種族社群（racial group）：與強勢社群的差別在於生理特徵及文化，如黃種人有別於白種人或棕色人種。

2.族裔社群（ethnic group）：語言、飲食等差異為部分弱勢社群與其他社群的分界。因此，族裔社群的國家源起和明確的文化模式是阻礙其融入主流社會原因。例如習慣吃中國菜的華人在美國境內，可能因吃不慣不用筷子的西式速食而與美國主流文化有隔閡；來自印度習慣用手取食物進餐的印度商人，可能因飲食、語言的不同而不適應在台灣洽商的生活。

3.宗教社群：宗教涵括神聖的文學經典及儀式、機構、習俗、信仰哲學觀等。在某些單一信仰的宗教國家，其他不同的信仰相形之下屬於弱勢社群。

4.性別社群：在男性主導的社會，女性儘管教育、資歷不輸於男

性，卻仍可能屬於弱勢社群。

這四種類型除種族社群及性別社群有與生俱來的差異性外（當然，現在也有人進行改變性徵的手術），文化的異同、類似與否，都可能影響四種社群類型的歸類。

本章的研究對象為原住民，其與台灣地區的閩南人、客家人及外省人的外觀差異不在討論範圍，研究重點為原住民對電視新聞節目的觀感及其權益。這些均屬跨文化層面的議題。

貳、弱勢社群與傳播媒體

傳播對跨文化議題的影響日益重要。早期即有學者主張傳播即文化，文化即傳播（Hall, 1959）。跨文化傳播學者金洋詠（Kim, 1981）主張，新舊文化的調適乃是一種互動且持續的過程，而個體藉此與新的社會文化環境互相傳播溝通。

一般而言，大眾傳播媒體可提供有關（主流）文化的資訊（DeFleur & Dennis, 1981; Gao & Gudykunst, 1990）。從功能的層面來看，大眾傳播媒體具備守望、聯繫、娛樂、傳遞文化（或社會化）等功能；它既為社會整體，也為其中的團體、個人傳遞不同的次文化（Katz, Blumler & Gurevitch, 1974; Ryu, 1988）。人們使用了大眾傳播媒體，不僅有較多的話題與他人分享，也可更熟悉所處的社會文化。

肯定傳播媒體重要性的人，較常使用傳播媒體或與傳播組織聯繫。譬如，肯定新傳播科技重要性的人，較傾向接受新媒體；個體對媒體具正面評價的態度，也影響其文化認同與適應（Shoemakers, Reese & Danielson, 1985）。這表示個體對媒體的態度，直接影響其對媒體的使用與適應環境文化的程度。

一、文獻取向

探討弱勢社群與大眾傳播相關議題的文獻，大致有以下幾個方向：

1. 由媒體使用層面探討弱勢社群使用媒體時間或頻率的多寡（蔣永元，民63；許順成，民76；陳昌國，民65；吳姿儀，民83；黃葳威，民84；Chaffee, Nass & Yang, 1989; Choi & Tamborini, 1988; Kim, 1977a, 1977b; Lam, 1980; Lee, 1984; Nagata, 1969; Subervi-Velez, 1984; Won-doornink, 1988）、喜好的節目內容（黃葳威，民84；Hur, 1981; Hur & Proudlove, 1982），或使用動機（許順成，民76；黃葳威，民84；Ryu, 1977）。

2. 由政經結構層面分析弱勢媒體經營策略（Leslie, 1995; Novek, 1995）。

3. 分析傳播媒體內容呈現或觀點再現（尤稀‧達袞，民83；江冠明，民85；李道明，民83；胡台麗，民82；陳昭如，民83；鄭立明，民85；劉紹華，民83；Aufderheide, 1994; Coward, 1944; Entman, 1994; Ramsey, 1994; Ross, 1994; Sumner, 1995）。

4. 有關弱勢社群與媒體使用與回饋，早期文獻大多探討弱勢社群如何使用主流傳播媒體，適應主流社會生活。譬如金洋詠（Young Yun Kim）針對韓裔美國移民的調查發現（Kim, 1977a, 1977b），類似韓裔美國移民的弱勢社群愈常閱讀英語報紙或收看英語電視，其愈熟悉美國社會文化。九〇年代起國內逐漸開始探討媒體回饋的層面。

一些學者從政治經濟學層面分析弱勢媒體的經營方式。賴斯里（Leslie, 1995）探討南非電視工業的重建，為非洲黑人樹立新的形象，同時促使資本主義登陸南非社會。這份論述分析南非電視工業援引美國資本主義的經營方式，將非洲黑人「美國化」為社經地位良好的中產階

級，這種成功的形象受到大部分非洲黑人的歡迎，卻也暴露社群再現觀點矯枉過正的誤差。

艾特曼（Entman, 1994）分析美國三大電視網對於黑人與白人的新聞報導，結果顯示的確存在對黑人的刻板印象，其中有關白人的報導方式較多元化、較正面。艾特曼進一步探討其背後原因指出，刻板印象的肇因不在於新聞從業人員認知上的偏差，而在於他們實際採訪應用的方式有誤。因此，艾特曼質疑電視從業者在報導黑人議題的專業能力。

諾維克（Novek, 1995）曾經帶領九十七名非洲裔美國中學生，利用十九個月的時間自行經營、發行社區報紙，結果發現這份採取黑人觀點所辦的社區報紙，有助於黑人社區重整。這反映弱勢社群以自我觀點詮釋訊息的正面影響。

國內在八十三年四月間也在屏東縣境山地文化園區，舉辦「原住民文化會議」，其中一篇有關原住民與傳播媒體批判的論文指出（尤稀・達袞，民83），傳播媒體的主要角色應該是建構原住民的「反論述」，批判主流媒體傳達的霸權論述，也就是批判漢族中心主義及「文化霸權」，批判它們生產和複製的意識型態與宰制關係。尤稀・達袞認為，原住民應擁有自己的媒體來扮反論述的角色。

陳昭如（民83）在〈原住民新聞與漢人新聞媒體〉一文說明，在討論有關原住民新聞報導是否完備時，除需考慮新聞倫理與專業能力外，還需注意到新聞工作者的「文化負載」（對不同文化的認知），對處理新聞所構成的影響。這說明新聞報導觀點呈現的方式，未必僅肇因於記者對報導事件存有偏見或預設立場，有時與新聞專業素養的實踐，及是否具備並落實多元化觀點相關。

於是國內「把攝影機交給原住民」（江冠明，民85）的呼聲愈來愈多，一九九四年九月，公視招訓一批原住電視記者，希望這些原住民從業人員，開創一個原住民觀點的媒體空間。江冠明在〈原住民觀點與原住民新聞雜誌〉一文中指出，這些原住民新聞作品中部分有報導中夾議夾敘的缺失，但有些方式則與一般新聞報導有別……引用母語，採弱勢

族群的報導觀點，凸顯部落的新聞題材，並對漢文化提出原住民文化的批判觀點。

來自泰雅族的馬紹·阿紀，陳述了原住民報導原住民新聞的心得，馬紹·阿紀（民85）認為，原住民觀點如果要「有別於」漢人製作的節目，誠實最重要，同時，原住民報導原住民新聞，不應被賦予一種非主流媒體（或另類媒體）的觀察眼光，「新聞事件」應只有一個事實，而非由於採訪的主體的身分更換，造成事實有所區隔與變質。馬紹·阿紀也建議有志新聞工作的原住民，需做心理準備，調適心中由一元化社會進入多元化社會的焦慮及質疑。

孫大川、蔡智賢（民85）在〈從言說到書寫〉一文，嘗試將原住民傳播形態，區分為第一人稱模式、第三人稱模式，以及「你／我互為主體的交互對話」模式，藉以反映原住民從言說至書寫逐步與大社會進行對話與滲透的過程，並藉《山海文化》的實踐經驗，反省當前原住民媒體的相關議題。他們表示，原住民必須勇敢介入書寫活動，猶如過河卒子，否則原住民的傳播將永遠是第三人稱模式。

謝偉姝（民85）探究公視原住民記者觀點的論述指出，原住民觀點與媒體的出現，對內可凝聚族群共識、傳遞文化，對外則可促進與主流社會的對話，使原住民在社會中能獲得平等、不被誤解，她建議，主流社會可藉由原住民文化與議題來豐富主流社會，也可藉原住民的觀點來審視自我，因此社會對族裔團體的觀點應予重視。

有關報紙對原住民正名運動的論述分析，倪炎元（民85）的分析顯示，報紙對原住民的稱謂並無既存的定見，它只是沿用官方用法；在「泛原住民運動」出現後，原住民的「自稱」逐漸帶動報紙新聞稿稱謂的改變，結果在官方尚對「原住民的稱謂」持反對立場的情況下，報紙已約定俗成地普遍使用。除藉由修憲時機的正名運動受到主流報紙媒體青睞，其他正式活動均不受重視。

另一篇族裔團體議題再現的研究發現（王嵩音，民85），在蘭嶼核廢料場抗爭事件中，無論是抗爭之前或抗爭期間，報紙媒體在報導主題

（消息來源的選擇，以及報導的方向）一律偏向權威的一方，蘭嶼原住民的聲音並未受到重視，報紙運用了忽視、低估化、強調內在歧視、不平衡報導、強調外在影響以及瑣碎化等框架機制，去框限族裔團體的抗爭運動。

二、閱聽人使用及回饋

有關族裔團體與媒體使用的文獻，大多探討族裔團體如何使用主流傳播媒體，適應主流社會生活。譬如金洋詠（Young Yun Kim）針對韓裔美國移民的調查發現（Kim, 1977a, 1977b），類似韓裔美國移民的族裔團體，愈常閱讀英語報紙或收看英語電視，其愈熟悉美國社會文化。

柴菲等（Chaffee, Nass & Yang, 1989）學者表示，適應主流文化的程度與使用主流語文媒體的頻率相關。愈常閱讀原有文化語言的報紙，愈常討論原有文化中的政治議題（Chaffee, Nass & Yang, 1989; Lam, 1980）。

另有研究則從相對觀點分析移民使用母語傳播媒體的影響，結果呈現族裔團體愈接觸其母語的電視或報紙，其愈不易融入主流社會（Choi & Tamborini, 1988; Won-doornink, 1988）。

國內早期原住民與傳播媒體文獻較著眼大眾傳播媒體與台灣山地鄉現代化的關係，蔣永元（民63）在花蓮縣鳳林鎮的調查顯示，原住民所接受的現代化概念，主要來自傳播媒體中的廣播；較常接收新聞與公共事物訊息的原住民較接收其他訊息者易改變。這份調查報告也發現，傳播媒體的功能是增強大於改變。

大眾傳播媒體與蘭嶼民眾現代化程度，也有顯著的關聯性。陳昌國（民64）針對蘭嶼民眾的調查結果，蘭嶼民眾獲悉外界公共事務的消息來源以傳播媒體為主。而且，蘭嶼民眾接觸媒體愈多，其現代化程度愈高。

方念萱（民78）針對台灣閩南語族群，研究「族裔文化認同與收看方言節目」的關聯性，她從信念和行為兩個層面審視族裔認同，結果發

現在信念和行為上族裔認同度高的人，愈常收看方言節目。

由上述研究可獲知，使用傳播媒體與否，或使用不同語言的傳播媒體，均直接影響人們適應主流文化的程度。這些國內外研究較偏重如何適應或融入主流文化，較忽略族裔團體維持其原有生活方式與文化的探討。

至於對媒體內容的偏好，研究顯示，亞裔美人較常收看或閱讀與原有文化相關的新聞、紀錄片（Hur & Proudlove, 1982）。另一項調查發現，韓裔美人喜好的英語媒體內容依次為：消費資訊、國際新聞、社區新聞、娛樂內容等（Lee, 1984）。分析族裔團體喜好母語媒體的內容，以知識、訊息類為主，反映他們對原有社會動態的關懷。反觀族裔團體喜好主流語言媒體的內容，則以生活類資訊或娛樂內容為主。這似乎顯示族裔團體抱持不同的文化偏好及動機，使用不同語言的傳播媒體。

一項韓裔美國移民的調查報告，分析移民使用英語媒體的主要動機，是為獲取資訊及學習英文，而且英語愈流利的移民，愈常使用英語媒體（Ryu, 1977）。這反映族裔團體是否使用主流語言媒體，與其使用動機及語言流利程度有關。

另一項在彰化縣頂庄村的傳播行為質化分析顯示（許順成，民76），大眾傳播媒體中，泰安鄉原住民最常接觸的是電視，其次為報紙、廣播、雜誌、電影。原住民接觸大眾傳播媒體的動機，年齡愈輕、教育程度愈高者，愈傾向獲取新知；年齡愈大、教育程度愈低者，愈傾向娛樂消遣。由於十多年前電視節目以國語播出為主，這反映族裔團體愈熟悉主流語言，其使用傳播媒體的動機愈傾向獲取新知；而年齡大、教育程度低的原住民因接觸國語機會有限，其使用傳播媒體的動機愈傾向娛樂消遣。

然而，隨著族群意識的提高，族裔團體對大眾傳播媒體的信賴情形，也有不同的轉變。這同時反映在國內外近期的研究論述取向。

吳姿儀（民83）選取六個山地鄉的研究發現，原住民接觸大眾媒體的頻率愈高，其接受到農業資訊的機會也會升高。但受訪原住民所信賴

及認為有效的消息來源，皆以人際傳播和團體傳播為主，大眾傳播媒體所占比例較低，其中又以印刷媒體最低。這說明原住民雖然可從漢語傳播媒體獲取新知，其對非原住民母語的漢語傳播媒體的信賴程度卻有限。

黃葳威（民84）就有線電視與偏遠地區民眾的研究顯示，收看電視已成為原住民老年婦女重要的生活，但原住民老年婦女與電視信賴關係淡薄，他們看電視目的在打發時間作伴。原住民中年人或青少年則將收看電視當作是娛樂活動之一。除兒童喜歡看五光十色的電視節目，大部分的原住民受訪者對電視的信賴（或依賴）程度有限。也有一些原住民青年不否認，電視節目中許多外地的生活訊息，會吸引他們想「出去看一看」。

劉幼琍（民85）調查原住民對廣電媒體的使用與滿足發現，有八成四的受訪者表示目前廣播電視節目，缺乏涵蓋原住民的內容，五成以上的原住民將廣電媒體視為休閒娛樂的媒體。

族裔團體與傳播媒體的互動回饋方面，黃葳威（民85）分析原住民對電視新聞節目的回饋發現，電視新聞在原住民生活中扮演訊息提供、語言學習、打發時間等角色；受訪原住民大多認為，有關於原住民的新聞報導，在報導的量、深度及廣度均嫌不足，但與從前相比，媒體逐漸會關懷原住民的實質問題，如勞工、教育、住宅等；至於原住民是否有管道表達回饋意見，黃葳威以為，與其透過收視率、叩應方式，倒不如採人際傳遞方式，透過原住民社區意見領袖，獲悉原住民意見，大致來說，由於不熟悉電視製作流程，原住民對電視回饋以保持距離方式為主。

此外，陳文玲（民86）從逆向涵化（reverse acculturation）觀點，探討美國白種人身處多元文化環境中，如何適應非主流文化。她分析美國白種人對族裔團體的態度，由傳播媒體所獲得對族裔團體的印象，以及他們對文化多元的態度，希望將主流團體逆向涵化模式應用於行銷傳播。

有關都會原住民的媒體使用與文化適應偏好，黃葳威（民86b）發現原住民在適應都會生活的過程，會藉由其他原住民、非原住民的溝通或使用傳播媒體（電影、報紙、電視），來降低壓力與疑慮；但他們對傳播媒體的內容抱持懷疑、不信任的態度。

審視前述文獻不難發現，國內有關族裔團體與傳播的議題日益受到關注，但仍有待開拓與累積相關研究。這些研究論述反映族裔團體對媒體使用與製作的距離感亟待拉近，也就是族裔團體對傳播媒體的參與權、使用權與傳播權。

相關文獻檢視一般閱聽大眾對傳播媒體的回饋方式，如對某節目的喜好程度、選擇收看的頻道、收看時間等，均限於閱聽人使用媒體的反應，這種有限的取向，較難反應閱聽人與傳播媒體之間的互動程度。

其實，閱聽大眾與傳播媒體製播群之間的互動，可能是一對一的直接互動，觀眾與製播人面對面溝通；可能是一對一的間接互動，如觀眾與製播人透過傳真機、電話留言或電腦網路的間接人際傳播；可能是多對多的直接互動，如一群觀眾與製播單位人員的面對面溝通；可能是多對多的間接互動，如一群觀眾與製播單位透過電腦網路、電話留言或傳真機等的間接人際傳播；可能是一對多的直接互動，如觀眾與製播單位面對面溝通；可能是一對多的間接互動，如觀眾與製播單位透過傳真機、電話留言或電腦網路的間接人際傳播；可能是多對一的直接互動，如一群觀眾與製播人面對面溝通；可能是多對一的間接互動，如一群觀眾與製播單位透過傳真機、電話留言或電腦網路的間接人際傳播。

由於研究對象未必以漢文字為主要通行文字，且原住民中不同族群有不同的使用語言及文字，因此研究者係邀請原住民翻譯人員採焦點團體法訪問原住民，並以深度訪談蒐集各界人士意見，以下將陳述研究方法。

參、研究設計與執行

本研究分別採取焦點團體法及深度訪談法，蒐集有關原住民社群對電視新聞報導回饋的資料。

焦點團體主要用於獲知原住民對電視新聞報導的觀感，是從閱聽人的角度來分析；深度訪談則是訪問新聞從業人員、偏遠地區文化活動推廣人員、立法委員、政府相關部門主管與學者專家，從傳播訊息的生產、過程與管理的角度，探討原住民社群的回饋管道及改進方式。

研究者舉行三場焦點團體座談，每場十人，一共邀集三十位魯凱族、排灣族原住民參與討論。

座談會分別於三月三十日上午九時至十一時，同日下午三時三十分至五時，三十一日上午九時至十一時在屏東縣山地文化園區舉行。焦點團體座談問題如下：

1. 請問各位昨天晚上在做些什麼？（暖身問題）
2. 各位平常收看電視新聞節目嗎？（像新聞報導或一些新聞雜誌專題報導節目）您看到了些什麼？
3. 請問各位覺得自己為什麼要看電視新聞節目？
4. 電視新聞節目有關其他地方或國家的報導會吸引各位嗎？有些外地的內容是否吸引各位往外發展？這些內容會影響各位生活周遭認識的親友嗎？
5. 各位有沒有看過有關原住民的新聞內容？覺得如何？（請他們比較三台與其他頻道的情形，沒有裝第四台則不必比較）
6. 各位希望看到那些電視新聞節目內容？
7. 在這場座談會之前，各位有參加過其他類似的座談或收看電視的意見調查嗎？覺得如何？

8.請問各位有沒有看過叩應節目？覺得如何？

9.請問各位覺得原住民朋友可藉由哪些方式來表達自己對電視新聞節目的期望？

深度訪談受訪者名單如下：

前蘭恩電台台長	陳素卿女士
中廣公司新聞部經理	李宗桂先生
台視新聞部副採訪組長	胡佳君先生
前超視新聞部經理	楊憲宏先生
台大新聞所所長	張錦華博士
政大新聞系教授	馮建三博士
政大廣告系教授	孫秀蕙博士
前新聞局廣電處處長	羅傳賢先生
新聞局副局長	洪瓊娟女士
屏東縣立文化中心推廣組組長	王長華女士
前立法委員	周　荃女士
立法委員	巴燕達魯先生
立法委員	劉進興先生
立法委員	蔡中涵先生

深度訪談問題包括：

1.請問您認為當廣播電視媒體在製作新聞報導節目時，應考慮那些因素？

2.請問您對廣播電視新聞報導節目開闢叩應時段的看法？這類節目可以幫助您認識大眾的需要嗎？

3.請問您對收視率／收聽率調查的看法？這類調查可以幫助您認識大眾的需要嗎？

4.您對國內廣播電視新聞報導節目有關原住民或弱勢團體的報導的看

法？您滿意現在的呈現方式嗎？在報導時間、報導深度或其他方面有無需要改進？

5.請問您認為廣播電視媒體在製作有關原住民的新聞報導節目時，應考慮那些因素？

6.您認為收視率／收聽率調查可以幫助您認識原住民的需要嗎？

7.您覺得國內廣電新聞製作單位，可從那些途徑瞭解原住民觀眾／聽眾的想法？

肆、弱勢社群與電視新聞節目

一、原住民收看新聞節目動機

電視新聞在原住民生活中扮演的角色是多元化的。新聞報導提供新知、天下大事訊息給原住民社群，並可增進原住民對漢語的表達力，如國語或閩南語的說聽能力；也有少部分受訪者表示不管電視好不好看，看電視的畫面、聽電視的聲音，也可打發時間（摘自焦點團體記錄）。

電視新聞或節目內容甚至左右原住民的價值判斷標準，一些原住民子弟嚮往外地大都會發展──內埔商工畢業的原住民有八成離開屏東縣，往外地發展，都是去台北市。即使未外移，許多居住原地的原住民傳統價值也遭挑戰──每個年輕人都在努力追求電視上人物的裝扮（摘自焦點團體記錄）。

新聞報導可以幫助原住民瞭解外國、外地的情形……看電視新聞可以認識很多、可以看看國外，對屏東的報導很少，外面的比較多（摘自焦點團體記錄）。

一位原住民男士表示，未來是地球村嘛，電視大概是文化侵略比較嚴重一點，原住民是少數民族嘛，不要說在台灣，在國際上難得有聲

音。

以氣象報導為例，氣象報導只有提及高屏地區，屏東縣幅員狹長，每天氣象預報不盡正確，原住民的獵人都不太相信氣象報導，因為不知道指的是屏東還是霧台（摘自焦點團體記錄）。

簡言之，原住民收看新聞節目的動機以獲取新知為主，其次是增進漢語的表達能力，少部分原住民則是為了打發時間。觀看新聞內容的同時，有關國際新聞或外地都會新聞內容也會影響原住民子弟向外地發展。

二、原住民新聞報導現況

一般認為，目前有關於原住民的新聞報導，在報導的量以及深度和廣度上均嫌不足。由於畫面、時間、內容等諸方面的限制與侷促性，讓所有看到節目的人，只是加深了他們對於原住民既有的刻板印象。甚至有些原住民連自己的文化都不清楚（摘自焦點團體記錄）。

電視新聞有關原住民報導多半是以事件取向，也就是具有聳動性的新聞（例如殺人等社會事件），或是對漢人社會新奇的事物為主（例如，美麗風景的介紹、豐年祭的唱歌跳舞、手工藝製作、特殊人物特寫，或奇風異俗等），再不然就是一些社會邊緣問題的呈現（例如雛妓、酗酒等問題）。一些原住民擔心，這樣的報導方式，容易造成標籤化的現象。有位原住民受訪者便指出，他每次和非原住民談話，別人總會問他：你們原住民不是很會喝酒嗎？（摘自焦點團體記錄）。

不過，和從前的情況相比較，媒體對弱勢團體的報導仍然有所進步。例如，過去在報導原住民犯罪時，後面一定括弧山胞，而且早期的報導以負面居多，但最近這十年解嚴以後，立法院有人統計，各報對原住民報導比過去多很多，比較會針對原住民的實質問題，例如勞工、教育、住宅等層面的探討（摘自深度訪談胡佳君、蔡中涵、巴燕達魯、劉進興記錄）。

但是，也有受訪者認爲，這類節目根本是少得無法提出滿意或不滿意的看法，它不是被處理成什麼樣的問題，因爲它根本沒有被報導（摘自焦點團體記錄）。

　　以下則分別就不同的媒體，一一探討其對原住民新聞的處理問題。

(一)三台

　　對於三台在原住民新聞的報導方面，一般皆表示不甚滿意。不過，大多數的受訪者也並不期望它們在此方面能有良好的表現。一般認爲，由於三台是商業媒體，就原住民的議題來講，因爲整個社會本來就是漠視原住民的存在，在這樣的社會結構上，當然不太會有作生意的公司或廣告公司願意來關心原住民問題。此外，商業電台即使願意製作原住民的節目，也容易爲了要壓低成本，而粗製濫造（摘自焦點團體、深度訪談洪瓊娟、胡佳君、巴燕達魯記錄）。

　　本身也是原住民的台視新聞部副採訪組長胡佳君表示，商業電台是以商業爲導向，基本上，有關原住民或其他新聞的考量不會有太大的差異，因爲對他們而言，利益是最重要的。目前台視僅有「熱線新聞網」一個新聞探討的節目，不像TVBS有新聞專業頻道。所以，在他們有限的時間裏，僅能就這一週來較重要的時事作深入探索，像原住民的新聞，除非他們有特殊的新聞產生，例如在立法院成立某某部會等，才會由此單一議題切入做報導。此外，他們雖然有興趣報導原住民文化，但是光要報導每天例行性的新聞，時間或人力上就已不太夠了，何況是要他們專門派一組人去瞭解一個村，作長達一週的報導，對他們來說，可能是心有餘而力不足。

　　新聞局副局長洪瓊娟談到，以三台來說，它每天的全國性新聞要占不少時間給國際新聞、中央新聞、省的新聞、各縣市的新聞，至於分配到原住民的，除非你有很重大的事件，要不然出現的機率很少，像立法院、國民大會打架，一打可以打二十分鐘，那其他新聞就進不了了。所以要看新聞價值的問題，況且電視公司的人力配置，以目前來講，亦是

不大可能去關照到這些層面的。「地方和全國性媒體不同，如果你這新聞的新聞性很強就會上全國版，若這新聞明明是當地新聞，只要當地人士知道就可以了，就像你報紙有地方版一樣，這是很清楚的。」

前超視新聞部經理楊憲宏則認為，原住民新聞其實亦有很多商業利益，但是看你怎樣去包裝它，它的商業利益不是平鋪在那等你去撿。「新聞像是長在樹上的果實，有些果實是不必爬樓梯就可摘到的，而原住民這種果實你可能要花比較大的力氣，但是如果摘下來，它的甜度比下面那些大。」

此外，有學者指出，將電視說成是一種商業媒體，其實是自貶身價。我們的媒體究竟是商業媒體，還是文化媒體？如果認為我們的媒體不只是一個商業而已，那就應該做文化上的事。傳播應屬於文化層面，如果只是商業而已，那為何不是歸經濟部管呢？所以，媒體不該以商業媒體自居為藉口，而應該主動關懷文化、社會風俗、國家發展和民主政治等意義（摘自深度訪談張錦華記錄）。

(二)公共電視

大部分的受訪者皆表示，若要製作給特殊族群看的節目，或是做出比較好的原住民報導，只有靠公共電視才能解決。公視的節目多由廣電基金所製作，是受國家預算之贊助，所以它能夠由公益的角度去處理這樣的問題，而公共電視的存在本就是為補足商業電視的不足。目前，在公視有一個原住民新聞組，培訓了二十位原住民，並錄取十位為新聞工作者，便是一個很不錯的起步，往後，或許也可以針對原住民製作一系列的深度報導（摘自深度訪談羅傳賢記錄）。但楊憲宏強調，全然將原住民新聞推給公視是不對的。

(三)有線電視

有受訪者認為，目前第四台在報導原住民新聞的表現上，甚至比公共電視要好。不過現今有線電視的問題不少，片源不足，頻道又這麼

表13-1　原住民新聞報導現況摘要

整體表現	1.未重視原住民需求（如：氣象報導並未針對高屏地區的不同區域做細分，太過粗略） 2.只是加深了對原住民的刻板印象多為：事件取向（聳動性新聞）、對漢人社會新奇的事物（如豐年祭）、社會邊緣問題呈現（如雛妓問題） 3.較過去仍有改善
三台	1.做為商業媒體是以利益為考量，且每天例行性新聞報導已占相當篇幅，並耗去不少人力和時間，所以無法特別重視原住民新聞 2.原住民新聞亦有商業利益，端看如何包裝 3.將電視視為商業媒體，乃自貶身價。傳播應屬文化層面
公視	為國家預算所贊助，可由公益角度處理問題
有線電視	立法上規定要有十分之一的公益頻道，但實際運作時可能會有些問題。不過仍為可解決原住民新聞報導問題的媒體

多，使得片商與系統業者一天到晚爲了影片問題吵架，片商控制了整個市場，而系統受宰制，自然會增加收視費用，這又轉嫁至消費者身上，變成消費者負擔，形成惡性循環，發展定址鎖碼或許可以解決這個問題，彌補有線電視的畸型發展，增加多元文化或弱勢族群在社會上出現的機會（摘自深度訪談羅傳賢、張錦華、周荃記錄）。

「有線電視有公益頻道，過去在立法上規定公益頻道節目需占十分之一，但現今的發展對系統而言，十分之一是一個高難度，因爲頻道開放太多，如五十個頻道有五個頻道做公益節目，這五個頻道等於五個電台，如今一區內又多家經營，根本獲利的機會很少，很難有機會贊助公益節目，當初的立法似乎是高估了業者的能力。」（摘自深度訪談羅傳賢記錄）

「由於現今有線電視業者未拿到執照，沒有一家正式開播，一旦他們拿到執照，一定會以有線電視法強烈要求它們，不過事實上是很難要他們做得到或做得好，因爲像原住民等皆住在偏遠地帶，經營本就比較困難，由頭端拉至客戶的線需很長，不像在市區內，所以台東、澎湖等偏

遠地區的有線電視系統很難生存下去。如今，又要求他們製作原住民節目，這些系統業者可能自己本身就是原住民，原本在經營上就有困難，如今又要求他們做此類節目，加重他們的負擔，基本上是困難重重的。」（摘自深度訪談洪瓊娟記錄）

綜合以上意見獲知，原住民新聞報導雖較過去十年有所改善，但仍不夠重視偏遠地區原住民的需求，報導內容仍以聳動性新聞、社會邊緣問題或漢人感到新奇的議題居多。比較三台、公視、有線電視有關類似新聞的處理，公視與有線電視較三台關懷原住民，可惜公視受制於立法問題本身困難重重，一般對有線電視的經營狀況擔憂，但對其中公益頻道的期許略高。

三、原住民對新聞呈現的期望與觀點爭議

許多原住民將收看電視新聞當作學習語文的途徑，只是他們由新聞中學習的是國語或閩南語。有鑑於現在原住民青少年或兒童練習原住民母語的機會有限，年輕一代的原住民幾乎不再使用或不說母語，因此有一些原住民受訪者表示，希望看到採用原住民母語的新聞報導或專題製作。

亦有受訪者認為，製作新聞節目時應包含關心少數族群的議題。對弱勢團體的新聞報導，應有長期而全面性的關懷，需注意不能產生族群衝突的新聞，最好能找專家分析。報導應避免事件取向，與其做一些浮面的東西，不如做深度報導。對弱勢議題（如文化性質），儘量給予合理關懷與鼓勵，發揮知識分子及社會公器之清議立場。另外，可以僱用原住民認識的記者，或在原住民中培訓人才，以突破漢人中心的報導偏差問題（摘自焦點團體記錄）。

不少受訪者表示，以漢人記者的角度來報導原住民新聞，本就容易產生偏差，並不能真實反映原住民的面貌，一些以漢人角度製作關心原住民的節目，漢人觀眾看了可能會感動，可是由原住民的角度，他卻可

能會不以爲然（摘自焦點團體記錄）。

楊憲宏認爲漢人對原住民新聞就是會做得不好，因爲即使他做得再好，都難免會有立場，就像美國人來這裏做新聞，也許技術好，但卻無法抓到重點（touch down）。

洪瓊娟則表示不同意非要原住民才能訪採原住民新聞，「要不然像美國就不應該派記者來台灣採訪新聞，因爲他美國人他採訪新聞他都是假的、是錯的了，CNN的新聞你看了都有問題，因爲他美國人拍的你都不能接受，所以她認爲漢人記者也不純然不可報導原住民新聞，而是要看這個記者他用不用功，你今天不是非要原住民才能訪採你的新聞，那就是笑話了，那你鄒族不能訪採阿美族，因爲你不是我們這族你就不懂，那不對，那女人不能採訪男人，因爲你不是男人。這完全看你這個人有沒有把事情搞清楚，有沒有這個心，有沒有這個習慣，有沒有這個專業訓練。」

另外，也有受訪者傾向於綜合漢人和原住民的報導方式。他們表示，由於很多跑原住民路線的記者亦跟著走訪了很多地方，以第三者立場來看，可能會比較客觀，但其問題在於不夠深入，而且用漢人思考模式、攝影角度會有偏差；但是，若由原住民自己報導自己的問題，則會帶太多的主觀意識，所以最好是二者綜合（摘自焦點團體、深度訪談陳素卿、李宗桂、洪瓊娟記錄）。

綜合以上意見顯示，原住民期望看到採用原住民母語播出的新聞節目，也希望新聞報導能持續關注原住民社區的議題，同時讓原住民參與新聞節目的製播。部分受訪者認爲應培訓原住民報導原住民自己觀點的新聞，但也有人主張應調適綜合漢人與原住民觀點來呈現新聞節目。

四、瞭解原住民觀眾想法的管道

(一)原住民是否有管道表達意見

多數受訪者皆認為，原住民的意見不易被得知（摘自焦點團體記錄）。不過，也是原住民的台視新聞部副採訪組長胡佳君則認為，原住民的意見表達管道應該是沒有問題的，像現今一般民眾最常表現的是抗議活動，如到立法院辦公聽會讓大家知道，而這些也是媒體較注意的東西，自然就會去採訪。所以只要能造成重大議題，媒體自然不會忽視。

(二)收視率調查與原住民

多數受訪者皆認為收視率調查對反映原住民意見的幫助不大。有的表示，現今的收視率調查，並沒有區分原住民，所以根本看不出來；也有人認為，連漢人本身對調查都很反感，不易接受，何況是原住民，而且調查本身之設計理念或技巧即無法探求到事實，例如原住民從電話管道接受訊息的習慣和漢人不同，電話錄音調查對原住民之文化震驚可能大過於對問題之立即確實反應等問題均需考慮（摘自焦點團體、深度訪談周荃、王長華、巴燕達魯記錄）。

但也有人認為收視率調查是可以幫助我們瞭解原住民的，但前提是要在調查方式上配合其生活方式，或在問卷設計上要能符合他們的生活背景。又如對經常遷徙的都市原住民，或未必普遍設有電話的山地原住民，不能用電話調查（摘自焦點團體、深度訪談王長華、周荃記錄）。

另外，有受訪者指出，從收視率上看是沒有意義的，原住民只占總人口數的極少比例，對商業考量沒有太大的意義，所以像這樣的東西不可能靠商業來保護。不過，若是從地方媒體著手，或許會比較好。原住民本就屬少數，而像「屏東地區30％以上收視率」這樣的數字，會比大範圍的調查能夠顯示原住民的需要（摘自焦點團體、深度訪談洪瓊娟、

王長華記錄）。

(三)叩應與原住民

多數受訪者認為，原住民問題用叩應來處理，並不容易（摘自焦點團體記錄）。「媒體根本就不願意以原住民的議題占用很多這樣的時間，而且一般電視觀眾對原住民的議題本來就不瞭解，要觀眾罵政黨或將心中的不愉快講出來很容易，可是要他們去談較難的議題，像是這類原住民的福利、部落重建、祭典或文化保存的議題，要一般民眾去叩應對他們而言太深了。」（摘自深度訪談孫秀蕙記錄）「目前不少叩應節目仍是針對意識型態的問題來作叩應，流於情緒的疏解，若要探討原住民問題，應該把原住民的社會面、環境面先做報導，比較有彈性，這樣在雙向溝通裏才可參考整體的意見。」（摘自深度訪談巴燕達魯記錄）此外，弱勢族群可能不喜歡表達，也不擅於表達，所以電台專為弱勢族群製作的節目或讓他們參與的節目可能比較好（摘自深度訪談陳素卿記錄）。

至於是否能從叩應瞭解各種聲音，多數受訪者以為除非研究者作系統研究，否則叩應節目好像只是讓一些想說話的人去參與，功能不是沒有，但不如期望中的大，我們無法保證叩應節目多了，原住民的聲音就能進來，像現在叩應的節目很多，但原住民的聲音還是無法適當地被表達，因為原住民的節目實在很少（摘自焦點團體、深度訪談張錦華、孫秀蕙、巴燕達魯記錄）。

(四)其他可行的方法

不少受訪者認為，直接下鄉面對原住民做實地採訪，或與他們住在一起是最好的方式（摘自焦點團體記錄）。目前廣電處在和內政部合作製作原住民廣播節目時，則是請內政部的社會輔導員幫忙收聽，以瞭解原住民想法，因為這些社服員常和原住民在一起；原住民立委蔡中涵則表示，原住民對官僚存有不信任的感覺，所以他們不願意講真話，若是能由原住民親自去和他們溝通，或許會比較有效。

表13-2 現今瞭解原住民觀眾看法管道摘要

現有管道：1.原住民意見不易被得知
　　　　　2.造成重大議題或抗爭活動吸引媒體注意

收視率：1.現今收視率調查未區分原住民，根本看不出來
　　　　2.連漢人都排斥調查，何況原住民
　　　　3.只要在調查方式上配合其生活型態亦可幫助瞭解
　　　　4.從收視率來看並無意義，但由地方媒體著手或許較好

叩應：1.現在叩應節目頗多，但原住民聲音仍無法進來
　　　2.媒體不願讓原住民議題占用太多時間
　　　3.一般觀眾對原住民議題瞭解不深
　　　4.專為弱勢族群製作的節目或許較好

其他方式：1.直接下鄉面對原住民
　　　　　2.請社服人員幫忙
　　　　　3.由原住民親自溝通
　　　　　4.透過團體（如：工會、教會）
　　　　　5.透過意見領袖
　　　　　6.原住民雜誌、報刊
　　　　　7.電臺觀（聽）眾研究小組

　　此外，透過團體也是一個方式。有受訪者指出，由於媒體有時會找極端或具戲劇性的東西，所以民意的表達透過草根性的組織（如工會）會較有效。透過意見領袖是比較最好的方式，由於一般民眾沒有語言跟概念去掌握在整個社會裏應該去爭什麼權益，所以這時必須依賴某些團體（摘自深度訪談洪瓊娟記錄）。

　　蘭恩電台的陳素卿表示，除各族所在的鄉、鎮公所，便是以服務原住民為主的團體，以蘭嶼為例，蘭恩基金會、鄉內成立的文化工作室、蘭青族中協會（台中蘭嶼青年），但各族情形其實不太相同；另外，也可以透過一些原住民雜誌、報刊，但它們也許會比較激進，例如《山海雜誌》、《南島時報》。

　　不過，屏東縣立文化中心推廣組組長王長華則認為，若從鄉公所著手，則會被聽眾以一貫地政治或行政適應性去處理，若從服務站（國民黨營）更是如此，若從學術團體辦的座談會去進行，則會使觀（聽）眾

對座談會陌生，不能掌握而同樣有失真之虞。或許利用各地教會組織中各種小眾集會的機會，如婦女會、青年團契、松年團契會比較好。

另外，亦有受訪學者表示，電台可以組成觀眾或聽眾的研究小組，針對原住民需求做調查（摘自深度訪談巴燕達魯、李宗桂記錄）。

簡言之，時下電視台所標榜的叩應節目互動服務或一般收視率調查，均無法確實反映原住民觀眾的意見。受訪者建議由新聞節目製播者直接進入原住民社區，或透過工會與教會等中介團體，或透過社服員或原住民意見領袖，或觀眾調查，來獲知原住民觀眾的意見。

伍、本章結論

本章以屏東縣山區的排灣族、魯凱族原住民為研究對象，探討原住民對電視新聞節目的回饋。回饋在文中被界定為對電視新聞節目的反應或互動溝通，研究者兼用焦點團體法、深度訪談法蒐集的資料分析研究問題。其中焦點團體係分析原住民對電視新聞節目的接收反應、看法，深度訪談則用來獲知關心原住民議題的產、官、學界人士的意見。根據研究結果，以下將探討研究者所提的三個研究問題。

一、原住民對電視新聞節目的觀感

電視新聞報導或專題節目可以提供新知、天下大事給原住民，幫助原住民瞭解原住民生活圈以外的大千世界。一些原住民並由節目中學習國語、閩南語，改善自己的漢語聽說能力。

對於原住民老人來說，不論新聞節目或非新聞節目，大部分都聽不懂，但是他們仍會打開電視機，看看電視的畫面，聽聽不同的聲音，排遣每天的時間。

電視新聞節目內容也影響原住民青少年價值觀的塑造，不論對於成

功的界定或衣著打扮。即使是標榜服務地域文化與民眾的有線電視，其主播的打扮、談吐、報導內容也很「都會」。

換言之，電視新聞節目是原住民增廣見聞的一扇窗——但限於原住民生活圈以外的大千世界，即使氣象預報都無法兼顧，原住民藉由新聞節目適應漢人社會生活。這些電視新聞的收視群的價值判斷，也受到報導內容左右。

但一些對電視有距離感的原住民，則仍然維持原住民部落的生活方式，休閒娛樂以親近大自然為主，獲得訊息採取口耳相傳的人際傳播，或聽聽收音機罷了。這類型的原住民對漢人社會文化產物排斥，因為不信任也沒興趣。

也有少部分原住民白天在漢人社會擔任警察職務，下班後回家看戲劇節目解悶，但不看新聞節目，社交範圍仍與原住民為伍。

以上結果符合有關韓裔美人適應主流社會的研究發現（Ryu, 1977），即弱勢社群接觸主流社會傳播媒體的動機，是為獲取資訊及學習主流文化語言。

韓裔移民在美國適應主流社會為不可避免，反觀國內原住民是被迫移民山區，然其所接觸的媒體動機卻與美國新移民類似。這除了反映原住民使用傳播媒體的動機已順應潮流（無法有其他動機），也呈現原住民社區缺乏屬於自己觀點的電視節目內容選擇。

另外，許順成在彰化縣頂庄村的原住民傳播行為研究（民76）顯示，原住民接觸大眾傳播媒體的動機，年齡愈輕、教育程度愈高，愈傾向獲取新知；年齡愈大、教育程度愈低，愈傾向娛樂消遣。筆者在屏東縣進行的原住民傳播回饋研究，則不完全支持許的研究分析。雖然年長的原住民藉由看電視來排遣生活，但年齡輕的原住民也會藉由看電視來娛樂生活或獲取新知；其次，受訪原住民不論教育程度高低，都將收看電視新聞當作吸取新知、學習語文的途徑之一。

二、原住民所希望看到的新聞報導內容或方式

大多數受訪者都希望能多看到原住民部落的新聞內容，或其他原住民社會發生的事。大致來說，目前有關原住民的新聞報導，不論質與量均嫌不足，類似有線電視雖然較過去增加了原住民相關節目，但多局限於豐年祭、手工藝等文化習俗介紹。有關原住民的生活權益探討仍很有限。新聞報導的立即性，並未應用在原住民新聞報導上。

三台是全國性的媒體，頂多也是在一些婦運團體推動下，報導關懷原住民雛妓問題，比較傾向類似社會邊緣問題的呈現。

大部分電視新聞內容的觀點，仍是以對漢人社會新奇、聳動的事件為主，要不就是原住民走上街頭或立法院的抗爭議題。報導角度較忽略原住民本身的聲音，常以對原住民社群關懷的專家、學者、立法委員或中介團體為主。

因此，電視新聞報導不僅僅是應該在原住民新聞的量的比例有所調整，還應修正報導觀點的呈現方式。原住民也希望看到使用原住民母語播出的新聞。

平心而論，原住民新聞要上三台的確不容易，但至少報導觀點應改善。至於有線電視媒體應重視地方的人、事、物，最好能將原住民事務列入新聞關懷範圍，而不是只在教育文化節目中呈現。

有關新聞是否採用原住民母語播出，這可在反應地域特色的有線電視頻道落實，在某些原住民人口較密集的地區，當地有線電視業者可考慮開闢原住民新聞時段，採取當地社群的語言播出。

至於原住民新聞是否應由原住民本身來採訪、製作，則是見仁見智，因人而異。既有文獻分析弱勢社群議題的呈現觀點錯誤，肇因不在於新聞人員平衡報導認知上的偏差，而在於他們實際採訪的應用方式有誤（Entman, 1994），或「文化負載」（對不同文化的認知）的影響（陳昭如，民83）。因此，欲改善國內電視新聞有關原住民報導的觀點呈現方

式，不妨在現有學校教育或新聞媒體從業人員在職訓練課程，加強弱勢社群主題的教材。同時也鼓勵原住民青年學習、參與新聞報導製作，培育原住民新聞人員。

三、原住民如何向電視媒體表達其對電視新聞的意見

大部分的原住民對電視仍採取保持距離的方式，因為不熟悉電視製作流程。換言之，原住民對電視節目製播單位的回饋是「有所距離」的回饋（黃葳威，民85），相當於「零回饋」（zero feedback）或沒有回饋（Gamble & Gamble, 1993）。

目前原住民可以向電視表達其意見的管道，仍較依賴市調公司、學術單位或其他團體等中介組織。原住民較少參與電話叩應議題討論，更遑論利用觀眾服務熱線，或上電腦網路。

然而，原住民對上述中介組織並不信賴，未必願意吐實，除非透過原住民與他們溝通。另如工會、教會團契也是不錯的方式。

一位原住民便向研究人員抱怨，一些外來的研究人員來的時候急於和原住民打成一片，建立友誼感情，任務完成後就走人，也未再聯絡；這種經驗多了，大家都不太信任外來的「朋友」。

意見領袖是原住民表達其意見的另一途徑。由於原住民較不常使用語言去掌握自我社群的社會權益，所以需要依賴原住民部落受敬重的人士，或透過與原住民通婚融合的漢人。

所以，電視媒體若有心關懷原住民的回饋，光看收視率數字、叩應節目、電腦網路是無用的，倒不如藉由草根性中介組織或意見領袖，長期蒐集原住民的意見，消除原住民對電視的陌生、疑慮感，進而調整與修正節目內容，切實服務原住民觀眾。

不可諱言，類似原住民這樣的弱勢社群其向傳播媒體表達意見的途徑，亟待拓展。正如亞洲大眾傳播研究資訊中心執行秘書馬隆（Menon, 1986）所言，亞洲地區國家政府應派遣能與社區居民打成一片的專業人

士或草根性組織，提供適合公民參與傳播過程的訓練計畫，甚或立法保障回饋給閱聽人，尤其是弱勢社群的社會權利。在資訊蓬勃發展的時代，基層民眾的傳播參與權的自省與實踐不容忽視。

問題討論

1.請想一想弱勢社群的意涵？目前社會有哪些社群屬於弱勢社群？
2.請尋找資料認識台灣有哪些原住民？他們分布的地區在哪裏？
3.請分享你對目前電視新聞有關弱勢社群報導的看法？
4.新聞節目如何兼顧弱勢社群的聲音？
5.請分享你對設置原住民專屬電視頻道的看法？可以有哪些節目內容或服務？

第十四章
弱勢團體的媒體接近使用分析：
以聽障人士收看電視爲例

壹、聽障定義與團體

　　何謂弱勢團體？相較於統治或強勢團體而言，弱勢團體是指社會中的某群成員，對自己的生活缺乏控制力和主宰力；這群成員處於其他團體所支配的社會，其接受教育、追求成功、財富與個人幸福的機會，遠比其他團體有限。與五官健全的人相較，聽障同胞亦屬於弱勢團體之一。

　　相對於主流團體或強勢團體，弱勢團體往往扮演附屬的角色。聽障同胞的媒體接近使用權，在台灣地區以商業體制主導的傳播媒體中幾乎不被正視，甚至受到忽視。

　　行政院衛生署於一九九九年五月十二日公告修正有關「身心障礙等級」規定，包括視覺障礙、聽覺機能障礙、平均機能障礙、聲音機能或語言機能障礙等。其中聽覺障礙的定義為由於各種原因導致聽覺機能永久性缺損。其等級分為：

1.重度：優耳聽力損失在九十分貝以上者。
2.中度：優耳聽力損失在七十至八十九分貝者。
3.輕度：優耳聽力損失在五十五至六十九分貝者。

　　目前全省聽障團體大致分為四種，分別是以成年聽障者所組成的社團、由聽障兒童家長所組成的聲暉協會、混合組成的聽障基金會，以及啓聰學校。其中成年聽障者社團遍布台北市、台北縣、基隆市、新竹縣、苗栗縣、台中市、南投縣、嘉義縣、高雄市等；聲暉協會除上述地區外，還分布於宜蘭縣、桃園縣、新竹市、彰化縣、嘉義市、台南市、屏東縣、花蓮縣、台東市、台中縣等；聽障基金會則以台北市、台中縣、高雄市為主要據點；啓聰學校分別在台北市、台中市、台南市、高雄市。整體來看，聲暉協會遍布於北、中、南、東，其他團體則分布於

北、中、南地區。

　　探討弱勢團體與大眾傳播相關議題的文獻，分別由政經結構層面分析弱勢團體媒體的經營策略，或分析傳播媒體內容呈現或觀點再現，或由閱聽人使用媒體層面探討弱勢團體使用媒體時間或頻率的多寡、喜好的節目內容，使用動機或回饋。印證的弱勢團體如海外移民、原住民、不同族裔、客家族群、兒童或青少年，早期曾有討論聽障學生的媒體使用論文（呂郁女，民67），爾後未有後續研究出現。但不可否認地，傳播媒體已成為現代人認識社會及掌握社會脈動的重要管道之一，自民國八十二年國內正式進入多頻道電視的時代以來，聽障人士對電視的接近使用現況如何，值得持續觀察探討。

　　本章兼採焦點團體法、深度訪談法，希望從參與座談、接受深訪的聽障人士意見，先後探討以下問題：

　　1.獲知聽障朋友接觸傳播媒體的動機。
　　2.獲知聽障朋友接觸傳播媒體的習慣。
　　3.獲知聽障朋友收看電視的喜好內容及期望。
　　4.獲知聽障朋友對電視媒體的參與意願（如讀者投書、網路留言版
　　　等）。

貳、閱聽人使用及回饋

　　弱勢團體與傳播媒體的互動回饋方面，黃葳威（民85）分析原住民對電視新聞節目的回饋發現，電視新聞在原住民生活中扮演訊息提供、語言學習、打發時間等角色：受訪原住民大多認為，有關於原住民的新聞報導，在報導的量、深度及廣度均嫌不足，但與從前相比，媒體逐漸會關懷原住民的實質問題，如勞工、教育、住宅等。至於原住民是否有管道表達回饋意見，黃葳威以為，與其透過收視率、叩應方式，倒不如

採人際傳遞方式，透過原住民社區意見領袖，獲悉原住民意見，大致來說，由於不熟悉電視製作流程，原住民對電視回饋以保持距離方式為主。

此外，陳文玲（民86）從逆向涵化（reverse acculturation）觀點，探討美國白種人身處多元文化環境中，如何適應非主流文化。她分析美國白種人對弱勢團體的態度，由傳播媒體所獲得對弱勢團體的印象，以及他們對文化多元的態度，希望將主流團體逆向涵化模式應用於行銷傳播。

有關都會原住民的媒體使用與文化適應偏好，黃葳威（民86b）發現原住民在適應都會生活的過程，會藉由其他原住民、非原住民的溝通或使用傳播媒體（電影、報紙、電視），來降低壓力與疑慮；但他們對傳播媒體的內容，抱持懷疑、不信任的態度。

審視前述文獻不難發現，國內有關弱勢團體與傳播的議題日益受到關注，但仍待開拓與累積相關研究。這些研究論述反映弱勢團體對媒體使用與製作的距離感極待拉近，也就是弱勢團體對傳播媒體的參與權、使用權與傳播權。本章以聽障人士為例，希望探討國內聽障人士對傳播媒體的參與權、使用權與傳播權。

參、研究設計與執行

研究者以質化研究中的焦點團體法及深度訪談法，蒐集相關研究資料。首先，焦點團體法於二○○○年五月至八月間針對北、中、南、東部的聽障兒童家長、社工人員，各舉行三場焦點團體座談，合計十二場。各地區的三場出席人士均包含四位聽障兒童家長、二位社工人員及二位教師，合計十二場（各場出席人數八位）。

焦點團體法座談問題如下：

1.請您先簡單地自我介紹，並且告訴我們您平常一天大約花多久時間收看電視？看哪些電視節目？收看的原因？

2.您平常看報紙嗎？喜歡看哪些內容？喜歡看的原因？

3.您平常看雜誌嗎？喜歡看哪些內容？喜歡看的原因？

4.您平常使用電腦網路嗎？喜歡看哪些內容？喜歡看的原因？

5.請您說明您接觸聽障朋友的緣起？（所接觸的聽障朋友的聽力受損情形為……是在哪些情境下與聽障朋友相處……）

6.請問您收看過為聽障人士設計的節目嗎？若有，請說明收視動機、在什麼情況下收視；若沒有，請說明原因。

7.就您日常與聽障朋友的相處，您覺得聽障朋友對類似聽障節目的收視動機為何？收視習慣、收視喜好與收視的期望為何？

8.您對手語教學節目單元的看法？建議？

9.您認為聽障節目可經由哪些方式，增加聽障朋友對節目的參與意願？

10.請問您還有意見要補充或說明？您的意見是？

其次，研究人員於七月間在台北、台中、高雄、花蓮各以深度訪談方式，訪問十六位聽障學生（北、中、南、東各四位），請他們從個人經驗分享使用傳播媒體的意見。這一部分需要手語老師翻譯協助進行。茲將訪談對象基本資料說明如下：

高雄深訪人員資料

S1，現任聾啞福利協進會理事（不會口語，需透過口譯老師）

　　　　　　　　　　　　　　　　　　7月4日14:00~14:50

S2，家庭主婦（不會口語，需透過口譯老師）

　　　　　　　　　　　　　　　　　　7月4日15:00~16:00

S3，楠梓特教高中一年級　　　　　7月4日16:00~17:00

S4，楠梓特教高中一年級　　　　　7月4日17:10~18:00

花蓮深訪資料

E1，17歲，花蓮高農學生，輕度聽障　　　7月8日10:30~11:30

E2，45歲，社會人士，學校排球隊管理工作，重度聽障

7月8日13:00~14:00

E3，17歲，花蓮高中學生，右耳重度左耳正常

7月8日14:00~14:40

E4，社會人士，中央氣象局花蓮氣象站，輕度聽障

7月8日14:40~15:40

台北深訪資料

N1，聾人協會理事，目前任職於《聯合報》（只會手語，不會口語，需透過口譯老師）

7月9日14:00~15:00

N2，聾人協會理事，國小資源班老師（手語，不會口語，需透過口譯老師）

7月9日15:00~16:00

N3（17歲，台北商專企業管理科學生，母為台北聲暉協會會員）

7月9日18:00~19:00

N4，目前在台大任職研究助理，文化美術系畢

7月9日20:00~21:00

台中深訪資料

W1，東華大學運動休閒系學生　　　7月9日10:00~11:00

W2，中原大學特教系學生　　　7月9日11:00~12:00

W3，中華民國聲暉聯合會執行秘書　　　7月9日13:00~14:00

W4，中華民國聲暉聯合會幹事　　　7月9日14:00~15:00

深度訪談的問題有：

1.請問您平常一天大約花多久時間收看電視？看哪些電視節目？收看

的原因？

2.您最喜歡看的電視節目是？喜歡收看的原因？

3.您平常看報紙嗎？喜歡看哪些內容？喜歡看的原因？

4.您平常看雜誌嗎？喜歡看哪些內容？喜歡看的原因？

5.您平常使用電腦網路嗎？喜歡看哪些內容？喜歡看的原因？

6.請問您收看過為聽障人士設計的節目嗎？若有，請說明收視動機、在什麼情況下收視；若沒有，請說明原因。

7.您對手語教學節目單元的看法？建議？

8.您認為聽障節目可經由哪些方式，增加聽障朋友對節目的參與意願？

9.您認為專門為聽障朋友服務的特定電視節目有存在的必要嗎？（還是現有電視節目加上手語或字幕即可？）可以提供哪些節目內容？

10.您目前最關心的事是？原因是？

11.您認為人生中最重要的事是？原因是？

12.您覺得聽障朋友與聽人之間的意見溝通表達，常出現哪些溝通不良的情況？請列舉生活上的例子說明。

13.請問您還有意見要補充或說明？您的意見是？

肆、聽障人士與媒體使用

如同一位出席焦點團體座談的家長所言，聾人文化和主流文化（聽人文化）的最大差別在於，聽障人士接觸傳播媒體注重「眼見為憑」，看到才算數。因此，依據十二場焦點團體座談討論、深度訪談十六位聽障人士的意見，一般聽障人士常接觸的傳播媒體，依序先後是電視、報紙、電腦網路及雜誌。

審視受訪人士收看電視的原因，主要動機先後如下：

1.資訊導向：收集或瞭解國內外時事，或爲關心社會之故，或基於對聽障人士的關懷等。

2.儀式導向：平時在家中打開電視，使家中有聲音、影像的變化，作爲陪伴之用，或打發時間，或因習慣使然，或因喜歡特定主播而忠心按時收看。

3.娛樂導向：藉由觀看電視調劑身心，或嗜好消遣，或放鬆心情。

4.學習導向：如獲取新知，或因有字幕可學習之故。

5.交誼導向：收看電視是因爲家人喜歡看，便陪著一起看，參與家人的活動。還有受同儕影響而觀看。

其中高雄、台北地區受訪人士收看電視的動機偏重資訊導向、娛樂導向或儀式導向。台中地區受訪者以學習導向居多，其次爲交誼導向。花蓮地區則以儀式導向爲主，基於習慣或打發時間的考量。

相較之下，台北地區及花蓮地區受訪人士較少收看電視，除受時間限制外，還因晚上在勞工局上手語課或學習電腦之故。

聽障人士閱讀報紙的動機，偏重資訊導向、娛樂導向、學習導向、交誼導向。例如可從報紙收集學校或工作所需資訊，或可獲悉新知，掌握影劇、體育活動、股市行情，追上潮流，補充電視新聞的不足，或爲個人興趣資料收集，或藉由報紙內容與家人溝通。

從受訪人士的所在地區來看，花蓮地區受訪聽障人士閱報動機，以資訊、學習導向爲主，包括台中、高雄、台北地區受訪聽障人士兼基於娛樂、資訊或學習導向。台北地區一位受訪者並藉由報紙、文字和家人溝通。聽障社會人士較學生常接觸報紙。

分析聽障人士使用電腦網路的動機，以資訊導向、娛樂導向或學習導向居多，少數受訪人士會藉由簡單的文字郵件或附夾圖案與友人聯絡，即交誼導向的動機。

一般而言，會使用電腦的聽障人士，或因工作需要，或爲在校學生，大多均具備基本識字、中打能力。台北地區的一位聽障社會人士表

示：「我通常都上網看……因爲我上班的地方就是做網路的，所以都看網路電子報。」

少數基於娛樂導向使用電腦的聽障人士，主要是爲了玩電腦遊戲。

至於聽障人士閱讀雜誌的情形，相對較少，且大部分受訪學生並沒有固定閱讀雜誌的習慣。聽障人士閱讀雜誌的動機分別基於資訊導向、娛樂導向、學習導向，如收集或參考投資資訊，獲知有興趣的相關運動、時尚資訊，或瞭解時事，閱讀旅遊資訊等。

聽障人士較少固定閱讀雜誌的原因，在於閱讀文字傳播媒體以報紙爲主，或因家中無訂購，或工作課業繁忙。部分受訪者指出，聾人的文字吸收能力有限也有影響。少數偶爾接觸雜誌的聽障學生，不會花錢買雜誌，多在學校圖書館閱覽。

本研究將聽障朋友接觸傳播媒體的習慣，界定爲接觸傳播媒體的時間，其中電視還進一步瞭解其收視時段，從焦點團體座談與深度訪談發現，聽障人士每天收看電視的平均時間不等，從半小時到一小時，一小時到兩小時，兩小時到三小時，三小時到四小時不等。有一半以上的訪談人士表示會看電視，其中多數每天看電視的時間達兩小時以上；其中接近一半的聽障學生每天收看電視三小時到四小時，聽障社會人士中近半數的受訪者每天收看電視二小時到三小時。逢週末假日，受訪聽障人士收看電視的時間也隨之增加。少數受訪者甚至一天可收看八小時的電視。

以收視時段來看，聽障人士接觸電視的時段以周間晚上及周末時段爲主。其中周間時段以晚上八時至十時較多，其次在晚間十時之後到十一時，部分收視時段在晚上七時至八時。

比較聽障學生與聽障社會人士的收視時段，其共同處在於多數都會在周間晚上八時之後看電視，但聽障社會人士會從晚間七時開始看電視。

從居住地區觀察，花蓮地區、台中地區、台北地區受訪人士較高雄地區的受訪者常使用電視，且花蓮地區受訪者每天平均收看電視時間較

長，達三小時以上；台中地區受訪者每天平均收視時間達一小時或一小時以上；台北地區受訪者每天平均收視時間在一小時到二小時之間。相形之下，高雄地區受訪人士每天收看電視時間在一小時或一小時以內。

聽障人士大部分有閱讀報紙的習慣，且每天會花半小時至一小時，或一小時至二小時左右。其中聽障社會人士由於工作場所有訂閱或因工作需要，閱讀報紙的時間較聽障學生時間固定且長。

一位重度聽障的國小資源班老師表示，連續九年以來，她每天都用報紙（《國語日報》）來教孩子，協助親子之間的溝通，同時收集教學資料，每天至少花一小時時間。

多數聽障學生與部分聽障社會人士會由電腦網路閱報，加上用電子郵件的時間，每天至少花一小時。還有聽障學生玩電腦網路遊戲，每天花一至二小時甚至更長。

聽障人士是否有閱讀雜誌的習慣？由於多數受訪者家中未訂閱，因而僅偶爾在工作場所或學校翻閱，談不上有固定閱讀的習慣。與閱報所使用的時間相比，相對較少。

受訪聽障人士喜好接觸的電視節目，包括連續劇、體育節目、綜藝節目、電影、新聞節目、知識性節目等。其中平時周間晚上較喜好收視的節目有八點檔連續劇，或其他體育節目、電影、新聞節目、知性節目；周末則喜好收看綜藝節目或影集等。

包括台北、台中、高雄、花蓮地區的受訪者，最喜歡欣賞的是戲劇節目、綜藝節目；其中綜藝節目以本土綜藝節目為主，戲劇節目包括八點檔連續劇或日劇；其次喜歡觀賞有關人物介紹的談話性節目，或一般新聞報導、體育節目；再者喜好資訊新知節目或電影。

各區受訪聽障人士又以台北地區受訪者最偏好電影或影集；台中地區、高雄地區受訪者較偏好娛樂綜藝節目；花蓮地區受訪聽障人士則較偏好新聞性節目。

聽障學生最喜好收看的節目，以綜藝節目占多數，其次為戲劇節目或日劇，或關於人物介紹的談話性節目、新聞節目、體育節目等。聽障

社會人士偏好收看的節目，以八點檔連續劇居多，其次為綜藝節目、體育節目或日劇，再者為新聞節目、資訊新知節目。

一般來說，聽障學生較少收看新聞節目，一位家住台中地區的受訪學生說：

> 我比較喜歡看有字幕，像新聞都沒有字幕，我都問我媽它在播什麼。它那種聲音，有幾個字聽得懂，但沒辦法整連串都聽得懂。不曉得耶，收到的頻率感覺就不一樣。還有，我聽不懂多少還看一下你的唇語，那新聞雖然我還是看得懂，可是大部分都是在採訪人，沒有主持人在那邊講，都是現場在做什麼，沒辦法看嘴唇。（東華大學二年級學生，中度聽障）

另一位台北地區的聽障社會人士表示：

> 星期天會看XX花系列的連續劇，我們幾個朋友都很喜歡看，因為有字幕和吸引人的劇情，所以可以看得懂。我是覺得聾人很少和別人談家庭生活，因為不會講，就沒有什麼好說的。看這種連續劇可以幫助我們揣摩家庭生活心態，我連重播都會看。（國小資源班老師，重度聽障）

其次，有關聽障人士在閱讀報紙時最喜好的內容，分別有影劇版、體育版、家庭生活版、資訊版、社會新聞、副刊、經濟及股票行情等。其中尤以影劇新聞、體育新聞最受學生的喜愛，偏好閱讀的原因各是：喜歡玩電腦、喜歡流行資訊，或本身喜好運動。

受訪聽障社會人士都有閱報習慣，喜好的內容有：社會新聞、體育消息、影劇新聞、副刊、經濟及股市行情等。他們的閱讀情境以家中或工作場所為主，原因在於家中或工作場所有訂閱、工作需要、價格便宜、追上潮流、與家人溝通、補充電視新聞的不足，或個人興趣資訊蒐集等。例如：

因為家裏訂了兩份報紙，其中一份為贈閱，我都看經濟版、股票，因為上班族團體投資回家看一下收盤價，所以每天會看，還有社會版治安方面。像有一陣子軍史館事件，因為家中有兩個上國中的女兒，所以比較關心。為了看股市收盤價，我付費訂閱晚報，辦公室有其他報紙可看。（社會人士，花蓮地區公務人員，輕度聽障）

因為我是資源班老師，所以我們家都有訂《國語日報》，九年都不斷喔，我覺得這樣可以幫自己寫教材，也可吸收一些特殊教育的資料。還有，也可以教我自己的孩子，他們一個國三，一個小學剛畢業（聽力皆正常），幫助我和他們溝通。（國小資源班老師，重度聽障）

　　不喜歡閱讀的報紙內容方面，政治要聞及犯罪新聞都不受歡迎。多位受訪者表示，青少年犯罪的新聞太暴力，相當負面，因此不喜歡閱讀。還有部分不常看報的聽障學生認為，時事消息可由同學間討論獲得，加上課業繁忙，比較少閱讀報紙。

　　聽障人士閱讀雜誌的選擇上，喜好閱讀體育雜誌、時尚雜誌、商業雜誌、旅遊雜誌、時事雜誌等。沒有閱讀雜誌習慣的受訪人士，多半因家中未訂閱、工作或課業繁忙，而沒有看雜誌的習慣。常看雜誌的花蓮地區受訪者表示：

比較常看雜誌，像《遠見》、《天下》、《康健》，還有市面上介紹健康的雜誌都看，不太看政治話題，喜歡看國家與國家之間的比較，就如那個國家與台灣比較，有進步的方面，還喜歡看「台灣能不能」的廣告。這些雜誌都有人物的專訪，喜歡作家的介紹，如他們的長相及生平介紹。平常休閒時還看一些旅遊雜誌，如《行遍天下》，因為不能去，所以喜歡看。（花蓮高農學生，輕度聽障）

　　談及聽障人士對類似服務聽障朋友節目的期待，部分受訪者指出，編寫聽障節目的是聽人，因此並不瞭解聽障人的文化，所以表現不出聽

障人所需及其內容不夠自然。受訪者對類似節目的期待及建議有：

1. 資訊的提供：例如法律方面資訊、社會福利尋求的管道、求職就業資訊。
2. 節目內容：例如介紹聽障人的生活文化、各國聽障者的生活情形、家庭親子教育、有關鼓勵性質的節目內容。

> 節目應該要針對有才華的聾人朋友，例如報導或演出他們的成長故事。以前曾經到韓國去玩時，有朋友和我說韓國有將聾人朋友的故事拍成像八點檔的連續劇，我就在想，為何中華民國的戲都一定要是聽人表演，聾人朋友也有很多的才華，不要都由聽人表演。現有類似節目的內容，都是些調劑生活的內容，像旅遊或書法什麼的，太單純了。（聾人協會理事長，重度聽障）

3. 節目單元：生動活潑的表演節目。有人認為手語教學為必要的節目單元之一，但必須要有針對不同程度的教學內容。
4. 節目時段的安排：例如有建議安排於星期天晚上十點至十一點，由四家無線電視頻道播出，因為並非每個聽障家庭都有裝有線電視。

受訪者表示期待藉由以上的建議，「可讓一般聽人瞭解聽障人的不方便之處，也讓聽人知道如何協助聽障者」。此外，透過資訊提供的方式，使聽障人知道透過何種管道可得到什麼幫助，台中地區的受訪者表示：

> 我覺得它最好多開發人力資源，公開徵求企劃案，不要只從一個角度切入。希望有主題、找專家、教育界老師、家長、法律專家、警察來談論這個主題為什麼發生。（社會人士，重度聽障）

電視台是否需製作手語教學節目？多數受訪聽障人士對教學節目持肯定的態度，雖有輕度的聽障者本身可用口語直接和聽人溝通，但仍有人表示學習手語的需要，受訪者指出關於手語教學節目的看法及建議：

1. 自然手語應和文法手語配合使用：在台北地區的聾人協會工作的受訪者說，一邊有字幕，一邊比文法手語，比較適合聽人的學習；呈現文法手語比字，再用自然手語教學與說明，兩種手語一起使用，比較符合聽障朋友的需求。

2. 訴求對象要清楚，例如國小資源班老師亦指出：

> 電視台現有的手語教學單元，有人和我反映說，這個單元太不自然了，節目裏的文法中文手語和自然手語都搞不清楚，還有啊，節目的對象也不明白……我認為應該要為聾朋友服務，聾人對自己的聾人文化，自己本身都不瞭解，那也沒意義。（國小資源班老師，重度聽障）

3. 手語教學節目的內容方面，聽障人士期望節目內容走向生活化、大眾化，例如花蓮地區的聽障者建議：

> 聽障節目不能只有聽障者看，一般人也要看，像在某些國家如美國、新加坡，他們的國家機關都有手語的服務。覺得應該教些生活化的方面，還有溝通方面，例如去郵局存錢、辦手續、搭交通工具、買票、問路之類的話，若能比手語就知道了，因為有些聽障不能說話，因此就需要用手語，這樣他們就能瞭解。（社會人士，重度聽障）

4. 由於全省在手語教學並不一致，而節目又多以北部地區的手語為主，造成其他地區在接收上的不便與困難，因此建議手語教學要統一：

> 應該講說是師資的問題，所有的老師要教學的時候，應該是同樣一種語言、同樣的一種手語方式，然後調到台南或者是調到各個不一樣的學校裏面去，但是基本上他們的手語都是一樣的，這樣子才能夠推行統一。然後希望說電視媒體能夠做的就是推廣一套一致的手

語教學。（高雄聾啞福利協進會理事，不會口語，需透過手譯老師）

5.分類別教學、層次教學，較有效果。受訪的聽障學生當中，部分不
   會手語，因此通常使用唇語溝通，但大部分肯定手語教學節目對聽
   障學生有幫助，可增進聽人及聽障人之間的接觸及瞭解，例如台中
   地區的受訪者建議手語教學的節目如下：

拍成電視節目、連續劇、演戲，我覺得這樣不錯，日本劇也有一
個，演戲比較好，一直比，不會有人去看這個節目，很枯燥。我覺
得現在許多人都喜歡學，我覺得可以透過這樣的節目可以瞭解聽障
生的缺點，可以知道聽障生在想些什麼，怎麼跟聽障生溝通，看完
這個節目後耐心地跟聽障生說話。像我剛進東華的時候，很多人都
不知道怎麼跟我接觸。（東華大學學生，中度聽障）

花蓮的受訪者表示，目前的手語教學節目教學不夠完整，並有填鴨
式教學的感覺，因此不會想看，但本身仍有學習意願，他指出：

增加互動，邊看字邊學手語是可以，但進一步分階段，現場學習較
好，學會之後再進一階。還可分類別如經濟、娛樂等，分層學習較
有效果。（花蓮高農學生，輕度聽障）

受訪聽障人士大多對電視台加強為聽障朋友服務的節目表示期待，
甚至多數表達可以團體方式增加聽障人士參與電視節目製播。

受訪聽障人士認為增加聽障朋友參與興趣的方式包括：增加宣傳，
或由聽障者親自參與節目設計及演出。提供聽障人士可參與演戲的機
會，或由聽障人士或青少年自己擔任節目主持人，藉著擔任領導人的角
色，培養聾人的思考能力及建立自信心，並增加參與感。

此外，可透過舉辦戶外活動的方式增加參與感。「辦活動也會增加
參與的意願，但不能只把聾人擺在一起，也需要跟聽人在一起，不要好
像說只有聾人作伴；也算是溝通的橋樑，像我們辦手語營，聽障生、聽

人也一半一半。」還有，「像郊遊烤肉，或類似演唱會等青少年活動時都有辦一些戶外的表演活動。」

網路的網頁可與相關服務節目結合，蒐集且呈現聽障人士的意見，並拉近聽障人士與媒體製播單位的距離。

受訪聽障人士在訪談過程表達他們最關心的事，大致包括：

1. 就業問題：尤以平等的工作待遇及就業機會、升遷機會為主。
2. 聽障人士的權益問題：例如國家考試聽障者的錄取名額太少。
3. 教育問題：聽障學生的受教權、學習障礙等。
4. 人際關係：包括如何交好朋友、如何交異性朋友、如何讓自己與聽人的溝通無礙。
5. 家庭管理：除家族成員的溝通互動外，還有如何經營一個家庭、持家、養育子女等。
6. 身心健康：如何保養身體、心理健康。
7. 生涯規劃：如充實自己、發掘個人潛能、計劃未來，或如何投入關懷聾人的慈善工作。

對於相關節目內容方面的建議有：

1. 手語教學可仿效美語教學的方式，學習生活化手語。
2. 朝向紀錄片的方式，發展以聽障人為主的紀錄片。
3. 家庭教育。

因為聽障父母成長範圍太窄，如果大眾傳播媒體可以幫忙家庭教育，孩子的行為也比較不容易偏差。像是教小孩發音時，聽障父母不會教正常零到五歲的小朋友做正確的發音，父母如果想幫正常的孩子，可是孩子可能只聽到不知所云的聲音，這時如果有節目和錄音帶教學，效果說不定不錯。（國小資源班老師，重度聽障）

在節目播出時段的配置上，建議安排在晚上時段，例如晚上九點以

後，避免與收視率高的電視節目時段衝突。

伍、結論與討論

在台灣地區以聽人為訴求的商業傳播生態下，聽障人士的媒體接近使用權，相較原住民、客語人士擁有其母語播出的每日電視新聞報導，其可以理解、負擔財力使用的傳播媒體選擇，相當有限。早期曾有研究探討聽障人士的生活適應與媒體使用的關聯，發現聽障人士愈早採取親身傳播（面對面傳播），或使用傳播媒體，其生活適應能力較好、焦慮程度較低（呂郁女，民67）。面臨二十一世紀資訊社會與全球化的衝擊，聽障人士對於傳播媒體的適用情形如何？他們對於電視媒體的使用、參與、傳播的權利又是如何？

本研究為蒐集較豐富且深入的意見，分別採取焦點團體座談、深度訪談等質化方式，檢視分析聽障人士的媒體接近使用現況。根據十二場焦點團體座談及深度訪談十六位聽障人士的經驗，研究結論將依研究問題先後摘述如下：

一、聽障人士接觸傳播媒體的動機為何？

研究結果顯示，受訪聽障人士收看電視的動機，依序大致為：資訊導向、儀式導向、娛樂導向、學習導向，或交誼導向。其中居住如台北、高雄都會地區聽障人士，其收看電視動機偏重資訊、娛樂或儀式導向，而台中地區受訪者以學習、交誼導向居多，花蓮地區受訪者偏重儀式導向。

過去文獻反映聽障人士較常接觸的傳播媒體，先後是報紙、電視、雜誌、電影（呂郁女，民67）。經過二十多年來，聽障人士最常使用的傳播媒體依次是電視、報紙、電腦及雜誌。電視的影響伴隨其不需額外付

費（除非另訂有線電視）、普及化的特色，逐漸深入許多聽障人士的生活。

北高兩區聽障人士收看電視的動機較多元化，其與兩區生活方式與較多易得的傳播媒體選擇，無不相關。花蓮地區民風淳樸、生活節奏較緩慢，當地受訪者為打發時間而使用電視的動機，可以理解。台中地區介於大都會與城鎮型態之間，受訪者基於學習、交誼動機看電視，也有脈絡可循。

受訪聽障人士接觸報紙與電腦網路的動機，不外乎資訊、娛樂、學習、交誼導向。至於接觸雜誌的動機有資訊、娛樂、學習導向。其中電腦及雜誌大多因工作或就學之便，而有機會接觸，至於其他不具學生、上班族身分的聽障人士，未必有機會使用或有財力負擔電腦、雜誌兩種媒體管道。

值得關心的是，不論是資訊導向、學習導向、交誼導向的收視動機，多數受訪聽障人士傾向由媒體內容去認識社會、認識生活言行，他們在人際傳播管道有限的情形下，獲得的生活常識或知識的眞實程度如何？

二、聽障人士接觸傳播媒體的習慣爲何？

一般聽障人士接觸的傳播媒體可以看得懂的爲主，如電視、報紙、電腦網路、雜誌、錄影帶或電影。其中有固定收視習慣的媒體以電視或報紙居多。除了聽力受損程度的差異，聽障人士聽力受損係屬於先天如此或後天成長造成，也影響其對媒體的接觸與理解。例如後天聽力受損的聽障人士，若已接受文字閱讀訓練才受損，其仍會接觸文字閱讀媒體；但先天聽力受損的聽障人士，未必人人皆具備相當程度的文字閱讀能力。相對地，除非特別於聽力受損後加強學習，手語不見得是聽障人士生活主要溝通的語言。許多熟悉自然手語的人士，未必是成年後聽力受損的聽障人士，也有可能是有興趣的聽人及先天聽力受損的聽障人

士。即便手語也因分布地區而有差異。

受訪聽障人士有一半以上表示有收看電視的習慣，從半小時至四小時以上不等。其中多數受訪聽障學生每天收看電視時間達三小時至四小時，而近半數的受訪聽障社會人士每天收視時間爲二小時至三小時。

多數受訪聽障人士收看電視的時段在周間晚上七時或八時以後。但眞正可由他們自行掌握遙控器的時間往往在晚間十時以後。

報紙也是聽障人士常接觸的傳播媒體，受訪聽障人士中有閱報習慣者，每天會用半小時至一小時或一小時至二小時閱報。聽障社會人士因工作場所訂閱或工作需要，閱報時間較聽障學生時間長且固定。

電腦網路是多數聽障學生與部分聽障社會人士接觸的傳媒，其中主要用於電子郵件或BBS、電腦遊戲等，一天至少達一小時或一小時以上。但受訪聽障人士使用電腦網路的地點以工作場所或學校電腦教室爲主，未必每位受訪者家中裝有電腦或網路設備。

受訪聽障人士多數沒有固定閱讀雜誌的習慣，原因在於家中未訂閱、時間有限等。他們偶爾在工作場所或學校圖書館翻閱，或學生之間傳閱。

比較電視、報紙、網路、雜誌等傳播媒體，報紙、網路的接觸選擇自主性，較其他媒體多。聽障人士可自行選取有興趣的內容，而不需遷就電視播出時段、家人選擇。

三、聽障人士收看電視節目的喜好內容及期望爲何？

受訪聽障人士接觸電視、報紙的內容相似，這兩種媒體扮演互補的角色。多數受訪者喜好接觸的電視節目，分別有連續劇、體育節目、綜藝節目、電影、新聞節目、資訊節目等。其節目呈現特色以肢體動作爲主；類似新聞報導，由於缺乏字幕及進行節奏迅速，聽障人士未必能掌握傳遞的訊息。

具閱報習慣者喜好閱讀的版面，包括體育、影劇、社會、副刊、經

濟及股市行情等。其中受訪聽障學生不太關心經濟或股市行情，偏好影劇、體育、副刊、生活資訊等。

印證聽障人士接觸媒體的動機，不乏資訊、娛樂、學習、交誼等導向，但聽障人士未必由新聞節目滿足其接觸媒體的動機，反倒由肢體語言豐富的連續劇、體育節目、電影等獲取。類似戲劇、影集的創作與渲染效果，滿足不少為了認識社會、學習社交與人情世故而收看的聽障人士；而新聞節目呈現的方式卻未必適合聽障人士的接收與理解。抱持批判思維使用媒體的聽障人士不多見。

部分聽障人士藉由閱讀報紙、網路電子報或雜誌，獲取電視吸收之不足；但閱讀所需具備的文字素養，未必普及每一位聾人，且報紙、雜誌、網路在各家庭的普及程度也有限。

難怪受訪聽障人士對以聾人為訴求的聽障節目有所期待，除了提供法律、社會福利、就學就業資訊外，還需採取生動活潑的肢體呈現方式，或搭配字幕、手語，使聽障人士得以理解接收內容。

聽障人士對於類似節目播出時段與頻道的有限也感無奈。畢竟家中收視選擇權未必操之在己，且並非每個聽障家庭都裝有有線電視與UHF天線（接收公視）。因此，期望無線電視台播出服務聽障人士的節目，具有機會參與節目的企劃製播。參與節目企製，與「把攝影機交給原住民」（江冠明，民85a）、建構主流媒體內容的反論述（尤稀・達袞，民83；馬紹・阿紀，民85）的主張，不謀而合。

甚至，部分聽障人士指出聾人與聽人世界溝通的落差，也可藉由媒體表現釐清聾人與聽人之間的本意，拉近溝通失調的距離，即建構「互為主體的交互對話」模式（蔡智賢、孫大川，民85）。

受訪聽障人士也表達他們最關心的事，包括就業、權益、就學、人際處理、家庭管理、身心健康、生涯規劃等。這些主題是否在現有電視節目出現，其呈現觀點的適切性如何，都需要進一步探討與省思。

四、聽障人士對於電視媒體的參與意願如何？

受訪聽障人士對電視媒體的參與意願，以參與節目演出、內容設計、活動宣導居多，這些與大部分聽障人士對肢體語言的豐富和敏銳程度相關。

謝偉姝（民85）探討弱勢團體的論述觀點主張，類似原住民弱勢團體觀點與媒體內容的出現，對內可凝聚共識、傳遞文化，對外可促進與主流社會的對話，使弱勢團體不被誤解、獲得平等。

不可否認，當審視聽障人士媒體接近使用權的過程，除檢視既有媒體的使用權與參與製播的權利外，聽障人士對於建構聽障團體論述意願的傳播權是否重視，引人深思。

初探聽障人士的媒體接近使用現況，台灣地區目前有「聽聽看」、

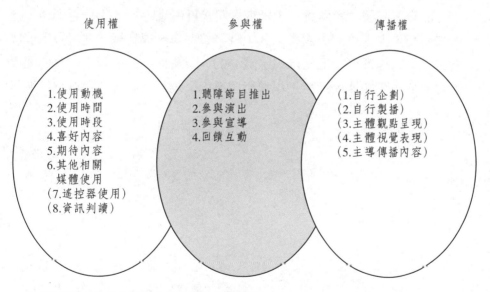

註：括弧內表示尚未具備的媒體接近使用部分

圖14-1　台灣地區聽障人士對電視的媒體接近使用

「看手在說話」兩個固定播出的聽障節目，較諸過去已有起步，本研究結果反映聽障人士在媒體接近使用權的層面情況，受訪聽障人士在參與層面及傳播層面的主體性體認則較不足。

在訪談過程，聽障人士將參與權與傳播權的焦點置於參與設計、演出，或利用網路留言版表達回饋意見，固然可以參考；但聽障人士是否有機會自行拍攝、取材聲人的觀點，並未明顯獲悉。這是否意味著聽障教育養成階段，聽障人士有機會接觸戲劇課程與常識，卻缺乏資訊判讀、影像傳播的概念？這些忽略的知能訓練，可否在學校設置相關社團學習，或加入養成課程，或由相關單位開始舉辦聽障人士的影像研習，作為改進？

其次，部分受訪者接觸傳播媒體的機會有限，部分原因在於經濟因素。包括寬頻網路、雜誌、有線電視機構單位，是否將肢障人士訂閱的優惠納入考量，相關部門是否正視優惠肢障人士的媒體接近使用獎勵措施，值得進一步評估。

除資訊判讀、影像養成訓練或資訊接近優惠之外，不可否認地，分析受訪聽障人士最關心的事，其中就業與就學、福利權益在現有學校機制已列入課程輔導，但聽障人士關心的人際關係、家庭管理、身心健康等重要的生活知能，則待正規教育體系或學校社團、社會團體重視與努力。

問題討論

1. 請尋找目前有哪些專門服務聽障人士的節目？你對這些節目觀看的意見？

2. 請尋找目前有哪些專門服務聽障人士的社團？這些社團有哪些特色？

3. 你有接觸過聽障人士的經驗嗎？你認為如何能加強與聽障人士的溝通？

4. 請想一想一般電視節目可以如何加強對聽障人士的服務呢？

5. 如果你有機會參與服務聽障人士節目的製播，你會如何規劃設計呢？

第十五章
青少年對電視益智節目的回饋：
一個次文化的觀察

如果，將這一代的青少年與其他世代的青少年相較，我們可以說：

四○年代是宿命的一代；

五○年代是沈默的一代；

六○年代是孤獨的一代；

七○年代是疏離的一代；

八○年代是空虛的一代。（徐建正，民82）

九○年代的台灣青少年仍然受到各種壓力、競爭、複雜的人際關係、升學主義的擠壓，但由於現代社會是個日趨寬容的社會，一般較不再用固定不變的標準或規範來限制青少年的活動；身處多元化的社會與傳播媒體環境，九○年代的青少年有強烈的自立性和自主性（王曾才，民81），可稱爲自我的一代。

這一代青少年的自我意識強烈，他們較過去的世代更能表達自己的看法。而且，這一代的青少年次文化具備不斷更新、顛覆的特色（王曾才，民81；張景然，民81），適逢國內電子媒體呈現多頻道、多元化、多選擇的節目面貌與內容，這群「我有話要說」的青少年的收視意見，已非簡單的收視率調查數字可以道盡。以青少年爲訴求對象的電視節目，須進一步依節目類型來獲知青少年的觀感，才切實有助於節目企劃製作（黃葳威，民85）。

事實證明，青少年對於具有聲光影像的電子媒體較感興趣。根據最近一項針對青少年的假日媒體休閒調查（金車教育基金會，民85），現代青少年最喜歡看電視，有74%的青少年指出電視是其休閒時的最愛，而且大多是每週至少看四小時以上，在各類電視節目中，影片最受青少年喜愛，其次爲卡通、綜藝類、體育節目。新聞類、教育類的電視節目則較不受青少年青睞，收看比率遠不如連續劇。這反映兩種可能性：青少年將看電視當作一種休閒活動，而青少年所觀看的節目內容也以輕鬆、娛樂性質較高的題材居多。此外，目前以青少年爲主要訴求對象的教育類型節目，其內容安排與呈現，顯然不易吸引青少年收看。

從一九七一年間的「一分一秒」、「挑戰」到八○年代的「強棒出

擊」，國內電視益智節目行之有年，益智節目被視為有益智慧成長的教育文化節目，隨著這一代青少年次文化的不同，電視益智節目製播方針應如何符合現在青少年的需求，實為一大挑戰。

所謂回饋，如同一相反的傳播過程，是由接收者傳遞給傳播者，並藉由口語、非口語或兩者並用來進行，其目的在減少歧視，協助傳播者的角色扮演；角色扮演是傳播者評估溝通符號意義的一種過程，傳播者期望在角色扮演的過程，使用接收者生活經驗也能明瞭的符號，傳遞訊息（De Fleur & Ball-Rokeach, 1982）。回饋也被視為「一種利用輸出結果來規範與修正反應機制的控制信號」（蔡琰，民84，頁172）。這些均顯示回饋有助於改善傳播過程或內容，傳播者可由較積極主動的層面善用回饋訊息，來改善傳播訊息的呈現或傳遞方式。因此，回饋是先有訊息輸入，然後產生接收者對訊息的反應、效果及互動溝通，以期接近互動傳播的理想。

國內現有以青少年為主要訴求對象的電視益智節目，其內容與青少年次文化相容或否？青少年對電視益智節目的觀感為何？電視益智節目製播者可提供青少年哪些對電視益智節目的回饋管道？

筆者邀集四十餘位中學生、關心青少年的家長、教師，探討青少年對電視益智節目的回饋方式與製播意見。回饋在本研究中被界定為對電視益智節目反應及互動溝通，筆者將根據焦點團體蒐集的資料分析以下問題：

1.青少年對電視益智節目的觀感？
2.青少年所希望看到的電視益智節目內容與節目型態？
3.青少年如何向電視媒體表達其對電視益智節目的意見？

本文將討論青少年與次文化的概念，介紹有關青少年次文化的意涵與理論、青少年及傳播媒體的互動，並檢視青少年對電視益智節目的回饋。

壹、青少年與次文化

一、青少年名詞釋義

在人生成長的階段，青少年時期因生理漸趨成熟，呈現極大的轉變。「青少年」的英文adolescence源自於拉丁文adolescere，其意涵爲「長大成人」（grow up）或「生長至成熟」（grow to maturity）。青少年期係介於兒童期與成年期之間一個發展階段，因「生長至成熟」的意義並不明確，且因個人的觀點不同，致其開始與終止的年齡，難有一致的看法；更由於青少年期隨著社會變遷而延長或縮短，益增其界定的困難，至今仍沒有一個明確而爲眾所公認的定義（江南發，民80）。

關於青少年期的界定一般而言有生理、社會、心理三種界說方式。從生理的觀點來說，社會科學家把青少年定義爲「從青春期（puberty）開始到骨骼發育完成的一段生命歷程」（Konopka, 1973）。多數採取這種生物學取向的觀點，往往認爲青少年期係開始於兒童結束、青春期肇始之際，或是生理上性器官開始成熟、第二性徵出現的時候。

這一段生理轉變的過程，青少年開始注意自己的存在、自己的特色，同時面對家庭、學校、社會的期待，也經歷脫離兒童的掙扎或迎接長大成人的喜悅。因而，光用生理的變化並不足以解釋青少年這個時期。個體的自我認知、態度、價值觀的調整、家人的關係，甚至學校、社會、傳播媒體等外在環境訊息的互動，都影響青少年的發展。由於處於兒童期與成年人期中間，一些社會心理學者或社會學者稱這一階段爲「認同危機期」（Erikson, 1968）。

青少年期則是個人從生活依賴到獨立自主的一段時期，這段時期從十二歲到二十歲出頭，其結束是當個人在職業、教育、性、社會及意識

理念上獲得定向，而能依照其所屬社會和文化來承認其是個成人爲止。心理學觀點較重視青少年對自己與生活周遭的想法和感受所發生的變化，同時重塑其道德感、價值判斷（Windmiller, Lambert & Turiel, 1980），他們強調青少年期是從性－生理成熟到心理成熟的一段時期。

無論採取何種觀點，均難以年齡界定期限，雖然在我國法律上是以年齡爲準，將青少年期指定爲十二歲到未滿十八歲，然而每個個體的生理、心理成長隨其先天及後天因素各有差異，因此，即使在青少年這一階段，仍可細分爲「青少年前期」（early adolescence）──年齡約在十二至十六歲、「青少年後期」（late adolescence）或「青年期」（youth）──年齡在十七至二十七歲之間（Blos, 1963）。

因此，綜合生理、社會及心理三種取向，青少年期可以視爲從一系列的生理事件（biological events）到來的青春期開始，至進入成人的世界、承擔社會的和心理的事件（social and psychological events）爲止（江南發，民80）。

本研究所採用的青少年界定方式乃以「青少年前期」爲主，探討十二歲到十六歲之間的青少年與社會需求，並進一步討論青少年與媒體的關係。

二、次文化概念

次文化的概念延伸自文化的概念，一般較從行爲層面或思想層面來討論。文化常被界定爲知識、經驗、信仰、價值、態度、意義、階層、宗教、時間、角色、空間關係、世界概念，及世代個人與團體競爭中，大多數人所需物質的累積總合；所謂次文化是指因人種、民族、宗教或社區等行爲上的特質，有別於其周圍的文化或社會而形成（Samovar, Porter & Jain, 1981）。最明顯的例子是青少年常以特殊的裝扮呈現個人的存在，或使用青少年特有的語言表達自我風格，如「尷尬」說成「監介」、「跳舞」說成「飆舞」等。次文化的特質不僅僅顯見於行爲，也存

在於信念、價值、態度等內在部分。所以，一個社會中不同人群所特有的生活格調與行爲方式可稱爲次文化（李亦園，民73）。次文化固然具備其特有的生活格調與行爲模式，但也與所處社會共享某些價值、信仰及規範（彭寶瑩，民81）。

綜上所述，次文化是一種獨特的社會實體，亦爲強勢主流文化的一部分，可提供成員一套在強勢主流文化中沒有的經驗、背景、社會價值與期望。所以，次文化可視爲不同人群團體間所形成的獨特文化型態。相較於社會整體環境，國內現有青少年的思想、行爲模式可被視爲一種獨特的次文化。是故，由青少年團體所形成的特殊文化型態即稱爲「青少年次文化」。

貳、青少年次文化理論與意涵

一、青少年次文化理論

今日對於青少年次文化研究大體而言可以分爲兩大取向，一是著重研究青少年和成人文化型態間差異的取向；二是著眼同年齡群間不同青少年次文化型態的取向。其文化形成的觀點主要有二：縱貫模式及橫斷模式（Brake, 1980:25）。

縱貫模式又稱爲世代模式，其研究主要目的，乃在於企圖瞭解年齡差異所造成的文化型態差異，以及文化型態能否被延續的問題。以世代觀點討論青少年在社會地位的論述，係採用結構功能學派的觀點分析，主要代表者包括柏森斯（Parsons, 1954）、艾森斯坦（Eisenstadt, 1956）及高曼（Coleman, 1961）等。這派人士主要採取社會整合的觀點，來分析青少年在社會結構的地位及其可能產生特殊文化型態的社會條件（吳素倩，民76）。

因此，世代模式強調年齡差異對次文化型態差異的決定性，認為次文化的形成乃是由於年齡差異造成歷史經驗或社會環境的不同所形成，而主要強調青少年的共同行為模式。一般談及青少年次文化的「代溝」議題，或所謂「一代不如一代」的說詞，皆可視為世代模式的產物。

橫斷模式又稱為結構模式，其研究的主要目的在於探討青少年社會階級、地位因素之關聯及對次文化型態的影響，因而，結構模式認為青少年文化和次文化的形成建立於社會階級和經濟地位的結構架構上，而強調同一結構地位青少年文化型態的一致性，主張文化型態的形成是一種學習的歷程。英國社會學者布萊克（Brake）即為這一學派的代表學者。布萊克將文化的本質當作一種解決問題的方法，也認為文化是一種經由學習的行為與特有的意識型態。

結構模式主張將青少年次文化的形成，視為青少年學習以集體方式解決社會經濟結構本身之矛盾，所共同經驗到的問題之歷程。所以，從學習的角度而言，不論文化或次文化型態的形成雖然以社會階級、地位為基本，但畢竟是源自於個體社會化過程，方能形成特殊、獨特的文化或次文化型態（張志彰，民81）。

本研究將採取結構模式的觀點，從媒體使用與媒體效果的互動，探討青少年次文化與電視益智節目的關係，同時呈現青少年所希望看到的電視益智節目內容或方式。

二、青少年次文化意涵

社會學者賽伯（Sebald, 1984）認為青少年次文化具備的意涵如下（轉引自張景然，民81，頁13）：

1.價值觀和規範：最初得自成人社會，但不同於兒童或成人的次文化。

2.特殊的暗語（lingo）：使用流通於青少年之間特殊的行話、謔語或

黑話，一般人通常不使用或不瞭解其意義。

3. 受大眾傳播媒體的影響：青少年次文化的形塑受到電影、電視、雜誌、音樂、報紙等的影響。

4. 注意流行風尚：可由青少年的衣著、飾品、裝扮觀察得知。

5. 歸屬感：青少年強烈認同所屬的同儕團體。

6. 特定的身分標準：青少年以不同於社會慣有的標準獲取個人地位或權利。

7. 社會支持：青少年彼此瞭解和支持同儕的行為，這種社會支持的力量，有時強烈到足以破壞成人世界的規範。

8. 滿足特殊的需求：青少年彼此提供支持力量滿足特殊的需求，這些需求可能是大社會的禁忌，例如服用禁藥。

　　青少年次文化也可從物質文化、行為文化、意識文化等三種結構面觀察。楊雄（民81）所主張的物質文化結構面，意謂物質因素占主導地位的文化，如衣飾、髮型、流行音樂等。行為文化包含兩個類型——行為規範與行為方式，行為規範如同時尚、偶像，行為方式像是儀表、談吐等。意識文化乃指意識因素占主導地位的文化——群體所認同的價值系統及文化深層結構，這些價值系統計有審美意識、時代精神、道德判斷等，而文化傳統、國家觀念、民族性格則是文化深層結構（楊雄，民81）。

　　綜合分析上述青少年次文化意涵，青少年次文化可反映在內在精神與外在現象兩層面。

　　內在精神層面包括青少年的價值觀和規範、歸屬感、特有的身分標準或特殊需求；外在現象層面則涵括物質文化的流行音樂、服飾、髮型，以及行為文化的特殊暗語、使用大眾傳播媒體情形、特殊行為需求或休閒活動等。

參、青少年與傳播媒體

　　在前述的縱貫模式與橫斷模式與青少年次文化意涵討論中，青少年次文化所以形成，受現代社會、經濟、文化、家庭等多方面影響，大眾傳播媒體亦是當中的一環。

　　文化人類學者賀爾（Hall, 1959）主張，傳播即文化，文化即傳播。大眾傳播媒體透過電影、電視節目、報紙、雜誌、唱片、小說、漫畫等管道，挾帶大量的視覺和聽覺刺激進入青少年的心靈中，提供服飾、髮型、休閒生活、處事態度等生活型態。尤其台灣地區各家庭彩色電視機的擁有率占99.3％，甚至有五成以上的民眾擁有兩部以上的彩色電視機（潘家慶、王石番、謝瀛春、鄭自隆，民84）；電視在台灣的普及率將近百分之百，也深入各個家庭生活，電視對青少年的影響效力，不容忽視。在現今雙薪家庭普遍、生活節奏迅速的社會型態，人與媒體之間的互動愈趨頻繁，對青少年而言，除與同儕的人際互動外，青少年接觸大眾傳播的機會往往超過其與父母、師長的溝通（黃葳威，民84）。

一、媒體效果層面

　　許多媒體效果研究皆發現，電視節目內容可以「左右」或「加強」青少年、兒童的認知、態度或行為，例如塑造民意（Noelle-Newmann, 1984）、建構事實（Gerbner, 1977, 1979）或思考方式（Burton, Calonico & McSeveney, 1979; Garramone & Atkin, 1986）、刺激或暗示（Bollen & Phillips, 1982; Phillips, 1982）、勸服（Winctt, Leckliter, Chinn & Stahl, 1984）等。這顯示對於正處於建立自我認同階段的青少年，電視節目內容或多或少都會影響青少年的價值判斷，且在行為上顯現出來。

　　有關電視節目認知效果的研究主張，電視節目內容可以建構觀眾內

心認知與想法。民意學者諾耶紐曼（Noelle-Newmann, 1984）提出的沈默螺旋理論（The Spiral of Silence），證明傳播媒體（特別是電視）具有形成民意的功能。她認為，媒體是民眾觀察環境的一大途徑，當社會上發生可爭議的事件時，人們只要透過媒體便可瞭解其他民眾對此事件的看法，而由媒體獲知的民眾意見會影響自己表達看法的意願。諾耶紐曼表示，人是社會群體文化的動物，大部分的人都擔心自己被整個社會所孤立，因此當個人發現自己的看法符合主流意見，較敢勇於表達己見；若察覺自己的看法有別於主流意見，則較不敢陳明己見（Noelle-Newmann, 1984）。

　　除了塑造民意之外，電視節目對於建構觀眾的社會認知，亦有相當的效果。國內外關於電視與兒童的論述均發現電視兒童節目或卡通節目所充斥的暴力畫面內容，往往使得常收看這類訊息的兒童誤以為真實世界充滿了暴力（李秀美，民84；吳翠珍，民84；Gerbner & Gross, 1976）。葛本納等人（Gerbner, Gross, Signorielli & Morgan, 1980）還指出，電視節目中由於老人出現的比例低且角色形象不佳，因此常收看的人容易誤以為老人正逐漸從社會中消失，對銀髮族的印象也傾向負面。

　　另有學者從知識的效果層面，探討電視節目的認知效果。這方面的文獻有兩派主張——有益或有害觀眾的知識學習。柴克曼等人（Zuckerman, Singer & Singer, 1980）發現一些科幻暴力性的節目會妨礙學童學業上思考能力的發展，而常收看卡通片的兒童也對上課不感興趣。柏頓等人的研究也證實（Burton, Calonico & MoSeveney, 1979），兒童在學齡前收看太多電視節目，對其入學的學業表現較不利。然而，葛拉蒙等人的論述則主張（Garramone & Atkin, 1986），電視新聞報導有助於年輕人學習政治知識。換言之，電視節目因類型或內容的差異，其對閱聽人知識學習的效果也不同。

　　有關電視節目的情感效果的文獻方面，林茲等人認為（Linz, Donnerstein & Penrod, 1984），帶有暴力訊息的影片會麻痺觀眾的情感反應；觀眾愈常收看暴力影片，愈容易接受暴力訊息的節目，也愈不同情

遭到暴力行爲的受害者。這種情緒或情感的效果，對冒險動作片或犯罪新聞等不同類型的節目觀衆，都有類似的發現。布萊恩等人研究獲知（Bryant, Garreth & Brown, 1981），經常收看冒險動作片的觀衆較容易以爲眞實世界中充滿暴力；尤其當節目中正義的一方尚未彰顯公義，或邪惡勢利未被懲罰時，觀衆易對自身安全感到憂慮。犯罪新聞的研究也發現（O'keefe & Reid-Nash, 1987），愈專心收看電視犯罪新聞的觀衆，對於各種犯罪行爲有較高的警覺性或恐懼感，這些觀衆往往以爲自己受害的可能性很高。

至於電視節目對觀衆態度的影響，艾倫等人的調查結果顯示（Allen & Hatchett, 1986），經常收看黑人節目的黑人，個人的自尊較低，對黑人團體的認知較負面，但對黑人團體的歸屬感較強，對其他膚色人種的分離意識較強。也有調查發現，在小學高年級的學童中，常收看警匪片的學童對片中執法者的認同感較高，未收看警匪片的學童，較不認同片中執法者。

電視節目不僅影響觀衆的認知、態度或情感，也可能左右觀衆的行爲。學者菲立普（Phillips, 1982）發現，每當電視戲劇節目中出現自殺情節，節目中所提及的地區的自殺事件或假借車禍的自殺事件便會增加。電視新聞節目的觀衆調查也顯示（Bollen & Phillips, 1982），電視新聞所報導的自殺新聞，會促使自殺事件在短期內迅速增加。此外，類似重量級拳賽的獎勵性質的暴力行爲，經傳播媒體廣泛報導後，全美各地的犯罪案件在短期內有快速增加的現象。

二、媒體使用層面

然而，從閱聽人使用媒體的角度觀察，傳播媒體與閱聽人的互動，也隨其使用動機、預存立場、社會網絡的不同而有差異（McQuail, 1987）。使用與滿足的理論便主張（Katz, Blumler & Gurevitch, 1974），人們藉由使用傳播媒體的行爲來獲取某些需要的滿足，因而引發使用媒體

的行爲。

庫伯等（Cooper & Jahoda, 1971）發現，有種族歧視的人在觀看反種族歧視的影片時，不是假裝看不懂內容，就是刻意曲解反種族歧視的內容。薛拉德（Sherrod, 1971）的研究也證實，選民會對自己所喜歡的候選人言論，作選擇性的理解；即使候選人的言論立場與自己有些不同，由於候選人是自己喜歡的，選民仍會將其言論立場當作與自己立場相同。類似研究均證實，一般大衆對訊息的解讀方式，依其個人因素而有選擇性的注意、理解與記憶。

有關選舉的民意調查分析呈現（Lazarsfeld, Berelson & Gaudet, 1948），大衆傳播的訊息並非完全直接傳遞給閱聽人，有許多訊息是透過意見領袖等人際傳播途徑傳遞。創新傳布的研究也說明，透過人際溝通的勸服效果往往大於大衆傳播（Rogers, 1983）。

人們基於某些需求而使用大衆傳播媒體，而這些需求對人們的媒體行爲究竟有何影響呢？培拉德等人（Peled & Katz, 1974）發現，如果人們對媒體的需求愈強烈，則人們使用媒體的行爲會更頻繁。在一九七三年以阿戰爭爆發的初期，以色列的居民因急著想知道戰爭的情況及專家對戰局的分析，同時爲了降低內心的緊張，並表示對國家的支持，該地居民比平常使用較多的資訊。羅賓（Rubin, 1981）指出，無論民衆收看電視節目的動機是爲打發時間、解除寂寞、尋求快樂，還是爲獲取知識、逃避現實、鬆弛自己，只要他們所持動機的強度愈強，所收看節目的數量就會愈多，也愈喜歡收看電視節目，對於電視所報導的內容也愈相信。羅賓等人（Rubin & Rubin, 1982）在研究老人收視動機時發現，如果老人收看電視節目是出於習慣，或是爲打發時間、尋求娛樂，則老人收看節目的時間較長；如果老人是爲了與他人討論或逃避現實而收看，則收看節目的時間較短。羅賓等人還發現，如果民衆是爲了尋求資訊而收看電視新聞，則他們對新聞的眞實性有較正面的看法，對新聞節目的喜好程度、收看意願及收看的專心程度也較高；如果民衆只是出於習慣而收看新聞，則他們對新聞眞實性的看法、對新聞節目的喜好程度、收

看意願、專心程度都較低（Rubin & Perse, 1987）。甘茲（Gantz, 1978）也發現，爲尋求資訊而收看新聞報導的人比持其他動機而收看的人要記得更多的新聞內容，而爲消遣而收看新聞報導的人所記得的新聞內容最少。這些研究發現都說明觀眾對媒體所持的動機或態度會影響其媒體行爲及媒體效果。

人們與媒體之間能夠建立並維持一種密切的關係，主要是彼此雙方都能各取所需。媒體所提供的訊息滿足了各階層民眾的需要，而媒體也因廣大群眾的捧場得以取得廣告商的贊助。如果媒體的訊息能滿足人們求，人們使用媒體的行爲便會持續。

意見領袖也可左右人們的媒體使用情形。意見領袖通常比詢問者有較高的社經地位，同時在使用媒體、社會參與、國際性格及創新性格等方面的程度也比詢問者要高（Rogers, 1983）。他們很可能是一般人所熟知的公眾人物，也可能是眾人身旁的親友、鄰居或工作夥伴。如果閱聽人與這些意見領袖的社會關係較佳時，他們受意見領袖的影響可能較大。例如，來禮等人發現，無法與同儕團體保持良好關係的兒童較喜歡閱讀卡通漫畫書，也較喜歡收看含暴力動作的電視節目。這些無法與同儕團體保持良好社會關係的兒童，因無法從同伴中找到認同的對象，只好認同於雙親；但雙親的期望及價值觀常爲兒童帶來巨大的壓力，因此這些兒童較容易沈迷於幻想之中，而閱讀漫畫書及收看暴力節目正好能滿足兒童幻想的需求（Riley & Relcy, 1951）。詹士東也發現，無法整合於同儕團體的學生具有較高的挫折感，因而藉著收看更多的電視節目來彌補部分需求，而社會關係較好的學生則因社交的需要而較常使用電影或唱片媒體（Johnstone, 1974）。

社會關係除了可能影響閱聽人的媒體行爲外，也可能影響媒體的效果。柯德勃等人（Coder-Bolz & O'Bryant, 1978）發現，如果兒童在收看娛樂性節目時有成人在身旁提供解釋與說明，則兒童可以從節目中吸取到較多的資訊，也較能培養出正確的收視態度。普拉沙等人（Prasad, Rao & Sheikh, 1978）發現，兒童在收看了具高度吸引力的產品廣告之後，如

果母親能用說理的方式來否定該產品的價值，則兒童受廣告誘惑的程度會降低。國內外研究均指出（雷庚玲，民85；Desmond et al., 1985），如果雙親能對兒童的收視行為予以適當管制，同時母親能在兒童收看節目時幫忙解說，則兒童對節目內容的理解程度更高。

綜合上述文獻探討可以獲知，電視與閱聽人之間的關係，可能是被動地受到訊息影響，或隨著閱聽人的使用動機、預存立場、社會關係的不同而呈現互異的互動狀態。早在七○年代，就有學者認為「使用與滿足」理論的提出代表閱聽人「主動」的角色意涵。然而，閱聽人儘管可以主動解讀電視節目訊息，或主動關機，若未能主動地向電視媒體表達己見，仍為有限的主動。從閱聽人對電視節目的回饋而言，這仍屬於有限的回饋（黃葳威，民85；Gamble & Gamble, 1993）。因而，探討閱聽人對媒體的使用與滿足，仍屬於閱聽人接收訊息的反應，閱聽人是否有途徑將收視反應傳遞給訊息傳播的一方，亦值得重視。

本研究欲探討青少年對電視益智節目的回饋，回饋在本文被界定為對電視益智節目的反應或互動溝通，研究者將分析青少年對電視益智節目收視群，以及所希望看到的電視益智節目內容，並由青少年對節目的收視回饋，來審視電視益智節目與青少年次文化的關係。根據四場焦點團體座談蒐集的意見（見本章附錄），以下將敘研究發現。

肆、青少年與電視益智節目

「IQ全壘打」是公共電視籌委會針對十三到十八歲青少年朋友的學習需求和興趣，結合棒球運動遊戲規則，設計製作的益智競賽節目。節目分兩個單元進行：「強棒大進擊」以棒球比賽規則，由投手及打擊手在跑壘上進行問答，打擊手上台（壘）前會由旁白介紹其專長科目，再由投手出題，配合「全壘打」、「雙殺」、「指定代打」及「盜壘」等特殊規則的運用，讓參賽者如同置身球場，在競賽中活動身心；「全壘打對

決」單元，以自然科學的實驗、觀察、推理為題材，藉實景拍攝錄影畫面、電腦動畫來呈現問題及解說，讓參賽隊伍搶答。

綜合焦點團體座談結果可知，四場受訪人員對「IQ全壘打」的節目立意與品質均給予肯定或讚許，同時賦予相當期望，希望電視節目製播者能依據青少年的需要，製作出適合青少年的節目。但由於多數受訪觀眾長時期受限於三台電視生態的影響，例如晚間七時至八時被當作收看新聞的主要時段，綜藝節目以知名偶像影歌星動態為主，在節目品味方面便常以目前的三台節目類型作為回饋的標準。

本研究除邀集青少年學生參與座談外，也邀請關心青少年的國中導師、輔導老師及家中有青少年的家長參與討論。結果發現學生組與教師組、家長組對電視益智節目的取向有顯著不同。學生組及少數教師、家長主張，電視益智節目的娛樂性應重於教育性，大部分教師組、家長組的出席人士則認為，電視益智節目應著重教育性。

主張重娛樂性的受訪者表示，儘管「IQ全壘打」在知識傳遞及智慧啟發上有所助益，但青少年不見得能抽空收看。多數學生受訪者因課業或補習的壓力，除非周末或假日，一般周一至周五根本無暇觀看。更主要的原因是，即使他們在周末看電視，也喜歡看輕鬆、有趣、爆笑的節目，「否則又像在上課一樣」。換句話說，這群受訪者認為青少年收看電視節目的目的在娛樂消遣或自我放鬆。

另一派重視教育性的受訪師長則持不同的觀點，他們以為類似「IQ全壘打」的電視益智節目，對於不喜歡看書的青少年而言，是求取知識的管道之一。由於配樂、畫面的聲光呈現，將使得書本上沈悶的知識見解生動起來。

這些重視教育效果的受訪者，有半數左右的家長表示會陪伴青少年一起看電視益智節目。部分受訪教師則覺得將這樣的節目配合學校教學，或可提升青少年學校的上課情緒與學習動力。

「IQ全壘打」由一位男主持人及兩位女主持人共同主持，由男主持人兼裁判主導整個節目的進行，兩位女主持人分別帶領兩支青少年學生隊

伍互相搶答比賽。在節目呈現方面，有關電視益智節目主持人的表現一般反應不很理想，四組受訪者意見包括：

1.整體方面：
・主持人親和力不夠。
・焦點過度集中在男主持人身上，三位主持人責任不平衡。
・主持人解釋競賽規則不清楚，過於笑場。

2.男主持人方面：
・有些肢體動作不恰當，如因參賽學生答錯而拍學生的頭。
・口氣太兇。

3.女主持人方面：
・主持有點生疏。
・解釋規則不清。

三位主持人對參賽隊伍的勝負反應，不論在肢體或言語上都過於強烈，令觀眾感受到競賽的壓力，答錯了似乎會受處罰，如被男女主持人敲一下頭或皺個眉頭。

多數受訪人員認為節目現場氣氛過於沈悶，主持人的表現多於參賽學生的表現，除答題上場同學在鏡頭露面，隊員參與不夠且啦啦隊不夠生動活潑。就畫面呈現來看，畫面焦點在男主持人或答題的學生，其他隊員與現場啦啦隊員都不被重視。

有關節目題型的反應，受訪學生、師長較肯定第二單元「全壘打對決」的出題方式，認為配合大自然實地拍攝或動手做科學實驗記錄，較引起青少年學習的興趣，而不如第一單元需死背正確答案。受訪者大多肯定「全壘打對決」題型的教育意義。

1.內容方面：
(1)整體：
・增加常識題型。

‧一般常識性題目占60%，特殊性困難題目占20-30%。

‧開放題型，不要受制於聯考。

‧課內三分之二，課外三分之一。

‧題目難易不要相差太遠。

‧由淺入深，誘導學生對節目感興趣。

(2)強棒大進擊方面：

‧應配合青少年學生專長科目出題。

‧國文題應運用靈活方式出題。

‧數學題應更生活化。

(3)全壘打對決方面：

‧不要限於理化。

2.呈現方式

(1)整體：

‧美術、音樂題目可播放作品供學生參考。

‧運用連鎖題型，提供青少年對一問題深入推理的機會。

‧加強解答，增加教育性。

‧讓投手以隨機方式選題型，避免投手故意不出打擊手專長題型。

‧用電動隨機方式選題型。

‧不要將答題學生專長科目告訴投手。

(2)強棒大進擊方面：

‧由投手真正拿棒球投球。

(3)全壘打對決方面：

‧由學生抽疊球（隨機選擇題庫）。

簡言之，受訪師生、家長多認為，電視益智節目若採競賽方式，出題方式應偏重誘導青少年「由過程中學習」，而非「由結果論成敗」。不論題目內容或出題方式，都應以引導青少年思考、推理、增加參與感為

主，避免雙方隊伍過於看重成敗。

在播出時間方面，贊成選擇每周一次或數次者居多，帶狀者較少，其表示時間如下：

1.每周一次：
   ・周六或周日下午1:00～2:00。
   ・周六或周日下午2:00～3:00。
   ・周六或周日下午。
   ・周日下午1:00～3:00。
   ・周日下午5:00～7:00。
   ・周日下午6:00～7:00。
   ・周六下午7:00以後。
   ・周六下午。
   ・周日。

2.每週三次：
   ・周一、三、五晚上9:00～9:30。

3.帶狀：
   ・周一至周五下午6:00～6:30或6:30～7:00。
   ・周一至周五下午6:00～7:00。
   ・周一至周五下午6:00～7:00或5:00～6:00。
   ・周一至周五下午9:00。
   ・周一至周六下午6:30。
   ・飯前6:00～7:00。

大部分的受訪青少年學生、家長都表示，青少年收看電視時間多半在周末或平日放學補習後，或正值晚餐時間，因此較贊同類似益智節目選擇每周播出一次，較有可能收看。

至於是否將「IQ全壘打」製作爲教學錄影帶，學生組表示對錄影帶興緻缺缺，購買及觀看比率均低；教師組則樂見其成，認爲錄影帶有助

於教學；家長組則視小孩需求而定。相關意見還有：

‧內容分科分冊。
‧附帶實驗操作物品。
‧以交換帶子方式較省錢。
‧放在圖書館租借。

這些意見反映出教師對電視益智節目配合教材、輔助教學的期望較高，青少年則未必有興趣，顯示雙方對益智節目的期待有落差。

在青少年所需要的節目內容，參加座談的青少年、師長認為大致是：

‧增加使青少年有參與感的。
‧宗教心靈方面的。
‧多元化的。
‧心理輔導。
‧運動。
‧知識性。
‧兩性關係。
‧生活化的。

其中青少年較希望是可表現自己、有參與感的節目，或是運動、心理輔導方面的題材，較少青少年表示益智節目應重視知識性。而家中有青少年的家長則認為，益智節目內容應擴大為生活層面的題材，勿局限於書本知識；也有極少數家長與教師以為益智節目不妨配合學校課程進度，方便學生學習。

伍、本章結論

「寓教於樂」是一般社教益智節目的製作宗旨，目的在透過娛樂輕鬆的方式傳遞具教育意義的訊息內容。目前的青少年學生對這類節目的觀感如何？本論述是以公視籌委會製播的益智競賽節目「IQ全壘打」為例，藉由邀請青少年學生以及關心青少年的教師、家長舉行焦點團體座談，討論青少年對電視益智節目的回饋。

依據研究結果，以下將分析本研究所提的三個研究問題。

一、青少年對電視益智節目的觀感？

電視益智節目在青少年生活中的角色有些矛盾，益智節目顧名思義是「增加智慧」、「有益智慧」的節目，然而受限於益智節目的內容取向——仍以國中或小學高年級教科書內容為大部分，益智節目欲達到拓展青少年思想領域或豐富青少年次文化的理想，顯然仍待努力。

事實是這樣的，在重視親職關係的家庭或家長仍可主導青少年收視的家庭中，面臨升學或成長雙重壓力的青少年，往往經由師長推薦或家長允許而可觀看電視。這一群青少年是電視益智節目的「忠實」觀眾，他們白天在中學上課，在沒有補習或課後輔導的情況下，可以觀看電視益智節目，雖然內容與白天課堂上聽的大同小異。

電視益智節目的次要「忠實」觀眾，大多為參與節目錄製的青少年及他們的親友。因為他們可能出現在鏡頭畫面，所以他們要看，也希望周圍的親友觀看，至於沒有參與錄製的集數，他們是否能忠實收視不得而知。

電視益智節目的另一觀眾群，可能來自於不喜歡閱讀文字書本的青

少年。這群青少年經由觀看聲光十足的電視節目內容，來替代由書本獲得知識。

其他的潛在收視群以散戶、遊牧觀眾居多，他們可能在轉換遙控器的瞬間，正巧轉到播出頻道收看一陣子。

從與青少年的座談可以獲知，青少年收看電視益智節目的主要原因在增廣見聞、開拓視野、娛樂放鬆、看自己及熟悉的友人上電視，或與同學聊天的話題等。

其中增廣見聞、拓展視野可以歸類為追求新知。然而，如果電視益智節目的取材來自教科書，充其量其協助青少年複習或預習課程內容。如同文化人類學者賀爾所言：傳播即文化，文化即傳播；這些訊息對面臨身心成長轉型的青少年，或多或少影響其價值觀塑造，間接反映在青少年次文化。

換言之，青少年除了由學校獲得教材的新知外，電視益智節目內容若再度強化相似的訊息，其背後涵義是仍然支持升學主義。前面文獻探討曾提及，青少年次文化固然為強勢主流文化（升學、功利價值取向）的一部分，因其獨特的文化型態，可提供主流文化刺激、反省的動力。如果電視益智節目的取材局限於升學教材，其不僅限制了青少年的思考、價值判斷模式，也失去刺激主流文化反省的原動力，可能形成一反智的青少年次文化，形塑一反智的社會團體。

二、青少年所希望看到的電視益智節目內容或節目型態？

青少年所希望看到的益智節目內容是「如何生活」，而不是「如何考試」，他們有興趣的題材包含：人際溝通、心理輔導、兩性關係、宗教心靈、運動、知識等多元文化的生活素材。

電視益智節目可多提供青少年參與的機會，而且要反映在播出鏡頭的取景範圍。例如藉由取景鏡頭的調整，適度將鏡頭轉向啦啦隊，引起啦啦隊錄影過程的高度參與感，或透過觀眾（啦啦隊）答題方式增加參

與的興趣。

其次，製作單位應紓解參賽青少年的競爭壓力，勿太高舉成敗結果。又如節目配樂選取應考慮青少年的課業壓力，他們希望看到的節目是可以緩和壓力、放鬆心情，且可增廣見聞的節目，因此配樂最好採取輕快活潑的曲調。主持人引導節目的氣氛也應是「由過程中學習」，而非「由結果論成敗」，讓參與其中或觀看節目的青少年能享受過程，避免只重成敗得失。

三、青少年如何向電視表達對益智節目的意見？

青少年喜歡以其特有的點子、方式表達個人的存在與風格，但因多數青少年不熟悉電視節目製作情形，卻好奇電視五光十色的魅力，電視益智節目製作群應主動向青少年伸出友誼的手，蒐集他們的反應意見。受訪青少年、家長、教師的建議如下：

- ·舉辦有獎徵答，並以公開抽獎方式在節目中公布幸運兒。
- ·與學校合作，安排青少年參觀電視台攝影棚，並舉行座談，交換意見。
- ·設置電子布告欄蒐集青少年對該節目看法。
- ·設置青少年觀眾服務熱線。
- ·設置製作單位駐校特派員，藉同儕溝通瞭解青少年的想法。
- ·定期舉辦社區推廣或節目試播說明座談會。

國內電視「益」智節目製播單位不妨建立青少年對節目的回饋途徑，蒐集青少年的意見與建議避免成為電視「減」智（或「窄」智）節目，調整可能窄化青少年思考的內容，才真能吸引青少年觀看，豐富青少年的生活。

在閱聽人研究未來可拓展的方向部分，研究者建議除針對不同類型節目訴求對象進行分析外，還應進一步探究其訴求對象（訊息接收者）

與訊息製播者的互動情形，甚至訊息製播者對閱聽人回饋的看法重視與否，因而深入審視「主動閱聽人」角色的實踐程度。

問題討論

1. 請想一想青少年階段的特質有哪些？
2. 請想一想次文化是什麼？目前社會有哪些次文化現象？這些現象對社會有哪些影響？
3. 你所知道青少年所喜好的節目或內容有哪些？青少年喜好這些節目或內容的原因？
4. 請想一想目前電視台有哪些益智節目？你對這些節目的看法？
5. 請想一想電視益智節目如何吸引青少年觀看？

附　錄

　　本研究採取焦點團體法，蒐集有關青少年對電視益智節目回饋的資料。一共舉行四場焦點團體座談，每場十二人，包括兩組來自台北縣、市的國中青少年學生，一組爲關心青少年的國中導師及輔導老師，一組爲家中有青少年的家長。其中青少年學生組包含曾參加「IQ全壘打」的國中生，及未曾聽過這個節目的國中生。

　　研究者以公視籌委會試播的青少年益智節目「IQ全壘打」節目爲例，在座談開始前播放其中一集，內容長度爲二十八分三十秒，再請每組出席人士就觀看感想提出討論及建議。

第十六章
學齡前幼童對幼教頻道內容的回饋

壹、兒童與媒體

三歲的小安不會辨認花生、杏仁，對電視廣告的商品名稱卻能朗朗上口。

這就是電視影像的威力！提供資訊、娛樂大眾。笑、鬧、悲、苦；流行的、知識的、乏味的、營養的節目樣樣俱全，令人捨不得不看，又不忍心看。

台灣的電視節目自民國五十一年起開播，已四十多年，普及深入各個家庭，成為家庭生活的重要成員之一。「信誼基金會」曾做過一項全省性的調查，發現五到十二歲的兒童，最重要的休閒活動就是看電視，其次才是遊戲和寫功課。而且，十個孩子當中有八個是每天都看電視。

外國孩子沈迷電視的情況也相當驚人，我們在一份國外有關電視節目收視量的調查中發現，小學階段的孩子，每天平均上課時間約六小時，花在看電視的時間每天平均三至四小時。而學校每年尚有長達三個月的寒暑假呢！看來，只有「電視課程」是一年三百六十五天，天天不斷的。

一九八一年十一月二十日，聯合國通過「聯合國兒童權利公約」，強調兒童在現代社會中的定位與應享有的權益。傳播媒介為當代社會促進地域、族群溝通的重要機制，國家未來的主人翁──兒童，在媒介接近使用權的層面一直扮演弱勢的角色（黃葳威，民86）。

據聯合國近期一項調查表明：80％以上的中小學生傾向於從電視中接受信息，並在很大程度上依賴這些信息形成觀點，然後去解釋社會現象。研究表明，一個人學習能力的50％是在四歲前獲得的，其餘30％在八歲前已經發展起來，二至三歲的兒童已獲得基本的語言和學習的能力（國際日報，2001）。

民國八十二年七月有線電視法三讀通過，正式揭開國內電視多頻道

的時代。在眾多頻道與時段中，不乏專門播放兒童、青少年節目的幼教頻道，三家無線電視台除在過往極有限的幼教節目（含卡通）播映時段外，又增加了不少時段（如晚間七時至八時間，或周末午後）播出相關幼教節目。有時甚至出現三台中有兩台同時播出卡通的情形，或是將卡通「夾帶」在綜藝節目中播放，令人懷疑有墊檔之嫌。

目前台灣地區的主要幼教頻道分別有東森幼幼台、Disney頻道、Cartoon Network等，其中東森幼幼台的服務對象為國民小學二年級以下學童和學齡前幼童；Disney頻道的訴求對象以小學生為主；Cartoon Network的服務對象則包括小學生與國中學生。

研究發現，年齡在十五歲以下的兒童，由於身體生理結構、認知、情感、價值觀等發展均處於關鍵階段，往往被視為最易受傷害的閱聽人（Dorr, 1986）。多頻道的電視生態的確提供大量的兒童節目，卻也產生重量不重質的危機。電視經營者只顧填時段，濫竽充數，以購買他國良莠不齊的卡通為策略，卻忽略小朋友的喜好、理解與啟發認同。

加上目前幼教節目扮演「保母」的趨勢，許多父母習慣讓放學後回家的孩童與卡通影帶或節目相伴，這是都會地區與偏遠地區都有的現象（黃葳威，民84）。幼教頻道節目內容對小朋友人格塑造的影響值得重視。

所謂認知歷程，是指人們選擇評估組織外來刺激內在過程，即將環境的物理能量轉換為有意義經驗的過程（Porter & Samovar, 1994）。心理學者皮亞傑（J. Piaget）將人們的認知發展依序分為四個階段（Piaget, 1970:703-732）：

1.感覺運作期：大約在出生到語言出現的一段時期，這一階段的幼兒運用感覺系統及動作行動，來解決各種問題，這一時期可建構個人認知的次級結構，為今後認知發展奠定基礎。

2.前運作期：前運作期在語言出現到六、七歲的時期，這一時期的孩童可以使用語言或符號，其認知發展的部分包含：符號功能、直接

推理、自我中心、集中注意、因果關係、認同感。這一階段是兒童
智能發展的準備期。

3.具體運作期：這一階段發生在七歲到十一歲左右，是兒童邏輯開始
運作的階段。兒童可藉由具體的經驗、事物所得的心像，進行邏輯
思考，這一時期認知發展的特徵有：整體到分歧的思考、絕對到相
對的思考、靜態到動態的思考。

4.形式運作期：這一階段處於十一歲到十五歲或二十歲，這時期的
青少年可採取假設─演繹的方式進行具體或抽象概念的邏輯思
考。青少年的認知發展特徵包含（林朝鳳，民73）：對事物做全
面且周全的思考；根據假設而非事物內容或知覺事物去推理、思
考；從事組合的分析；運用抽象方式來思考問題；多面向的智力
發展；可採取更高層次的邏輯來思考；理想的自我中心概念。

審視個體成長過程的認知發展不斷發現，每種文化的社會成員從小
即在生活環境中建構其觀點。所謂的社會認知，便是人們經由對所遭遇
的社會具體事物或事件的歸因，而建立自己社會實體的過程。

簡單來說，媒體文化可主導青少兒認知過程，也決定每個人意識到
那些外在刺激。有關個人對刺激的歸因大致來自三方面（黃葳威，民
88a；Porter & Samovar, 1994）：

1.信念：每個人主觀認為某些事物具特定性質，而沒有對錯之分。

2.價值：也就是文化價值。即各個社會環境的一套規範，藉此選擇減
少不確定性與紛爭。

3.態度：為適應某些事物而採取的一致回應。態度是人們對事物的
反應，態度與價值都帶有判斷的成份，信念則是主觀的感受，不
帶判斷。信念、價值、態度皆影響每個人的社會認知。

九○年代為一面對個人化消費的時代，除了看得見的各類商品上，
企業界需要做調整，運用整合行銷傳播的方式，對已化整為零的消費者

做單一的、全面的個人化接觸，直接而有效地瞄準消費者的心（張瑞玲、陳雯麗譯，民國89年）；在各種非具體可見的商品上，如資訊服務、各類平面媒體、電子媒體的傳播內容之行銷上，亦需做觀念上的調整，以面對閱聽眾的改變，把閱聽眾當成個別閱聽眾來溝通。

在整合行銷傳播來臨的新時代裏，國內青少兒對於現有幼教頻道節目的使用情形如何？幼教頻道相關產品如何配合節目內容發展，以擴大整合行銷傳播的效果？因此本章的研究問題有：

1.台灣地區幼教頻道節目內容走向為何？
2.台灣地區青少兒對現有幼教頻道節目之收視偏好如何？

貳、整合行銷的意涵

如何創造價值？如何創造顧客價值？已被許多機構組織奉為服務與產品管理的重要依循。行銷學者認為服務品質及顧客價值缺一不可，最主要的理由在於顧客滿意取決於價值，而顧客價值取決於知覺的品質，不會隨價格而更改（Anderson, Fonell & Lehmann, 1994）。因而，顧客價值包括顧客滿意及服務品質的結合。

企管學者主張今天市場上有三股不容忽視的力量：顧客、競爭、改變，其中以顧客為先（Hammer & Champy, 1993）。儘量使顧客滿意為機構組織策略的重要基礎。

由於顧客為顧客價值本身的認知者（吳思華，民85），而顧客價值又泛指所有能為顧客減少成本增加效益的事物，當機構組織滿足顧客需求時，尤應善用市場區隔觀念，來辨識不同區隔顧客的消費標準，因此，盡力提高顧客滿意度，正視顧客價值的重要，為機構組織成功營運的不二法門。

整合行銷傳播的時代，一反過往單打獨鬥的模式；站在閱聽眾需求

立場，系統化地整合企劃、廣告、通路、媒體的力量，結合相關資源共同創造及累積閱聽眾價值，尤爲電視台成長和發展的重要契機。

整合行銷自一九八九年提出，形成九〇年代的新行銷觀念，過去十二年以來，包括美國西北大學、科羅拉多大學，及各地學者專業團體，紛紛從各方角度探索整合行銷這塊新大陸。

整體來看，整合行銷屬說服傳播的一環，不同專業團體或學者專家，大致從以下幾個面向界定整合行銷：

1.規劃導向：一九八九年美國廣告代理業協會（American Association of Advertising Agencies, 4As）對整合行銷傳播的定義：「整合行銷傳播形同一種從事行銷傳播計畫的概念，肯定一份完備仔細的傳播計畫具備附加價值。這個計畫應評估如廣告、直效行銷、推廣活動、公共關係等傳播技巧，在策略思考所扮演的角色，並透過精密的整合，提供明確一致的訊息，發揮極大的傳播效益。」分析美國廣告代理業協會對整合行銷傳播的界定，相當重視完整徹底的規劃，及其可以帶來的附加價值。而徹底完整的規劃尙需整合廣告、直效行銷、推廣活動、公共關係等面向的策略計畫。對於電視產業而言，電視台的整合行銷傳播也需進行整密的規劃，綜合評估後採取適當的廣告、直效行銷、推廣活動、公共關係等方式，提供服務閱聽眾群及潛在閱聽眾群明確一致的訊息內容。

2.工具（途徑）導向：學者福斯特（洪淑宜，民85；Forster, 1990）認爲，整合行銷傳播及經由適當的媒體，傳遞適宜的訊息給合適的訴求對象，引起期待的回饋；也就是藉由多種傳播工具傳布機構組織的訊息。整合行銷傳播需考量管道的特性與適切性，同時兼顧傳遞的內容與訴求對象的接受程度，管道、訊息及對象的整體評估是爲了引起訴求對象的回饋。這裏提醒電視頻道可運用不同的途徑，或兼用多種途徑，設計傳遞訊息給閱聽眾。這些訊息可能是形象塑

造、電視台推廣活動、新節目推廣等。

3.顧客導向：美國西北大學提出「由外而內」（outside-in）的整合行銷傳播觀點（Schultz, 1993）：「整合行銷傳播是一個長期對既有顧客及潛在消費者發展，運用不同形式的說服傳播計畫的過程，目的在影響訴求閱聽眾的行為，並且考慮所有消費大眾接觸的品牌或機構組織的消息來源。同時採用所有和消費者相關、可促使消費者接受的傳播形式。簡言之，整合行銷傳播係從顧客及潛在消費者角度出發，以便決定一個說服傳播計畫所應發展的形式和方法。」一九九七年，西北大學提出整合行銷傳播的新定義：機構組織長期針對消費者、顧客、潛在顧客和其他相關訴求對象，發展、執行與評估可測量的說服性傳播計畫的策略方法（黃筱娟，民88；Schultz, 1997）。西北大學倡導的整合行銷傳播觀點，進一步強調顧客與潛在顧客開拓的重要性，因而需從消費者的接收情形、生活方式來運用恰當的傳播形式。這意味著一般電視頻道宜綜合考量既有閱聽眾群、潛在閱聽眾群的背景及資訊接受情形，來決定如何運用廣告、推廣活動、公共關係或其他形式，執行合乎閱聽眾接受程度及作息的整合行銷計畫。

4.關係導向：美國科羅拉多大學提出整合行銷的定義為：一組策略影響或控制所有訊息的過程，這個過程需要協調所有的訊息和組織所有的媒體，整合影響消費者對品牌的認知價值，鼓勵藉出對話來創造與培養機構組織和顧問，或和其他利益關係人士的關係（Duncan, 1996）。科羅拉多大學主張的整合行銷傳播，著重相關執行團體及成員之間對話、關係的建立，可想而知，在共同討論策略選擇的過程，相關團體及人士對整體目標的共識也同時建立。這說明電視頻道在執行整合行銷傳播計畫的同時，應先溝通、協調相關參與部門、人員的意見，培養彼此的共識與默契，多交換彼此的經驗，也瞭解彼此的特長或弱點，相互支援。

5.資料庫導向：學者（Schultz, Tannenbaum & Lauterborn, 1993）為整

合行銷傳播提出一個完整的企劃模式，他們認為這個企劃模式是以消費者與潛在消費者的資料庫為起點，不同於傳統的行銷溝通模式，企劃的重心是在顧客與消費者身上，而非企業的目標營業額或目標利潤。整合行銷係指擁有一個顧客行為的資料庫，並傳送個人的、雙向溝通的適應形式，重要的是，在適當的時候採取合適的展示及潮流，藉由合宜的訊息讓相關機構組織成員知道未來的方向，同時採取適當形式的廣告及推廣，協力執行這個共同的任務（盧玉玲，民88）。資料庫導向的整合行銷傳播觀點，基本上重視消費者、各種傳播形式相關經驗與資料的累積，根據累積的資料不斷評估合適的執行方式。對電視頻道來說，電視台觀眾收視行為、生活型態、消費行為、人口分布等資料的彙整，以及有關推廣活動、廣告、公共關係等資源的建立，均有助於每一階段整合行銷傳播計畫有效的推展。

6. 認知導向：美國科羅拉多大學的一位教授從認知心理學角度，主張整合行銷傳播的基本觀點為「綜效」，整合行銷是經由協調一致性的訊息，達成最大化的印象衝擊，這個極大化衝擊來自於接收者對訊息的接收，也就是記憶值（memory），其中包括重複性與連結兩結構；強大記憶值功能的形成，必須透過綜效循環（circle of synergy）的操作，及在重複性與協調性領域中的概念、訊息、通路和訴求對象反應等，以便建構訊息的印象衝擊（曹偉玲，民88；Moriarity, 1996）。綜效代表經由各部門或成員個別的努力，相互整合的成效，超過各自為政。認知導向的整合行銷傳播，重視各部門的共識建立與合作，特別主張整合的效益大於個別的努力，即整合便可發揮效益。同理，電視頻道在規劃執行整合行銷傳播的過程，一方面激勵相關部門成員的傑出表現，尤應注重協調統總相關部門成員的共識，齊力共同推動整合行銷方案，才可增加訴求訊息對閱聽眾形成最大化的印象衝擊，有最佳的成效。

7. 需求導向：需求指消費者的需求，整合行銷傳播形同協調整合產品

傳播組合的所有面向，以期符合消費者在接觸品牌的各階段的不同需求（陳鈺婷，民89）。需求導向整合行銷傳播注重兩層面，第一層面是消費者在各階段時期的需求，第二層面爲參與執行相關部門和成員之間的共識。將需求導向的主張應用於電視頻道，意味著電視台需追蹤與掌握閱聽衆群收視行爲的消長與收視需求偏好，並在推動整合行銷方案的過程，看重參與部門成員的協調、搭配合作。

8.影響行爲導向：影響行爲是指影響顧客或潛在顧客的行爲。南卡羅來納州整合西北大學、科羅拉多大學及先趨研究者的觀點，提出整合行銷傳播的定義。整合行銷傳播係針對現在和潛在消費者，發展並實踐各種不同形式、具說服性的傳播活動的過程，這些說服性傳播活動的目的是影響或直接牽動訴求對象的行爲；整合行銷傳播應考量機構組織或品牌可以接觸到的訴求對象的資源，進而採取所有與訴求對象相關的傳播工具，使產品或服務的訊息，傳達至訴求對象；簡言之，整合行銷傳播需考量訴求對象，然後辨識與決策傳播型態和方式，以便推動相關的說服傳播方案（曹偉玲，民88；陳鈺婷，民89；Shimp, 1997）。影響行爲導向的整合行銷傳播觀點，揭示整合行銷傳播的初始應考量人，並進行相關管道推動的資源整合，終極目標仍在於影響人的行爲。電視頻道運用整合行銷傳播方案，首先應考量閱聽衆（含既有閱聽衆與潛在閱聽衆）的作息、訊息接收管道、生活型態；其次評估辨識合適的傳遞方式與型態，如影友會、歌友會、旅遊、音樂會、節慶抽獎或活動等；終極目標是爲了吸引閱聽衆收視的忠誠度，或在潛在閱聽衆群建立電視台知名度以吸引收視。

由於對整合行銷著重的觀點不同，使得呈現出的行銷策略的貢獻亦有所不同，由此觀察出整合行銷在實施上也會有程度上的差異。

有些學者（Schultz, Tannenbaum & Lauterborn, 1993）爲整合行銷傳播提出一個完整的企劃模式，他們認爲這個企劃模式是以消費者與潛在

消費者的資料為起點，不同於傳統的行銷溝通模式，企劃的重心是在顧客與消費者身上，而非企業的目標營業額或目標利潤。

　　資料庫內容要包括人口統計、心理統計、購買歷史記錄與產品類別網絡等資料，接著根據資料庫的資訊來做市場區隔，並儘可能使用消費者及潛在消費者的行為資訊，因為消費者的行為比態度等其他資訊更能有效指出其未來的行動。

　　在區隔與分類階段，將消費者分成我牌忠誠度使用者、競爭品牌使用者及游離群。接觸管理意即在於某一時間、地點或於某種狀況之下，廠商可以與消費者溝通。其次是發展傳播溝通策略，並依據傳播目標來訂定行銷目標，行銷目標應是明確具體且可量化的。再其次要決定執行此目標的行銷工具，決定如何組合產品、通路、價格等要素，與廣告、推廣活動、公關及事件行銷等行銷傳播戰術，來完成之前所擬定的行銷目標。

　　Yarbrough（1996）提出的整合行銷觀點模式，分別包括消費者、策略、戰略以及評估四部分，其中消費者資料庫是協助區隔和分析消費者的行為；策略是從資料庫分析來的消費者觀點，而資料庫是被使用到行銷、銷售和溝通策略中；一旦追尋消費者的基礎被決定後，則採用特定的戰略（直接信函、廣告、推廣活動、電訪等，何者對特定的市場是最好）；評估是在戰術實施後消費者的回應和關於購買行為的新資訊必須加以分析和回饋到資料庫中，然後進入下一個環境中。

　　科羅拉多大學提出的「整合行銷傳播四層次模式」包括下列四項（Duncan, 1993）：

1.形象統一（unified image）：單一聲音（one-voice）、單一外觀，所有廣告物（即媒體的的散布）均呈現一致的外觀及個性。例如：電視台的名稱與台呼、設計、刊物呈現、廣告看版、簡介資料、網站、活動訴求等，都應在電視台形象呈現力求統一。

2.訊息一致（consistent voice）：對所有利益關係人（包括消費者、

員工、貿易商及供應商等），傳播調合且外觀一致的訊息。整合行銷傳播兼用廣告、推廣活動、直效行銷、公共關係等相關部門成員，及合作的機構組織，所有參與的電視台人員及台外合作對象，都需抱持一致的信念與訴求。

3.良好的傾聽者（good listener）：透過雙向溝通，公司本身和各利益關係人，可以更完全地連結。同時，運用資料庫可以極大化回饋，鼓勵消費者或其他利益相關人與公司保持聯繫。良好的傾聽者所傾聽的訊息，來自電視台觀眾、參與員工、合作對象的意見，藉此建立共識，或鞏固合作關係，或維持觀眾對電視台的支持及忠誠度。

4.世界公民（world-class citizen）：此層次的整合加入了社會、環境意識，同時，明確的組織文化使得組織不僅與各利益關係人建立關係，同時也建立更廣泛的社區關係，成為好鄰居、世界公民，並會帶來正面的媒體效應。整合行銷傳播還需認識與關懷服務對象（如閱聽眾）的生活型態、參與人員所處的社會環境，以便在順應社會潮流或需求的過程順勢推動，如此也強化電視台、觀眾、參與組織機構成員之間的關係，並拉近電視台與社區之間的互動關懷。

參、整合行銷應用及策略

Shaw和Stone（1990）對資料庫的定義為：資料庫行銷是對於行銷溝通的一種互動式的處理方法，它使用一些可以直接接觸到特定客戶的傳播媒體，來延伸企業對於目標客戶的接觸，刺激需求，並將顧客、潛在購買者的資料，以及曾使用過的所有相關溝通與接觸，都以電子資料的方式儲存在資料庫中，以便能夠與目標顧客保持密切聯繫，有助於未來的接觸。

Schultz（1993）強調消費者資料庫是整合性行銷傳播的一個重點，

以資料庫行銷為觀點的學者視「資料庫行銷」是實施整合行銷與否的一個分界點，因為整合行銷傳播最大的特點是以消費者為行銷規劃的焦點，故必須先掌握消費者的種種資料，去針對顧客和潛在消費者發展溝通策略，及整合溝通訊息和各種傳播工具的運用。

Yarbrough（1996）在所做的一份調查（調查一百七十九家的美國公司，可複選）中顯示，一般公司使用資料庫行銷規劃的三個層次為：顧客／潛在顧客名單（91％）、相關資料檔（52％）、輪廓素描／追蹤工具（30％）。一般的企業仍停留在使用外購的客戶名單，並且僅用來寄發直接信函，其主要行銷作法為不確定誰會來買，認為只要有可能就寄行銷信函給顧客及潛在顧客。至於其餘資料的建構與利用尚待努力。關聯型資料庫是一種分割型的資料庫，利用「關鍵字」將所有資料表串連起來，而搜尋資料時亦可使用關鍵字做搜尋的動作，由於資料分割，故刪減與增加資料就不必動到全部的資料，而客戶資料的分類就更容易由相關資料檔取得，在此時仍無行銷策略的概念，只是求能快速在一堆資料中找到所要的客戶分類資料。而整合行銷傳播則是企盼企業能發展出完整的資料庫，並利用此資料庫去發展出針對特定消費者作一對一互動溝通的行銷策略，累積更新顧客輪廓素描，真正瞭解消費者心中的需求，並從消費者那裏得到回饋後，作為下一個循環計畫的修正。

Fletcher、Wright和Desai（1996）認為直效行銷僅僅是實行資料庫行銷之前的階段而已，兩者相較，直效行銷會較注重短期，而資料庫行銷（非狹義的意義，有關係行銷意涵的資料庫行銷）則是注重長期效果。其實想達成直效行銷的目的必須從建立資料庫做起，因此資料庫行銷在直效行銷的執行過程中扮演關鍵性的角色。

經由上述觀點的分類我們可以發現，資料庫行銷觀點指出整合行銷傳播在實施上具有程度上的差別。由此可見資料庫行銷的實施不是一個快速的過程，資料庫專案並非一蹴可幾，需要時間的累積。

整合行銷傳播強調的是，服務客戶的需要，發展一連貫、互相密合的訊息策略，協調整合所有的行銷戰術（tactics），運用完善的消費行為

資料庫進行雙向溝通。

消費者資料庫在一個整合行銷計畫中扮演中樞神經的角色，消費者對某一行銷活動的反應，可以從資料庫中看出，並引發下一波活動。總而言之，任何整合行銷傳播程序的中心就是資料庫，它可作為整合行銷傳播策略形成（formale）、測試（test）及執行（executive）的資訊資源。

整合行銷傳播策略要能發揮其最大的功效，是奠基在消費者資料庫的不斷修正，因為消費者是一直在改變的。唯有掌握消費者的變化，才能適時地與消費者進行互動，而與消費者建立良好的朋友關係是成功行銷的不二法門，這也就是常被提及的「消費者導向」。整合行銷傳播的核心是使消費者對品牌萌生信任，並且維繫這種信任，因為許多產品的同質性很高，而能夠與消費者建立和諧、共鳴、對話、溝通的關係，才能獲得消費者的青睞。這種關係的建立還是有賴於以消費者資料庫為中樞的運作方式。

在Duncan（1993）的研究中發現，整合的定位隨著部門和立場而有不同；而且，公司內部人員對整合行銷傳播的認識仍然不夠。由於企業（客戶）期望外部的傳播顧問公司能夠涉入並執行更多整合行銷傳播的功能。整合行銷傳播被認識到是一個有價值的概念。大多數的回答者也同意，他們的公司在未來五年裏大多會運用整合行銷傳播。然而，認知及勢力範圍的爭戰妨礙了整合行銷傳播的發展。整合最大的障礙來自勢力範圍的爭奪，而內在和外在的預算縮減也構成了障礙。銷售並不是一個主要的整合變項。

美國廣告協會委託西北大學Medill新聞學院進行一個整合行銷傳播地位的研究，他們發現在管理、廣告、行銷及消費者產品公司的高級主管中，有很大的比例（70~80%）支持整合的概念，並且相信它能夠增加效能和影響他們的行銷傳播計畫。整合行銷學者對未來研究的建議有四點（盧玉玲，民87）：

1.未來整合行銷傳播的研究範圍應集中在實際的操作層面，以獲得更多完整有關整合行銷傳播在企業內部或外部的實際運作情形。
2.在各個整合層面的認知與定義上，也需多加研究。
3.研究企業在經濟壓力下，例如人力與預算縮減的情形下，對於整合行銷傳播的執行情形。
4.各種傳播功能或計畫可以互相整合到何種程度。

國內實證研究部分，洪淑宜（民85）探討整合行銷傳播在「台北之音」的應用情形，研究發現（洪淑宜，民85，P.142-148）：商業廣播媒體的整合行銷傳播，應針對整個廣播媒體市場的需求找出一適切的媒體定位，並應針對廣播媒體的基礎消費者區隔進行精確的調查、瞭解與界定。

1.根據其定位及界定的目標消費者（聽眾、廣告客戶），「從媒體與聽眾間關係的建立」這個面向出發的整合行銷傳播，應以節目、聽眾服務、聽眾活動、聽眾資料庫四個核心行銷傳播策略及衍生的戰術來加以整合。
2.根據其媒體定位及目標消費者界定，從媒體、聽眾，廣告客戶三者關係建立這個面向出發的整合行銷傳播，應以名人主持策略、廣告策略、活動策略、公關策略，經由跨媒體、跨企業的整合等核心行銷傳播策略及衍生的戰術來加以整合運作。
3.在直接面對廣告客戶時，商業廣播媒體的整合行銷傳播應以時段企劃、節目企劃、行銷傳播專案等核心行銷傳播策略及衍生戰術來與廣告客戶的需求及資源作整合。

這項研究建議商業廣播媒體，應透過整合行銷傳播來更緊密連結廣播媒體、聽眾、廣告客戶這三角互動的關係，以達資源統合、創造綜效、各得其利的極大化目標。

盧玉玲（民87）為「整合行銷傳播」所下的定義：「整合行銷傳播

是將一切與產品或服務有關的訊息來源加以管理的過程，運用多種傳播工具擴散機構一致的聲音，使顧客及潛在消費者接觸統合的資訊，並且對機構產生認同感並維持消費忠誠度。」機構在與顧客及潛在消費者接觸的過程中，透過一個完善的顧客行為資訊的資料庫，傳送個人的、雙向溝通的適當形式與訊息，與消費者建立持續的、密切的關係，這個部分是非常重要的。

盧玉玲（民87）以佳音電台和宇宙光傳播中心為例，分析網際網路與電台、媒體整合行銷傳播的情形，研究發現：

1.佳音電台和宇宙光都認為資料庫中閱聽眾的資訊是行銷策略形成的重要決定因素。其中宇宙光推行的「終身價值計畫」過程中，直效行銷的電腦技術以及資料庫就變成很重要的部分；在劃撥系統當中，會很清楚地把消費者曾經買過什麼書、在什麼時候滿的、買了多少錢、所享受的折扣等清楚呈現。

2.佳音電台和宇宙光都會善用各種資源與管道，與閱聽眾建立持續與互動的關係，除了內部的整合外，也希望能拓展對外的整合，並做策略聯盟。在網路內容上，將繼續豐富網路的內容、增加其多樣性，並特別針對網路的需要做一些設計，跳脫目前一些內容。不同的是，佳音電台未來在網路工作推展上，將繼續善用「世界性義工」的概念，進行出版和關懷的工作。而宇宙光會特別運用網際網路的管道，讓使用者知道最新的狀況，並且著重在「資訊整合系統」上，將各個資源系統充分整合、資源互相利用，藉由電腦的資訊來提供我們在工作上的決策參考。

一項大功率電台經營策略研究報告（黃葳威、侯志欽、林儀，民88）顯示，包括中廣家族頻道、正聲電台、飛碟聯播網、快樂聯播網，在台灣地區的行銷策略仍以推廣活動居多，其中中廣音樂網由於最早採電腦編播，因此已開始建立音樂資料庫，部分地方台也已擁有一些聽友客戶名單。而飛碟聯播網在節目內容已與其他媒體、機構組織進行策略聯盟

合作。

　　另一項音樂類型電台節目策略研究（黃葳威、侯志欽，民88）發現，台北愛樂、大眾KISS聯播網、亞洲調頻聯播網、台北之音音樂聯播網、中廣音樂網，均已累積音樂節目資料，其中台北愛樂自開播即以資料庫電台為目標，其與相關產業的整合行銷表現最突出，而中廣音樂網已提供聽友線上曲目查詢服務。

　　由於整合行銷傳播牽涉的訴求，須整合參與單位及消費者的需求，為了達成極大化的執行成效，訂定明確的目標，建立共識，尤為重要。如何研擬通盤的整合行銷傳播策略，學者提出五項原則（Wood, 1997）：

1. 樹立品牌品質：透過整合行銷傳播來樹立品牌價值與特色，增加既有顧客和潛在顧客對品牌的認知與喜好，建立品牌品質和與配銷合作機構組織的關係。電視頻道在企劃與執行整合行銷傳播計畫的過程，除可開發電視台和合作組織機構的關係，還應重視電視台形象與特色的建立，加強既有閱聽眾及潛在閱聽眾群對電視台的知曉、接受與喜好。

2. 提供資訊：整合行銷傳播可以先探討顧客的需求與消費參考因素，依照顧客的需求與參考因素，提供產品特性、購買誘因、相關資料給予顧客，作為促使消費行為的參考資訊。電視頻道在推動整合行銷傳播計畫的同時，也需要瞭解閱聽眾的需求偏好或消費型態，提供符合其偏好及消費型態的資訊，增加電視台的知名度，促使閱聽眾群的鞏固和開發。

3. 管理需求和銷售：行銷學者指出，當機構組織不能因應顧客需求時，需透過整合行銷傳播來改善銷售或轉移需求，不過，一般機構組織往往藉由整合行銷傳播，來刺激顧客對產品的主要需求，或顧客對產品的選擇性需求。這意味著一般電視頻道在進行整合行銷傳播計畫時，一旦（暫時）不能符合閱聽眾需求，可以繼續加強電視

台節目的推廣，甚至嘗試轉移閱聽眾需求，將未必符合閱聽眾需求的節目介紹給不瞭解的閱聽眾。

4.傳遞差異性且加強定位：機構組織可藉由整合行銷傳播，傳遞與競爭對手不同的產品特色，同時強化機構組織的市場定位。電視頻道在執行整合行銷傳播計畫的過程，除加強電視台的知名度塑造外，也可傳達電視台與其他電視台節目及服務的差異性，不斷強化電視台在閱聽眾市場及廣播頻道的定位。

5.影響態度和行為：整合行銷傳播的目的之一在促使消費者採取購買或使用的行動，例如使用其服務、與銷售代表接觸，或將其產品列入消費選擇之中。換言之，電視頻道推動整合行銷傳播計畫的目的之一，是希望引起潛在閱聽眾群改變原有態度和行為，而願意嘗試收聽電視台的節目。

以台灣地區電視頻道的經驗觀察，大功率聯播網、中功率區域電視台、小功率社區電視台在進行推廣或整合行銷傳播計畫的過程，大多與在地團體組織、其他媒體，以及地方政府或文化中心等合作，不可否認地，電視台一方面藉由整合行銷傳播推廣電視台的知名度，讓更多的民眾可以成為電視台收聽群，同時也需考量實際的預算支出，作合理有效的資產管理。

行銷學者提出七項建議，供機構組織評估整合行銷傳播的成效，這些建議包括（Kosman, 1997）：

1.使用符合訴求對象作息需求的整合行銷管道，以求取最大效益。

2.策略研擬具系統性、明確化的目標及執行步驟。策略擬定前要先界定機構組織計畫達成的目標，作為行動方案基礎，同時分析同質性產業競爭現況，以界定訴求對象，再採取適合的傳遞管道。

3.從成本效率方法（cost-effective methods）來拓展預算，及投注非金錢成本，如時間、關係、創意、品質、洞見等，擴展預算的極大化成效。

4.突破局限的有限。以電視台而言，電視台如何突破播放範圍區域或音訊受干擾的限制，加強與其他單位的合作或者公共場所定點即時播放重要內容等，這些均可突破局限。

5.適可而止，在公開暴露與品味上求取平衡，畢竟過度暴露促銷也可能導致反效果。

6.全球化或跨越地區的視野。

7.與科技、網路、通訊結合，例如與免付費電話、網路電子郵件、叩應電話、傳眞等。

就電視頻道而言，隨時掌握閱聽眾動向與需求，適時調整電視台定位，且配合整合行銷傳播推展，是因應媒體變遷脈動的重要準則。或許正如整合行銷傳播專家所言，單兵作戰、孤軍奮鬥的時代過去了；如何站在閱聽眾立場，系統化地整合企劃、廣告、通路、媒體，藉由整合行銷的過程，正視顧客價值與產品、服務品質，爲電視台主管和從業人員宜抱持的角色定位。

肆、幼教頻道個案分析

一、內容呈現分析

在幼教頻道表現形式方面，整體來說以「卡通」節目爲最多，占77.98％；其次是以「黏土動畫」表現形式，占12.73％；以「人載面具或穿道具服」呈現的形式則占6.63％，位居第三；其餘2.65％的節目則是以「眞實的人事物」在節目中做呈現。

比較三台幼教專業頻道在表現形式上的差異：東森幼幼台的節目在表現形式上呈現多重的樣貌，但以「卡通」節目爲最多，占台內節目的

表16-1　幼教頻道表現型式

	表現形式	東森幼幼	迪士尼	卡通頻道	整體
1	真實人事物	5.65%	0.00%	0.00%	2.65%
2	人穿道具服	14.12%	0.00%	0.00%	6.63%
3	卡通	53.11%	100.00%	100.00%	77.98%
4	紙黏土	27.12%	0.00%	0.00%	12.73%

53.11％；以「黏土動畫」為表現形式的節目則占27.12％；以「人載面具或穿道具服」呈現的形式則占6.63％；其餘5.56％的節目則是以「真實的人事物」在節目中做呈現。迪士尼頻道及卡通頻道所呈現的節目型態則全部是「卡通」節目。

二、廣告類型分析

　　分析幼教頻道廣告類別，整體來說以「台內節目預告」為最多，占26.73％；其次為「美容用品及瘦身類」（包含沐浴乳、洗髮精），占12.55％；位居第三的為「零食小點心」，占10.13％；其他廣告類別依序為速食店／便利店（6.60％）、飲料（5.59％）、嬰幼兒食品用品（4.92％）、玩具（4.20％）、旅遊地點／遊樂場（3.31％）、電影預告（3.10％）、清潔用品（3.05％）、家電通訊（3.05％）、節目周邊產品（2.93％）、美語學校／托兒所（3.21％）、糖果口香糖（1.92％）、童書（1.87％）、公益廣告（1.75％）、個人用品（1.68％）、廚房用品（0.98％）、信用卡（0.91％）、藥品／健康食品（0.74％）、兒童服飾（5.59％），其他廣告則占1.56％。

　　比較三台幼教專業頻道在廣告類別上的差異：東森幼幼台以「零食小點心」廣告為最多，占9.14％；其次為「美容用品及瘦身類」（包含沐浴乳、洗髮精），占8.82％；位居第三的是「台內節目預告」，占8.57％；其他廣告類別依序為旅遊地點／遊樂場（8.25％）、嬰幼兒食品用品（8.18％）、飲料（6.65％）、速食店／便利店（5.82％）、節目周邊產品

表16-2　幼教頻道廣告類別

	廣告類別	東森幼幼	迪士尼	卡通頻道	整體
1	零食小點心	9.14%	10.32%	11.63%	10.13%
2	糖果口香糖	1.98%	3.01%	0.60%	1.92%
3	飲料	6.65%	8.02%	1.46%	5.59%
4	服飾	0.26%	0.36%	0.00%	0.22%
5	嬰幼兒食品用品（如牛奶、奶粉）	8.18%	3.15%	2.84%	4.92%
6	藥品／健康食品	1.53%	0.00%	0.60%	0.74%
7	節目周邊產品（如VCD、錄影帶）	5.75%	1.65%	0.78%	2.93%
8	速食店／便利店	5.82%	6.38%	8.18%	6.60%
9	個人用品	3.90%	0.29%	0.43%	1.68%
10	旅遊地點	8.25%	0.79%	0.69%	3.31%
11	公益廣告	3.20%	0.29%	1.64%	1.75%
12	節目預告	8.57%	22.28%	57.62%	26.73%
13	美容用品或瘦身（包含沐浴乳、洗髮精）	8.82%	25.93%	1.98%	12.55%
14	清潔用品	2.88%	5.44%	0.52%	3.05%
15	家電通訊	2.88%	1.36%	0.60%	3.05%
16	美語學校、托兒所	2.24%	3.30%	0.95%	2.21%
17	玩具	5.50%	3.44%	3.53%	4.20%
18	信用卡	2.17%	0.00%	0.34%	0.91%
19	電影	2.75%	2.01%	5.00%	3.10%
20	書籍	4.99%	0.00%	0.00%	1.87%
21	廚房用品（鍋子、調味料）	2.62%	0.00%	0.00%	0.98%
22	其他	1.92%	2.01%	0.60%	1.56%

（5.75％）、玩具（5.50％）、童書（4.99％）、個人用品（3.90％）、公益廣告（3.20％）、清潔用品（2.88％）、家電通訊（2.88％）、電影預告（2.75％）、廚房用品（2.62％）、美語學校／托兒所（2.24％）、信用卡（2.17％）、糖果口香糖（1.98％）、藥品／健康食品（1.53％）、兒童服飾（0.26％），其他廣告則占1.92％。

　　迪士尼頻道的廣告類別以「美容用品及瘦身類」（包含沐浴乳、洗髮

精）爲最多，占25.93％；其次爲「台內節目預告」，占22.28％；位居第三的是「零食小點心」，占10.32％；其他廣告類別依序爲飲料（8.02％）、速食店／便利店（6.38％）、清潔用品（5.44％）、玩具（3.44％）、美語學校／托兒所（3.30％）、嬰幼兒食品用品（3.15％）、糖果口香糖（3.01％）、電影預告（2.01％）、節目周邊產品（1.65％）、家電通訊（1.36％）、旅遊地點／遊樂場（0.79％）、兒童服飾（0.36％）、公益廣告（0.29％）、個人用品（0.29％），其他廣告則占2.01％。

卡通頻道有高達57.62％的廣告爲「台內節目預告」；其次爲「零食小點心」，占11.63％；位居第三的是「速食店／便利店」，占8.18％；其他廣告類別依序爲電影預告（5.00％）、玩具（3.53％）、嬰幼兒食品用品（2.84％）、美容用品及瘦身類（1.98％）、公益廣告（1.64％）、飲料（1.46％）、美語學校／托兒所（0.95％）、節目周邊產品（0.78％）、旅遊地點／遊樂場（0.69％）、糖果口香糖（0.60％）、家電通訊（0.60％）、清潔用品（0.52％）、個人用品（0.43％）、信用卡（0.34％），其他廣告則占0.60％。

三、節目表分析

分析幼教頻道六月至九月（共四個月）最後一周的節目表，整體來說以「卡通」節目爲最多，占78.21％；其次是「以競賽訪談等形式呈現的兒童節目」，占5.88％，雖位居第二，但與卡通節目的比例差距懸殊；接著爲「3D動畫」節目，占4.20％；其餘依次爲黏土動畫（3.15％）、布偶劇（3.12％）、2D動畫（2.78％）、人載面具或穿道具服演出（2.32％）；其他節目類型則占0.34％。

比較三台幼教專業頻道在節目類型上的差異，東森幼幼台的節目在表現形式上呈現多重的樣貌，但仍以「卡通」節目爲最多，占台內節目的52.20％；其次爲「3D動畫」節目，占11.97％；「以競賽訪談等形式呈現的兒童節目」則占11.34％，位居第三；其餘依次爲黏土動畫（8.98

表16-3 幼教頻道節目類型

	節目類型	東森幼幼	迪士尼	卡通頻道	整體
1	卡通	52.20%	84.68%	100%	78.21%
2	以競賽訪談等形式呈現的兒童節目	11.34%	5.8%	0.00%	5.88%
3	人載面具或穿道具服演出	6.61%	0.00%	0.00%	2.32%
4	布偶劇	8.90%	0.00%	0.00%	3.12%
5	黏土動畫	8.98%	0.00%	0.00%	3.15%
6	2D動畫	0.00%	8.48%	0.00%	2.78%
7	3D動畫	11.97%	0.00%	0.00%	4.20%
8	其他	0.00%	1.04%	0.00%	0.34%

％）、布偶劇（8.90％）、人載面具或穿道具服演出（6.61）。迪士尼頻道亦以「卡通」節目為最多，占台內節目的84.68％；其次為「2D動畫」節目，占8.48％；「以競賽訪談等形式呈現的兒童節目」則占5.8％，位居第三；其他節目類型則占1.04％。卡通頻道所呈現的節目類型則全部是「卡通」節目。

四、閱聽人接收分析

(一)收視時間

出席座談會的親子每天收看電視節目的時間各有不等，大致有一小時以內、收看一至兩小時，或收看兩小時或兩小時以上。其中台北市的出席家長與幼童，每天收看電視時間以一小時以內居多，其次為一至兩小時，部分出席人士每天收看電視時間達兩小時以上。

四場焦點團體出席人士最常收看電視的時段以傍晚時段最多，其次為晚上時段，再者依序為白天時段或沒有固定時段。所謂傍晚時段是傍晚五時至七時，晚上時段則指九時左右。

(二)收視內容

台北市與台北縣的親子代表說明家中孩童最常看的電視節目，以幼教頻道節目為主，特別是東森幼幼台，其次最常看的電視節目為卡通，再者依序為天線寶寶、公共電視節目、新聞、錄影帶或VCD、親子Call Call樂、廣告、其他兒童節目、靈異節目、幼教頻道識別影片及戲劇節目等。

出席家長及幼童較常從頻道屬性選擇幼教節目，這在台北市與台北縣皆然。兩地區的出席親子代表最常收看節目的前三名完全一致，其中台北市出席人士還會選擇收看晚間新聞，全家共同觀賞，爾後選擇公視節目，如水果奶奶。台北市的家庭也會購買錄影帶或VCD給幼童收看。少部分出席人士表示孩子喜歡看親子Call Call樂、廣告或頻道識別影片，如一隻手指頭搵搵搵……台北市的出席人士有額外付費選擇幼教節目的情形。

台北縣的親子出席代表最常收看節目的前三名，與台北市一致，然後選擇公視節目或其他兒童節目，再來是靈異節目、親子Call Call樂、新聞、廣告、戲劇節目等。台北縣少數出席人士會選看靈異節目，並非兒童主動選擇，而係由父母或兄姊選擇，孩童陪伴收看。其他如戲劇節目的情形亦然。

有兩位台北縣出席人士進 步指出，家中男女孩在收看電視喜好與選擇有所差異，但也未必絕對。一般而言，個性文靜的女孩喜歡洋娃娃，活潑的女孩喜歡打球，男孩則對交通工具如飛機、火車、捷運充滿興趣。這些性向往往反映在小朋友的節目選擇。

(三)廣告對小朋友的影響

廣告對小朋友的影響如何？四場座談會出席親子代表各持會受到影響或否兩種觀點，小朋友是否模仿廣告中人物行為，出席家庭代表也各持正反意見。整體來看，以不會受到廣告影響的意見略微多於會受到影

響。至於是否模仿,則以會模仿廣告人物行為居多。

　　進一步分析家長對孩子要求擁有廣告產品的處理方式,大致分為家長主導選購、滿足孩子的要求、買或不買等四種。其中台北市的出席家庭代表較常由家長視需要來評估選購,部分家長會滿足小朋友的要求,但在金額上設限。台北縣出席家庭代表滿足孩子的要求方式,分別有家長主動買、孩子說就買、父親暗中購買,其次是說不買就不買。

　　分析台北市與台北縣家庭代表的處理方式,台北市的購買行為較明顯,只是家庭會協助選購,或設定購買金額限制。台北縣的購買行為略微多於不購買,但購買行為未必出於孩子要求,可能由家長主動購買或暗中購買,在孩子提出選購要求未必進行評估或參與選擇。

　　大台北地區的孩童喜歡什麼物品?台北市與台北縣的出席親子代表認為有玩具、小汽車、積木、椅子等,包括益智型、遊戲型及實用型。

　　其中台北市出席的家庭代表所看到孩童的喜好物品,兼有益智型、遊戲型及實用型,如積木、玩具、小汽車、椅子等;台北縣的親子出席人士則以遊戲型為主,例如小汽車。

　　孩童容易受到哪些廣告的影響呢?四場座談會出席人士分別表示,當由卡通節目的主角所介紹或顏色鮮豔的廣告內容,甚至說明價格多少,這些都吸引孩子的注意,也易受到影響。

　　台北市出席的家庭代表說明,由卡通人物代言的廣告,較易影響小朋友;台北縣的出席代表則認為廣告顏色鮮明、說明價格,如VCD或光碟形式等,都會影響幼童。

(四)廣告對家長的影響

　　包括台北市、台北縣出席座談會的親子代表,談及幼教頻道節目廣告是否對家長造成影響時,大部分出席家庭以各自經驗表示不會,其次有出席代表承認會受到廣告的影響,也有少數出席代表以為不一定。

　　主張不會受到廣告影響的家長指出,購買消費時不會參考廣告,而是在逛街時覺得物品實用或好玩才購買;也有媽媽代表表示自己沒有時

間外出消費，往往由父親去逛街購買。

少數抱持家長會受到廣告影響的意見，主要受到新資訊或新卡通錄影帶廣告宣傳影響，便會想購買，其中父親常是類似訊息的接收者與消費者。

來自台北市、台北縣的家庭代表在替孩子選購物品時，首先會考慮購買學習用品，其次依序為玩具、食物或衣飾，出席代表會選購的學習用品，諸如積木、拼圖、益智書刊或視聽VCD、錄影帶、文具、布偶、鞋子、運動器物（如球類用品）等。

玩具主要是交通工具，像飛機、火車、捷運、小汽車；食品以零食為主，有時是家長也想吃的緣故；衣飾用品則有布偶、鞋子、印有卡通人物的服裝。

其中台北市的出席家庭較常替孩子選購學習用品，如語言學習帶、字卡、文具用品，其次會選購汽車玩具、零食或衣飾。

大多數台北縣的親子代表指出，家長會替孩子選購學習用品，包括拼圖、字母排列、幾何圖形、積木、幼教節目錄影帶、球類用品等。少數出席代表則替孩子選購交通工具為主的玩具。

這反映台北市出席家庭選購的物品，較台北縣多樣化，有學習用品，也有生活用品或玩具。

來自台北市、台北縣的家庭代表，談及替孩子購買物品的考慮因素，大致依實際需要、實用與否或小朋友喜好而定。

部分出席家庭代表會視孩子的行為表現而予以獎勵。一位女性家長形容她會考慮物品的實用價值或是否耐用，但先生則不考慮實用性，只要孩子喜歡，就會選購。

(五)對幼教節目的建言

四場座談會出席親子代表除提出對現有幼教頻道節目的不滿，也期待幼教節目可以朝向更多元化方向發展。台北市與台北縣的出席家庭對幼教頻道不滿之處，諸如部分卡通的同集內容一再重播、節目主角行為

的不良示範、含有色情、暴力或靈異的內容易引起幼童模仿、部分節目主題太複雜等。

至於出席家庭期待看到的幼教節目，分別有音樂律動、語言學習、自然生態、動物介紹、科學實驗示範、勞作、生活習慣示範、人際互動示範、解決問題的示範等。部分出席家庭也期待推出類似親子互動叩應的節目。

其中台北市出席家庭代表，除推崇音樂律動、生態環境、動物介紹、科學實驗示範等節目，也希望幼教頻道多開發孩子在面對生活習慣的問題解決示範；台北縣家庭代表則期待有更多親子律動、語文學習、生活習慣與常規示範的內容。

包括台北市、台北縣出席代表也對幼教頻道服務提出各項建議，如時段安排兼顧家庭主婦與職業婦女不同的作息、外國節目採雙語播出以供家長選擇、節目配上字幕、避免超脫現實生活的題材、考慮於寒暑假增開白天時段互動學習節目。

台北市的出席代表說明，幼教頻道白天時段的節目較有品質，晚上時段卻看不到白天時段的一些好節目，對於職業婦女、雙薪家庭的孩子較不公允。台北市出席家庭代表也重視電視節目能否提供雙語服務，特別是外國節目。此外，也有家長提醒幼教頻道在節目預告的同時，標示適合收視的兒童年齡，以便家長參考。

多數台北縣出席親子代表期待幼教頻道，多推出富有教育性的節目，透過兒歌、音樂律動呈現。有家長建議幼教頻道應加強寒暑假白天時段的節目服務，如配合學校不同科目設計一些互動學習節目內容。

不論台北市或台北縣的出席代表，多對魔幻靈異節目持保留態度，因為怕影響孩子怕黑或怕獨處。部分家長主張幼教頻道可多播出啟發孩子想像力的內容，但避免超脫現實世界，以免引起孩子不安或膽怯。這意味著現代家庭在協助孩子或家長個人進行資訊內容判讀的訓練不足，值得幼教頻道加強對觀眾服務的參考。

部分出席家庭由於孩子成長與教養需要，會訂購幼教雜誌或錄音

帶，供孩子使用，如科學實驗遊戲單元或摺紙、語文學習、空間觀念等。也有一些家庭會購買節目錄影帶，避免家人收視時間與節目產生衝突。

部分擔任教職的家長代表也指出，幼教頻道節目內容應啓發孩子對生活的認識或學習興趣，但避免加入太多認知發展的教育題材，以免孩子太早接觸過多知識，扼殺其成長過程學習與探索的好奇心與興趣、動力。

五、親子問卷調查結果

研究發出1840份問卷（北市發放785份，北縣發放1055份），共回收1138份問卷（北市回收463份，北縣回收675份），統計結果如表16-4所示。

從居住區域觀察，回收樣本共計1138份，遺漏值共498份，有效樣本共有640份，如表16-5所示。

六、電視與節目類型收視

大台北地區平均每戶家庭的電視機數量為1.87台，其中每戶家庭的電視機數量以兩台居多，共有421家，如表16-6所示。

家中幼童的節目頻道決定權方面，其中最多幼童「有時可以決定」收看哪一個節目頻道，共有536位幼童，如表16-7所示。

若幼童不能完全決定收看哪一個節目頻道，那麼是由誰決定？其中由「成人與孩子共同決定」的比例最高，共有524位幼童，如表16-8所示。

平常一星期中，幼童何時收看電視的情形，研究回收樣本共計1138份，遺漏值共27份，有效樣本共有1111份，其中幼童「每天都收看電視」

表16-4　幼稚園問卷回收統計

序號	所在地	單位名稱	發放份數	回收份數
		北市		
1	大同	青學井上	50	37
2	大安	巧兒園	40	21
3	中山	龍江	55	32
4	萬華	快樂園	35	19
5	松山	漢家	100	63
	松山	聯合	30	21
6	北投	幼吾園	60	47
	北投	資優	30	20
7	信義	開民	40	28
	信義	大陳	60	42
	信義	慧光	50	38
8	內湖	艾摩新	40	16
	內湖	咪咪	70	54
	內湖	東興附幼	90	0
	內湖	華泰	35	25
			785	463
		北縣		
1	新莊	僑治亞	60	52
2	中和	露昇	45	21
3	汐止	大佳	40	34
	汐止	小耶魯	60	50
4	新店	慈暉	100	40
	新店	迪士尼	40	15
5	板橋	晨暘	100	67
	板橋	省思	60	38
	板橋	喬治亞	130	100
	板橋	新星星	70	49
6	永和	榮美	100	61
	永和	佳美	250	148
			1055	675
		縣市合計	1840	1138

回收比例：台北市0.589，台北縣0.639，合計0.618

表16-5 居住區域分配表

居住區域	人數	有效百分比（%）
台北市	258	40.3%
台北縣	382	59.7%
總計	640	100%

註：遺漏值有498份

表16-6 家中電視機數量統計表

電視機數量（台）	戶數	有效百分比（%）
1	381	38.4%
2	421	42.5%
3	131	13.2%
4	43	4.3%
5	11	1.1%
6	2	0.2%
7	2	0.2%
總計	991	100%

註：遺漏值有147份

表16-7 幼童的節目頻道決定權分配表

決定權	人數	有效百分比（%）
幾乎不能決定	38	3.4%
很少時段可決定	133	11.9 %
有時候可決定	536	47.9%
大部分時間可決定	272	24.3%
可以完全決定	139	12.4%
總計	1118	100%

註：遺漏值有20份

表16-8　何人決定收看節目頻道分配表

決定權	人數	有效百分比（％）
成人完全決定	229	27.5%
其他兄弟姊妹決定	32	3.8%
成人與孩子共同決定	524	62.9%
與其他兄弟姊妹共同決定	48	5.8%
總計	833	100%

註：遺漏值有305份

表16-9　幼童何時收看電視統計表

收看時間	人數	有效百分比（％）
每天都看	855	77.0%
一星期看五、六天	83	7.5％
一星期看三、四天	70	6.3%
一星期看一、兩天	34	3.1%
只有周末、假日才看	69	6.2%
總計	1111	100%

註：遺漏值有27份

的比例最高，共有855位幼童，如表16-9所示。

　　在假日期間，幼童平均一天有多少小時在收看電視節目？回收樣本共計1138份，遺漏值共107份，有效樣本共有1031份，其中平均收看時數為3.23小時（sd為2.01），而以收看「1.1~2小時」的比例最高，共有274位幼童，如表16-10所示。

　　在非假日期間，幼童平均一天有多少小時在收看電視節目？回收樣本共計1138份，遺漏值共96份，有效樣本共有1042份，其中平均收看時數為1.95小時（sd為1.44），而以收看「1小時以下」的比例最高，共有391位幼童，如表16-11所示。

　　幼童最常收看電視的時段在「晚上」收看電視的比例最高，共有519位幼童，如表16-12所示。

表16-10 假日期間，幼童平均一天收看電視節目的時數統計表

收看時數	人數	有效百分比（%）
1小時以下	143	13.8%
1.1~2小時	274	26.6%
2.1~3小時	220	21.4%
3.1~4小時	194	18.9%
4.1~5小時	85	8.3%
5.1~6小時	66	6.4%
6.1~7小時	15	1.5%
7.1~8小時	39	3.8%
8.1~9小時	2	0.2%
9.1~10小時	3	0.3%
10小時以上	9	0.9%
總計	1031	100%

註：遺漏值有107份

表16-11 非假日期間，幼童平均一天收看電視節目的時數統計表

收看時數	人數	有效百分比（%）
1小時以下	391	37.6%
1.1~2小時	352	33.9%
2.1~3小時	188	18.1%
3.1~4小時	71	6.8%
4.1~5小時	21	2.1%
5.1~6小時	12	1.2%
6.1~7小時	0	0%
7.1~8小時	2	0.2%
8.1~9小時	0	0%
9.1~10小時	0	0%
10小時以上	5	0.5%
總計	1042	100%

註：遺漏值有96份

表16-12　幼童最常收看電視的時段分配表

收看時段	人數	有效百分比（%）
早晨（8:01~10:00）	31	3.1%
上午（10:01~12:00）	17	1.7%
午餐時間（12:01~14:00）	6	0.6%
下午（14:01~16:00）	22	2.2%
傍晚時間（16:01~18:00）	309	30.9%
晚上（18:01~20:00）	519	52.0%
夜晚（20:01~22:00）	94	9.4%
深夜（22:01~24:00）	1	0.1%
總計	999	100%

註：遺漏值有139份

表16-13　幼童最喜歡收看的一般節目類型分配表

節目類型	人數	有效百分比（%）
卡通影片	733	77.2%
兒童節目	185	19.5%
教育文化	2	2.0%
新聞（或新聞性）	1	1.0%
電影影集	0	0%
連續劇	7	7.0%
綜藝節目	2	2.0%
體育運動類	1	1.0%
音樂節目	1	1.0%
公共服務	0	0%
其他	18	1.9%
總計	950	100%

註：遺漏值有188份

幼童最喜歡收看的一般節目類型是「卡通影片」，共有733位幼童，如表16-13所示。

幼童最喜歡收看的兒童節目呈現型態是「戲劇型態」，共有452位幼童，如表16-14所示。

幼童最喜歡收看的兒童節目內容類型是「綜合」，共有682位幼童，如表16-15所示。

幼童最喜歡收看的卡通影片內容類型是「生活寫實」，共有378位幼童，如表16-16所示。

至於幼童最有印象的節目廣告類別，幼童對「玩具」廣告最有印象，共有344位幼童，如表16-17所示。

表16-14　幼童最喜歡收看的兒童節目呈現型態分配表

節目呈現型態	人數	有效百分比（%）
藝能型態	128	12.2%
戲劇型態	452	43.0%
報導型態	17	1.6%
訪談型態	0	0%
競賽型態	83	7.9%
綜合型態	370	35.2%
總計	1050	100%

註：遺漏值有88份

表16-15　幼童最喜歡收看的兒童節目內容類型分配表

節目內容類型	人數	有效百分比（%）
語文	59	5.6%
數學	4	0.4%
社會	20	1.9%
自然科學	225	21.3%
藝術	38	3.6%
健康	29	2.7%
綜合	682	64.5%
總計	1057	100%

註：遺漏值有81份

表16-16　幼童最喜歡收看的卡通影片內容類型分配表

卡通節目內容類型	人數	有效百分比（%）
生活寫實	378	36.8%
愛情倫理	36	3.5%
俠義偵探	55	5.4%
運動競技	75	7.3%
科幻打鬥	296	28.8%
特異功能	44	4.3%
神話傳說	143	13.9%
總計	1027	100%

註：遺漏值有111份

表16-17　幼童最有印象的節目廣告類別分配表

廣告類別	人數	有效百分比（%）
零食小點心	118	11.8%
糖果口香糖	64	6.4%
玩具	344	34.5%
飲料	60	6.0%
服飾	1	0.1%
嬰幼兒食品用品	38	3.8%
藥品／健康食品	14	1.4%
節目周邊產品（如：VCD、錄影帶）	22	2.2%
速食店／便利店	226	22.7%
個人用品（如：水壺、彩色筆）	10	1.0%
旅遊地點	13	1.3%
公益廣告	15	1.5%
節目預告	13	1.3%
美容或瘦身用品	5	0.5%
清潔用品	10	1.0%
家電通訊	7	0.7%
其他	36	3.6%
總計	996	100%

註：遺漏值有142份

幼童平常最有印象的廣告人物以「卡通明星」爲最多，共有707位幼童，如表16-18所示。

幼童最不輕易轉台的兒童節目呈現型態是「戲劇型態」，共有481位幼童，如表16-19所示。

大台北地區學齡前幼童收看四家無線電視台的情形以「有時收看」爲最多，共有289位幼童，如表16-20所示。

收看東森幼幼台的情形以「最常收看」爲最多，共有669位幼童，如表16-21所示。

表16-18　幼童平常最有印象的廣告人物分配表

廣告人物	人數	有效百分比（%）
嬰幼兒	61	5.9%
青少年	23	2.2%
大人	43	4.1%
年長者	0	0%
動畫人物	93	8.9%
卡通明星	707	67.9%
布偶玩偶	88	8.5%
其他	26	2.5%
總計	1041	100%

註：遺漏值有97份

表16-19　幼童最不輕易轉台的兒童節目呈現型態分配表

兒童節目呈現型態	人數	有效百分比（%）
藝能型態	123	11.8%
戲劇型態	481	46.1%
報導型態	17	1.6%
訪談型態	2	0.2%
競賽型態	136	13.0%
綜合型態	284	27.2%
總計	1043	100%

註：遺漏值有95份

表16-20　平常收看四家無線電視台的情形分配表

收視情形	人數	有效百分比（%）
從不收看	115	13.8%
不常收看	256	30.7%
有時收看	289	34.6%
常常收看	102	12.2%
最常收看	73	8.7%
總計	835	100%

註：遺漏值有303份

表16-21　平常收看東森幼幼台的情形分配表

收視情形	人數	有效百分比（%）
從不收看	25	2.4%
不常收看	29	2.8%
有時收看	128	12.4%
常常收看	182	17.6%
最常收看	669	64.8%
總計	1033	100%

註：遺漏值有105份

表16-22　平常收看公共電視的情形分配表

收視情形	人數	有效百分比（%）
從不收看	138	16.8%
不常收看	277	33.7%
有時收看	289	35.1%
常常收看	87	10.6%
最常收看	32	3.9%
總計	823	100%

註：遺漏值有315份

收看公共電視的情形以「有時收看」為最多，共有289位幼童，如表16-22所示。

收看迪士尼頻道的情形以「有時收看」為最多，共有295位幼童，如表16-23所示。

收看卡通頻道（Cartoon Network）的情形以「有時收看」為最多，共有266位幼童，如表16-24所示。

幼童最不輕易轉台的兒童節目內容類型是「綜合」，共有位645幼童，如表16-25所示。

幼童最不輕易轉台的卡通影片內容是「生活寫實」，共有344位幼童，如表16-26所示。

表16-23 平常收看迪士尼頻道的情形分配表

收視情形	人數	有效百分比（%）
從不收看	53	5.5%
不常收看	97	10.1%
有時收看	295	30.7%
常常收看	281	29.2%
最常收看	235	24.5%
總計	961	100%

註：遺漏值有177份

表16-24 平常收看卡通頻道（Cartoon Network）的情形分配表

收視情形	人數	有效百分比（%）
從不收看	62	6.6%
不常收看	107	11.5%
有時收看	266	28.5%
常常收看	255	27.3%
最常收看	244	26.1%
總計	934	100%

註：遺漏值有204份

表16-25　幼童最不輕易轉台的兒童節目內容類型分配表

節目內容類型	人數	有效百分比（％）
語文	82	7.8%
數學	3	0.3%
社會	27	2.6%
自然科學	237	22.7%
藝術	33	3.2%
健康	18	1.7%
綜合	645	61.7%
總計	1045	100%

註：遺漏值有93份

表16-26　幼童最不輕易轉台的卡通影片內容分配表

卡通節目內容類型	人數	有效百分比（％）
生活寫實	344	33.3%
愛情倫理	35	3.4%
俠義偵探	59	5.7%
運動競技	75	7.3%
科幻打鬥	304	29.4%
特異功能	51	4.9%
神話傳說	166	16.1%
總計	1034	100%

註：遺漏值有104份

表16-27　幼童最不會輕易轉台的節目廣告分配表

廣告類別	人數	有效百分比（%）
零食小點心	81	7.9%
糖果口香糖	44	4.3%
玩具	479	47.0%
飲料	30	2.9%
服飾	4	0.4%
嬰幼兒食品用品	34	3.3%
藥品／健康食品	5	0.5%
節目周邊產品（如：VCD、錄影帶）	25	2.5%
速食店／便利店	171	16.8%
個人用品（如：水壺、彩色筆）	14	1.4%
旅遊地點	8	0.8%
公益廣告	18	1.8%
節目預告	28	2.7%
美容或瘦身用品	3	0.3%
清潔用品	3	0.3%
家電通訊	3	0.3%
其他	69	6.8%
總計	1019	100%

註：遺漏值有119份

　　幼童在收看到「玩具」廣告時最不會輕易轉台，共有479位幼童，如表16-27所示。

伍、結論、討論與建議

一、節目編排方向

兒童是國家及世界未來的主人翁，放眼全球的廣電市場，幼教頻道也是近年成長最快的專業頻道之一。法國在一九八五年便成立Canal J；三年後，加拿大成立YTV；一九九九年十月，西班牙第三電視頻道（Antenna 3）成立兒童頻道Megatrix；同年十一月，以色列Matav電視網也出現幼教頻道。這是美國迪士尼頻道、卡通頻道之外，各國幼教頻道蓬勃發展的情形。

一九八八年元旦，國內第一個本土幼教頻道東森幼幼台開播。根據本研究的節目內容分析發現，比較東森幼幼台、迪士尼頻道、卡通頻道等三家幼教頻道的表現形式，迪士尼頻道與卡通頻道清一色以卡通為主，反觀東森幼幼台的節目在表現形式上則較多樣化，除卡通外，還有真實的人事物、紙黏土的動畫，或穿著玩偶道具服裝的造型。

第一，分析問卷調查結果發現，受訪幼童最喜歡收看卡通節目、兒童節目。

有關兒童節目的呈現型態，幼童最喜歡以戲劇或綜合型態呈現；這兩種呈現型態，幼童也最不輕易轉台。

兒童節目的內容類型，幼童最喜歡綜合類型或自然科學類型。卡通部分，幼童最喜歡生活寫實或科幻打鬥內容。

第二，幼童最常收看電視的時段集中於晚間6:00至8:00及傍晚4:00至6:00，而且有將近八成的受訪幼童每天都看電視。

第三，整理親子座談會家長與幼兒對幼教節目的建言，他們還期待看到音樂律動、語言學習、自然生態、動物介紹、科學實驗、勞作、生

活習慣示範、人際互動示範、解決問題示範或親子互動叩應節目。

第四，不少家長建議幼教頻道不僅標示出節目的分級制度，還可進一步標明適合收看的年齡；特別在一天各時段加強當天節目的預告即加上上述標示，以方便家庭親子觀賞。

以西班牙Megatrix為例，其幼教頻道的時段安排已有分齡的考量，例如：

‧五歲至十歲兒童節目時段在早上7:00至9:00、中午12:00至下午2:00。
‧幼童節目時段在下午3:00至4:00。
‧五歲至十二歲兒童節目時段在傍晚4:00至9:00。
‧十二歲至二十歲青少年節目時段在晚間9:00之後。

至於美國Kermit頻道的時段安排如下：帶狀學齡前幼童及低年級學童節目時段，安排在早上7:00至9:30，及下午4:00至7:30。

本研究建議國內幼教頻道的時段可考慮如下：

‧上午7:30至9:30為學齡前幼童晨間時段。
‧午間11:00至下午1:00為學齡前幼童午間時段。
‧下午3:00至5:00為學齡前幼童下午時段。
‧傍晚5:00至8:00為學齡前幼童傍晚時段。
‧晚間8:00至10:00為學齡前幼童夜間時段。

第五，至於不同時段的節目類型，可安排的原則有：

‧學齡前幼童晨間時段，可以音樂律動為主，搭配其他節目類型（如自然科學、動物生態等）。
‧學齡前幼童午間時段，可以溫馨、有趣的卡通節目為主，搭配非音樂律動的其他節目類型。
‧學齡前幼童下午時段，可以音樂律動及體育運動節目為主，搭配

其他類型。

‧學齡前幼童傍晚時段，可以兒童節目與卡通節目爲主。

‧學齡前幼童夜間時段，可以不劇烈的卡通節目或幼童床邊故事爲主。

二、節目資料庫的建立

資料庫行銷的概念在應用上可以分爲三個層面（黃葳威、林紀慧，民91，頁186）。第一個是節目資料庫的建立，其次是消費者資料庫的建立，以及兩者溝通管道的建立。

以節目資料庫的建立爲例，其原則如下：

1.節目形式：要以小單元模組的形式呈現。

2.節目內容的分類：

(1)以型態分類：分爲藝術才能、戲劇、綜合、競賽、報導、訪談互動等。

(2)以內容分類：分爲語文、數學、綜合、自然科學、社會、藝術、健康等。

3.節目的設計：

(1)以季爲單位，每一季有一個主題並且有明確的目標。

(2)所有的內容必須要符合目標。

(3)針對一個年齡層以一個小時至二小時帶狀設計每天的節目內容（幼兒每天看一至四小時居多），有固定的單元，每個單元發展特殊的名詞術語，以共同獨特語言形成族群，並建立起族群認同的意識。

(4)必須讓家長及幼兒知道這一季的內容綱要可以有所期待。

(5)設計學習護照（以(3)原則創造terminology，如：YOYO歡樂園之類的學習護照，我的成長日記本等等），在幼兒觀看節目之後

有一些可以回應的作業（評量），如可以圖色或簡單的問題，也可以由家長代填。

(6)每一季孩童可以繳回學習護照並得到獎勵。

(7)節目的設計還可以包括戶外教學，一來可以豐富內容，二來可以建立觀眾群族之認同。

(8)消費者資料庫的建立：每一季之前可以廣邀孩童加入YOYO歡樂學習園以建立觀眾網絡。

三、溝通管道的建立

1.學習護照：以一季為單位。

2.家長聯絡簿：每天帶狀內容中有一單元是家長聯絡簿與家長的溝通提醒；家長也可以在每一個學習護照中回應所有學生的問題。

3.善用觀眾的資源：如有學生好的圖畫作品展示，基本上很難欣賞，但是對展出的孩子的家庭一定是一件很大的事，當媽媽的常會提孩子講的可愛的話，可以要家長提出這些對話編成童語錄之類（黃葳威、林紀慧，民91，頁186至187）。

四、兩性教育與生命教育活動

除了進入社區或幼稚園推廣，也可就暴力、色情、靈異的資訊判讀，如人際相處、男女有別、自我意識與自信、認識自己與生活環境等主題，定期在社區針對家長、親子進行「幼幼閱聽寶寶」的活動宣傳，一方面也讓家長及幼童（從小就）學習做個有創意、心意更新而變化的新世紀閱聽人。

這一部分可搭配社區推廣活動，推出有聲出版及文字教材。

五、整合行銷的基本原則

整合行銷的幾項基本原則如下：

1. 形象統一：建立屬於節目的一致風格與語言。
2. 訊息一致：有明確的（潛在）目標。
3. 良好的傾聽者：建立與家長溝通的管道以及製造不同方式接觸的機會。
4. 世界公民：與幼稚園締結姊妹校的概念；讓幼稚園在合作條件下使用電視內容（因為以單元為主甚至可自由調配）。

問題討論

1. 請想一想目前國內有哪些針對學齡前幼童設計的節目，或專屬電視頻道？
2. 請想一想兒童到成人的認知發展歷程有哪些階段？
3. 請想一想什麼是整合行銷？整合行銷有哪些特色與目的？
4. 請以生活周遭的人事物為例，分析其是否運用了整合行銷策略？
5. 如果有機會規劃學齡前幼童的專屬頻道，你會如何規劃播出時段、播出內容呢？

參考書目

一、中文部分

王克先，民81，《學習心理學》，第三版，台北：正中。

王永隆，民85，〈電視新聞時段觀眾轉台行為之研究〉，台北：中國文化大學新聞研究所碩士論文。

王老得，民54，〈美國聾教育現況〉，《健康教育通訊》，第14期，頁1。

王老得，民54，〈高度聽力障礙學童之教育問題〉，《健康教育通訊》，第15期，頁23。

王健全，民90，〈知識服務業全球競爭力之發展願景與策略〉，第四屆全國工業發展會議。

王曾才，民81，〈青少年次文化之解析〉，《當代青年》，第2卷第2期，頁4-9。

王嵩音，民85，〈原住民議題與新聞再現—以蘭嶼核廢料場抗爭為例〉，原住民傳播權益與新聞報導研討會，11月8-9日，台北：台灣大學法學院國際會議廳。

王基豐、黃煌鏞、葉雅馨，民76，〈公共場所青少年吸菸現況調查—以台北市速食餐飲店青少年消費者為例〉，台北：財團法人董事基金會。

王祿頤，民52，〈西歐的聾教育〉，《教育與文化》，第312期，頁44。

方念萱，民92，〈數位落差中女性網路退用者研究〉，發表於2003年中華傳播學會年會，新竹市：國立交通大學會議室。

方鳳琪，民92，〈台灣青少年的媒體使用與其道德判斷之相關性—以電視綜藝節目和網路連線遊戲為例〉，新竹市：交通大學傳播研究所碩士論文。

尤稀·達袞（孔文吉），民83，〈原住民與傳播媒介之批判—建構原住民自決的反論述〉，《原住民文化會議論文集》，頁97-127，台北：文建會。

尼爾森媒體季報，民92，〈綜藝節目女多於男無線綜藝老少咸宜，有線綜藝各
　　擁死忠觀眾〉，《尼爾森季報》，17期，頁24-27。

史英，民80，〈他們爲什麼會那樣？－淺談青少年次文化〉，《人本教育札
　　記》，第21期，頁19-23。

行政院資訊發展推動小組，民87，《政府業務電腦化報告書（八十七年度）－
　　邁向二十一世紀的電子化政府》，台北：行政院研究發展考核委員會。

江南發，民80，〈青少年自我統合發展之研究〉，台北：政治大學教育研究所
　　博士論文。

江冠明，民85a，〈原住民觀點與原住民雜誌〉，《電影欣賞》，頁65-67。

江冠明，民85b，〈台灣社區傳播與實證－如何推動原住民社區傳播工作〉，原
　　住民傳播權益與新聞報導研討會，11月8-9日，台北：台灣大學法學院國
　　際會議廳。

汪琪，民70，《文化與傳播》，台北：三民。

李仁芳，民70，〈兒童在家庭購買決策中影響之研究〉，《輔仁學誌》，第13
　　期。

李仁芳，民71，〈兒童消費資訊處理與消費行爲的發展〉，《輔仁學誌》，第14
　　期。

李正心，民81，〈電視公益廣告傳播效果研究－以董氏基金會戒菸廣告對北市
　　高中、高職學生之傳播效果爲例〉，政治作戰學校新聞研究所碩士論文。

李亦園，民73，〈當前青年次文化的觀察〉，《中國論壇》，第205期，頁9-
　　15。

李茂政，民79，《大眾傳播新論》，第三版，台北：三民。

李金銓，民79，《大眾傳播理論》，台北：三民。

李秀珠，民87，〈市場競爭與節目多樣性研究：以台灣三家無線電視台爲
　　例〉，《廣播與電視》，第11期，頁21-37，台北：國立政治大學廣播電視
　　學系。

李長龍，民85，〈數位電視的國際標準與現況〉，《電腦與通訊》，第48期。

李道明，民83，〈近一百年來台灣電影電視媒體－對台灣原住民的呈現〉，
　　《原住民文化會議論文集》，頁97-127，台北：文建會。

李國祿，民79，〈家庭傳播型態、傳播行為、同儕團體與兒童消費行為關係之研究〉，台北：文化大學兒童福利研究所碩士論文。

李瞻，民65，〈再論如何充實報紙內容：專欄與讀者投書〉，《新聞評議》，第19期，頁1。

社區發展季刊，民84，〈正視兒童、少年問題〉，《社區發展季刊》，72期，頁1-3。

別蓮蒂‧東方E-ICP研究小組，民91，〈2002青少年生活形態族群描述—台灣青少年消費族群顯現成熟的生活態度〉，《廣告雜誌》，129期，頁22-29。

呂民璿，民75，「青少年價值觀念與青少年輔導工作之研究」，台中：台中市社會工作研究服務中心。

呂郁女，民67，〈聽覺障礙者傳播型態與焦慮程度及生活適應之關聯性〉，台北：國立政治大學新聞研究所碩士論文。

林宇玲，民76，〈試看臺灣新人類〉，《自由青年》，第78卷第2期，頁40-49。

林芳玫，民85，〈閱聽人研究—質化與量化研究方法之比較〉，《研究通訊》，第六期，頁1-25。

林奴純、詹建富，民91，《菸草戰爭》，台北：財團法人董氏基金會。

林明德、張佳賓，民85，〈從《南島時報》創刊一年來之社論（1995.7.1—1996.11.2）看台灣原住民問題之報導走向〉，原住民傳播權益與新聞報導研討會，11月8-9日，台北：台灣大學法學院國際會議廳。

林建煌，民81，〈節目氣氛與音樂關聯性對廣告效果之影響研究〉，第一屆中華民國廣告及公共關係學術研討會，台北：國立政治大學藝文中心國際會議廳。

林朝鳳，民73，〈皮亞節的認知發展理論及其在幼兒教育上的意義〉，《師大學報》，第37期。

林福岳，民85，〈閱聽人地理學—以「民族誌法」進行閱聽人研究之源起與發展〉，《新聞學研究》，第52集，頁167-186。

吳姿儀，民83，〈原住民農業資訊傳播問題之探討〉，台北：臺灣大學農業推廣學研究所碩士論文。

吳思華，民85，《策略九說》，台北：麥田。

吳挽瀾，民65，《行政組織與管理》，台北：文景書局。

吳素倩，民76，〈青少年次文化之研究〉，《輔仁學誌》─法、管理學院之部，第19期，頁291-332。

吳清基，民70，〈國民中學組織結構與教師工作滿意之關係〉，《國立師範大學教育研究所集刊》，第22集，頁394-396。

吳翠珍，民85，〈兒童電視觀看的社會意義〉，發表於第三屆廣電學術與實務研討會，5月30-31日，台北：國立政治大學公企中心國際會議廳。

吳驥，民58，〈日本報紙的讀者投書〉，《新聞學研究》，第4集，頁69-277。

金車教育基金會，民85，都會青少年寒假假期媒體休閒調查，台北：金車教育基金會。

若如，民84，〈遙控器與觀眾流動理論〉，《新聞鏡週刊》，第331期。

姜孝慈，民85，〈有線電視頻道使用之研究─論我國「免費頻道」的政策與實際〉，台北：中國文化大學新聞研究所碩士論文。

洪川詠整理，民83，〈從正名問題談台灣原住民的當前處境〉，《台大新聞論壇》，第1卷第2期，頁299-307。

洪淑宜，民85，〈整合行銷傳播在媒體行銷上的應用─以台北之音為例〉，台北：政治大學新聞研究所碩士論文。

胡台麗，民82，〈民族誌電影之投影─兼述台灣人類學影像實驗〉，《當代》，第88期，頁44-69。

胡自強，民85，〈建立一座溝通的橋〉，收錄於鄭元慶等編著，《台灣原住民文化》，頁6-8，台北：光華畫報雜誌社。

倪炎元，民85，〈從「山胞」到「原住民」傳播權益─報紙對原住民「正名運動」的論述分析〉，原住民傳播權益與新聞報導研討會，11月8-9日，台北：台灣大學法學院國際會議廳。

莊允中，民81，〈電視廣告時段轉台行為之研究〉，台中：私立東海大學企業管理研究所碩士論文。

徐言，民91，〈數位600，e化Taiwan計劃─整合有線視訊產業資源、加速推動數位國家建設〉，台北：台灣有線視訊寬頻網路發展協進會。

許士軍，民66，〈工作滿足，個人特質與組織氣候─文獻探討及實證研究〉，

《國立政治大學學報》，第35期，頁17。

莫季雍，民90，〈兒童、青少年與傳播媒介—我們所知與不知的閱聽行為〉，
《廣電人》，81期，頁14-19。

高桂足編，民63，《心理學名詞彙編》，台北：文景。

徐建正，民82，《在ATT和麥當勞之間往返尋愛的人》，台北：橄欖。

袁之琦、游恆山譯，民79，《心理學名詞辭典》，第三版，台北：五南。

孫大川、蔡啟賢，民85，〈從言語到書寫—台灣原住民的文字創作、文獻整理
及其傳播經驗：以「山海文化」為例〉，原住民傳播權益與新聞報導研討
會，11月8-9日，台北：台灣大學法學院國際會議廳。

馬紹‧阿紀，民85，〈原住民報導「原住民新聞」〉，原住民傳播權益與新聞報
導研討會，11月8-9日，台北：台灣大學法學院國際會議廳。

梁玉芳，民92，〈台灣兒童人權連五年不及格〉，《聯合報》，11月20日，
http://nts1.nta.tp.edu.tw/~k2301/1News/2001/11/58.htm (2003/11/02)

梁欣如，民80，《電視新聞神話的解讀》，台北：三民。

梁欣如，民80，〈影響閱聽人解讀型態之因素研究—電視新聞之神話敘事體為
例〉，台北：輔仁大學大眾傳播所碩士論文。

國際日報，民90，〈21世紀中國兒童電視面臨三大課題〉，1月11日。

陳一香，民91，〈多頻道環境下的電視節目多樣性分析—以台灣無線電視台與
有線電視綜合頻道為例之比較分析〉，《廣播與電視》，第18期，頁27-
58，台北：國立政治大學廣播電視學系。

陳文玲，民86，〈逆向涵化—試擬美國人對多元文化環境的適應〉，發表於第
五屆中華民國廣告暨公共關係學術研討會，3月20-21日，台北：國立政治
大學藝文中心國際會議廳。

陳世敏，民78年，〈讀者投書—接近使用權的實踐〉，《新聞學研究》，第41
集，頁25-46。

陳昌國，民65，〈蘭嶼民眾傳播行為與其現代化程度之研究〉，台北：政治大
學新聞研究所碩士論文。

陳昭如，民83，〈原住民新聞與漢人新聞媒體—以三次「還我土地運動」新聞
為例的初步探討〉，《原住民文化會議論文集》，頁129-145，台北：文建

會。

陳啓光，民90，〈強化計畫管理是現階段推動電子化政府之重要工作〉，《研考雙月刊》，第25卷第2期，頁75-81。

陳啓光、王國明，民91，〈推動政府服務再造成功關鍵因素－創新作為之探討〉，《研考月刊》，第25卷第5期，頁74-85。

陳鈺婷，民89，〈整合行銷傳播（IMC）在台灣行動通訊系統服務業之應用〉，台北：淡江大學大眾傳播所碩士論文。

陳彥希、林嘉玫、張庭譽譯（G. S. Jowett等著），民92，《宣傳與說服》，台北：韋伯文化。

郭為藩，民64，《特殊兒童（心理與教育）》，台北：中國行為科學社，頁213。

許順成，民77，〈彰化縣頂庄村居民的傳播行為研究〉，台北：輔仁大學傳播學研究所碩士論文。

曹偉玲，民88，〈整合行銷傳播（IMC）在有線電視頻道的應用研究〉，台北：政治大學廣告研究所碩士論文。

傅冠瑜，民88，〈電子化政府理念之檢視與前瞻〉，台北：國立政治大學公共行政研究所碩士論文。

張文翊，民83，〈真相的真相 意見的竟見－關於「原住民文化會議」〉，《當代》，第98期，頁64-68。

張志彰，民81，〈淺談青少年次文化〉，《學生輔導通訊》，第20期，頁4-11。

張景然，民81，〈青少年次文化及其病相之探討〉，《學生輔導通訊》，第20期，頁12-17。

張秀麗，民76，〈結構主義與大眾媒介分析－理論與實例之探討〉，台北：文化大學新聞研究所碩士論文。

張宏哲譯，民88，《人類行為與社會環境》，台北：雙葉書廊有限公司。

張錦華，民87，〈多文化主義與原住民傳播權益－以澳洲的原住民媒體政策為例〉，《新聞論壇》，第5期，頁36-59，台北：國立台灣大學新聞研究所。

張昭焚，民91，「環境分析」，台灣數位視訊產業的機會點座談會參考資料，台北：晶華酒店宴會廳。

張勤，民72，《電視新聞》，台北：三民。

張錦華，民83，《傳播批判理論》，台北：黎明文化。

馮燕、張紉，民90，〈少年後期生活風格之研究─以高中職階段學生爲例〉，
　　台北市：行政院青年輔導委員會青年輔導研究報告。

彭小妍，民83，〈族群書寫與民族／國家─論原住民文學〉，《當代》，第98
　　期，頁48-63。

彭芸，民83，《各國廣電政策初探》，台北：財團法人廣播電視事業發展基
　　金。

彭芸、鍾起惠，民84，〈多頻道環境中的觀衆行爲研究─觀衆擁有的頻道數與
　　節目類型偏好數量探討〉，第二屆廣電學術與實務研討會。

彭芸、鍾起惠，民86，《有線電視與觀衆》，台北：財團法人廣播電視事業發
　　展基金。

彭富雄，民71，〈台北地區市內電話用戶對電話服務滿意程度之實證研究〉，
　　新竹：國立交通大學管理科學研究所碩士論文。

彭寶瑩，民81，〈一群學生新貴的崛起─談青少年次文化〉，《學生輔導通
　　訊》，第21期，頁88-90。

黃九珍，民85，〈反毒宣導效果研究─青少年媒介接觸、資訊評價對毒品認
　　知、態度的影響〉，中國文化大學新聞研究所碩士班論文。

黃宗慧，民83，〈另類（他者）再現─論弱勢族裔論述中之再現疑義〉，台
　　北：臺灣大學外國語文學研究所碩士論文。

黃秀錦，民85，〈原住民青年影像記錄家鄉〉，《中國時報》，6月26日，第24
　　版。

黃宣範，民84，〈近五十年台灣語言政策的變遷〉，台灣近百年史研討會
　　（1895-1995），8月15-17日，台北：國立中央圖書館國際會議廳。

黃筱娟，民88，〈整合行銷傳播組織調適方式之研究─以實施高層級整合行銷
　　傳播之企業爲例〉，台北：輔仁大學大衆傳播研究所碩士論文。

黃德祥，民83，《少年發展與輔導》，台北：五南出版社。

黃葳威，民82a，〈新傳播科技與人際傳播─一個跨文化的觀察〉，《傳播文
　　化》，第1期，頁187-202。

黃葳威，民82b，〈電視新聞配樂對閱聽人之影響〉，《廣播與電視》，第1卷第
　　3期，頁67-88。

黃葳威，民83，《大眾傳播與流行文化》，台北：行政院國家科學研究委員
　　會。

黃葳威，民84 a，〈中小企業專用頻道可行性研究〉，台北：經濟部中小企業
　　處。

黃葳威，民84b，《瞄準有線電視市場》，台北：財團法人廣播電視事業發展基
　　金會。

黃葳威，民86，《走向電視觀眾》，台北：時英。

黃葳威，民88a，《文化傳播》，台北市：正中書局。

黃葳威，民88b，〈從疑慮消除理論看原住民對都會生活的適應〉，《八十七年
　　度原住民教育學術論文研討會論文集》，頁38-69，台東市：國立台東師範
　　學院原住民教育研究中心。

黃葳威，民88d，〈有線電視與消費行為〉，《第一屆有線視訊寬頻網路研討會
　　論文集》，頁27-39，台北：中華民國有線電視發展協進會。

黃葳威，民88，〈虛擬閱聽人？從回饋觀點分析台灣地區收視／聽率調查的現
　　況—以潤利、紅木、尼爾遜台灣公司為例〉，《廣播與電視》，第14期，
　　頁25-61。

黃葳威，民90，〈亞太地區直播衛星暨有線電視廣告市場成長潛力預估—以馬
　　來西亞、印尼為例〉，有線視訊寬頻網路發展研討會，台北：中華民國有
　　線視訊寬頻網路發展協進會。

黃葳威、王旭，民87，〈多頻道廣電生態下收視／聽率調查的昨日、今日與明
　　日〉，台北：行政院國家科學委員會。

黃葳威，民89，〈台灣地區民眾收聽廣播轉台行為分析〉，《廣播與電視》，第
　　15期，頁37-65，台北：國立政治大學廣播電視學系。

黃葳威，民91，〈數位媒體遠景下的資訊判讀省思〉，《電視文化研究委員會
　　家書》，台北：電視文化研究委員會。

黃葳威、林紀慧，民91，〈台灣幼教電視頻道收視行為與幼教產品未來發展趨
　　勢分析〉，台北：台灣有線視訊寬頻網路發展協進會。

葉凱莉、喬友慶，民90，〈顧客滿意評量之再探討〉，《管理評論》，第20卷第
　　2期，頁87-111。

溫宜芳，民93，〈無菸餐廳宣導企劃書〉，未出版。

馮建三、景崇剛等編，民89，〈行政院新聞局無線電視台總體政策及結構改造
　　專案小組結案報告〉，台北：行政院新聞局。

馮震宇，民91，〈發展知識服務產業的法律問題與政策考量〉，政大公共政策
　　論壇－全球化與台灣研討會。

電視文化研究委員會，民85，「看電視CU-BIRD有話就說」85年曆，台北：
　　電視文化研究委員會。

楊志弘、莫季雍譯，民77，《傳播模式》，台北：正中。

楊繼群，民88，〈各有所長的媒體市場〉，《尼爾森媒體季報》，1999年秋季
　　號，頁9-15。

楊繼群、李清忠，民88，〈揭開購物頻道的「神奇性」〉，《尼爾森媒體季
　　報》，1999年秋季號，頁30-33。

楊雄，民81，《當代青年文化回溯與思考》，河南人民出版社。

蔡琰，民84，〈生態系統與控制理論在傳播研究之應用〉，《新聞學研究》，第
　　51集，頁163-185。

蔡美瑛，1993，〈電視廣告、人際互動與青少年的衝動性購買〉，《廣告學研
　　究》，第2集，頁157-185。

熊杰，民84，〈電子媒介基本法專題研究計畫報告〉，台北：世新大學傳播研
　　究所。

蔣永元，民63，〈大眾傳播媒介與台灣山地鄉現代化之關係－一項在花蓮鄉鳳
　　林鎮所作的研究〉，台北：政治大學新聞研究所碩士論文。

廣電基金，民90，「89年3至18歲閱聽眾廣電媒體使用行為大調查」。

潘月容，民72，〈電視食品廣告與兒童膳食行為及購買行為之相關研究〉，台
　　北：文化大學兒童福利研究所碩士論文。

鄭立明，民85，〈媒體‧觀點，原住民－《原住民新聞雜誌》座談紀實〉，
　　《電影欣賞》，第79期，頁55-63。

鄭瑞城，民82，〈頻率與頻道資源之管理與配用〉，收錄於鄭瑞城等主編，

《解構廣電媒體：建立廣電新秩序》，頁1-74，台北：澄社。

鄭瑞城，民72，《組織傳播》，台北：正中。

鄭冠榮譯，民85，〈印地安網路大戰－北美原住民利用網路連結五五〇個不同族群〉，《當代》，第118期，頁22-29。

劉幼琍，民86，《多頻道電視與觀眾》，台北：時英。

劉幼琍，民85，〈原住民對廣電媒體使用與滿足之調查分析〉，原住民傳播權益與新聞報導研討會，11月8-9日，台北：台灣大學法學院國際會議廳。

劉美琪，民84，《促銷管理：理論與實務》，台北：正中。

劉紹華，民83，〈去殖民與主體重建－以原住民三份文化刊物爲例探討歷史再現中的權力問題〉，新竹：清華大學社會人類學研究所碩士論文。

潘家慶、王石番、謝瀛春、鄭自隆，民84，〈台灣地區民眾傳播行爲研究〉，台北：行政院國家科學委員會。

盧玉玲，民88，〈網際網路與基督教傳播機構的跨媒體結合：從整合行銷傳播的角度探討〉，台北：政治大學廣播電視研究所碩士論文。

鍾起惠，民85，〈多頻道環境觀眾收視行爲之研究：以有線電視新店經營區爲例〉，台北：國立政治大學新聞研究所博士論文。

羅世宏譯，民81，《傳播理論：起源、方法與應用》，台北：時英。

謝茂松，民82，〈國中學生吸菸行爲之研究〉，《現代教育》，29期，頁115-122。

謝偉姝，民85，〈公視原住民記者觀點之探究〉，原住民傳播權益與新聞報導研討會，11月8-9日，台北：國立台灣大學法學院國際會議廳。

歐陽醇、徐啓明譯，民65，《新聞實務與原則》，台北：新亞。

二、英文部分

Alcaly, R. & Taplin, S., 1989, "Community health campaigns: from theory to action", in Rice, R. E. & Atkin, C. K. (eds.), *Public Communication Campaign*, Chapter 5, pp.105-130, Sage Publications.

Alcaly, R. & Taplin, S., 1989, "Formative evaluation research in campaign design", in Rice, R. E. & Atkin, C. K. (eds.), *Public Communication Campaign,* Chapter 6, pp.131-150, Sage Publications.

Allen, R. L., Dawson, M. C. & Brown, R. E., 1989, "A scheme-based approach to modeling an African-American racial belief system", *American Political Science Review,* 83(2), pp.421-441.

Altman, I. & Taylor, D., 1973, *Social Penetration: The Development of Interpersonal Communication,* New York: Holt, Rinehart and Winston.

Altman, R., 1987, "Television sound", in H. Newcomb (ed.), *Television: The Critical View,* New York: Oxford University Press.

Anderson, E. W., Fornell, C. & Lehmann, D. R., 1994, "Customer satisfacation, market share and profitability: Findings from sweden", *Journal of Marketing,* 58, pp.53-66.

Anderson, E. W. & Sullivan, M. W., 1993, "The antecedents and consequences of satisfaction for firms", *Marketing Science,* 12, pp.125-143.

Andrews, C. J., 1989, "The dimensionality of beliefs toward advertising in general", *Journal of Advertising,* 18 (1), pp.26-35.

Antonides, G. & Raaij, W. F. V., 1998, *Consumer Behavior: A European Perspective,* England: John Wiley & Sons Ltd.

Arendt, H., 1958, *The Human Condition,* London: University of Chicago Press.

Argyris, C., 1976, "Theories of action that inhibit individual learning", *American Psychologist,* 31, pp.636-654.

Armstrong, C. B. & Rubin, A. M., 1989, "Talk radio as interpersonal communication", *Journal of Communication,* 39(2), pp.84-94.

Assael, H., 1984, *Consumer Behavior and Marketing Action,* 2nd edition, Boston, MA: Kent Publishing Company.

Atkin, D. J. & LaRose, R., 1994, "Profiling call-in poll users", *Journal of Broadcasting and Electronic Media,* 38(2), pp.217-227.

Audience Survey Institute (ASI), 1991, *Entertainment Research Promotional Packet: passim,* Burbank, CA: ASI Market Research, Inc.

Aufderheide, P., 1992, "Cable television and the public interest", *Journal of Communication,* 42(1), pp.52-65.

Aufderheide, P., 1994, "Controversy and the newspaper's public: the case of Tongues Untied", *Journalism Quarterly,* 71(3), pp.499-508.

Avery, R. K., Ellis, D. G. & Glover, T. W., 1978, "Patterns of communication on talk radio", *Journal of Broadcasting,* 22(1), pp.5-17.

Ball-Rokeach, S., 1973, "From pervasive ambiguity to a definition of the situation", *Sociometry,* 36, pp.378-389.

Ball-Rokeach, S. J. & DeFleur, M. L., 1976(January), "A dependency model of mass-media effect", *Communication Research,* 3(1), pp.3-21.

Banfield, F. C., 1955, *Politics, Planning and the Public Interest,* Glencse: Free Press.

Barber, J. G., Bradshaw, R. & Walsh, C., 1989, "Reducing alchol consumption through television advertising", *Journal of Consulting and Clinical Psychology,* 57, pp.613-618.

Barranger, M. S., 1995, *Theatre: A Way of Seeing, 4th edition, Belmont,* CA: Wadsworth.

Barrow, L. C. & Westley, B. H., 1959, "Comparative teaching effectiveness of radio and television", *Audio-Visual Communication Review,* 7, pp.14-23.

Bauer, R. A. & Greyser S. A., 1968, *Advertising in America: The Consumer View,* Boston: Division of Research, Harvard University, Graduate School of Business Administration.

Bauer, R. A., 1984, "The obstinate audience", *American Psychologist,* 19, pp.319-328.

Berger, C. R., 1979, "Beyond initial interaction: uncertainty, understanding, and the development of interpersonal relationships", pp.122-144, in H. Giles & R. St. Claire (eds.), *Language and Social Psychology,* Oxford: Blackwell.

Berger, C. R., 1986, "Social cognition and intergroup communication", pp.51-61, in W. B. Gudykunst (ed.), *Intergroup Communication,* Baltimore. MD: Edward Arnold.

Berger, C. R., 1987, "Communication under uncertainty", pp.36-62, in M. Roloff & C. R. Berger (eds.), *Interpersonal Processes: New Directions in Communication Research, Newbury Park*, CA: Sage.

Berger, C. R., 1988, "Uncertainty and information exchange in developing relationship", pp.239-254, in S. W. Duck (ed.), *Handbook of Personal Relationship*, John Wiley and Sons.

Berger, C. R., 1989, "Stereotyping in films in general and of the Hispanic in particular", paper presented at the 39th Annual Conference of International Communication Association, May 25-29, San Francisco, CA.

Berger, C. R. & Bradac, J. J., 1982, *Language and Social Knowledge: Uncertainty in Interpersonal Relations*, London: Edward Arnold.

Berger, C. R. & Calabrese, R. J., 1975, "Some exploration in initial interaction and beyond: toward a development theory of interpersonal communication", *Human Communication Research,* 1(2), pp.99-112.

Berlo, D., 1960, *The Process of Communication: An Introduction to Theory and Practice,* N.Y.: Holt, Rinehart.

Berrien, D. K., 1968, *General and Social System,* New Brunswick, N. J.: Rutgers University Press.

Berry, J. W., 1980, "Acculturation as varieties of adaptation", pp.9-26, in Amado M. Padilla (ed.), *Acculturation: Theory, Models and Some New Findings,* Boulder: Westview Press.

Berry, J. W., 1988, "Cognitive and social factors in psychological adaptation to acculturation among the James Bay Cree", pp.111-142, in G. K. Verma & C. Bagley (eds.), *Cross-cultural Studies of Personality, Attitudes and Cognition,* Hong Kong: Macmillan Press.

Bierig, J. & Dimmick, J., 1979, "The late night radio talk show as interpersonal communication", *Journalism Quarterly,* 56(1), pp.92-96.

Bilodeau, E. & Bilodeau, I., 1961, "Motor skills learning", *Annual Review of Psychology,* 14, pp.15-23.

Blos, P., 1963, "The concept of acting out in relation to the adolescent process", *Journal of the American Academy of Child Psychiatry,* 2, pp.118-143.

Bollen, K. A. & Phillips, D. P., 1982, "Imitative suicides: a national study of the effects of the television news stories", *American Sociological Review,* 47(6), pp.802-809.

Boyd, A., 1988, *Broadcast Journalism: Techniques of Radio and TV News,* Auckland: Heinemann Professional Publishing.

Bradley, R. C., 1970, *The Education of Exceptional Children,* Wolf City, TX: University Press.

Brake, M., 1980, *The Sociology of Youth Culture and Youth Subcultures: Sex and Drugs and Rock'n Roll,* London: Routledge and Kegan Paul.

Bronfenbrenner, U., 1979, *The Ecology of Human Development, Cambridge,* MA: Harvard University Press.

Bruner II, G. C., 1990, "Music, Mood and Marketing", *Journal of Marketing,* 54, pp.94-104.

Buckley, W., 1967, *Sociology and Modern System Theory,* Englewood Cliffs: Prentice-Hall.

Buell, E. H. Jr., 1975, "Eccentrics or gladiators? people who write about politics in letters-to-the-editor", *Social Science Quarterly,* 56(3), pp.440-449.

Burgoon, J. K. & Burgoon, M., 1974, "Unwillingness to communicate, anomia-alienation, and communication apprehension as predictors of small group communication", *Journal of Psychology,* 88(1), pp.31-38.

Burton, S., Calonico, J. & McSeveney, D., 1979(Summer), "Effects of preschool television watching on first-grade children", *Journal of Communication,* 29(3), pp.164-169.

Carbaugh, D, 1994, "Towards a perspective on cultural communication and intercultural contact", in L. A. Samovar & R. E. Porter (eds.), *Intercultural Communication,* pp.45-59, Belmont, CA: Wadsworth.

Carlson, L. & Grossbart, S., 1988, "Parental style and consumer socialization of children", *Journal of Consumer Research,* 15 (June), pp.77-94.

Carlson, Les, Grossbart, S. & Walsh, A., 1990, "Mothers' communication orientation and consumer-socialization tendencies", *Journal of Advertising,* 19(3), pp.27-38.

Carver, C. S. & Scheier, M. F., 1981, "A control-systems approach to behavioral self-regulation" in L. Wheeler (ed.), *Review of Personality and Social Psychology,* vol.2, Beverly Hills, CA: Sage.

CDC, 2001, Dispelling the Myths About Tobacco: A Community Toolkit for Reducing Tobacco Use Among Women [Online]. Availabe: http://outside.cdc.gov:8085/BASIS/shd/shdview/smoking/

CDC, 1994, Preventing Tobacco Use Among Young People [Online]. Availabe: http://www.cdc.gov/ncidod/diseases/flu/fluvirus.htm

Chaffee, S. H. & Mutz, D., 1988, "Comparing mediated and interpersonal communication data", in R. P. Hwkins, J. M. Wiemann & S. Pingree (eds.), *Advancing Communication Science: Merging Mass and Interpersonal Processes,* Newbury Park: Sage.

Chaffee, S. H., Nass, C. I. & Yang, S., 1989, The bridging role of television in immigrant political socialization: television and immigrant socialization. Institute for Communication Research, Stanford University.

Choi, J. & Tamborini, T., 1988(Spring), "Communication acculturation and the cultivation hypothesis: a comparative study between two Korean communities in the U. S.", *The Howard Journal of Communication,* 1(1), pp.57-74.

Chu, G. C. & Chu, L. L., 1981, "Parties in conflict: letters to the editor of the people's daily", *Journal of Communication,* 31(4), pp.74-91.

Chung, J., Hertel, E., Lee, S. L. & Wang, J., 1995, "A sociohistorical approach to intercultural communication", *The Howard Journal of Communications,* 6(4), pp.261-291.

Churchill, G. A. Jr. & Surprenant, C., 1982, "An investigation into the determinants of customer satisfaction", *Journal of Marketing Research,* pp.491-504.

Clausse, R., 1968, "The mass public at grips with mass communication", *International Social Science Journal,* 20(4), pp.625-643.

Coder-Bolz, C. & O'Bryant, S., 1978(Winter), "Can people affect television? teacher vs. program", *Journal of Communication,* 28(2), pp.97-103.

Coleman, J. C., Morris, C. G. & Glaros, A. G., 1987, *A Contemporary Psychology and Effective Behavior,* 6th edition, GA: Scott, Foresman and Company.

Coleman, J. S., 1961, *The Adolescent Society,* New York: The Free Press.

Collins, R., 1988, *Theoretical Sociology,* New York: Harcourt Brace Jovanovich.

Compaine, B. (ed.), 2001, *The Digital Divide: Facing a Crisis or Creating a Myth,* Cambridge, MA: MIT Press.

Cooper, E. & Tohoda, M., 1971, "The evasion of propaganda: how prejudiced people respond to anti-prejudiced propaganda", pp.287-299, in W. Schramm & D. F. Roberts, (eds.), *The Process and Effects of Mass Communication,* Urbana: University of Illinois Press.

Cotter, P. R., Perry, D. K. & Stovall, J. G., 1994, "Active and passive indicators of public opinion: assessing the call-in poll", *Journalism Quarterly,* 71(1), pp.169-175.

Coward, J. M., 1994, "Explaining the little bighron: race and progress in the native press", *Journalism Quarterly,* 71(3), pp.540-549.

Crittenden, J., 1971, "Democratic functions of the open mike radio forum", *Public Opinion Quarterly,* 35(2), pp.200-210.

Cronin, J. J. & Taylor, S. A., 1992, "Measuring service quality: a reexamination and extension," *Journal of Marketing,* 56, pp.55-68.

Cronin, J. J. & Menelly, N. E., 1992, "Discrimination vs. avoidance: zipping of television commercials", *Journal of Advertising,* 21, pp.1-7.

Cross, M., Wrench, J. & Barnett, S., 1990, *Ethnic Minorities and the Careers Service: An Investing in England,* London: CRE.

Danaher, P. J., 1995, "What happens to television ratings during commercial breaks?", *Journal of Advertising Research,* 35, pp.37-47.

Daniels, T. D. & Spiker, B. K., 1991, *Perspectives on Organizational Communication*, 2nd edition, Wm. C. Brown Publishers.

Darley, J. M., Seligman, C. & Becker, L. J., 1979(April), "The lesson of twin rivers: feedback works", *Psychology Today,* pp.35-40.

d'Astous, A., Maltais, J. & Roberge, C., 1990, "Compulsive buying tendencies of adolescent consumer", *in Advances in Consumer Research*, 17, pp.306-312.

Davis, M. H. & Rarick, G., 1964(Winter), "Functions of editorials and letters to the editor", *Journalism Quarterly*, 41(1), pp.108-109.

Davis, D. K. & Robinson, J. P., 1985, "News story attributes and comprehension." in J. P. Robinson & M. R. Levy (eds.), *The Main Source: Learning From Television News,* Beverlye Hills, CA: Sage.

Deaux, J. M. & Wrightsman, L. S., 1984, *Social Psychology in the 80s,* 3rd edition, CA: Brooks/Cole.

DeFleur, M. L. & Ball-Rokeach, S., 1982, *Theories of Mass Communication,* 4th edition, New York: Longman.

DeFleur, M. L. & Cho, C. S., 1957, "Assimilation of Japanese-born women in an American city", *Social Problems,* 4, pp.244-257.

DeFleur, M. L., Davenport, L., Cronin, M. & DeFleur, M., 1992(Winter), "Audience recall of news stories presented by newspaper, computer, television and radio", *Journalism Quartrely,* 69(4), pp.1010-1022.

DeFleur, M. L. & Dennis, E. E., 1981, *Understanding Mass Communication,* Dallas, TX: Houghton Mifflin Company.

Desmond, R. J., Singer, J. L., Singer, D. G., Calam, R. & Colimore, K., 1985(Summer), "Family mediation patterns and television viewing", *Human Communication Research,* 1(4), pp.461-480.

Dewey, J., 1927, *The Public and its Problems,* N.Y.: Holt Rinehart.

Dimmick, J. W., 1979(April), "The gatekeepers: media organization as political coalitions", *Communication Research,* 6(2), pp.203-222.

Doob, L. W., 1953, "Effects of initial serial position and attitude upon recall under conditions of low motivation", *Journal of Abnormal and Social Psychology*, 48, p.199, 205.

Dorr, A., 1986, *Television and Children: A Special Medium for a Special Audience.* Beverly Hills, Calif: Sage.

Downs, A., 1962, "The public interest: it's meaning in a democracy," *Social Research,* 29(1), p.1.

Duncan, T., 1993, "To fathom integrated marketing , dine !", *Advertising Age,* 64(43), p.18.

Duncan T. & Caywood, C., 1996, "The concept, process & evolution of integrated marketing communication", in E. Thorson & J. Moore (eds.), *Integrated in Communication: Synergy of Persuasive Voices,* Mahwah N. J.: Lawrence Erlbaum Associates.

Eco, U., 1979, *The Role of the Reader,* Blooming: University of Indiana Press.

Edmondson, W., 1985, *The Age of Access: Information Technology and Social Revolution,* London: Croom Helm.

Egan, G., 1990, *The Skilled Helper: A Systematic Approach to Effective Helping,* 4th edition, CA: Brooks/Cole.

Eisenstadt, S. N., 1956, *From Generation to Gerneration,* Chicago:The Free Press.

Engel, J. M., Blackwell, R. D. & Miniard, P. W., 1993, *Consumer Behavior,* 7th Edition, New York: The Dryden.

Engel, J. M., Blackwell, R. D. & Miniard, P. W., 1990, *Consumer Behavior,* Orlando, FL: The Dryden Press.

Elias, N., 1987, *Involvement and Detachment,* UK: Basil Blackwell.

Ellmore, R. T., 1990,. *NTC's Mass Media Dictionary,* Lincdn, IL: National Textbook Company.

Entman, R. M. & Wildman, S. S., 1992, "Reconciling economic and non-economic perspectives on media policy: transcending the marketplace of ideas," *Journal of Communication,* 42(1).

Entman, R. M., 1994, "Representation and reality in the portrayal of blacks in the portrayal of blacks on network television news", *Journalism Quarterly,* 71(3), pp.509-520.

Erikson, E. H., 1968, *Identity: Youth and Crisis,* New York: W. W. Norton and Company, Inc.

Ferguson, D. A., 1991, "Channel repertoire in the new media environment", paper presented at the Annual Convention of the International Communication Association.

Ferguson, D. A., 1992, "Channel repertoire in the presence of remote control devices, VCRs and cable television", *Journal of Broadcasting & Electronic Media,* 36, pp.83-91.

Ferguson, D. A., 1994, "Measurement of mundane TV behaviors: remote control device flipping frequency", *Journal of Broadcasting & Electronic Media*, 38, pp.35-47.

Fiore, M. C., Jorenby, D. E., Baker, T. B. & Kenford, S. L., 1992, *Tobacco dependence and nicotine patch: clinical guidelines for effective use.* J Am Med Assoc, 268(19), pp.2687-2694.

Fiske, J., 1986, "Television polysemy and popularity", *Critical Studies in Mass Communication,* 3(4), pp.391-408.

Fiske, J., 1983, "Television: polysemy and popularity", *Critical Studies in Mass Communication,* 4, pp.391-408.

Forsythe, S. A., 1950, "An exploratory study of letters to the editor and their contributors", *Public Opinion Quarterly,* 14(1), pp.143-144.

Forster, J., 1990, "Working together: how companies are integrating their corporate communications", *Public Relations Journal,* pp.18-19.

Furnham, A. & Gunter, B., 1985, "Sex, presentation mode and memory for violent and no- violent news", *Journal of Educational Television,* 11, pp.99-105.

Gamble, T. K. & Gamble, M., 1993, *Communication Works,* 4th edition, N.Y.: McGraw-Hill.

Gao, G. & Gudykunst, W. B., 1990, "Uncertainty, anxiety and adaptation",

International Journal of Intercultural Relations, 14, pp.301-317.

Garay, R., 1978, "Access: evolution of the citizen agreement", *Journal of Broadcasting,* 22(1), pp.95-106.

Garham, N., 1979, "Contribution to a political economy of mass communication", *Media Culture and Society.* 1(2), pp.123-146

Garramone, G. M. & Atkin, C. C., 1986, "Mass communication and political socialization: specifying the effects", *Public Opinion Quarterly,* 50(1), pp.76-86.

Getaels, J. W., Lipham, J. M. & Campbell, R. P., 1968, *Educational Administration as a Social Process,* N.Y: Harper & Row Publisher, p.130.

Gerbner, G., 1969, "Towrd cultural indicators': the analysis of mass mediated public message system", *AV Communication Review,* 17, pp.137-148.

Gerbner, G. & Gross, L., 1976(Spring), "Living with television: the violence profile", *Journal of Communication,* 26(2), pp.173-199.

Gerbner, G., Gross, L., Signorielli, N., Morgan, M. & Jackson-Beeck, M., 1979(Summer), "The demonstraction of power: violence profile No.10", *Journal of Communication,* 29(3), pp.177-196.

Gerbner, G., Gross, L., Signoriell, M. & Morgan, M., 1980(Winter), "Aging with television: images on television drama and concepts of social reality", *Journal of Communication,* 30(1), pp.37-47.

Gerhard, M. E., 1990, "A newspaper's 900 telephone poll: its perceived credibility and accuracy", *Journalism Quarterly,* 67(3), pp.508-513.

Gilbert, T. F., 1978, *Human Competence: Engineering Worthy Performance,* New York: McGraw-Hill.

Glasgow University Media Group, 1976, *Bad News,* London: Routledge & Kegan Paul.

Goldberg, H. D., 1950, "Liking and retention of a simulcast", *Public Opinion Quarity*, 14, pp.141-142.

Goldhaber, G. M., 1990, *Organizational Commication,* 5th edition, Dubuque, IA:

Brown.

Gordon, M. F., 1964, *Assimilation in American Life*, New York: Oxford.

Gordon, T. F., 1974, "Mass media and minority socialization: conceptualizing the process", paper presented at the annual meeting of the Association for Education in Journalism, San Diego, CA.

Gorn, G. J., 1982, "The effects of music in advertising on choice behavior: a classical conditioning approach", *Journal of Marketing*, 46, pp.94-101.

Graham, N., 1979, "Contribution to a political economy of mass communication", *Media, Culture and Society*, 1(2), pp.123-146.

Grasha, A. F., 1987, *Practical Applications of Psychology*, Boston: Scott, Foresman and Company.

Gray, J. A., 1991, *The Psychology of Fear and Stress*, 2nd edition. New York: Cambridge University Press.

Grayston, D., 1974, "Music while you work", *Industrial management*, 4, pp.38-39.

Greenberg, B. S. & Heeter, C., 1988, "Conclusions and research agenda", in C. Heeter & B. S. Greenberg (eds.), *Cableviewing*, pp.289-305.

Greenberg, B. S., 1988, "Changes in the viewing process over time", in C. Heeter & B. S. Greenberg (eds.), *Cableviewing*, pp.97-109.

Greeon, J., 1976, "Indefinite goals in well-structured problems," *Psychological Review*, 83(6), pp.419-491.

Grey, D. L. & Brown, T. R., 1970, "Letters to the editor: hazy reflections of public opinion", *Journalism Quarterly*, 47(4), pp.450-456.

Gudykunst, W. B. & Hammer, M. R., 1987, "The influence of ethnicity, gender, and dyadic composition on uncertainty reduction in initial interactions", *Journal of Black Studies*, 18(2), pp.191-214.

Gudykunst, W. B. & Hammer, M. R., 1988(Summer), "The influence of social identity and intimacy of interethnic relationships on uncertainty reduction processes", *Human Communication Research*, 14(4), pp.569-601.

Gunter, B., 1979, "Recall of television news items: effects of presentation mode, picture content and serial position", *Journal of Educational Television*, 5, pp.57-61.

Gunter, B., 1980, "Remembering television news: effects of picture content", *Journal of General Psychology*, 102, pp.127-133.

Gunter, B., 1987, *Poor Reception: Misunderstanding and Forgetting Broadcast News, Hillsdale*, N. J.:Lawrence Erlbaum.

Hall, E. T., 1959, *The Silent Language*, Greenwich, Conn.: Fawcett.

Hammer, D. & Champy, J., 1993, *Reengineering the Corporation: A Manifesto for Business Revolution,* New York: Harper Business.

Handy, R. & Kurtz, P., 1964, "A current appraisal of the behavioral sciences: communication theory", *American Behavioral Scientist,* 7(6).

Hanneman, R. A., 1987, *Computer-assisted Theory-building: Modeling Dynamic Social System,* Beverly Hills: Sage.

Harris, T. E., 1993, *Applied Organizational Communication: Perspectives, Principles and Pragmatics,* Hillsdale, N.J.: Lawrence Erlbaum Associates.

Harris, M., 1964, *Patterns of Race in the Americas,* New York: Norton.

Hawkins, R. P. & Pingree, S., 1981, "Uniform messages and habitual viewing: unnecessary assumptions in social reality effects", *Human Communication Research,* 7, pp.291-301.

Heeter, C., 1985, "Program selection with abundance of choice: a process model", *Human Communication Research,* 12, pp.126-152.

Heeter, C., 1988, "The choice process model", in C. Heeter & B. S. Greenberg (eds.), *Cableviewing*, pp.11-32. Norwood, New Jersey: Alex Publishing.

Heeter, C. & Greenberg, B. S., 1985, "Profiling the zappers", *Journal of Advertising Research,* 25, pp.15-19.

Henningham, J., 1988, *Looking at Television News*, Longman Cheshire.

Habermas, Jurgen, 1989, *The Structural Transformation of the Public Sphere: An inquiry into a category of bourgeois society* (trans), Burger Thomas, Cambridge, Mass: M. I. T. Press.

Herskovits, M., 1955, *Cultural Anthropology*, New York: Knopf.

Herzberg, F., 1966, *Work and the Nature of Man*, New York: World Publishing Company.

Hiebert, R. E., Ungurait, D. F. & Bohn, T. W., 1982, *Mass Media III*, New York: Longman.

Hilgard, E. R., 1956, *Theories of Learning*, 2nd ed., New York: Appleton-Century-Crofts.

Higgins, J. M., 1982, *Human Relations Concepts and Skills*, New York: Random Hourse.

Hill. D. B., 1981, "Letter opinion on ERA: a test of the newspaper bias hypothesis", *Public Opinion Quarterly*, 45(3), pp.384-392.

Hovland, C. I., Janis, I. L. & Kelley, H. H., 1953, *Communication and Persuasion*, News Haven: Yale University Press.

Howard, J. A. & Sheth, J. N., 1969, *The Theory of Buyer Behavior*, New York: John Wiley & Sons.

Hoyer, W. D. & MacInnis, D. J., 1997, *Consumer Behavior*, Houghton Mifflin Company. USA.

Huang, W. V., 1992(August), "Uncertainty reduction, media use, and adaptation", paper presented at the 35th Annual Conference of Association of Education on Journalism and Mass Media (AEJMC), Montreal, Canada.

Hulse, S. H., Deese, J. & Egeth, H., 1975, *The Psychology of Learning*, New York: McGraw-Hill.

Hunt, J. B., 1988, "An experimental study of the effect of music on radio commercial performance", Proceedings of the Southern Marketing Association, pp.37-40.

Hunt, H. K., 1977, "CS/D-overview and future research directions," in H. K. Hunt (ed.), *Conceptualization and Measurement of Consumer Satisfaction and Dissatisfaction*, Cambridge, MA: Marketing Science Institute.

Hur, K. K., 1981(May), "Asian American media and audiences: an institutional and audience analysis", paper presented to the Mass Communication Division, International Communication Association Annual Convention, Minneapolis, Minnesota.

Hur, K. K. & Proudlove, S. J., 1982(July), "The media behavior of Asian Americans", paper submitted to the Minorities Communication Division, the Association for Education in Journalism Annual Convention, Athens, Ohio.

Hwang, Sung-Don, Choi, Younghoon & Myeong, Seung-Hwan, 1999, "Electronic Government in South Korea: conceptual problems," *Government Information Quarterly*, 16(3), pp.277-285.

Iacobucci, D., Graysion, K. A. & Ostrom, A. L., 1994, "The calculus of service quality and customer satisfaction: theoretical and empirical differentiation and integration," *Advances in Services Marketing and management*, 3, pp.1-67.

Issacs, W., Thomas, J. & Goldiamond, I., 1960, "Application of operant conditioning to reinstate verbal behavior in psychotics", *Journal of Speech and Hearing Disorders*, 25, pp.8-12.

Janis, I. L., 1965, "The problem of validating content analysis", in H. D. Lasswell et al. (eds), *Language of Politics*, Cambridge: MIT Press.

Jeffres, L. W., 1983(April), "Communication, social class and culture", *Communication Research*, 10(2), pp.219-246.

Jenkins, W. O. & Stanley, J. C. Jr., 1950, "Partial reinforcement: a review and critique", *Psychological Bulletin*, 47, pp.193-234.

Jensen, K. B. & Rosengren, K. E., 1990, "Five traditions in search of the audiences", *European Journal of Communication*, 5, pp.209-238.

Johnson, D. S., Turban, D. B., Pieper, K. F. & Ng, Y. M., 1996, "Exploring the role of normative- and performance-based feedback in motivational processes", *Journal of Applied Social Psychology*, 26(11), pp.973-992.

Johnstone, J., 1974, "Social integration and mass media use among adolescents: a case study", pp.35-37, in J. G. Blumler & E. Katz (eds.), *The Uses of Mass Communication: Current Perspectives on Gratification Research*, Newbury,

CA: Sage.

Kamptner, N. L., 1988, "Identity development in late adolescence: causal modeling of social and familial influences", *Journal of Youth and Adolescence,* 17(6), pp.493-513.

Kaplan, B. M., 1985, "Zapping-the real issue is communication", *Journal of Advertising Research,* 25, pp.9-12.

Katz, E., Adoni, H. & Parness, P., 1977, "Remembering the news: what the pictures adds to recall", *Journalism Quarterly,* 54, pp.231-239.

Katz, E., Blumler, J. G. & Gurevitch, M., 1974, "Utilization of mass communication by the individual", pp.19-34, in J. G. Blumler & E. Katz (eds.), *The Uses of Mass Communications: Current Perspectives on Gratification Research,* Beverly Hills: Sage.

Katz, W., 1982/1983, "TV viewer fragmentation from cable TV", *Journal of Advertising Research,* 22(6), pp.27-30.

Kim, Y. Y., 1977, "Communication patterns of foreign immigrants in the process of acculturation", *Human Communication Research,* 4 (2), pp.66-77.

Kim, Y. Y., 1977a, "Communication patterns of foreign immigrants in the process of acculturation", *Human Communication Research,* 10(2), pp.219-246.

Kim, Y. Y., 1977b, "Inter-ethnic and intra-ethnic communication: A study of Korean immigrants in Chicago", *International and Intercultural Communication Annual,* 4, pp.53-68.

Kim, Y. Y., 1977b, "Inter-ethnic and intra-ethnic communication: a study of Korean immigrants in Chicago", *Human Communication Research,* 10(2), pp.219-246.

Kim, Y. Y., 1979(November), "Dynamics of intrapersonal and interpersonal communication: a study of indochinese refugees in the initial phase of acculturation", paper presented at the Speech Communication Association Conference, San Antonio, TX.

Kim, Y. Y., 1981(May), "Intercultural communication in the context of immigrant acculturation", paper presented in the panel, Contextual Variations of

Intercultural Communication, at the annual conference of the International Communication Association, Minneapolis, Minnesota.

Kim, Y. Y., 1986, "Understanding the social context of intergroup communication: A personal network approach", pp.86-95, In W. B. Gudykunst (ed.), *Intergroup Communication*, London: Edward Arnold.

Kim, Y. Y. & Gudykunst, W. B., 1987, *Cross-cultural Adaptation,* Newbury Park, CA: Sage.

Kim, Y. Y., 1988, *Communication and Cross-cultural Adaptation: An integrative theory,* Clevedon, England: Multilingual Matters.

Knapp, M., 1978, *Social Intercourse: From greetings to goodbye.* Boston: Allyn and Bacon.

Kolodinsky, J., 1999, "Consumer satisfaction with a managed health care plan", *The Journal of Consumer Affairs,* 33, pp.223-236.

Konopka, G., 1973, "Condtions for healthy development adolescent youth", *Adolescent,* 8, pp.291-316.

Kosman, L., 1997, *Wie schreibe ich juristische hausarbeiten: leitfaden zum kleinen,* grossen und seminarschein, Berlin: Berlin-Verl. Spitz.

Kozielecki, J., 1981, *Psychological Decision Theory,* Warsaw, Poland: PWN-Polish Scientific Publishers.

Kuo, C., 1986, "The acquisiton of consumer style and orientation in adolescents: an eclectic approach", Doctoral dissertation, Deparment of Communication, the University of Michigan.

Kuo, C., 1990, "The learning of consumer knowledge and consumer skillsin Chinese youths: an intergrated model", *Mass Communication Research,* 42, Graduate School of Journalism, National Chentgchi University.

Krugman, D. M. & Reid, L. N., 1980, "The public interest as defined by FCC policy makers", *Journal of Broadcasting,* 24, pp.311-321.

Krugman, D. M., Cameron, G. Y. & White, C. M., 1995, "Visual attention to programming and commercials: the use of in-home observations", *Journal of*

Advertising Research, 24, pp.1-12.

Kuo, W. H. & Lin, N., 1977(Summer), "Assimilation of Chinese Americans in Washington D. C.", *The Sociological Quarterly,* 18, pp.340-352.

Lacy, S. & Ramsey, K. A., 1994, "The advertising content of African-American newspapers", *Journalism Quarterly,* 71(3), pp.521-530.

Lam, L., 1980, "The role of ethnic media for immigrants: a case study of Chinese immigrants and their media in Toronto", *Canadian Ethnic Studies,* 12, pp.75-92.

Lander, B. G., 1972, "Functions of letters to the editor: a re-examination", *Journalism Quarterly,* 49(1), pp.142-143.

Larson, C. V., 1995, *Persuasion: Reception and Responsibility,* 7th edition, Belmont, CA: Wadsworth.

Lasswell, H., 1927, *Propaganda Technique in the World War,* N.Y.: Knopf.

Lazarsfeld, P., Berelson, B. & Gaudet, H., 1948, *The People's Choice,* New York: Columbia University Press.

Lee, D., 1984(June), Mass Media and Political Socialization of Foreign Immigrants, Doctoral Dissertation, University of Iowa.

Lee, A. M. & Lee, E. B., 1939, *The Fine Art of Propoaganda: a Study of Father Conghkin's Speeches,* Orlando, Fla: Jarcourt Brace Janovich.

Lemert, J. B. & Larkin, J. P., 1979, "Some reasons why mobilizing information fails to be letters to the editor", *Journalism Quarterly,* 56(3), pp.504-512.

Leathers, D. G., 1971, "The feedback rating instrument: a new mean of evaluating discussion", *Central States of Speech Journal,* 22, pp.33-38.

Leathers, D. G., 1972, "Quality of group communication as a determinant of group product", *Speech Monographs,* 39(3), pp.166-173.

Lenski, G. & Lenski, J., 1978, *Human Societies: an Introduction to Macrosociology,* 3rd ed., New York: McGraw-Hill.

Leslie, M., 1995, "Television and capitalist hegemony in the 'new' South Africa", *The Howard Journal of Communications,* 6(3), pp.164-172.

Lin, N., 1977, "Communication effects: review and commentary", in B. Rubin (ed.), *Communication Yearbook I*, New Brunswick. NJ: Transaction Books.

Linz, D., Donnerstein, E. & Penrod, S., 1984(Summer), "The effects of multiple exposures to filmed violence against women", *Journal of Communication*, 34(2), pp.130-147.

Littlejohn, S. W., 1978, *Theories of Human Communication*, London: Charles E. Merrill.

Lodges, W. & Jung, J., 2001, "Exploring the digital divide", *Communication Research*, 28(4), pp.536-562.

Loudon, D. L. & Della Bitta, A. J., 1979, *Consumer Behavior: Consumer Behavior Concepts and Applications*, N.Y.: McGraw-Hill Book Co.

Luhmann, N. & Habermas, J., 1971, *Theories der Gesellshaft oder Socialtechnoligie*, Frankfurt.

Maletzke, G., 1963, *Psychologie der Massenkommunikation*, Hamburg: Verlag Hans Bredow-Institute.

Maslow, A. H., 1954, *Motivation and Personality*, NY: Harper & Row.

Matta, F. R., 1984, "A social view of information", pp.63-38, In G. Gerbner & M. Siefer (eds.), *World Communication: A Handbook*, NY: Longman.

McCandless, N. J., Lueptow, L. B. & McClendon, M., 1989, "Family socioeconomic status and adolescent sex-typing", *Journal of Marriage and the Family*, 51(August), pp.627-635.

McGee, W. J., 1898(August), "Piratical acculturation", *American Anthropologists*, XI, p.243.

McGuire, W. J., 1978, "An information-processing model of advertising effectiveness", in H. L. David & A. J. Silk (eds.), *Behavioral and Management Sciences in Marketing*, New York: Ronald/Wiley.

Mckay, J. J. & Gaw, B. A., 1975, *Personal and Interpersonal Communication: Dialogue With the Self and With Others*, Columbus, OH: Charles E. Merrill.

Mckinney, F., 1973, *Psychology in Action*, 2nd edition, New York: the Macmillian

Company.

McQuail, D., 1987, *Mass Communication Theory,* Beverly Hills, CA: Sage.

McQuail, D., 1992, *Media Performance: Mass Communication and the Public Interest,* CA: Sage.

McQuail, D., 1995, "Mass communication and the public interest: towards social theory for media structure and performance", in D. Crowley & D. Mitchell (eds.), *Communication Theory Today,* Polity Press, pp.235-253.

McQuire, D., 1991, *Mass Communication Theory,* Beverly Hills, CA: Sage.

Menon, V., 1986, "Access to information and participation in communication as basic necessities for the communication structure of Asian societies", *Media Asia,* 13(2), pp.88-90.

Merton, R. K., Fiske, M. & Curtis, A., 1946, *Mass Persuasion,* New York: Harper and Row.

Merton, R. K., Fiske, M. & Kendall, P. L., 1956, *The Focused Interview,* New York: Free Press.

Meyers-levy, J. & Maheswaran, D., 1991, "Exploring differences in males' and females' processing strategies", *Journal of Consumer Research,* 18 (June), pp.63-71.

Mills, C. W., 1970, *The Sociological Imagination,* Harmondsworth: Penguin.

Monane, J. H., 1967, *A Sociology of Human Systems,* New York: Mededith Publishing Co.

Moores, S., 1990, "Texts, readers, and contexts of reading: developments in the study of media audiences", *Media, Culture, and Society,* 12, pp.9-29.

Morgan, D. L., 1993, *Successful Focus Groups: Advancing the State of the Art,* Newbury Park, CA: Sage.

Moriarty E. Sandra, 1996, "The circle of synergy: theoretical perspectives and an evolving IMC research agenda", *Integrated Communication: Synergy of Persuasive Voices,* New Jersey: Publishers Mahwah.

Moschis, G. P., Moore, R. L. & Stephen, T. J., 1977, "Purchasing patterns of adolescent consumers", *Journal of Retailing,* 53 (Spring), pp.17-26.

Moschis, G. P. & Churchill, G. A., 1978, "Consumer socialization: a theoretical and emperical analysis", *Journal of Marketing Research,* 15 (November), pp.599-609.

Moschis, G. P. & Moore, R. L., 1979, "Decision making among the young: a socialization perspective", *Journal of Consumer Research,* 6 (September), pp.101-112.

Nagata, K., 1969, A Statistical Approach to the Study of Acculturation of an Ethnic Group Based on Communication Oriented Variables: the Case of Japanese Americans in Chicago. Doctoral dissertation, University of Illinois-Urbana Champaign.

Newcomb, T., 1953, "An approach to the study of communicative acts", *Psychological Review,* 60, pp.393-404.

Newcomb, H. & Hirsch, P. M., 1984, "Television as a cultural forum: implications for research", pp.58-73, in W. D. Rowland & B. Watkins (eds.), *Interpreting Television: Current Research Perspectives,* Beverly Hills, CA: Sage.

Newhagen, J. E., 1992, "Self-efficacy and call-in political television show use", *Communication Research,* 21(3), pp.366-379.

Noelle-Neumann, E., 1974, "The spiral of silence: a theory of public opinion", *Journal of Communication,* 24(2), pp.43-51.

Noelle-Neumann, E., 1984, *The Spiral of Silence: Public Opinion-Our Social Skin,* Chicago: The Universiby of Chicago Press.

Norris, P., 2001, *Digital Divide: Civic Engagement, Information Poverty and the Internet Worldwide,* Cambridge University Press.

Novek, E. M., 1995, "Buried treasure: the community newspaper as an empowerment strategy for African American high school students", *The Howard Journal of Communications,* 6(1-2), pp.69-88.

Oakley, K., 1951, "A definition of man", *Penguin Science News,* 20, Harmondsworth, UK.

O'keefe, G. & Reid-Nash, K., 1987(April), "Crime news and real world blues: the effects of the media on social reality", *Communication Research,* 14(2), pp.147-163.

O'Neil, M. J., 1982, "Public hearing and public preferences: the case of the white house conference on families", *Public Opinion Quarterly,* 46(4), pp.488-502.

Owen, D., 1990, "Ethnic minorities in Britain: settlement patterns", University of Warwick, Center for Research in Ethnic Relations, National Ethnic Minority Data Archive, 1991 Census Statistical Paper no.1.

Parasuraman, A., Zeithaml, V. A. & Berry, L. L., 1985, "A conceptual model of service quality and its implications for future research", *Journal of Marketing,* 49, pp.41-50.

Parasuraman, A., Zeithaml V. A., & Berry, L. L., 1988, "SERVQUAL: a multiple-item scale for marketing consumer perceptions of service," *Journal of Retailing,* 64, pp.12-40.

Park, C. W. & Young, S. M., 1986, "Consumer response to television commercials: the impact of involvement and background music on brand attitude formulation", *Journal of Marketing Research,* XXXIII, pp.11-24.

Parsons, T., 1954, *Essays in Sociological Theory,* New York: The Free Press.

Pasternack, S., 1983, "Editors and the risk of libel in letters", *Journalism Quarterly,* 60(2), pp.311-315.

Peel, M. J., Goode, M. M. H. & Moutinho, L. A., 1998, "Estimating consumer satisfaction: OLS versus ordered probability models", *International Journal of Commerce and Management,* 8, pp.75-98.

Peled, T. & Katz, E., 1974, "Media functions in wartime: the Israel home front in October 1973", pp.49-79, in J. Blumler & E. Katz (eds.), *The Uses of Mass Communications,* Newbury, CA: Sage.

Perlega, V. J. & Janda, L. H., 1981, *Personal Adjustment: the Psychology of Everyday Life,* 2nd edition, IL: Scott, Foresman and Company.

Phillips, D. P., 1983, "The impact of mass media violence on U.S. homicides",

American Sociological Review, 48(4), pp.560-568.

Piaget, J., 1970, *Insights and Illusions of Philosophy,* pp703-723, London: Routledge & Kegan Paul.

Pickering, W. S. F. & Martin, H., 1994, *Debating Durkheim,* New York: Routledge.

Pollay, R. W. & Mittal, B., 1993, "Here's the beef: factors, determinants and segments in consumer criticism of advertising", *Journal of Marketing,* 57(July), pp.99-114.

Porter, R. E. & Samovar, L. A., 1994, *Intercultural Communication: A Reader,* Belmont, CA: Wadsworth.

Prasad, K., Rao, T. R. & Sheikh, A., 1978(Winter), "Can people affect television? mother vs. commercial", *Journal of Communication,* 28(2), pp.91-96.

Price, J. L., 1972, "Handbook of organizational measurement", *Health and Company,* Lexington: D. C., pp.156-157.

Prisuta, R. H., 1979, "The adolescent and television news:a viewer profile", *Journalism Quarterly,* 56(2), pp.277-282.

Pritchard, D. & Berkowitz, D., 1991, "How readers' letters may influence editors and news emphasis: a content analysis of 10 newspapers. 1948-1978", *Journalism Quarterly,* 68(3), pp.388-395.

Reardon, K. K. & Rogers, E. M., 1988(Winter), "Interpersonal versus mass media communication: a false dichotomy", *Human Communication Research,* 15(2), pp.284-303.

Redfield, R., Linton, R. & Kherskovits, M.,1936(January-March), "Memorandum for the study of acculturation", *American Anthropologists,* 38, pp.149-150.

Renfro, P. C., 1979, "Bias in selection of letters to editor", *Journalism Quarterly,* 56(4), pp.822-826.

Riley, M. W. & Riley, J., 1951(Fall), "Asociological approach to communication research", *Public Opinion Quarterly,* 15, pp.445-460.

Roberts, D. F., Sikorski, L. A. & Paisley, W. J., 1969, "Letters in mass magazine as outcropping of public concern", *Journalism Quarterly,* 46(4), pp.743-752.

Rogers, E. M. & Kincaid, D. L., 1981, *Communication Network,* New York: The Free Press.

Rogers, E. M., 1983, *The Diffusion of Innovation,* 3rd ed., New York: Free Press.

Rose, Gregory M., Bush, V. D. & Kahle, L., 1998, "The influence of family communication patterns on parental reactions toward advertising: a cross-national examination", *Journal of Advertising,* 27(4).

Rosenberg, M. & Simmons, R. G., 1972, *Black and White Self-esteem: The urban school child, Washington,* D.C.: American Sociological Association. Rosenberg and Summer (1971).

Rosenblueth, A., Wiener, N. & Bigelow, J., 1943, "Behavior, purpose, and teleology", *Philosophy of Science,* 10, pp.18-24.

Ross F. G. J., 1994, "Preserving the community: Cleveland black papers' response to the great migration", *Journalism Quarterly,* 71(3), pp.531-539.

Rubin, A. M., 1984, "Ritualized and instrumental television viewing", *Journal of Communication.* 34(1), pp.67-77.

Ruben, B. D., 1972, "General system theory: an approach to human communication", in R. W. Budd (ed.), *Approaches to Human Communication.*Urbana, IL: University of Illinois Press.

Rubin, A., 1981(April), "An examination of television viewing motivations", *Communication Research,* 8(2), pp.141-165.

Rubin, A. & Perse, E., 1987(February), "Audience activity and television news gratification", *Communication Research,* 14(1), pp.58-84.

Rubin, A. & Rubin, R., 1982(April), "Older persons' television viewing patterns and motivations", *Communication Research,* 9(2), pp.287-313.

Ryu, J. S., 1977(June), The Mass Media and the Assimilation Process: a Study of Media Uses by Korean Immigrants, Doctoral dissertation, University of Oregon.

Samovar, L. A. & Porter, R., 1994, *Intercultural Communication,* 7th edition, Belmont, CA: Wadsworth.

Samovar, L. A., Porter, R. E. & Jain, N. C., 1981, *Understanding Intercultural Communication*. Belmont, CA: Wadsworth.

Saussure, F. de, 1966, *Course in General Linguistics*. N. Y.: McGraw-Hill.

Schaefer, R. T., 1984, *Racial and Ethnic Groups*, 2nd edition, Boston: Little, Brown and Company.

Scheidel, T. M. & Crowell, L., 1965, "Idea development in small discussion groups", *The Quarterly Journal of Speech*, 50, pp.40-45.

Schiamberg, L. B., 1988, *Child and Adolescent Development*, New York: Macmillan.

Schultz, Don E., 1993, "The customer and the database are the integrating forces", *Marketing News*, 22(Nov) p.14.

Schultz, D. E., 1997, "Organize IMC program from outside-in", *Marketing News*, Oct, 27, pp22-13.

Schramm, W., 1954, "How communication works", in W. Schramm (ed.), *The Process and Effects of Mass Communication*, Urbana: University of Illinois Press.

Schramm, W., 1982, *Men, Message and Media: a Look of Human Communication*, Taipei: Rainbow-Bridge Book.

Schultz, D. E., Tannenbaum, S. I. & Lauterborn, R. F., 1993, *Integrated Marketing Communications*, Lincolnwood, Ill.: NTC Business Books.

Sebald, H., 1984, *Adolescent: A Sociological Analysis*, New York: Appleton-century-Crofts.

Semovar, L. A., Porter, R. E. & Jain, N. C., 1981, *Understanding Intercultural Communication*, Belmont, CA: Wadsworth Publishing Co.

Sewall, M. A. & Sarel, D., 1986, "Characteristics of radio commercials and their recall effectiveness", *Journal of Marketing*, 50, pp.52-60.

Shannon, C. & Weaver, W., 1949, *The Mathematical Theory of Communication*, Urbana: Ill: University of Illinois Press.

Shaw, R. & Stone, M., 1990, *Database Marketing: Strategy and Implementation*,

New York: John Wiley & Sons.

Sherrod, D. R., 1971, "Selective perception of political candidates", *Public Opinion Quarterly,* 35(4), pp.554-562.

Shimp, T. A., 1997, *Advertising, Promotion and Supplemental Aspects of Integrated Marketing Communications*, Fort Worth, Tex.; London: Dryden Press.

Shoemaker, P. J., Reese, S. D. & Danielson, W. A., 1985, Media in ethnic context: communication and language in Texas, The University of Texas at Austin.

Silberman, M., 1979, "Popular participation through communication", *Media Asia,* 6(2), pp.22-35.

Silverstone, R., 1981, *The Message of Television: Myth and Narrative in Contemporary Culture,* Great Britain: Heinemann.

Singletary, M., 1976, "How public perceives letters to the editor", *Journalism Quarterly,* 53(3), pp.535-537.

Skinner, B. F., 1960, "Pigeons in a pelican", *American Psychologist,* 15, pp.28-37.

Skinner, B. F., 1958, "Teaching machine", *Science,* 128, pp.969-977.

Snijders, M. L., 1983, "The right to communicate: the latest effort to put the media under control", *Gazette,* 31, pp.3-7.

Soderlund, W. C., Wagenberg, R. H., Briggs, E. D. & Nelson, R. C., 1980, "Output and feedback: Canadian newspapers and political integration", *Journalism Quarterly*, 57(2), pp.316-321.

Solomon, M. R., 1991, *Consumer Behavior: Buying, Having and Being,* Boston: Allyn and Bacon.

Stempel III, G. & Westley, B. H., 1981, *Research Methods in Mass Communication,* Englewood Cliffs, New Jersey: Prentice-Hall.

Stewart, D. W. & Furse, D. H., 1986, *Effective Television Advertising,* Lexington, MA: Lexington Books.

Stewart, D. W. & Shamdasani, P. N., 1990, *Focus Groups: Theory and Practice,* Newbury Park, CA: SAGE.

Stilling, E. A., 1995, "The history of Spanish-language television in the United

States and the rise of Mexican international syndication strategies in the Americas", *The Howard Journal of Communications*, 6(4), pp.231-249.

Streng, A., 1955, *Hearing Therapy for Children*, pp.25-27, New York: Grune & Streatton.

Subervi-Velez, F. A., 1984, Hispanics, the Mass Media and Politics: Assimilation vs. Pluralism, Doctoral dissertation, University of Wisconsin.

Subervi-Velez, F. A., 1986(January), "The mass media and ethnic assimilation and pluralism: a review and research proposal with special focus on Hispanics", *Communication Research*, 13(1), pp.71-96.

Sumner D. E., 1995, "Nashville, nonviolence, and the newspapers: the convergence of social goals with news values", *The Howard Journal of Communications*, 6(1-2), pp.102-113.

Stauffer, J., Frost, R. & Rybolt, W., 1980, "Recall and comprehension of radio news in Kenya", *Journalism Quarterly*, 57, pp.612-617.

Syvesten, J., 2000, "Digital broadcasting the competitive challenge for telecoms and cable companies", *Ovum Reports*.

Tarrant, W. D., 1957, "Who writes letters to the editor?", *Journalism Quarterly*, 34(4), pp.501-502.

Tennenbaum, P. H., 1954, "Effects of serial position recall of radio News stories", *Journalism Quarterly*, 31(2), pp.31-323.

Terrell, G. W., 1982, *Consumer Behavior*, St. Paul, Minnesota: West Publishing Co.

The New Lexicon Webster's Dictionary of the English Language, 1995, Encyclopedic Edition. Lexicon Publication, Inc, USA.

The New Webster's Dictionary, 1997, Lexicon Publication, Inc. McMXCIII. Danbury, CT.

Thompson, J. B., 1990, *Ideology and Modern Culture: Critical Social Theory in the Era of Mass Communication*, Stanford: Stanford University Press.

Thorson, E., Christ, W. G. & Caywood, C., 1991, "Effects of issue-image strategies, attack and support appeals, music, and visual content in political commercials",

Journal of Broadcasting and Electronic Media, 35(4), pp.465-586.

Touraine, A., 1977, *The Self-Production of Society,* London: University of Chicago Press.

Trammer, H. & Jeffres, L. W., 1983(Summer), "Talk radio-forum and companion", *Journal of Broadcasting,* 27(3), pp.297-300.

Trenamen, J., 1967, *Communication and Comprehension,* London: Longman.

Turow, J., 1974(Spring), "Talk show radio as interpersonal communication", *Journal of Broadcasting,* 18(2), pp.171-179.

Vacin, G. L., 1965, "A study of letter-writer", *Journalism Quarterly,* 42(3), pp.464-465.

Vance, R. J. & Colella, A., 1990, "Effects of two types of feedback on goal acceptance and personal goals", *Journal of Applied Psychology,* 75, pp.68-76.

Vane, E. T. & Gross, L. S., 1994, *Programming for TV, Radio and Cable,* Boston: Focal Press.

Verba, S. & Brody, R., 1970, "Participation, policy references and the war in Vietnam", *Public Opinion Quarterly,* 34(3), pp.325-332.

Voss, G. B., Parasurman, A. & Grewal, D., 1998, "The Roles of price, performance, and expectations in determining satisfaction in service exchanges," *Journal of Marketing,* 62, pp.46-61.

Vroom, Victor H., 1964, *Work and Motivation,* New York: John Wiley & Sons, INC, p.41.

Walker, J. R. & Jr. Bellamy, R. V., 1991, "Gratifications of grazing: an exploratory study of romote control use", *Journalism Quarterly,* 68(3).

Ward, S. & Wackman, D., 1971, "Childern's purchase influence attempts and parental yielding", *Journal of Marketing Research,* 9 (November), pp.316-319.

Walters, C. G., 1974, *Consumer Behavior Theory and Practice,* Homewood, Illinois: Richard D. Irwin, INC.

Weimann, G., 1995, "Zapping in the Holy Land: coping with muti-channel TV in Israel", *Journal of Communication,* 45, pp.96-102.

Weiner, R., 1990, *Webster's New World Dictionary of Media and Communication,* NY: Simon & Schuster, Inc.

Westley, B. H. & MacLean, M., 1957, "A conceptual model for mass communication research", *Journalism Quarterly,* 34, pp.31-38.

White, D. M., 1950, "The gate keeper: a case study in the selection of news", *Journalism Quarterly,* 27(3), pp.383-390.

Whitebeck, L. B. & Gecas, V., 1988, "Value attributions and value transmission between parents and children", *Journal of Marriage and the Family,* 50(August), pp.829-840.

Wiener, N., 1961, *Cybernetics or Control and Communication in the Animal and the Machine,* New York: M. I. T. Press.

Williams, F., 1984, *The New Communications,* CA: Wadsworth.

Williams, D. C., Paua, J. & Ogilvy, J. L., 1975, "The mass media, learning and retention", *Canadian Journal of Psychology,* 11, pp.157-163.

Williams, F., Rice, R. E. & Rogers, E. M., 1988, *Research Methods and the New Media,* New York: Collier Macmillan Canada Inc.

Windahl, S., 1981, "Uses and gratifications at the crossroads", pp.174-185, in G. C. Wilhoit & H. Debock (eds.), *Mass Communication Review Yearbook II,* Beverly Hills, CA: Sage.

Windmiller, M., Lambert, N. & Turiel, E., 1980, *Moral Development and Socialization,* Bostion: Allyn and Bacons, Inc.

Winett, R. A., Kagel, J. H. & Battalio, R. C., 1978, "Effects of monetary rebates, feedback and information on residential electrical consumption", *Journal of Applied Psychology,* 63, pp.73-90.

Winett, R. A., Lecklitter, I. M., Chinn, D. E. & Stahl, B., 1984(Summer), "Reducing energy consumption: the long-term effects of a single television program", *Journal of Communication,* 34(3), pp.37-51.

Won-Doornink, M. J., 1988, "Television viewing and acculturation of Korean immigrants", *Amerasia,* 14(1), pp.31-51, 79-92.

Wood, M. B., 1997, "Clear IMC goals build strong relationships", *Marketing News,* 31(13). Date: Jun 23, 1997, p.11, 15.

Yarbrough, John F., 1996, "Implementing IMC-With Ease", *Marketing,* 148(9) p.73.

Yum, J. O., 1982, *Communication diversity and information acquisition among Korean immigrants in Hawaii, Human Communication Research,* 8(2), pp.154-169.

Zeithaml, V. A., 1988, "Consumer perceptions of price, quality, and value: a means-end model and synthesis of evidence", *Journal of Marketing,* 52, pp.2-22.

Zeithaml, V. A. & M. J. Bitner, 1996, *Service Marketing,* McGraw-Hill.

Zenna, M. P., Kiesler, C. A. & Pilkonis, P. A., 1970, "Positive and negative attitudinal effect established by classical conditioning", *Journal of Personality and Social Psychology,* 14, pp.321-328.

Zuckerman, D., Singer, D. & Singer, J., 1980(Winter), "Television viewing, children reading and related calassroom behavior", *Journal of Communication,* 30(1), pp.166-174.

Zufryden, F. S., Pedrick, J. H. & Sankaralingam, A., 1993, "Zapping and its impact on brand purchase behavior", *Journal of Advertising Research,* p.33, 58.

新聞傳播1

閱聽人與媒體文化

作　　者／黃葳威
出 版 者／揚智文化事業股份有限公司
發 行 人／葉忠賢
總 編 輯／閻富萍
執行編輯／范湘渝
登 記 證／局版北市業字第 1117 號
地　　址／台北縣深坑鄉北深路三段 260 號 8 樓
電　　話／(02)86626826
傳　　真／(02)26647633
網　　址／http://www.ycrc.com.tw
 E-mail ／service@ycrc.com.tw
印　　刷／鼎易印刷事業股份有限公司
 I S B N ／957-818-614-2
初版一刷／2004 年 5 月
初版二刷／2008 年 8 月
定　　價／新台幣 550 元

國家圖書館出版品預行編目資料

閱聽人與媒體文化＝Media and audiences /
黃葳威著.－－初版.－－臺北市：揚智文化
2004〔民93〕
　面：　公分.－－（新聞傳播；1）
參考書目：面
　ISBN 957-818-614-2（平裝）

1. 大眾傳播

541.83　　　　　　　　　　　　　　93003620